MW01506110

CRUZANDO EL PUENTE ANGOSTO

Guía práctica para las enseñanzas del Rebe Najmán

por Jaim Kramer

Editado por Moshe Mykoff

Traducido al español por
Guillermo Beilinson

Publicado por
Breslov Research Institute
Jerusalem/New York

Título del Original:
CROSSING THE NARROW BRIDGE
A practical guide to Rebbe Nachman's Teachings.

Para más información:
Breslov Research Institute
POB 5370
Jerusalem, Israel

Breslov Research Institute
POB 587
Monsey, NY 10952-0587
USA

En la memoria de mi padre

Jacobo Rubaja

y al amor de mi madre

Berta Mas de Rubaja

dedicado por su hijo

Baruj Rubaja

Con admiración y gratitud

dedicamos esta traducción

a

Julio Sager

y

Nejama Lapidus de Sager

Con cariño

a la memoria de

Isaac Raijel

y para la realización y crecimiento

de la familia

Raijel

Prefacio

"Y además por cuanto era sabio, Kohelet siguió enseñando al pueblo el conocimiento y puso atención y escudriñó y compuso muchos proverbios" (Eclesiastés 12:9)

Enseñaron nuestros Sabios: Kohelet (el Rey Salomón) enseñó sabiduría al pueblo: estableció razones, ilustraciones y ejemplos. Antes del Rey Salomón, la Torá se asemejaba a un canasto sin asa. El Rey Salomón construyó el asa [para la Torá] (Eruvin 21b). Explica Rashi: "Es más fácil tomar un canasto que posee asa que otro que no la posee."

Moshé Rabeinu recibió la Torá en el año 2448 de la Creación. Durante casi quinientos años después de la Revelación en el Monte Sinaí, la Torá fue estudiada en su forma "cruda" original. El Rey Salomón comprendió que la Torá no siempre sería accesible para todo Israel, a menos que hubiese maneras de poder abrir su belleza a todo el pueblo. Y encontró una manera. "Expuso trescientas parábolas..." (1 Reyes 5:12). "Expuso trescientas parábolas sobre *cada* tema de la Torá..." (Eruvin 21b). Hizo un asa para la Torá de manera que todos pudiesen asirla. Refinó el arte de la parábola y de la ilustración, aplicándolo a todas las áreas del Judaísmo, de manera que los Judíos pudiesen guardar la Torá y las mitzvot.

Los Profetas siguieron las directivas del Rey Salomón, expresando sus profecías en forma de parábolas, poesías y canciones. Nuestros Sabios refinaron aun más este arte legando cantidad de parábolas y alegorías en el Talmud, el Midrash y el Zohar. Lo mismo puede decirse de nuestros más grandes rabinos y sabios de las generaciones siguientes; siempre recurrieron a la historia ilustrativa y similares para hacer querida la Torá a nuestro pueblo. Todos apreciaban la sabiduría del Rey Salomón: para poder participar de la belleza interior de la Torá, para poder sentir su equilibrio y saborear su dulzura, era necesaria un "asa" mediante la cual poder asirla.

*

Desde hace algunos años hemos estado recibiendo en el Breslov Research Institute, numerosos pedidos para la edición de un libro que hiciera precisamente eso con las enseñanzas del Rebe Najmán. Las obras del Rebe comprenden muchos volúmenes y los temas se hallan diseminados en diferentes lugares, inclusive dentro de un mismo volúmen. Por ejemplo, una persona puede encontrar que el Rebe Najmán pone especial énfasis en la alegría. Desea entonces estar alegre y quiere leer algo al respecto. Muy bien. Para buscar todas las enseñanzas del Rebe Najmán relativas a la alegría y a la felicidad, uno debería leer algo así como veinticinco volúmenes, tomando una frase de aquí, una oración de allí y demás: todo en la búsqueda de la alegría. Y, frustrante en sí misma, ésta no es la manera más deseable de lograr la felicidad.

Aquellos libros que poseen secciones separadas sobre cada tema, tales como *Advice* y *The Aleph-Bet Book*, no aclaran por sí mismos cómo es que uno puede llegar a lograr sus objetivos. Inclusive aquellos libros que fueron compilados sobre un sólo concepto, tales como *Outpouring of the Soul* (sobre meditación y *hitbodedut*) o *Restore My Soul* (sobre la fuerza interior), carecen de las instrucciones detalladas que permitan alcanzar el estado o la devoción a la que se refiere el Rebe Najmán. Y aunque podamos formarnos un cuadro *completo*, ¿cómo podremos llegar a conformarnos una imagen *comprensible*? Como escribe Reb Noson: "Aunque el estudio de musar y de ética es muy importante y puede llevarlo a uno hacia el Temor del Cielo, la persona no podrá acceder a todos los consejos que necesite sólo mediante estas enseñanzas. La experiencia nos ha demostrado que la mayor parte de los consejos se transmiten de persona a persona" (*Likutey Halajot, Shabat* 6:18). De manera que para poder lograr una imagen completa y una guía práctica necesitamos de los Jasidim de Breslov mismos, de aquellos que han *experimentado* el fervor y la pasión en su apego al Rebe Najmán y a sus enseñanzas.

Cruzando el Puente Angosto es una innovación dentro de las obras dedicadas al Rebe Najmán. El propósito de este libro es introducir al lector en las enseñanzas del Rebe Najmán, la Jasidut de Breslov y de las enseñanzas de Breslov. Centralizándose en los temas fundamentales, desde la devoción individual hasta cuestiones relativas al trabajo y al hogar y abarcando desde el comportamiento moral hasta el desarrollo de conceptos tales como el del Tzadik y de la Tierra Santa, cada capítulo ofrece una explicación básica del tema, tal como se lo puede estudiar en las lecciones, conversaciones, anécdotas y parábolas del Rebe Najmán, de Reb Noson y de muchos Jasidim de Breslov de ayer y de hoy. Se ha tenido especial cuidado en ilustrar el "como hacerlo" de cada tópico, ofreciendo "asas" prácticas, permitiendo al lector trasladar estas enseñanzas a su propia vida.

La idea de una "guía práctica" se nos presentó hace algunos años. En ese tiempo, el equipo del Breslov Research consideró que era necesario primero traducir y publicar las enseñanzas del mismo Rebe Najmán, antes de realizar una compilación de sus ideas e ideales. Y la razón era muy simple. Estando traducidos los trabajos originales de Breslov, ésto permitiría al lector de habla inglesa acceder a la fuente de manera directa. (Al presente, con esta traducción al castellano, la tercera de nuestro Instituto, damos comienzo a un programa de traducciones que incluirán también las fuentes de referencia). En su forma más "pura," estas enseñanzas, aunque muchas veces difíciles de comprender, siguen siendo el instrumento más poderoso y universal. De manera que para la edición de este trabajo, esencialmente de divulgación, me he tomado la libertad de presentar una traducción "no literal" del material. Y ésto por cuestiones de claridad, ya que era difícil resolver los problemas que se planteaban al presentar las enseñanzas del Rebe Najmán a los lectores de mentalidad occidental del siglo veinte.

Enseñó el Rebe Najmán: "El mundo es un puente en extremo angosto. ¡Lo más importante es no tener miedo!" (*Likutey Moharan* II, 48). Así y todo, fue sólo con gran temor que llegué a compilar y escribir este libro y ello por una razón muy simple. El Rebe Najmán era el Señor de la Plegaria. El se mostraba de diferente manera ante cada persona (*Rabbi Nachman's Stories* #12). Siendo así, ¿cómo podía yo pensar en presentar un libro definitivo sobre las enseñanzas del Rebe Najmán, determinando guías y consejos sobre la ideología y el pensamiento de Breslov? Sin duda, para algunos, aquello que yo dijese sería "demasiado" mientras que para otros sería "insuficiente"; algunos lo llamarían "demasiado extremista" y otros "demasiado indulgente." El acercamiento de cada persona, su Vía Dorada, es diferente de la de su vecino.

"Muchas de las enseñanzas del Rebe Najmán, aunque extremadamente difíciles y complejas, eran bien comprendidas por sus seguidores. Ellos eran hombres de un gran conocimiento y estatura moral y no sentían la necesidad de realizar comentarios sobre los escritos del Rebe." Así escribe Reb Najmán de Tcherin en la introducción a su obra *Parparaot LeJojma*, presentando ésta como una de las razones por las que nadie lo había precedido en la preparación de un comentario sobre el libro del Rebe Najmán titulado *Likutey Moharan*. De manera que, sabiendo que este texto debería definir y clarificar muchos puntos que habían sido dejados intencionalmente sin explicación por los primeros Jasidim de Breslov, aquellos que conocieron al Rebe, a Reb Noson y a los otros seguidores de esa generación, hacía pensar que la composición de esta obra fuera algo más formidable aún. Después de todo, ellos tenían la Tradición Oral, habían gustado del "Vino Húngaro" (ver *Tzaddik* #260) y no nos dejaron un manual detallado de cómo explorar la ideología de Breslov.

Y aún más tremendo que lo anterior era el simple hecho de que a medida que progresaba el libro, yo iba comprendiendo cada vez más mi propia distancia respecto de cada rasgo e idea tratada por el Rebe Najmán, incluyendo aquellas presentadas aquí. Enseñaron nuestros Sabios: "Mejórate a tí mismo y luego mejora a los demás" (*Bava Metzia* 107b). Muchas veces me pregunté qué derecho tenía yo de pensar incluso en compilar este trabajo, sin hablar del hecho de llevarlo a cabo. Y por esta sola razón, más de una vez estuve a punto de abandonar.

De ninguna manera he intentado hacer de este libro un "código" de la Jasidut de Breslov o un modelo para los Jasidim de Breslov. Su propósito es más bien introducir al lector al pensamiento de Breslov, de manera lógica y sistemática, permitiéndole entrar en el ámbito de las enseñanzas del Rebe Najmán. La presentación específica del material fue una elección personal, basada en mi limitado estudio de los trabajos y las obras del Rebe Najmán. He tomado también de mis propias experiencias y de conversaciones con mucha gente con la cual he tenido la buena fortuna de encontrarme en más de treinta años desde que fuera introducido a Breslov. Todo mi conocimiento se basa en las enseñanzas tal cual las recibiera de mi rabí y suegro, Rabí Zvi Aryeh Rosenfeld (1922-1978) y de mi Rosh Yeshiva, Rabí Eliahu Jaim Rosen (1898-1984), puedan ellos descansar en paz. Un apéndice separado, al final de este libro incluye unas cortas biografías del Rebe Najmán, de Reb Noson, su discípulo más importante y de otros líderes de los Jasidim de Breslov mencionados en este trabajo. De manera que el lector pueda familiarizarse con el movimiento y su historia.

Sea voluntad de Dios que tengamos el mérito de tomar el "asa" de las enseñanzas del Rebe Najmán, de manera que podamos "estudiar, enseñar, observar y hacer" (*Avot* 4:6). Y en el mérito del Rebe Najmán y de todos los Tsadikim, pueda Dios otorgarnos la Llegada de Mashíaj, el Retorno de los Exiliados y la Reconstrucción del Santo Templo, rápidamente y en nuestros días, Amén.

* * *

Agradecimientos

Cierta vez le dijo Reb Noson al Rebe Najmán: "Que la gente en general no conozca nada de tí [debido a tu grandeza] no es difícil de entender. Pero, ¿cómo he llegado a tener yo el mérito de conocerte?" "Eso," contestó el Rebe, "¡tampoco es difícil de entender!" (*Siaj Sarfei Kodesh* 1-297). Y yo estoy totalmente agradecido a *HaShem Yisboraj*, que me ha dado todo, "...mi vida entera hasta este mismo día" (Génesis 48:16).

La publicación de este libro y de hecho todas las obras del Rebe Najmán que Dios nos ha dado el privilegio de realizar en el Breslov Institute, no podrían haberse realizado sin la ayuda y la asistencia de nuestros muchos amigos. Sería imposible enumerarlos a todos. Si hiciéramos una lista de todos aquellos que estuvieron con nosotros "contra viento y marea," podríamos omitir inadvertidamente algún nombre, traicionando así el propósito mismo de un agradecimiento. Sea por favor aceptado entonces por todos nuestros amigos el saber que apreciamos cada cosa que alguna vez han hecho por nosotros. Pueda el mérito del Rebe Najmán estar con ellos, siempre.

La sugerencia de editar una "Guía práctica de las enseñanzas del Rebe Najmán" provino de un muy cercano y querido amigo, Itzjak Leib (Trevor) Bell. Su insistencia, empuje e incansable perseverancia, prevalecieron sobre mi obstinación y terquedad para comenzar con este libro y fueron sus "amables" sugerencias y alusiones, las que de hecho me llevaron a terminarlo. Me honro de tenerlo como amigo, por su reverencia e interés sin límites, en el Rebe Najmán. Muchas gracias a Iaacov Siegel, cuya sugerencia para que este libro estuviera estructurado a partir del *Seder Halom* orientó en mucho el proyecto. Y un agradecimiento adicional para un amigo muy especial, Moshé Schorr, cuyos comentarios, sugerencias y revisiones mejoraron notablemente el original.

A mis colegas en el Breslov Research Institute: mi estima por ellos es infinita. Los miembros de larga data han impreso su huella, dejando detrás de sí una senda plena de importante material de Breslov para que el mundo saboree y disfrute.

A Avraham Greenbaum, cuyos múltiples talentos, entrega y total dedicación llevaron a la fundación del Breslov Research; a Moshé Mikoff, cuya devoción, tenacidad y dedicación han hecho de la calidad una característica de Breslov; a Benzion Solomon, cuya sinceridad y celo puesto en sus contribuciones musicales ha sacado a la superficie el verdadero rostro de las melodías Jasídicas Judaicas; y a los más recientes allegados a nuestro equipo, Ozer Bergman y Yehoshua

Starret, quienes han entregado de sí mismos mucho más que lo que el deber pedía. Y a Reb Najmán Burstein, un agradecimiento muy especial. Nos ha permitido acercarnos a él en todo momento, algunos bastante complicados de por sí, asistiéndonos ante cualquier dificultad con la que nos encontráramos, guiándonos a través de las enseñanzas del Rebe Najmán como un pastor con su rebaño. Gracias especialmente a Reb Moshé Kramer y a Reb Iaacov Meir Schechter, por compartir con nosotros, siempre, su profundo e íntimo conocimiento de aquello difícil y oscuro.

A mis padres y familia que me nutrieron y educaron y que siempre estuvieron allí, aún cuando yo no estaba, para ellos va mi sincero agradecimiento. Su calidez y gran autosacrificio han inculcado, en todos sus hijos, valores que nos guían y ayudan en lo difícil y estrecho, a través de las tormentosas aguas de hoy. Llevaría universos de palabras comenzar siquiera a expresar el agradecimiento que se les debe. "Tanto se amaban cariñosamente en su vida, en su muerte tampoco fueron separados" (cf. 2 Samuel 1:23).

Al construir el Santo Templo, el Rey Salomón levantó dos columnas centrales denominadas *yakhin* y *boaz* (1 Reyes 7:21). Estos dos pilares soportaban todo el edificio. Ningún reconocimiento sería completo sin el agradecimiento y la gratitud debida a mis dos pilares: Rabí Rosenfeld y Rabí Rosen.

Grande es mi aprecio por mi rabí y suegro, Rabí Zvi Aryeh Rosenfeld, quien me trajo "bajo el ala" del Rebe Najmán. Su genio, visión e inspiración fueron responsables de la primera traducción de un texto de Breslov al inglés, encomendando a Rabí Aryeh Kaplan la traducción de *Rabbi Nachman's Wisdom*, preparando así el camino para el nacimiento del Breslov Research. Llegado a América siendo niño, el Rabí Zvi Aryeh transformó el "desierto en un manantial" (Salmos 107:35) de Breslov. Su humildad e incansable esfuerzo dejaron una impresión indeleble sobre mí, de una manera imposible de describir. "Si todos los mares fuesen tinta, todos los juncos plumas; todas las personas escribas..." (Shabat 11a), no podrían expresar mi gratitud.

Y a mi Rosh Yeshiva, Rabí Eliahu Jaim Rosen, cuya increíble sagacidad, comprensión y pragmatismo, hicieron vivas para mí las enseñanzas del Rebe Najmán a él vaya mi agradecimiento, de todo corazón. Con la calma del "ojo" en el centro del huracán, era capaz de decir lo que fuera a la persona que fuera; desde servir a Dios hasta lo relativo a la vida mundana. Todo su ser respiraba la esencia del Rebe Najmán y fue él la persona que más influyera en el renacimiento de la Jasidut de Breslov en Tierra Santa, luego de la Segunda Guerra Mundial.

Cuando Eliahu ascendió al Cielo, Elisha dijo (2 Reyes 2:12): "¡Padre mío!, ¡Padre mío!, carroza de Israel y sus jinetes..." Rashi comenta: "Debido a sus plegarias, él era más importante para los Judíos que cualquier número de carrozas o guerreros."

Rabí Akiva era un ignorante al momento de contraer matrimonio. Dejó el hogar para dedicarse al estudio de la Torá durante un período de veinticuatro años y al retornar ¡volvió seguido por veinticuatro mil discípulos! Sus alumnos vieron que una mujer pobremente vestida se le acercaba y trataron de detenerla. El Rabí Akiva les dijo: "Déjen que se acerque. Todo lo que tengo y todo lo que ustedes tienen, es gracias a ella." Cuando se casaron, el Rabí Akiva le dijo a su esposa: "Si tuviese dinero te compraría una tiara de oro con la imagen de Jerusalem." Cuando se hizo rico, mantuvo su palabra (Nedarim 50a).

Y por último, las palabras no pueden expresar mi aprecio a mi querida esposa, quien ha sacrificado por Breslov Research mucho más que lo que se pueda concebir. En las buenas y en las malas, e inclusive para el almuerzo, debió enfrentar muchas dificultades, incluyendo mis largas ausencias; con la carga de nuestro hogar y la crianza de nuestros niños recayendo sólo en ella. El Rey David oraba (Salmos 90:15): "Alégranos conforme a los días en que nos has afligido." Pueda Dios otorgarles a ella y a mis hijos una larga y saludable vida, plena de alegría y felicidad. Puedan ellos celebrar, junto con todos los Judíos, la Redención de Israel, en Jerusalem, la dorada, rápido y en nuestros días, Amén.

Jaim Kramer
Menajem Av, 5749

INDICE

CRUZANDO EL PUENTE ANGOSTO

INTRODUCCIÓN

Enseñó el Rabí Simlay: Seiscientas trece mitzvot le fueron entregadas a los Judíos en el Sinaí. Los doscientos cuarenta y ocho mandamientos positivos corresponden a los doscientos cuarenta y ocho miembros del cuerpo. Las trescientas sesenta y cinco prohibiciones corresponden a los trescientos sesenta y cinco días del año (*Makot* 23b,24a).

El Judaísmo en general y la Torá en particular, son mucho más que un amplio conjunto de leyes y tradiciones. Existe una definida y explícita conexión entre esas leyes y tradiciones y nosotros mismos. El Rabí Simlay no está ofreciendo una simple lección de aritmética. Nos está diciendo que nuestra Judeidad y la Torá se corresponden *directamente* con los órganos de nuestro cuerpo; *directamente* con los días de nuestras vidas. Y de hecho, ellos son la vida misma.

Pero no tenemos más que observar a nuestro alrededor, para comprobar que la Torá y el Judaísmo se hallan más distantes que nunca de nosotros (o que nosotros nos hallamos más distantes de ellos y de sus verdaderos valores). ¿Por qué? Dado que la Torá constituye nuestra misma estructura y la de nuestra vida diaria, ¿no deberíamos estar más conscientes de su influencia? "Cada día surge una voz del Cielo, desde el Sinaí, proclamando: 'Pobre de la humanidad por haber humillado la Torá'" (*Avot* 6:2). ¿Por qué no reaccionamos automáticamente ante esta voz? ¿Es que realmente la *escuchamos*? La Torá está allí. Siempre lo estuvo, siempre lo está y siempre lo estará. Pero, ¿dónde estamos nosotros?

El Rebe Najmán de Breslov (1772-1810) se planteó las mismas preguntas. Pero no se quedó tranquilo dejándolas sin respuesta. En lugar de demorarse en las preguntas, buscó las respuestas. Y las encontró. Su vida fue corta, sólo treinta y ocho años y medio, pero en ese corto lapso se las arregló para concentrar los logros de muchas vidas, cosa a la que incluso los grandes hombres sólo llegan a aspirar.

El Rebe Najmán, uno de los más conocidos y más comúnmente citado de los maestros Jasídicos, era bisnieto del Rabí Israel Baal Shem Tov. Haber crecido en Medzeboz (centro entonces del movimiento Jasídico) y haber estado rodeado por los grandes líderes de esa generación, proyectaron al Rebe Najmán hacia la búsqueda de alturas cada vez mayores. En una época en la que el fervor generado por el Jasidismo, comenzaba a apagarse y estancarse, el Rebe Najmán insufló nueva vida y dimensión al movimiento. Un enigma incluso en su propio tiempo, previó las actuales generaciones Judías y preparó los fundamentos para aquellos Judíos con sed por las "aguas de su herencia". Para algunos, el Rebe Najmán es conocido como el gran relator de cuentos, para otros, como el gran Kabalista. Otros aun conocen al Rebe Najmán a través de sus enseñanzas más importantes: *hitbodedut*, la plegaria y meditación en soledad; la esperanza nunca se pierde; el bien se encuentra en todos lados; estar siempre alegres. Para muchos él es simplemente "el Rebe." Fuera lo que fuese que lograra para sí mismo, el Rebe Najmán dedicaba un especial cuidado, siempre, por compartirlo con sus seguidores. Dejó un legado, una fuente infinita de enseñanzas y consejos, para todas las generaciones futuras. Y aunque cerca de dos siglos pasaron desde la desaparición del Rebe, aun hoy los Jasidim de Breslov, incluso hasta los más dedicados, siguen interrogándose respecto a las enseñanzas del Rebe Najmán. ¿Es que el Rebe realmente se refería a mí? Y si es así, ¿cómo se puede traducir ésto en mi vida?

Basándose en el pequeño libro "Seder Halom," de Reb Itzjak Breiter de Varsovia (m. 1943 en Treblinka), la presente obra, "Cruzando el Puente Angosto" explora el Judaísmo y La Torá en los "doscientos cuarenta y ocho miembros del cuerpo" y a través de los "trescientos sesenta y cinco días del año," fraccionándolos en conceptos e ideas, deseos y objetivos relacionados con todos nosotros. Presentado como una colección de las enseñanzas de Breslov sobre los temas más comunes tratados en las obras del Rebe Najmán: Simplicidad; Alegría; Verdad; Fe; Torá; Plegaria; el

Tzadik; Paz; Negocios; Necesidades Diarias; Caridad, etc., este libro es un cuadro general y a la vez detallado de las enseñanzas de Breslov: cómo pueden aplicarse a cada uno y a todos, desde el principiante hasta el jasid veterano, pasando por todas las gamas intermedias.

Y no son las enseñanzas del Rebe Najmán un cuerpo de pensamientos abstractos de una era pasada. Son palabras de sabiduría para la supervivencia, e inclusive para el buen vivir, en este acelerado mundo de hoy. Aunque estos conceptos abarcan varias generaciones, lo que antes fuera relevante aún lo es hoy en día y quizás más aún. Enseñó el Rebe Najmán que es posible elevarnos por sobre todas nuestras dificultades. *Podemos* alcanzar la paz interior. *Podemos* triunfar. Todo lo que necesitamos es un poco de fe en nosotros mismos sabiendo que *somos* una parte importante e integral de la creación de Dios y que *podemos* lograr nuestros ideales.

* * *

1

SIMPLEZA

Alguien preguntó cierta vez al Rebe Najmán: "Cuando estoy orando y menciono el Santo Nombre de HaShem, ¿qué pensamientos y qué profundas intenciones debo tener en mente?"

"¡¿No es suficiente para ti su simple significado: Dios?!" contestó el Rebe (*Tzaddik #414*).

Todo aquel que esté familiarizado con las enseñanzas del Rebe Najmán puede reconocer que en este diálogo el Rebe estaba hablando sobre su tema favorito: servir a Dios. Para el Rebe, servir a Dios incluye todos los aspectos de la vida, sin excepciones. Siendo así, uno hubiese esperado que la respuesta del Rebe se extendiera como una larga y compleja explicación relativa a la grandeza de Dios, Su fuerza, Su inmensidad, Su omnipotencia... Pero su respuesta fue algo absolutamente distinto y de hecho fue totalmente simple. ¿Qué es lo que su jasid debería tener en mente? ¡a "Dios!" Nada más y nada menos.

La vida puede ser simple y también puede ser complicada. Depende de lo que nosotros hagamos de ella. "Mantén la vida simple," este es el consejo del Rebe Najmán. Y esto depende de nosotros. Mientras que el jasid supuso que necesitaba complejos pensamientos e intrincadas intenciones, el Rebe le indicó lo contrario: Hay una sola senda necesaria, ¡¡la SIMPLEZA!!

Con simpleza es posible lograr mucho más que lo que uno pueda imaginar. Mucho más de lo que nos atrevemos a esperar.

* * *

¿QUE ES LA SIMPLEZA?

Irónicamente, la simpleza no es una cualidad fácil de obtener ni fácil de definir. El mismo Reb Noson nos dice: "La simpleza, en sí misma, es un concepto muy profundo y extremadamente difícil de comprender" (*Likutey Halajot, Birjot HaPeirot* 5:13). Esta misma imposibilidad de encontrar las palabras correctas para describirla, y las dificultades para lograrla, es sintomática de cuánto se ha alejado el hombre moderno de la simpleza.

Aun así, para llegar a tener una comprensión básica de la Jasidut de Breslov, es vital que entendamos y apreciemos el importante papel que tiene la simpleza en la vida de un Judío.

Pídale a cualquiera que le describa a una persona simple, a un simple. Probablemente le darán una descripción negativa, la imagen de alguien de pocas luces, tonto e incluso imbécil. En el mejor de los casos, el decir que alguien es *simple* evoca la imagen del lugar común y lo intrascendente. Este es un hecho muy desafortunado e indicativo de nuestras propias actitudes y prejuicios. Y no es en absoluto lo que el Rebe tenía en mente cuando dijo: "El principal objetivo de un Judío es servir a Dios con simpleza y sin ningún tipo de sofisticación." (*Likutey Moharan* II, 19).

La Torá en general y el Rebe Najmán en particular, atribuyen un significado totalmente distinto a la palabra Hebrea que designa a la persona simple: *tam*. Antes que ser simple de mente y falto de inteligencia, el simple es alguien sin presunciones, sincero y directo. No actúa con engaño y evita los razonamientos tortuosos. En cuanto a la palabra simple, en sí, ésta implica completitud y singularidad e incluso implica la unidad. La simpleza sugiere libertad de mezclas y vericuetos y denota algo puro y no adulterado. Así, vivir la vida de manera simple, sirviendo a Dios, significa adherirse a lo esencial, siendo realistas, y evitando todo tipo de complejidades y sofisticaciones.

El paradigma del hombre simple es Jacob, a quien la Torá se refiere de manera explícita como un *tam* (Génesis 25:27; lo que hace que sea asombroso su ingenio respecto de Esaú, su hermano). El pueblo Judío, como un todo, es llamado por Dios: "Mi paloma, Mi simple" (Cantar de los

Cantares 5:2). Y Dios mismo nos ha exhortado a ser "simples con Dios tu Señor" (Deuteronomio 18:13).

*

Hoy en día, lograr la simpleza puede ser tan difícil como llegar a definirla. El Rebe Najmán dijo una vez: "La gente suele decirme que de acuerdo a la manera como se describe a la Tierra Santa en las enseñanzas tradicionales, como algo verdaderamente magnífico y extremadamente santo, no pueden imaginar cómo puede llegar a ser parte de este mundo" (*Likutey Moharan* II, 116). El comentario del Rebe apunta a una enseñanza muy valiosa y necesaria para la vida. La gente piensa, de manera equivocada, que porque algo o alguien es santo, debe parecer o actuar de manera totalmente diferente. Un buen ejemplo de ésto es el Tzadik, quien aunque se encuentra en un plano muy superior al de la persona común, parece igual al resto de nosotros. Por fuera, él come y duerme, tiene una familia y hasta puede que trabaje para lograr su sustento, tal como el resto de las personas.

Lo mismo sucede con la Tierra Santa. Aunque se encuentra en un elevado nivel de espiritualidad, es también parte de este mundo físico. Eretz Israel, como todos los otros países del mundo, parece estar gobernado por los factores de causa y efecto responsables de los tiempos de guerra y de paz, de las épocas de plaga y de prosperidad. En ambos casos, la gente espera ver alguna manifestación externa de la subyacente santidad; alguna señal clara de la diferencia, alguna prueba de su ser especial. Pero cuando ésto no sucede, cuando el Tzadik se asemeja a cualquier otra persona y la Tierra Santa parece ser como cualquier otro lugar de la tierra, surge la desilusión. Desgraciadamente, esta desilusión lleva en última instancia a la duda. Se cuestiona la santidad del Tzadik y se duda respecto a que *en realidad él no sea como cualquier otra persona*, como el resto de nosotros.

Esta noción equivocada es obra de uno de los mejores amigos del hombre: de su imaginación, la que también puede llegar a convertirse en su peor enemigo. De la enseñanza del Rebe podemos comprender que para poder sentir que algo o alguien tiene mérito y valor, no es necesario buscar lo "extra," aquella cualidad que se manifieste como obviamente diferente y especial. Pensar de otra manera es un truco de la imaginación. Si permitimos que ella nuble nuestro pensamiento, hará que nos equivoquemos rechazando las cosas por su aspecto superficial y su valor más simple. Llegaremos a convencernos de que necesitamos hacer más, ser más y sentir más. El brillo y el esplendor en la presentación de los productos nos impide apreciar y gustar de aquello que no está adulterado. Como resultado de ésto, solemos dejar que sea nuestra imaginación la que domine nuestra perspectiva de la realidad; de manera que vamos tras ella, mientras nos aleja de lo genuino y lo sincero, lejos de lo directo y de la simple verdad.

Cierta vez el Rebe Najmán dió una lección sobre la grandeza de la Tierra Santa: Ser Judío significa elevarse constantemente, buscando siempre alcanzar niveles cada vez más grandes. Aquel que desee ser un Judío sólo podrá lograrlo mediante el mérito de la Tierra Santa. Llegar allí implica una gran batalla. Pero cuando la persona merece llegar a la Tierra Santa es llamada "poderosa," pues ha triunfado en la batalla (*Likutey Moharan* I, 20 final).

Luego de la lección, Reb Noson preguntó: "¿A cuál aspecto de la Tierra Santa se refiere?" No podía imaginar que el Rebe Najmán estuviese hablando literalmente, que se estuviera refiriendo a la tierra que todos conocen como Eretz Israel.

"Simplemente me refiero a esta Tierra de Israel, con estas casas y estas habitaciones," contestó el Rebe (*Tzaddik* #141).

Exactamente tal cual es y exactamente como tú la ves. Eso era sobre lo que el Rebe Najmán quería que se concentrase Reb Noson. Simplemente Eretz Israel. Y no, como muchos hubiesen *imaginado*, algún aspecto adicional, especial, alguna conjetura abstracta de la mente.

*

En pocas palabras, la simpleza significa no buscar las complejidades, no buscar significados adicionales en todo aquello que encontramos. Implica tomar las cosas en su aspecto llano, tal como el Rebe le aconsejara hacer a Reb Noson. Pero, y debemos remarcarlo, ésto no impide buscar una más profunda comprensión de nuestras vidas. Por el contrario, a lo largo de todas sus enseñanzas, el Rebe Najmán elogia a aquellos que buscan ese significado interior. De hecho, la simpleza, en la vida en general y en el servicio a Dios en particular, es la primera y más importante herramienta para llegar a la profunda sabiduría que subyace bajo la existencia (ver más abajo "El Sofisticado y el Simple").

Y la simpleza tampoco implica que debamos creer en todo aquello que se nos diga y caer así, tontamente, víctimas de la deshonestidad y la falsedad. Esto sería credulidad y no simpleza. Nuestros Sabios nos advirtieron al respecto: "Respeta aunque sospeches de aquello que no te es familiar" (cf.*Derej Eretz Zuta* 5). Todos hemos sufrido, más de lo que nos gustaría admitir, la amargura que resulta de haber sido seducidos por otros. Respecto a ésto aconseja el Rebe Najmán ser precavidos en lo concerniente a las cuestiones financieras (ver *Likutey Moharan* I, 69; cf.*Rabbi Nachman's Wisdom* #281) y cuidarnos de poner nuestro bienestar físico o emocional en manos de profesionales "responsables" y de soluciones "comprobadas" (*Rabbi Nachman's Wisdom* #50). ¡Y cuánto más debemos ser cautelosos cuando se trata de nuestra prosperidad espiritual! (*Aveneha Barzel*, p.43 #64). Los falsos líderes y los falsos consejos se caracterizan por no ser ni simples ni directos. Y su atractivo se fundamenta en el velo del misterio (cf.*Rabbi Nachman's Wisdom* #6).

¿Y qué es lo que la simpleza significa en este caso? Explica el Rebe: "Está prohibido ser tonto, incluso en la simple sinceridad. Pero la sofisticación es absolutamente innecesaria" (*Rabbi Nachman's Wisdom* #51). Así, mientras que la persona simple mantiene su mente abierta, sin apresurarse a tomar opiniones rápidas ni tratando de conjeturar los "verdaderos" motivos del otro, tampoco subscribirá crédulamente al último consejo, técnica, moda o manía que se le presenten. Pero, aunque tomar las cosas de manera llana puede hacerlo susceptible de abrirse también a influencias dudosas y hasta dañinas, dice Reb Noson, citando un proverbio del Rey

Salomón (Proverbios 10:9), "Aquél que sigue el camino simple, anda seguro." "De hecho," insiste Reb Noson, "tal persona nunca tropezará. Y aunque se equivoque e inadvertidamente transgreda algún mandamiento de Dios, de seguro se arrepentirá y se mantendrá firme en sus devociones, firme en el conocimiento de que existe un proceso en el cielo a través del cual todo es dirigido para el bien" (Likutey Halajot, Devarim Min HaJai 4:49). Tal como dijo el Rey David (Salmos 116:6): "Dios proteje al tonto."

En una de sus conversaciones el Rebe Najmán hizo referencia a otro de los proverbios del más sabio de los hombres: "El tonto cree en todas las cosas" (Proverbios 14:15). "Es bueno ser un tonto así," dijo el Rebe. "Pues mientras uno crea en aquello que es falso y tonto, también creerá la verdad. En ésto se está mejor que la persona sofisticada y escéptica de todo, la que comienza ridiculizando la tontería y la falsedad y termina ridiculizando todo, negando incluso la verdad" (Rabbi Nachman's Wisdom #103).

La regla entonces es: aceptar, pero ser cuidadoso. Parafraseando a mi Rosh Yeshiva: "Es un placer tratar con la gente. Son confiables, honestos y decentes. ¡Pero recuerda de contar el vuelto!"

*

La siguiente historia ilustra otro aspecto de la simpleza:

Cierta vez alguien preguntó al Rebe Najmán: "¿Cuál es la naturaleza de la libre elección?" "Muy simple" respondió el Rebe. "Si quieres lo haces. Y si no quieres, no lo haces."

Agrega Reb Noson: "He anotado ésto, porque hace referencia a algo muy importante. Mucha gente está confundida. Se ven atrapados en sus hábitos e imposibilitados de cambiar. Sienten que no poseen más el poder de elegir. ¡Y no es así! Todos tienen la libertad de hacer o no hacer, de acuerdo a su elección. ¡Comprende ésto! (Likutey Moharan II, 110).

La mayoría de la gente se piensa a sí misma como siendo criaturas de costumbre. Su respuesta, en la situación que fuere, siempre es predecible. El Rebe enseñó que no tenemos por qué ser esclavos del impulso y del condicionamiento. *Podemos* responder de manera diferente. *Podemos* ejercitar la disciplina. Y ésto es valedero tanto para los pensamientos, como para las palabras y los actos. El Rebe Najmán asemejaba este autocontrol al jinete de un caballo que se ha desviado. Todo lo que se debe hacer es aferrar las riendas y hacerlo retornar al camino (*Likutey Moharan* II,50). Mientras mantengamos simple la vida, podremos tener control sobre muchas de las facetas de nuestras vidas.

Reb Noson amplió esta idea y explicó cómo puede aplicarse al servicio a Dios: La mente de una persona está en constante movimiento, de un pensamiento a otro. Pero aun así, es imposible que dos pensamientos ocupen la mente al mismo tiempo. Sabemos que los malos pensamientos deben ser rechazados. Pero a veces tambien los buenos pensamientos deben ser rechazados. Es bien conocida la tendencia de la gente a quedar absorbida por su propio tren de pensamiento, reconociendo sólamente aquello que cae dentro de su propia perspectiva de las cosas. Y ésto puede ser contrapoducente y llevar a equívocos. A veces los objetivos de una persona y sus deseos por lo sagrado se encuentran más allá de sus capacidades actuales. Por lo tanto, debe controlarse. Debe limitar sus anhelos y cumplir, con *simpleza*, aquél servicio a Dios del que sea capaz en ese momento. Debe, entonces, pedirle a Dios que lo guíe, orando para que lo lleve por la senda correcta correspondiente a *su* nivel y sirviendo a Dios con simpleza y alegría (*Likutey Halajot, Bet Kneset* 5:24).

* * *

EN LA TORA Y EN LAS MITSVOT

El Rebe Najmán remarcó: "Mis logros se deben principalmente a la simpleza. Mucho tiempo pasé hablando simplemente con Dios y recitando Salmos..." El Rebe anhelaba servir a Dios tal como lo hace la gente simple y común. Solía decir: "¡Ay Ay la *SIMPLEZA!*" (*Rabbi Nachman's Wisdom* #154).

El Rebe quería que hiciésemos cualquier esfuerzo para simplificar nuestras vidas y devociones a Dios. Escribió Reb Noson: "El deseo del Rebe era que sirviéramos a Dios con simpleza, con lo mejor de nuestra capacidad, todos y cada uno de los días. Decía que nuestro principal objetivo debía ser hacer el bien y servirlo a El sin ningún tipo de sofisticaciones. Todo bien y toda cosa sagrada pueden ser hechos con absoluta simpleza. Debemos estudiar Torá, orar, recitar Salmos y otras plegarias y realizar las mitzvot con la mayor simpleza y sinceridad y con gran alegría" (*Rabbi Nachman's Wisdom* #19). El Rebe amaba y elogiaba los actos simples de la gente: recitar Salmos, cantar zemirot en la mesa del Shabat y demás. Se reía de aquellos que se creían demasiado listos e inteligentes como para actuar con simpleza. Incluso durante los últimos días de su enfermedad el Rebe mismo solía cantar mucho en la mesa del Shabat.

Cada palabra de un Salmo que recitemos es una mitzvá, cada palabra de Torá que estudiemos es una mitzvá, cada canción que cantemos en la mesa del Shabat es una mitzvá. Cuánto más hacemos, más logramos. La simpleza entonces, es el fundamento de todas nuestras devociones. Con ella, podemos estar constantemente ocupados haciendo mitzvot y actos buenos. Sin ella, nuestros actos están siempre sujetos a los razonamientos filosóficos y equívocos de nuestras mentes. Si estamos siempre "pensando" y tratando de ver si estamos haciendo aquello que es correcto, en lugar de hacerlo directamente, no lograremos mucho, pues estaremos ocupados "pensando." Pero, si nos acercamos a las mitzvot y a los actos buenos con simpleza, siempre encontraremos algo para hacer.

La simpleza es también un ingrediente necesario en el cumplimiento mismo de las mitzvot. Reb Noson, cuidadoso observador de la naturaleza humana, remarcó cierta vez: "Es común que la persona, insistiendo en cumplir con una mitzvá de la mejor manera posible, termine por no cumplirla en absoluto" (*Siaj Sarfei Kodesh* 1-571). Y ésto puede observarse en el siguiente ejemplo: Idealmente, la mitzvá de la Santificación de la Luna debe realizarse en una noche clara. Pero, aunque el cielo esté nublado, mientras se pueda ver la luna a través de las nubes no se debe esperar más y se debe pronunciar la bendición (ver *Mishna Berura* 426:3). Pregunta Reb Noson: ¿Qué sucede si, como es común en medio del invierno, uno tiene razones para creer que no habrá más noches claras antes que la luna llegue a estar llena y haya pasado entonces el momento de recitar la bendición?

¿Debería uno esperar igualmente una noche clara, siendo que ésta es la forma ideal de ejecutar la mitzvá? Reb Noson rechaza este argumento. De hecho sería maravilloso poder cumplir con cada mitzvá de manera perfecta y exactamente de la manera prescripta. Pero si esperamos cumplir cada mitzvá de manera perfecta, con todos sus detalles, con la intención específica y estando nosotros con el marco mental adecuado, hay buenas razones para suponer que terminaremos sin cumplirla (*Likutey Halajot, Kriat HaTora* 6:6).

El pueblo Judío tiene un "*Shuljan Aruj*" (una "mesa servida") sobre la cual se han dispuesto, para nosotros, todas las leyes. Más específicamente, esta mesa servida es una colección de reglamentaciones legales tomadas del Talmud y de los Codificadores posteriores, que clarifican las más oscuras secciones del Talmud. Compilado por Rabí Yosef Caro y comentado por Rabí Moshé Isserles, cada reglamentación que aparece en esta obra, conocida como el *Shuljan Aruj* fue cuidadosamente considerada por estos dos notables estudiosos de la Torá. Sopesaron las afirmaciones y opiniones ofrecidas por las numerosas autoridades halájicas que los precedieron y llegaron al equilibrio apropiado; sus conclusiones son la más apropiada solución en aquellas áreas donde existían divergencias y/o puntos de vista opuestos. Las decisiones que tomaron tienen fuerza de ley.

Ahora, cuando se trata de cumplir con la *Halajá*, (los Códigos), también nosotros debemos adoptar una actitud equilibrada. No hay necesidad de ser demasiado estrictos ni demasiado condescendientes en la observancia de las mitzvot. Aquel que se inclina hacia uno de estos extremos es considerado un tonto o un malvado (ver *Eruvin* 5b). Debemos ser cuidadosos. Debemos buscar un equilibrio. Aun así, ésto no significa, por ejemplo, que si una persona puede afrontar el gasto de unos hermosos *lulav* y *etrog*, no deba hacerlo. Lo que significa es que cuando las Cuatro Especies obtenidas por una persona son halájicamente aceptables, no tiene necesidad de gastar más tiempo o dinero, buscando aquel lulav o etrog que sean aceptables bajo "todos los puntos de vista." Hay una gran diferencia entre "embellecer una mitzvá" y tratar de cumplir con "todos los puntos de vista."

En suma, la simpleza en las mitzvot significa realizar la mitzvá porque Dios me ordenó hacerlo. Buscar mi propia idea de lo que debe ser una mitzvá le da a ésta una "forma y una silueta" específicas que son en realidad una restricción o limitación de la mitzvá. Además, cuando creo que comprendo el significado de la mitzvá y estoy motivado para cumplirla *debido* a que comprendo, ésto es sofisticación. Y de hecho me estoy preparando para una caída. Pueden llegar momentos en los que las cosas vayan en contra de mi comprensión o que surja una situación que contradiga la estructura específica que le he dado a la mitzvá. ¿Qué sucede entonces? (*Likutey Halajot, Devarim Min HaJai* 4:49).

El cuñado de Reb Noson, Reb Baruj, le comentó cierta vez que estaba de acuerdo con el sistema de estudio de la Torá indicado por el Rebe (ver más adelante, Capítulo 7). Reb Noson le dijo: "Si tú sigues el sistema porque el Rebe Najmán así lo indicó, (con fe) podrás mantenerte en él. Pero si estudias de esa manera porque *comprendes* que está bien, entonces llegará un momento en que lo rechazarás." Más tarde, Reb Baruj volvió y aceptó que Reb Noson había estado en lo cierto. Había comenzado a comprender de una manera diferente (*Rabí Eliahu Jaim Rosen*).

Así, siempre que surge la pregunta: "¿Cuál es la costumbre de Breslov en tal y cual situación?" la respuesta es: "Mira en el *Shuljan Aruj*. ¡Todo lo que allí dice es lo que hacía el Rebe Najmán!" Y en aquellos lugares donde los Códigos ofrecen diferencia de opiniones, cada uno debe atenerse a sus propias costumbres familiares. El camino del Rebe Najmán, sus consejos y directivas nunca fueron propuestas como un conjunto de reglamentaciones halájicas. El Rebe estaba más interesado en enseñarle a sus seguidores a cumplir con el *espíritu* de las mitzvot. Inclusive allí donde una comunidad establecida de Breslov tiene costumbres particulares, aquellos adherentes que provienen de entornos diferentes continúan con las prácticas tradicionales de sus familias (Sefarditas, Ashkenazim).

*

¿RIGOR?

El extremismo en cualquiera de sus formas, es totalmente innecesario (*Rabbi Nachman's Wisdom* #51).

Enseña el Rebe Najmán: Está escrito respecto de aquellos que son demasiado estrictos en el servicio a Dios (Levítico 18:5): "Vivirás (y no morirás) por ellos." Gente como esa no tiene vida. Están constantemente deprimidos, porque nunca llegan a sentir que han cumplido con sus obligaciones al realizar las mitzvot. Debido a su rigor, no experimentan ningún tipo de vitalidad proveniente de sus obras, ninguna *vida* (*Likutey Moharan* II, 44).

No es necesario ser un Rabí o incluso un simple erudito para ser riguroso. También un ignorante puede decir: "¡Está prohibido!" Pero, por el contrario: "Tal como está prohibido permitir lo prohibido, de la misma manera está prohibido prohibir lo permitido" (*Bet Yosef, Tur Yore Dea*, 115, s.v. *Harav Peretz*). La intención del Rebe es poner todas las mitzvot a nuestro alcance, no importa cuán exaltadas sean. Con simpleza, siempre sentiremos que también nosotros podemos realizar esa mitzvá. Con simpleza, también nosotros podremos cumplirla y recibir la vida de ella.

Pero hay ciertas situaciones en las que es muy valioso mantenerse estricto con la ley. Enseña el Talmud al respecto: Rabí Yosef le preguntó al hijo de Raba: "¿En qué observancias era tu padre más estricto?" (*Shabat* 118b). Cada sabio Talmúdico tenía una mitzvá particular que practicaba de manera exacta y de acuerdo con todos sus detalles rigurosos. Teniendo ésto en mente, el Rebe aconsejó a cada persona elegir una observancia particular y mantenerla muy estrictamente, en todos sus detalles (ver *Sefer Jasidim* #529). Pero incluso con esta observancia en particular tampoco se debe ser excesivamente estricto, al punto de la tontera... Mantenga un mandamiento estrictamente, pero no observe los otros con un rigor innecesario. Si pudiésemos ser dignos de guardar todos los mandamientos de la Torá, con simpleza, sin excesos...(*Rabbi Nachman's Wisdom* #235).

Reb Dov de Tcherin, uno de los seguidores del Rebe, quería cumplir con una de las más difíciles prácticas en el servicio a Dios: quería levantarse para *Jatzot*, las Plegarias de Medianoche. El problema estaba en que cada vez que lo hacía, la falta de sueño le causaba tremendos dolores de cabeza. Informado de ésto, el Rebe le dijo: "Duerme y come. Simplemente cuida el tiempo." Más tarde, le aconsejó a Reb Dov que en lugar de levantarse a la medianoche, lo hiciera a las tres de la mañana (Kojavey Or p.25).

A otro de sus jasidim, Reb Naftalí, el Rebe le aconsejó ser especialmente cuidadoso con la mitzvá de tzitzit. Cierta vez, subiendo por una escalera para realizar unas reparaciones, se le desgarró su tzitzit. Reb Naftalí se negó a moverse hasta que alguien le trajo un par kosher. Luego de ésto, nunca iba a ningún lado sin un tzitzit de más (Until the Mashiaj p.311). (Esta ley está mencionada en el *Kitzur Shuljan Aruj 68:6*, Uno no debe viajar sin un tzitzit de más. Así, en caso que se rompa un hilo, no estará impedido de cumplir con esta mitzvá.)

Estas dos historias ilustran el punto de vista del Rebe Najmán respecto al rigor. Reb Dov ansiaba cumplir con la mitzvá de Jatzot, levantándose a medianoche. Aun así, el Rebe le advirtió que no debería hacerlo a expensas de su salud. Pero cuando se trató del tema de la mitzvá especial de Reb Naftalí, el Rebe le sugirió que fuese extremadamente cuidadoso y así lo fue.

Recuerdo también lo que decía al respecto mi Rosh Yeshiva: "¿Por qué será que la gente desea ser rigurosa en aquellas áreas donde los demás puedan llegar a notarlo? ¿No sería mejor ser riguroso con uno mismo en cuestiones tales como las calumnias, el estudio adicional de la Torá, mayor concentración en la plegaria...?"

*

Poco antes de fallecer, Reb Noson dió un profundo suspiro. Cuando se le preguntó la razón, respondió: "Se me ocurre que quizás no haya cumplido correctamente con lo que enseñara el Rebe Najmán."

Aquellos que lo rodeaban se asombraron. "¡¿Si no eres tú, quién podría decir con honestidad que cumplió con las enseñanzas del Rebe?!"

"En cuanto a cumplir con las indicaciones del Rebe," respondió Reb Noson, "hice lo que pude. La cuestión es si cumplí con las enseñanzas ¡con la *simpleza* que el Rebe pedía de nosotros!" (Rabí Najmán Burstein).

* * *

DIOS ES UNO

La simpleza es la virtud más elevada, dado que Dios es ciertamente más elevado que todo y en última instancia El es absolutamente simple (Rabbi Nachman's Wisdom #101).

"Los hechos del Supremo son simples" (Deuteronomio 32:4).

Enseñaba el Rebe Najmán: La Creación posee muchos detalles. Pero todos ellos emanan de Dios. El es uno. El es simple. Nuestra misión en el mundo es "revelar la unidad entre la diversidad." Es decir, de entre todos nosotros, de nuestros diferentes pensamientos, perspectivas, actos, antecedentes, etc., aun así llegamos a reconocer el Dios único (Likutey Moharan II, 2:6).

Y ésto no es tan complicado como pareciera a primera vista. Recuerde que todo emana de una fuente, la Unica Fuente. Por lo tanto, con nuestras maneras y con nuestras diferencias específicas, cada uno de nosotros refleja esa Fuente. Entonces, no hay de hecho ninguna razón para ver la vida de la manera tan complicada como la mayoría de la gente suele hacerlo. En realidad, todo tiene su raíz en la unidad del único y simple Dios. Las diferencias surgen debido a que El Se manifiesta a cada uno de nosotros de manera distinta. Lo que debemos hacer es buscar a Dios en todos lados, en todas las cosas. Entonces veremos que aquello que aparece complejo y fragmentado es en verdad muy simple y unitario; aquello que se manifiesta como separado se encuentra de hecho unido; lo fragmentado es una totalidad; aquello que aparenta requerir de una gran sofisticación sólo necesita de la más básica simpleza.

El Rebe Najmán comprendió también que son relativamente pocos los que logran revelar la unidad de entre la diversidad y que aquellos que pueden hacerlo de manera constante son los menos. Para la mayoría de nosotros ya es bastante difícil el solo hecho de hacer simples nuestras vidas. El Rebe podía apreciar nuestra lucha con las diversidades de este mundo y comprendía las complejidades con las que nos enfrentamos. Igualmente comprendía que la mayoría de la gente tiende a complicar las cosas más allá de lo razonable. Dejamos pasar nuestros días y nuestros años, anticipándonos y visualizando los problemas y dificultades que suponemos nos están esperando. Nos imponemos objetivos tanto materiales como espirituales y nos quedamos atrapados en sus posibles fallas. Planificamos pasar un buen momento y entonces asumimos que ésto o aquello irá mal. Perdemos el tiempo preocupándonos por cosas que nunca sucederán. ¡Ansiedad! ¡Ansiedad! ¡Ansiedad! Nadie niega los momentos difíciles que puedan acaecer, pero tampoco sabemos cómo afectarán nuestras vidas; de manera que mantener la perspectiva simple soluciona en sí muchos de los más difíciles problemas. Es por ésto que el Rebe enfatiza tanto la simpleza. Si tomamos las cosas como son, cada una a su debido momento, un día por vez, podremos llevar una vida mucho más simple y feliz.

* * *

EL SOFISTICADO Y EL SIMPLE

Uno de los cuentos más memorables del Rebe Najmán es el titulado "El Sofisticado y El simple." Esta historia se encuentra en su clásico libro "Los Cuentos del Rabí Najmán," (pg. 160-196 de la edición inglesa). En esta historia, el Simple es una persona que ha tenido muy poca educación formal y que es muy limitada en sus habilidades. Para ganarse la vida, cose zapatos triangulares y no tiene más que pan y agua como alimento, siendo tan pobre que incluso debe compartir con su esposa un andrajoso abrigo de piel de cabra. Pero para él, este abrigo es una "excelente y fina vestimenta" para toda ocasión y sus raciones diarias tienen el gusto de los "más finos vinos y manjares." Y aunque con sus limitadas habilidades el Simple gana mucho menos que los otros zapateros, su confianza y alegría es tal que no siente envidia alguna ni necesidad. "¿Por qué debemos hablar de los otros?," le dice a su esposa cuando ella comienza a criticar su falta de habilidad para cobrar tanto como los demás. "¿Qué me importa a mí? ¡Ese es el trabajo de ellos y este es mi trabajo!" Y cuando algúno se le acerca para entablar conversación y poder burlarse así de su simpleza, el Simple pide sólo una cosa: "Sin burlas." Si el interlocutor le asegura que será sincero, el Simple no intenta verificar si posee segundas intenciones.

Siendo una persona simple, nunca se dedica a especular sofisticadamente sobre si esta misma actitud no será una manera de burlarse de él.

De hecho, el Simple nunca cuestiona o indaga respecto de las posibles segundas intenciones de nada. Sólo se conduce de manera simple y honesta, sintiendo una gran satisfacción con la suerte que le ha tocado. No importa lo que suceda, siempre está muy alegre y feliz. Debido a su simpleza nunca siente ninguna falta y gracias a ésto eventualmente llegará a ser Primer Ministro del país, llegando a ser incluso más inteligente que su amigo, el Sofisticado.

Por otro lado, el Sofisticado posee una educación superior y una buena preparación. Es verdaderamente un hombre de mundo. Posee experiencia en el comercio, las artesanías, e incluso en medicina y ha ampliado su visión recorriendo el mundo. Pero pese a todo ésto, el Sofisticado nunca se siente conforme con lo que tiene; siempre está buscando algo mejor en el horizonte. Es también muy exigente y riguroso con todo lo que hace. Cuando su trabajo de orfebre con el oro no es apreciado por los demás, se siente rechazado y aunque no lleguen a ser percibidas las diminutas imperfecciones en el tallado de su diamante, él se castiga a sí mismo por lo que considera ser una falla en su habilidad. En contraste con el Simple, el Sofisticado necesita de la aprobación del público y cuando su experiencia como médico pasa desapercibida, rechaza también esa profesión. Y además, dado que sus estrictos parámetros no permiten ninguna flexibilidad, le es imposible apreciar el trabajo de los demás. Su vestimenta, su vivienda y su vida, deben ser perfectos, pues de lo contrario se siente mal y se deprime. Es incapaz de apreciar la simpleza o lo simple de la vida. ¡De hecho, no tiene vida alguna!

La falta de autoconfianza del Sofisticado no le permite hablar con aquellos que considera sus inferiores, pues ésto tiende a reducir su propia posición, algo que siente que debe proteger a toda costa. Como resultado de ésto, no puede confesarse delante de nadie y por lo tanto, siempre se siente miserable (Jojma U'Tevunah 8). Y su sofisticación no sólo lo hace arrogante sino también escéptico e incapaz de confiar en nadie. Nunca satisfecho con el significado obvio de las cosas, siempre investiga y analiza buscando el "verdadero" significado. Esto lo lleva a conclusiones falsas y eventualmente hará que pierda su posición y su sabiduría.

Reb Najmán de Tcherin, uno de los discípulos de Reb Noson escribe: El Rebe contó esta historia para inculcarnos la importancia de la simpleza. Quienquiera siga este camino de simpleza vivirá una muy buena vida, una vida de alegría y contento (*Rimzey Ma'asiot*).

*

Una de las bendiciones más grandes que una persona pueda recibir es el conocimiento de que en cualquier situación de su vida, aquello que hizo fue lo *mejor* que podía hacer. Dios no nos creó para ser ángeles (cf. *Avoda Zarah* 3a). Sólo humanos. Tenemos nuestras subidas y bajadas diarias y nos hallamos sujetos a variaciones en nuestro humor, en nuestros sentimientos y en nuestros deseos. Poco importa si estos cambios provienen de presiones internas o externas. *Estamos* sujetos a ellos. Y es debido a ésto que enseña el Rebe Najmán: "Mantente en la simpleza." No espere que cada día sea igual al anterior. No espere la perfección, tampoco en usted. Haga lo que pueda, cuando pueda. De esta manera será lo suficientemente flexible como para adaptarse a cualquier situación.

Y así es el Simple. Vive en el presente y nunca se demora en el pasado ni en las expectativas futuras. Tiene la confianza de creer que pase lo que pase, siempre hará lo mejor a su alcance. Esto puede explicar por qué la misma palabra, *tamim*, es utilizada para expresar simpleza y completitud. Si una persona es realmente completa, entonces tendrá la suficiente autoconfianza como para ser simple. No encontrará necesario impresionar a los demás con sofisticaciones. Además, la persona simple, tal cual el Simple de la historia, siempre está feliz debido a su actitud de simpleza.

El Sofisticado, por otro lado, siempre está preocupado. Se angustia por el futuro y se desespera por como piensan los demás de él. "¿Durará para siempre mi fuente de trabajo?.," "¿Será este estilo correcto y aceptado por la sociedad?," "¿Qué dirán los demás si descubren que mi trabajo tiene fallas?" Estas inseguridades hacen que tome un aire de sofisticación e incluso a veces de desprecio. Debido a todas sus angustias y ansiedades, su atareada y complicada vida sólo le brinda miseria y descontento.

Enseña el Rebe Najmán: Si fuese verdad que la inteligencia y los "conocimientos" son requisitos necesarios para servir a HaShem, ¿cómo es posible esperar que la gente simple, aquellos que no poseen un gran intelecto, lleguen a servir a Dios? Aplica sólo la simpleza en el servicio a Dios. El simple temor al cielo. El simple cumplimiento de las mitzvot y de los actos buenos. No compliques las cosas. Esto sólo nos lleva a desviarnos de la verdad. Por sobre todas las cosas, ¡mantente en la *SIMPLEZA*! (cf. *Likutey Moharan* II, 19).

*

La simpleza, en especial en estos tiempos modernos y sofisticados, es una rara y gran bendición. Como enseña el Rebe Najmán: Llegará un tiempo en que un simple hombre religioso será tan raro y único como el Baal Shem Tov (*Rabbi Nachman's Wisdom* #36).

* * *

2

ALEGRIA

"¡Sirve a Dios con Alegría!" (Salmos 100:2).

Enseña el Rebe Najmán: Es una gran mitzvá el estar siempre alegres. Fortalécete y echa fuera la depresión y la tristeza. Todos tienen muchos problemas y es naturaleza del hombre el sentirse arrastrado hacia la tristeza. Para huir de estas dificultades debes siempre generar alegría en tu vida, aunque tengas que comportarte de manera tonta e infantil (*Likutey Moharan* II, 24).

La alegría es uno de los niveles más difíciles de alcanzar y de mantener (*Rabbi Nachman's Wisdom* #20). Y contemplando nuestras presiones y cargas cotidianas es muy fácil comprender que así lo sea. La alegría no está explícitamente definida en la Torá como una mitzvá separada. Pero a todo lo largo del Talmud, del Midrash y de la Kabalá, se le da a la alegría un lugar central en todas las áreas del Judaísmo. El famoso kabalista de Safed, el Ari (Rabí Itzjak Luria, 1534-1572), afirmó que sólo pudo alcanzar su exaltado nivel espiritual gracias a la gran alegría con la que ejecutó las mitzvot (*Shaar HaKavanot, Shemini Atzeret*). Y de hecho, no muchos de los temas tratados en la literatura de Breslov reciben tan detallada atención como la alegría y la felicidad.

Reb Avraham Jazan comentaba: Si el Rebe Najmán enseñó que es una gran mitzvá estar siempre alegres, ¡debemos creer que hay motivo para estarlo! (*Rabí Eliahu Jaim Rosen*).

* * *

LA IMPORTANCIA DE LA ALEGRIA

Uno de los motivos debido al cual nos hallamos distantes de Dios es la falta de concentración en nuestros objetivos. Con *Yishuv hadaat* (tranquilidad) la persona puede pensar con claridad. Pero esta tranquilidad no se logra sino mediante la alegría. La depresión, como el exilio, extravía nuestra mente, pero la alegría, en cambio, es la libertad. "Con alegría saldrán [del exilio]..." (Isaías 55:12). Con alegría podemos dirigir nuestra mente, ejercer la libertad de elegir nuestra dirección y evitar que nuestros pensamientos se dispersen y extravíen. Pero, ¿cómo podemos encontrar la alegría? Podemos cultivar la alegría y la felicidad buscando las buenas cualidades en nosotros mismos. Y aunque no podamos hallar nada bueno, aún tenemos algo por lo cual estar contentos: "¡Soy un Judío!" (*Likutey Moharan* II,10).

*

¿Pero es que realmente hay algo por lo cual estar alegres? ¿No están nuestras vidas repletas de motivos de preocupación? ¿Cómo podremos pagar ese crédito? ¡¿Qué dijiste que le pasó al automóvil?! ¡¿A quién dijiste que invitaste a cenar?! Y la lista es interminable.

Enseña el Rebe Najmán: "La depresión es la mordedura de la Serpiente" (*Likutey Moharan* I, 189). Así como la serpiente ataca de pronto, lo mismo sucede con la depresión. De pronto golpea y uno se queda pensando cómo podrá volver a estar alegre alguna vez. ¡Si al menos tuviera un pequeño espacio para respirar podría estar alegre! Pero ésto no es necesariamente así. Mi Rosh Yeshiva solía decir: "La gente piensa que las dificultades son algo inesperado en la vida. Se sorprenden cuando aparece la tristeza. Pero aunque alguien llegase a vivir mil años, aún tendría una larga lista de problemas esperándolo. Cuando un problema se va, de seguro que otro lo sigue por sobre sus talones. Este es un axioma de la vida."

¿Por qué entonces nos sorprendemos y disgustamos cuando algo "inesperado" nos sucede? No es inesperado. O al menos no lo debería ser. *Siempre* es así. Siempre hay "algo más," algo que nos arrastra a las profundidades de la depresión. El Rebe Najmán enseñó también que la depresión y la dejadez son sinónimos. Ambos llevan a la ira y a la intolerancia y son el principal motivo del fracaso de la gente (*Likutey Moharan* I, 155). Es un ciclo. Sucede algo inesperado y ésto nos confunde. La dejadez y la depresión, aunque suaves, se sitúan ya en el horizonte. Somos entonces menos tolerantes a aquello que nos puede llegar a suceder después. Por supuesto que esperamos que todo nos vaya mal. ¡Y eso es lo que sucede! Al mismo tiempo, nos encolerizamos, experimentamos una mayor frustración, nos deprimimos aun más y nos sentimos más desanimados y aletargados. La serpiente de la tristeza nos ha mordido sin siquiera habernos dado cuenta de lo que sucedió.

¿Pero por qué existen la depresión, la tristeza y el sufrimiento? Enseñaron nuestros Sabios: Aquél que llore por Jerusalem compartirá su regocijo (*Taanit* 30b). Sin experimentar tristeza y pena no podremos apreciar sus opuestos. No tenemos nada frente a lo cual comparar nuestra alegría. Por lo tanto, *debemos* experimentar el sufrimiento. Sólo entonces podremos conocer el verdadero sabor de la alegría. Y debido a que cierto grado de tristeza y de sufrimiento son necesarios, el Rebe Najmán nos urge a buscar la alegría. Debemos hacer uso de todas nuestras fuerzas para lograr la felicidad, dado que solamente estando alegres podemos tener la suficiente fe, coraje y fuerza necesarios como para enfrentar nuestras penas y cargas y llegar así a superarlos.

Cierta vez escribió Reb Noson a Reb Ozer de Uman: "He oído decir que eres un hombre muy religioso. He escuchado del Rebe Najmán que lo más importante es la alegría... ¡y [ser] religioso también!" (*Aveneha Barzel* pg. 63).

* * *

CÓMO... CON QUÉ...

Es posible que usted crea que insistir en pedirle que sea feliz es algo superfluo. ¿Quién no lo sabe? ¿Es realmente necesario urgir y animar a la gente para que sean felices? Ese es un deseo natural y no algo que deba ser cultivado. Eso piensa usted. ¿O no? De hecho, el Rebe Najmán no lo considera así: "La verdadera alegría es la cosa más difícil." "Debes *forzarte* a ti mismo a estar feliz todo el tiempo" (*Advice, Joy* 35).

Mantenga un estado de ánimo alegre en todo momento. Sirva a Dios con alegría. Aun en los momentos en que todo parece oscuro y difícil, fortalézcase con los "buenos momentos" del pasado. Esto puede compararse con un hombre ciego que alguna vez tuvo el poder de la vista. Aunque ahora no puede ver, él sabe que la luz existe, pues ha sido testigo de ello. Por lo tanto, fortalézcase con la alegría, aquella alegría que conoció alguna vez. Si así lo hace, al final, volverán los "buenos momentos" (Likutey Moharan I, 222). Enseña también el Rebe Najmán que incluso dentro del mismo problema es posible encontrar un "motivo" para estar alegres (ver Likutey Moharan I,195). Simplemente colóquese por un momento fuera de la situación. Se dará cuenta entonces que aunque todo se esté desmoronando a su alrededor, la situación podría haber sido mucho peor.

*

Es fácil estar felices cuando uno se siente bien y las cosas andan bien. ¿Pero qué debe hacerse cuando uno no se siente alegre, en aquellos momentos en los que no hay nada por lo cual alegrarse? Enseñó el Rebe que es necesario encontrar maneras para llevarnos a sentir la alegría. Estas son algunas de sus sugerencias:

Obligándonos. Una de las sugerencias del Rebe para lograr la alegría cuando no la sentimos, es forzarnos a estar alegres. La alegría es algo tan importante que es necesario realizar cualquier esfuerzo para conquistarla. Esto puede compararse con un grupo de personas que danzan en ronda arrastrando a otros a bailar con ellos. Estos últimos se unen a la danza, dejando fuera sus depresiones y tristezas. Pero cuando los recién llegados dejan de bailar, sus depresiones y tristezas vuelven a ellos. Aunque unos pocos minutos de alegría son valiosos, lo mejor es arrastrar a la misma depresión dentro del círculo de alegría y mantenerla allí (Likutey Moharan II, 23). Forzarse a estar alegre hará que al final, el motivo de la tristeza pueda cambiarse en una real fuente de alegría.

Alguien preguntó a Reb Noson cómo es que podía sentirse alegre, teniendo tantos problemas y dificultades. A lo cual Reb Noson respondió "¿Tomando prestada la alegría!" (Siach Sarfei Kodesh 1-736). Cuando se trata de dinero, difícilmente dudamos en tomar prestado contra un cheque a futuro o dividendos, etc. Ahora bien, la tristeza hace que la persona sienta que algo le falta. Lo que se debe hacer entonces, tal como aconseja Reb Noson, es tomar prestado de cualquier cosa que pensemos que nos hará sentir alegría. Por otro lado, hay una gran diferencia entre deber dinero y deber alegría. Devolver el dinero duele un poco. Pero al reintegrar la alegría volvemos a tener alegría. De esta manera, forzando la alegría y la felicidad se obtienen fantásticos dividendos.

Recordando los puntos buenos. Otra manera de alcanzar la alegría cuando nos sentimos deprimidos es reconocer que uno tiene al menos algún punto bueno dentro de sí. Aunque se sienta alejado de Dios, alégrese y agradézcale por "no hacerlo un hereje." Simplemente alégrese de que puede sentirse orgulloso y feliz de su herencia, que ni siquiera es obra suya, sino un regalo de Dios (Este tema se explica con mayor detalle en el capítulo siguiente).

Fingiéndolo. Y aunque no se sienta alegre, al menos puede fingirlo. Pretenda estar feliz. ¿Quién dice que si está deprimido no pueda sonreir? Es común fingir una sonrisa cuando tratamos de ser corteses... ¿Por qué no ahora? ¡Inténtelo! Una sonrisa, incluso una sonrisa forzada, es contagiosa. Y ésto no sólo hará que los otros se sientan alegres al devolverle la sonrisa, sino que, tal como ha quedado demostrado en diversos estudios, el sonreir alivia las tensiones y hace que la visión de la vida sea realmente más brillante (*Rabbi Nachman's Wisdom #43*).

Haciendo algo tonto. Refiriéndose al tema de realizar cualquier esfuerzo para estar alegres, el Rebe Najmán comentó que ello también incluye actuar de manera tonta. El precio que se debe pagar por un poco de tontera es mucho menor que el precio de la depresión y el decaimiento. [Desafortunadamente] no nos es muy difícil actuar de manera tonta. ¿Quién sabe? Es posible que sea una mejora con respecto a muchas de las cosas "serias" que hacemos.

Canciones, música y danza. La música clarifica la mente y nos hace felices. La música tiene el poder de ayudarnos a derramar nuestro corazón delante de Dios. Y tiene la virtud de agudizar nuestra memoria y nos permite concentrarnos en nuestros objetivos (Advice, Joy 14, 15). Es por ello que enseñó el Rebe Najmán que es un muy buen hábito inspirarnos mediante una melodía. Las raíces espirituales de la música y de la canción son muy profundas y pueden despertar nuestros corazones y elevar nuestro espíritu (Rabbi Nachman's Wisdom #273).

Enseña el Rebe Najmán, en otro lugar, respecto al poder especial que tienen bailar y golpear las manos para hacernos felices y mitigar aquello negativo que nos afecta (Likutey Moharan I, 169). Es común en las sinagogas de Breslov bailar todos los días, luego de las plegarias de la Mañana y de la Tarde. Muchos Jasidim de Breslov bailan también luego de una sesión conjunta de estudio y algunos suelen bailar solos también. Es una excelente manera de despertar un sentimiento de real alegría y felicidad.

Cierta vez le dijo Reb Noson a Reb Moshé Breslover: "Te daré un camino para el arrepentimiento. ¡Baila todos los días!" (Aveneha Barzel p.62).

* * *

LA ALEGRIA EN SHABAT Y EN LAS FESTIVIDADES

Cierta vez dijo el Rebe Najmán: "Hasta el más común de los Judíos siente alegría y felicidad al sentarse a la mesa del Shabat" (Rabbi Nachman's Wisdom #155).

Cierta vez, Reb Noson asistió al funeral de alguien a quien apenas conocía. Cuando se le preguntó el motivo de es visita, contestó: "La persona debe siempre llorar delante de Dios. Y cuando se me presenta la oportunidad, la aprovecho siempre" (Siach Sarfei Kodesh 1-635). Lo mismo debemos hacer nosotros cuando se trata de la alegría: aprovechar cada oportunidad. Los escritos del Rebe Najmán están repletos de enseñanzas respecto a estar felices, especialmente en las ocasiones festivas. Nos alentó a aprovechar el Shabat y las festividades para hacer un esfuerzo aún mayor y buscar estar felices y alegres en esos días.

Escribe Reb Noson: Cierta vez, cuando el Rebe estaba por dar una lección sobre la alegría en el Shabat, me preguntó: "¿Tú eres feliz en

Shabat?" "A veces siento un gran temor y reverencia en Shabat," contesté. "Esta no es la manera." dijo el Rebe, "¡Lo más importante es la alegría!" Entonces me habló mucho respecto a estar felices en Shabat. Luego, el Rebe comprendió lo que yo estaba pensando y me dijo: "¡Ahora sí que tienes algo por lo cual estar deprimido!" El sabía que ahora que debía estar alegre, comenzaría a preocuparme por llegar a estarlo. ¿Cómo podría llegar a estar verdaderamente feliz en Shabat? Esto me ayudó mucho, pues me hizo comprender que al menos no debía deprimirme por el hecho de tener que estar alegre... Cuando el Rebe me habló respecto a estar alegre en Shabat, le respondí: "¡Al menos quiero estar alegre!" Es decir, que aunque no sienta verdadera alegría, al menos *quiero* sentirla. (*Rabbi Nachman's Wisdom* #155).

* * *

SUPERANDO LA TRISTEZA

Enseña el Rebe Najmán: La gente dice que existen dos mundos. Este mundo y el Mundo que Viene. Todos creemos que hay un Mundo que Viene. *Puede* que este mundo también exista en alguna parte. Pero con todo el sufrimiento que uno ve en el mundo y todo lo que la gente debe soportar ¡lo más probable es que estemos en Guehinom! (*Likutey Moharan* II, 119). Reb Noson le comentó a uno de sus seguidores: "Si estuvieras siempre alegre, nunca verías Guehinom" (*Kojavei Or* p.78). Por lo tanto, seremos capaces entonces de elevarnos por sobre el Guehinom que es este mundo y el sufrimiento que debamos soportar, forzándonos a estar alegres (ver *Garden of the Souls*, donde se explica este tema con mayor amplitud).

*

Cierta vez, durante los días intermedios de Peisaj, un joven se acercó a Reb Avraham Sternhartz, para hablar con él, respecto a las enseñanzas del Rebe Najmán. Dado que el joven recién había comenzado a interesarse por la Jasidut de Breslov, Reb Avraham le dedicó un tiempo considerable. Al final de la conversación, Reb Avraham observó que el joven jasid parecía muy preocupado. Al darse cuenta que Reb Avraham había reparado en su estado de ánimo, el joven comenzó a relatarle cuánta oposición y dificultad encontraba desde que se había convertido en un jasid de Breslov. Reb Avraham le dijo: "¡Nu! Hoy es Peisaj, el tiempo de nuestra redención," y comenzó a hablarle sobre la grandeza de Peisaj, del Exodo y sobre el verdadero significado de la libertad. Lo alentó y aconsejó con palabras que lo ayudarían a atravesar esos tiempos difíciles. Al final de la conversación, le dijo Reb Avraham: "PeiSaJ tiene el mismo valor numérico que [Rebe] NaJMaN (148). ¿Cómo es posible conectar al Rebe Najmán con los conceptos de Peisaj? La Agadá nos enseña: ¡Esto es lo que hizo Hilel! Tomó Peisaj, Matza y Maror y comió todo junto."

Aconsejó al joven que aceptara la enseñanza de Hillel. Podemos participar del Peisaj, del Tzadik Verdadero, ¡sólo experimentando la amargura y la dificultad! Entonces podremos apreciar en su totalidad estas enseñanzas. "Ahora," le dijo Rab Avraham, "ve a tu casa ¡y disfruta de un Peisaj de alegría!" (The Breslov Haggadah p.54).

*

Si estuviésemos siempre alegres no probaríamos la amargura del sufrimiento y tampoco nos hundiría el gran peso de las dificultades de la vida. Y ésto no es algo fantasioso o irreal. Sino saber simplemente que a veces no podemos hacer otra cosa que orar. En lugar de hundirnos en la pena podemos elevarnos sobre ella y aprovecharla. Al final, las cosas saldrán bien. Enseñó el Rebe Najmán: La alegría abre el corazón (The Aleph-Bet Book, Joy A:2).

* * *

LAS RECOMPENSAS DE LA ALEGRIA

Una persona que está siempre alegre, triunfa (The Aleph-Bet Book, Joy B:1).

La alegría aumenta la habilidad mental para comprender (The Aleph-Bet Book, Joy A:21).

Cuando la alegría se presenta de manera espontánea, es señal que la bondad y la ayuda están en camino (The Aleph-Bet Book, Joy A:26).

*

Enseña el Rebe Najmán: La Luz del Infinito brilla y desciende a través de los mundos superiores alcanzando por último este mundo. La única manera de percibir esta Luz es realizando las mitzvot con alegría (Likutey Moharan I, 24:2). Por otra parte afirma el *Zohar* que cuando estamos alegres traemos luz y alegría a *todos* los mundos.

Reb Noson construyó sobre este tema uno de sus más hermosos discursos (Likutey Halajot, Hodaah 6). A lo largo de veintiseis páginas, Reb Noson relaciona los conceptos de alegría y felicidad con cada individuo en particular, para cada día, en cualquier situación. Y así comienza su discurso: La persona debe saber que las lecciones del Rebe respecto a alcanzar los niveles más altos, la Gran Luz del Infinito, son aplicables a cada Judío que cumple con las mitzvot con alegría. La Torá no fue dada a los ángeles, sino a nosotros. A aquellos de carne y hueso. Incluso nosotros podemos alcanzar los más grandes niveles, simplemente estando ALEGRES.

*

Debemos estar siempre alegres, pues con alegría podemos darle vida a otra persona. Es posible que un amigo esté sufriendo una terrible agonía y no sea capaz de expresar lo que hay en su corazón. Mientras no haya nadie para recibir el peso de su corazón seguirá dolorido y preocupado. Pero si usted llega y lo saluda con rostro alegre, puede animarlo y darle vida, literalmente. Enseña el Talmud (Taanit 22a): Dos *badjanim* (cómicos) fueron declarados "habitantes del Mundo que Viene," sólo por el hecho de hacer que otros se sientan felices (Rabbi Nachman's Wisdom #43).

* * *

SALVADO POR LA ALEGRIA

Había un pobre hombre que se ganaba la vida cavando en la arcilla. Cierta vez, mientras cavaba, descubrió un inmenso diamante. Lo llevó al joyero del pueblo y éste le informó que no había nadie en todo el continente Europeo que pudiera comprar semejante piedra. El único lugar donde podría venderlo era en la ciudad de Londres.

El hombre vendió todo lo que poseía y fue de ciudad en ciudad, mendigando, hasta que finalmente llegó al puerto. Para ese momento, ya había gastado todos sus recursos. Acercándose al capitán del barco que partía para Londres, le pidió un pasaje en la nave. Le mostró el diamante, explicándole que aunque en ese momento no tenía dinero en efectivo, le pagaría al llegar a destino. El capitán no tardó en aceptar la oferta y le ofreció el mejor camarote del barco. Durante la travesía, el capitán solía honrarlo también con una visita diaria, de manera que los dos hombres pasaban horas conversando, transcurriendo así el día.

Durante las comidas, el hombre colocaba el diamante sobre la mesa, delante de él, para disfrutar de su visión y del glorioso futuro que le esperaba. Cierto día, luego de la cena, el hombre se quedó dormido. El camarero entró y levantó la mesa, sacudiendo el mantel fuera del ojo de buey. Y allí fueron las migas junto con el diamante, directo al mar. Cuando el hombre despertó y comprendió lo sucedido fue sobrecogido por el temor y la tristeza.

"¿Y qué haré ahora?" se preguntaba. "¡Nada me queda!" Ya había vendido todas sus posesiones en aras de ese diamante. Y como si su pena no fuese suficiente, recordó de pronto que el capitán llegaría de un momento a otro para su visita diaria. Sabía que el capitán era un hombre rudo y que no vacilaría en matarlo por el precio del pasaje. Parecía que su mundo se estaba desmoronando. Y fue entonces cuando comprendió lo que tenía que hacer. "Sea lo que fuere," se dijo a sí mismo, "fingiré que nada pasó. ¡Fingiré que sigo contento con mi suerte!"

No habiendo otra alternativa, continuó actuando alegremente, como si nada hubiese sucedido. Y lo hizo tan bien que el capitán ni siquiera sospechó. Luego de conversar un rato, el capitán le dijo al hombre: "Querría que me hiciese un favor. Llevo escondido un enorme cargamento de trigo. Si yo lo hago pasar por la aduana deberé pagar muchos impuestos. Veo que usted es una persona inteligente, honesta y de confianza. Me gustaría transferir la propiedad del trigo a su nombre para que sea usted el que lo pase por la aduana. Luego me lo volverá a transferir."

El hombre aceptó. Pensaba que este favor le evitaría la ira del capitán cuando le confesase que no le podría pagar el pasaje. Pero sucedió que al llegar a Londres, el capitán falleció súbitamente y el entero cargamento de trigo quedó como propiedad del hombre. Y el valor de ese cargamento era mucho mayor que el del diamante que había perdido.

*

Y el Rebe Najmán concluye así: El diamante no le pertenecía y la prueba de ello es que lo perdió. Pero el trigo sí era suyo, dado que quedó con él. ¿Pero cómo es que obtuvo aquello que era suyo de verdad? Fortaleciéndose con la alegría, en el momento más oscuro (*Rabbi Nachman's Stories* #19).

* * *

3

LOS PUNTOS BUENOS

Juzga a todos favorablemente (Avot 1:6). Esto promueve la paz (Rashi).

Aquel que juzga favorablemente a los demás también él es juzgado favorablemente (Shabat 127b).

Dios mira simpre lo bueno. Aunque haya cosas que no lo sean tanto, El sólo busca el bien. Cuánto más debemos nosotros entonces evitar concentrarnos en las faltas de nuestros amigos. ¡Estamos obligados a buscar sólo lo bueno, siempre! (Likutey Moharan II, 17).

* * *

¡AZAMRA!

Enseña el Rebe Najmán: Debes saber que es necesario juzgar a toda la gente de manera favorable. Aun en el caso de un gran pecador, debes buscar hasta encontrar algo bueno en él, algún pequeño aspecto en el cual no es pecador. Haciendo ésto, se lo eleva y se lo coloca prácticamente en el lado del mérito. Y de esta manera puedes traerlo de retorno hacia Dios. Esto puede deducirse del siguiente versículo: "Porque un *poco* aún y el pecador no será; y te fijarás en su lugar, y él no estará allí" (Salmos 37:10). Si encuentras aunque más no sea un poco de bien, entonces el pecador ya no lo es, no es más culpable; búscalo en su lugar y él ya no está allí, sino que ahora se lo puede encontrar en el lado del mérito (Likutey Moharan I, 282).

De esta manera comienza la lección del Rebe Najmán conocida como ¡AZAMRA!. Probablemente esta sea la lección más importante de todo el *Likutey Moharan* y es la única sobre la cual el mismo Rebe aconseja: "¡Anda siempre con esta enseñanza!" ¡Recuérdala y practícala siempre!

(El libro ¡AZAMRA!, editado por el Breslov Research Institute, contiene la traducción de esta lección completa y el comentario de Reb Noson explicando en profundidad sus conceptos.) ¿Y por qué es tan especial el mensaje de esta lección?

La facultad de juzgar es una de las herramientas más poderosas del hombre. Si supiésemos cuán potente es, de seguro seríamos más cuidadosos en su utilización. Enseña el Rebe, en otra parte, que juzgar a los otros puede destruir el mundo. Si una persona encuentra una falta en otra, este juicio la puede condenar (Likutey Moharan I,3). ¡Piénselo! Su evaluación, su opinión y su juicio respecto de los demás tiene el poder tanto de elevarlos como de degradarlos.

El problema estriba en que la crítica surge fácilmente. Demasiado fácilmente. Siempre podemos encontrar fallas en lo que los otros hacen o dejan de hacer. No es difícil encontrar motivos ocultos hasta en el más meritorio de los actos. Y ésto es cierto especialmente cuando escuchamos calumnias. Entonces, todos saltan al tren, condenando al ofensor por sus faltas. Debemos comprender que cada palabra dicha respecto de otra persona es, de alguna manera, una forma de juicio. Si en nuestro juicio encontramos los puntos buenos y nos concentramos en lo positivo, podemos hacer que el mundo, todo el mundo, se incline hacia el lado del mérito y lo valioso. Pero, también lo contrario es verdad. Al juzgar a los demás, si encontramos fallas y nos concentramos en lo negativo, podemos llevar al mundo, a todo el mundo, hacia la falta de mérito y valor. Es por ésto que debemos tratar siempre de buscar lo bueno en los demás, inclusive en la peor persona que conozcamos. Tal énfasis sobre sus rasgos positivos lo afectará debido a que, tal como dijo el Rebe Najmán, nuestro juicio favorable "de hecho lo eleva hacia el lado del mérito."

*

Luego de la publicación de su *Likutey Tefilot* (Colección de Plegarias), sus seguidores le sugirieron a Reb Noson que debería ser conocido como el Señor de la Plegaria (tal como el personaje principal de la doceava historia del libro *Rabbi Nachman's Stories*, titulada "El Señor de la Plegaria.") Reb Noson contestó: "El Señor de la Plegaria es el Rebe Najmán. Si yo fuese considerado como uno de los hombres del Rey, sería el Bardo, el cantante de alabanzas. ¡Y ésto es así pues puedo llegar a encontrar mérito incluso en una persona que haya transgredido 800 veces toda la Torá!" (Siach Sarfei Kodesh I-591).

* * *

...INCLUSO NUESTROS ENEMIGOS

No juzgues a tu compañero hasta no estar en su lugar (Avot 2:5).

Juzgar a los demás de manera favorable se aplica no sólo a los pecadores, sino también a nuestros enemigos, aquellos que podrían llegar a hacernos daño. En la mayoría de los casos, la enemistad entre dos personas surge de pequeños celos. Puede ser que yo esté celoso de mi compañero porque él tiene más o ha logrado más que yo o bien él envidia lo que yo tengo o lo que he logrado. No somos iguales en el ámbito de los celos. De serlo, no habría razón alguna para la envidia. Y de hecho, yo debo elevarme a su posición o, si él se encuentra en un nivel inferior al mío, debo elevarlo a él y hacerlo mi igual. ¿Cómo? Fácilmente, juzgándolo de manera favorable. Entonces, cuando no existan más las diferencias entre nosotros, no habrá lugar para los celos y nada por lo cual pelear (Likutey Moharan I,136).

A primera vista, este concepto puede ser algo difícil de aceptar. No puede negarse que los celos son una emoción muy destructiva cuyos efectos pueden ser tremendos. La envidia es la madre del conflicto. Pero, por el contrario, juzgar a una persona de manera favorable puede traer armonía. Buscando siempre los puntos buenos en los demás, juzgándolos como meritorios y concentrándonos en sus virtudes, podemos eliminar el ciclo de enemistad y conflicto. Y, si en lugar de aferrarnos a nuestra cómoda opinión y de ser posesivamente protectores de nuestras cosas y logros, le otorgamos a la otra persona el beneficio de la duda, podemos modelar una vida mucho mejor y más pacífica, para nosotros y nuestras familias.

* * *

...Y NOSOTROS MISMOS

"Muy bien" diría usted. "Entonces juzgaré a mi prójimo de manera favorable. Puede ser que él sea una buena persona. La verdad es que no conozco sus verdaderas motivaciones ni aquello que lo lleva a actuar de la manera en que lo hace. Pero no puedo decir lo mismo de mí. Yo conozco qué es lo que me motiva. Y créanme, no hay forma, ni manera alguna en que yo pueda decir *honestamente* que también yo soy una buena persona."

Mucha gente tiene esta manera de razonar. Incluso hay personas que aunque en su aspecto exterior parecen seguras y positivas respecto de ellas mismas, cuando se las apura, admitirán que encuentran difícil juzgarse de manera favorable. Se conocen muy bien a sí mismas y es muy posible que su autoevaluación sea acertada. Puede ser que sus buenas obras estén motivadas por el deseo de fama y fortuna. Pero la pregunta sigue siendo la misma: ¿Será correcta su conclusión, su creencia en que no son una buena persona? El Rebe diría: "¡No!"

¡AZAMRA! Enseña el Rebe Najmán: También debes encontrar los puntos buenos dentro de ti. Debes estar siempre alegre. Puede ser que al examinarte no encuentres ningún punto bueno con el cual alegrarte, ni Torá, ni mitzvot, ni actos buenos, etc. No debes permitirte entonces caer en la depresión. En lugar de ello, continúa buscando algún acto bueno. *Debe* haber algo bueno. Aunque encuentres que tus actos "no son puros," que fueron motivados por pensamientos impropios o con segundas intenciones, al menos busca los aspectos positivos en las cosas que has hecho. Algún aspecto de tus actos debe haber sido positivo. Y de no serlo, ¡puedes al menos alegrarte de que eres un Judío! Y este punto bueno no puede tener ninguna falla pues fue obra de Dios (Likutey Moharan I,282).

*

Reb Meir de Teplik estaba de visita en casa de Reb Noson. Al ser interrogado respecto de cierta persona que vivía en Teplik, Reb Meir respondió de manera displicente, como diciendo que no había mucho que hablar respecto de ese hombre. Reb Noson le dijo: "Si observas las cosas de manera negativa y con una mirada desfavorable, encontrarás fallas en todo el mundo. Piensa en la gente que vive en Teplik. Comienza con aquella persona que vive en las afueras de la ciudad. Si miras detenidamente, de seguro le encontrarás alguna falta. Luego continúa de casa en casa hasta que llegues a *tu* casa. ¿Eres tú el único buen Judío del pueblo?" "¿Yo? Yo tampoco soy muy recto," se apuró en contestar Reb Meir. "Y si tú no lo eres, ¿quién entonces lo será?" preguntó Reb Noson. "Pero si miraras al mundo de manera favorable," continuó, "encontrarías el bien hasta en la peor persona; y por supuesto en todos los demás" (*Kojavey Or*, pg. 75).

*

El fracaso es uno de los principales motivos de la depresión en las personas. Un asunto de negocios falla, una relación que se está intentando no se concreta. "Otra vez fallé" es lo que usted vuelve a pensar. Un conflicto familiar lo preocupa; es una nimiedad, pero lo deja ansioso. A veces se despierta con la sensación que ese día todo le saldrá mal. Hay que tener cuidado. No es bueno permitir que un sentimiento de fracaso o inclusive de falta, se haga fuerte en usted. Pues de permitirlo, uno se vuelve pesimista y ésto llama a otros fracasos. ¿Y qué otra cosa puede hacer? Puede buscar un punto bueno. Recargarse con optimismo y un pensamiento positivo. ¡Usted tiene valiosas cualidades! ¡Usted puede lograrlo! Adoptar esta actitud lo ayudará a recuperarse de las caídas. Y llegará a triunfar inclusive en aquellas áreas donde las cosas andaban muy mal.

El Rebe Najmán enfatizaba mucho este concepto. "Uno debe *siempre* buscar lo bueno..." repetía una y otra vez. Hay que ser optimistas, siempre. ¡Nunca desesperar, nunca dejarse caer! Cualquiera sea el bien que encuentre, guárdelo. Esto lo ayudará a descubrir su propia y única reserva de vitalidad. Al igual que todos los seres humanos, usted posee una fuerza interior increíble, una fuente casi inagotable de energía, parecida a una batería recargable, la que lo propulsa hacia adelante. ¿Y cómo se la enciende? ¿Cómo se hace para ponerla en marcha? Esto es lo que el Rebe Najmán viene a enseñarnos: Comience buscando lo bueno. Concéntrese sólo en sus puntos buenos. ¡No desespere! Usted puede lograrlo. ¡Usted triunfará!

*

Cierta vez el fuego arrasó una parte del pueblo de Breslov. Al pasar por el lugar Reb Noson y sus seguidores observaron que uno de los desdichados propietarios, llorando amargamente, recorría los escombros de su destruída vivienda con la esperanza de encontrar algo, cualquier cosa, con lo cual volver a reconstruir su hogar. Reb Noson comentó: ¿Ven lo que está haciendo? Aunque su casa ha sido destruída, no abandona la esperanza. Este hombre intenta recuperar todo lo que le sea de utilidad para reconstruir su vivienda. Lo mismo vale en el plano de la espiritualidad. El Malvado lucha contra nosotros y trata de destruir toda la santidad que hayamos podido construir, haciendo que cometamos algo que va en contra de la voluntad de Dios. Aun así, al caer y cuando parece que ya no hay solución, no debemos nunca abandonar la esperanza. Debemos tomar los pocos puntos buenos y juntarlos de en medio de los pecados. Esta es la manera de retornar a Dios (*Kojavey Or* Pg.78).

*

Enseña el Rebe Najmán: La persona debe verse reflejada en los versículos de los Salmos, e interpretarlos como si hablaran de ella misma. Debe observar las palabras como referidas a su persona y a su situación específica. En relación a ésto alguien preguntó al Rebe cómo era posible aplicar a sí mismo todos los versículos. Por ejemplo, ¿qué sucede con aquellos versículos donde el Rey David se alaba a sí mismo, como cuando dice: "Dios, guarda mi alma porque soy piadoso?" (Salmos 86:2). El Rey David podía decir ésto sobre sí mismo, pero no había manera de que este hombre pudiese decir honestamente lo mismo de sí. El Rebe contestó: "La persona debe juzgarse siempre a sí misma de manera favorable. Esto le permite ser piadosa al menos en *ese punto bueno*. Esto podemos observarlo en nuestra liturgia diaria. Primero decimos '¿Quienes somos nosotros? ¿Qué es nuestra vida? ¿Cuál es nuestra rectitud?' Luego decimos: 'Pero somos hijos de Avraham, Itzjak y Iaacov...' De esta manera nos alabamos y encontramos algún punto bueno en nosotros. ¡Y ésto nos lleva a servir a Dios!" (*Likutey Moharan* II, 125).

*

Cierta vez, alguien se acercó al Rebe Najmán quejándose de la amargura de su vida. Este hombre quería acercarse a Dios y corregir su camino, pero cada vez que lo intentaba las tentaciones se hacían más fuertes. Los días pasaron a ser semanas y las semanas pasaron a ser años, y el hombre aún no había podido lograr mejorar en sus devociones hacia Dios. El Rebe trató de animarlo, pero fue en vano. El hombre continuaba quejándose de su suerte. Le dijo entonces el Rebe: "Dado que es todo malo, ¡está claro que no hay nadie con quien yo pueda hablar!" El hombre reaccionó ante ésto: "¡Pero yo sí trato! *Trato* de cambiarme a mí mismo. ¡No soy totalmente malo!" Escuchando ésto, el Rebe le dijo: "¡Ajá! Ahora debes utilizar la lección de ¡*AZAMRA!* Utiliza tus puntos buenos para lograr inspirarte."

La intención del Rebe Najmán era que la persona misma dijese que no todo estaba perdido; que aún tenía deseos de cambiar su camino. Al sentirse distante de Dios, el hombre comienza a pensar que nunca podrá lograrlo. Al desafiar a todos los hombres de la misma manera en que desafió a este hombre, el Rebe nos fuerza a reconocer que sí tenemos puntos buenos. Y una vez que ésto queda establecido, somos capaces de continuar hacia adelante (*Tzaddik* #569).

*

Aconsejaron nuestros Sabios: "Cada persona debe decir: el mundo fue creado sólo para mí" (*Sanhedrín* 37a). ¿Qué significa ésto? Quiere decir que cada persona es importante y en especial usted. Es verdad. Usted está primero. El mundo fue creado para usted. Lo único que sucede, explica el Rebe Najmán, es que este privilegio conlleva una responsabilidad. Debido a que el mundo fue creado para mí, debo ocuparme de su rectificación. *Yo soy responsable* por el mundo (*Likutey Moharan* I, 5:1).

*

Reb Noson no sólo estudió las enseñanzas del Rebe Najmán, sino que también las *vivió*. Encontrar los puntos buenos es un tema que aparece una y otra vez a lo largo de sus discursos en el *Likutey Halajot*. Transformó la lección ¡AZAMRA! en una guía práctica para mejorar las relaciones con la familia, los amigos y los vecinos, y por supuesto con cualquiera que uno pudiera llegar a encontrar. Piense cómo la mayor parte de los conflictos en el hogar, que son la más común y más dañina forma del desacuerdo, serían eliminados de inmediato si sólo pudiéramos ver los puntos buenos y concentrarnos solamente en las cualidades positivas de nuestra esposa e hijos.

El Rebe Najmán insistió: "¡Nunca desesperes!" (*Likutey Moharan* II,78). No importa lo que haya sucedido, no importa cuánto se haya alejado, ¡nunca desespere! Agrega Reb Noson: Siempre puedes encontrar maneras de retornar a Dios. Si has comenzado, continúa. Y si no has comenzado a servir a Dios, ¡comienza ahora! (*Likutey Halajot, Masa uMatán* 4:16).

Reb Noson reconoció nuestra necesidad de encontrar *hitjazkut* (apoyo y ánimo). Pero, así y todo, cada vez que habla sobre el apoyo que podemos obtener de los demás, inevitablemente apunta al apoyo que debemos conseguir de nosotros mismos. En última instancia, no importa cuánto apoyo podamos obtener de los demás (del Tzadik, nuestra familia, los amigos, etc.) todo se resume en cuánto nos preocupamos de nosotros mismos. Por lo tanto, escribe Reb Noson: Después de todo, si no eres tú el que se apiade de ti mismo, ¿quién lo hará? (*Likutey Halajot, Netilat Iadaim liSeuda* 6:37).

Y a ésto agrega Reb Noson: ¡Hasta una pequeña gota de bien nunca se pierde! ¡Nunca! Enseñan nuestros Sabios: "Si has buscado y encontrado, créelo" (*Meguila* 6b). ¿Por qué "créelo"? Si lo he encontrado, entonces ya lo *sé*. ¿Qué importancia tiene el creerlo? Pero éste es el asunto. No importa cuánto uno busque lo bueno, siempre se puede llegar a pensar que aún no se ha logrado u obtenido nada. Puede ser que ahora se sienta más alejado de su objetivo de lo que estaba antes de comenzar. Es con ésto en mente que nuestros Sabios enseñaron específicamente:

"¡créelo!" Cree que has encontrado algo bueno, ¡aunque no lo puedas ver! (*Likutey Halajot, Birjat HaPeirot* 5:1,2).

Así ilustra Reb Noson la manera en que podemos llegar a percibir ese bien y en el proceso descubrir que poseemos mucho más bien de lo que creíamos: Siempre que perdemos algo importante, algo que necesitamos con urgencia, nos dedicamos a buscarlo. Miramos por todos lados y finalmente lo encontramos. Sucede a menudo que en la búsqueda hallamos otros objetos "perdidos," cosas que habíamos "olvidado" y no recordábamos que poseíamos. Lo mismo sucede con la persona que busca sus verdaderos puntos buenos en el Judaísmo. En el transcurso de su búsqueda encontrará inevitablemente, dentro de sí, otros puntos "perdidos." Y que son suyos solamente. Para su sorpresa verá que posee una gran cantidad de "pequeñas y buenas cualidades" (*Likutey Halajot, Birjat HaPeirot* 5:4).

* * *

PUNTO A PUNTO

Cada uno de nosotros posee algún punto bueno que es único y propio. Respecto a esta cualidad o aspecto de su ser, usted es un "Tzadik." Y lo mismo es verdad respecto de su amigo. En relación a su punto bueno, él es un "Tzadik." Cada uno de ustedes es virtuoso y recto respecto de un atributo diferente. Hágase a la costumbre de hablar con un amigo, diariamente, sobre el servicio a Dios. De esta manera podrá recibir del punto bueno de su amigo, al tiempo que comparte el suyo con él (*Likutey Moharan* I, 34:4). Escribe Reb Noson: La mejor manera de obtener conocimiento es iluminando los corazones de nuestros amigos Judíos con la fe y el conocimiento de que Dios está aquí, esperando que volvamos a El. Esto puede lograrse mediante la camaradería y la unidad, en la ayuda mutua para alcanzar la verdad (*Likutey Halajot, Netilat Iadaim LiSeuda* 6:49).

*

Aquél que quiera tener verdadera piedad de sí mismo y pensar en su objetivo último, debe comenzar cada día de nuevo, como si recién hubiera nacido. El día de hoy es todo lo que cuenta. Comience nuevamente. Desde el principio. Cada Judío, en tanto esté orgulloso de su Judeidad, de seguro que realiza al menos algunas mitzvot cada día. Oramos, estudiamos algo de Torá, damos un poco de caridad, hacemos algún acto bueno; algunos más y otros menos pero todos realizamos algo valioso cada día. Es esencial comprender que el pasado se ha ido, que el futuro aún no ha sucedido y que el presente es en esencia todo lo que tenemos para trabajar. Hoy, el día de hoy, nunca existió y nunca volverá a existir. Como una nueva creación, nos da la oportunidad de comenzar otra vez. Si éste es el caso, entonces lo importante es recordar que: *¡HOY ES TODO LO QUE CUENTA!* (*Likutey Halajot, Kiriat HaTora* 6:17).

*

Enseña el Rebe Najmán: La gente considera que el olvido es una falla. Yo lo considero una gran ventaja. Si la persona no olvidara, le sería imposible servir a Dios. Recordar todas sus transgresiones le impediría levantar la cabeza [y comenzar nuevamente]. Pero con el olvido, la persona puede dejar el pasado y encarar el futuro [con esperanza] (*Rabbi Nachman's Wisdom* #26).

Reb Noson ilustra ésto con la siguiente ley: Durante la semana se lee en la sinagoga un pequeño pasaje correspondiente a la sección semanal de la Torá que se leerá ese Shabat, de manera completa, en la sinagoga. Sin embargo, aunque ya se lo ha leído en la tarde del Shabat anterior y en la mañana del Lunes y del Jueves, no se lo deja de leer en la mañana del Shabat, cuando la porción entera de la Torá debe ser leída del principio al fin. [Bien podríamos no incluir aquello leído durante la semana y comenzar desde donde dejamos el Jueves en la mañana]. Esto ilustra la importancia de comenzar siempre de nuevo. La persona no debe mirar hacia su pasado. Cualquier cosa que haya pasado, buena o mala, ya no existe. Ahora es tiempo de encarar hacia adelante, olvidando todo lo que pudo haber sucedido. Comience nuevamente. Estudie Torá, eleve sus plegarias con fervor, realice las mitzvot. El pasado se ha ido. Mire, con verdad, hacia el futuro (*Likutey Halajot, Kiriat HaTora* 6:17).

* * *

¡SOY JUDIO!

Había una vez un Tzadik que cayó en un terrible estado depresivo. Y no importa cuánto lo intentara, no podía encontrar alegría. Consideró un punto bueno y otro pero nada lograba inspirarlo. La depresión y la apatía pesaban sobre su mente. Tratando de salir de ese estado intentó recordar el bien y la bondad que Dios le había otorgado. Pero aun así no lograba salir de ese estado. Cada vez que encontraba una razón para alegrarse, una voz insidiosa en su interior le mostraba algún rasgo negativo en eso que había encontrado y lo volvía a deprimir.

Pensó y pensó hasta que finalmente se le ocurrió algo. "¡Dios me ha hecho Judío!" Esto sí que no era obra suya. No había de parte suya ninguna motivación ulterior. Era obra de Dios solamente. "Puedo sentirme verdaderamente alegre por ésto," se dijo. "¡Verdaderamente alegre!"

Comenzó a sentirse muy contento. Y con esta alegría empezó a salir de su depresión elevándose cada vez más alto. Como resultado de esa gran alegría por ser Judío se sintió flotar muchos kilómetros hacia arriba. Se elevó y elevó cada vez más, volando a través de los Mundos Superiores hasta que alcanzó el nivel de alegría de Moshé Rabeinu cuando recibió la Torá en el Monte Sinaí.

Pero, de a poco, la alegría del Tzadik fue disminuyendo. Mirando a su alrededor se encontró de retorno en el mismo lugar de donde había salido. Bueno, no exactamente en el mismo lugar, sino unos centímetros más allá. El Tzadik no podía comprenderlo. Había volado tan alto en los Mundos Superiores pero aquí, en los mundos inferiores, ¡se encontraba en el mismo lugar!

Comenzó entonces a comprender la importancia de encontrar al menos un poco de bien, aunque más no sea una gota de valor, dentro de sí mismo. Cuando la persona encuentra ese poco, ese centímetro de avance que el hombre logra en este bajo mundo físico, Dios lo considera como miles y miles de kilómetros en los Mundos Superiores.

Esto se puede ilustrar dibujando una rueda, un círculo con un punto en el centro, desde el cual irradian lineas hacia la periferia. Cuanto más cerca se hallan estos radios del centro, más juntos están uno del otro. Y cuanto más lejos están del centro, más separados se encuentran el uno del otro. Un pequeño movimiento de menos de un centímetro producido cerca del centro equivale a un movimiento de una magnitud mucho mayor en la periferia del círculo. De manera similar, comparado con los universos superiores, este mundo físico no es más que un punto dentro del gran círculo, el centro de la rueda. Un mínimo de movimiento hacia Dios en este mundo produce un cambio de posición de miles y hasta millones de kilómetros en los Mundos Superiores (*Rabbi Nachman's Stories* #16).

*

Enseña el Rebe Najmán: Dios se enorgullece en cada uno de los Judíos (*Likutey Moharan* I, 17:1). Insiste en ésto, pues es común que la persona dude de su propio valor. "Ahora que he pecado, ¿cómo puede Dios enorgullecerse de mí?" Y como resultado de ésto, la persona comienza a abandonar el cumplimiento de las mitzvot e inclusive su deseo de servir a Dios. Es por ésto que el Rebe Najmán enfatizó la importancia y el valor de cada Judío. "Dios se enorgullece en cada uno de los Judíos," sin importar aquello que haya hecho, y sin importar cuánto haya caído. Por lo tanto insistió el Rebe en la necesidad de encontrar los puntos buenos en cada persona. Esto le permitirá encontrar la inmensa cantidad de bien que posee dentro. Y encontrando este bien, podrá entonces retornar a Dios (*Belbey HaNajal* I, 17).

*

En el pueblo Ucraniano de Teplik vivía un Jasid de Breslov llamado Feivel. Cada noche, Feivel se levantaba, a medianoche y recitaba el *Tikun Jatzot* (el Lamento de Medianoche). Inspirado por la gran alegría que sentía por haber realizado esa mitzvá, comenzaba a danzar y a cantar fervorosamente las palabras *Ashreinu, ma tov jelqueinu* (cuán afortunados somos, cuán buena es nuestra porción) una y otra vez. Con el tiempo la gente comenzó a llamarlo Feivel-Ashreinu.

Siempre que Reb Noson visitaba Teplik, Reb Feivel salía alegre a recibirlo. Cierta vez, Reb Feivel no apareció. Cuando Reb Noson inquirió por él, la gente comenzó a preguntarle a cual Feivel se refería. "¡Oh!,

¡Usted debe referirse a Feivel-Ashreinu!," dijeron finalmente en tono de burla. "Falleció hace un tiempo." Reparando en la manera condescendiente como se referían al fallecido Jasid, Reb Noson les dijo: "En el otro mundo la gente es castigada haciéndole repetir los mismos actos que realizaron en este mundo. Y yo les digo ésto, el 'castigo' de Reb Feivel será recitar el *Tikun Jatzot* y danzar *Ashreinu*, ¡feliz con todos los puntos buenos que juntó en este mundo!" (*Siaj Sarfei Kodesh* I-786).

* * *

4

LA VERDAD

La verdad es el sello de Dios (*Shabat* 55a).

Pueden existir muchas mentiras, pero hay una sola verdad (*Likutey Moharan* I,51).

SOLO UNA VERDAD

¿Qué es la verdad? Esta debería ser la pregunta más fácil de responder, pero de hecho es una de las más difíciles. La verdad es una, sólo una, de manera que no debería presentar dificultad alguna el poder definirla. Lo único que debemos hacer es buscar el "uno." Pero, ¿qué es ese uno?

"Shemá Israel...Escucha, Israel, Dios es Uno" (Deuteronomio 6:4). Sabemos que Dios es verdad, que El es Uno. Pero existen también otras verdades. "*Torat Emet*, la Torá de verdad..." (Malaji 2:6). También existen Tzadikim Verdaderos. Y hay verdad dentro de cada uno de nosotros.

Pero la verdad es, en realidad, *sólo* una. Este es el concepto de simpleza. Si nos encontramos atrapados en una red de complicaciones, estamos distantes de la verdad. Cuanto más simple es nuestro acercamiento a la vida, más claras son nuestras perspectivas y más cerca estaremos de la verdad. Y cuanto más cerca estamos del Uno, de Dios, tanto más podremos apreciar que todas estas verdades no son sino una.

* * *

LA VERDAD REAL

Encontramos en el Midrash: Cuando Dios decidió crear a Adán, los ángeles se dividieron en dos fracciones, en pro y en contra de su creación. La Bondad dijo: "Hay que crear al hombre pues él realizará actos de bondad." La Verdad argumentó: "No hay que crearlo pues estará lleno de mentiras." La Rectitud dijo: "Hay que crear al hombre pues realizará actos justos." La Paz dijo: "No hay que crearlo pues estará lleno de discordia." ¿Y qué hizo Dios? Tomó a la Verdad y la arrojó a la tierra. Los ángeles preguntaron: "¿No es acaso la Verdad Tu sello? ¿Por qué la arrojaste a la tierra?" Dios dijo entonces: "Que la Verdad se levante de la tierra" (Bereshit Raba 8:5).

Preguntó Reb Noson: ¿Qué ha sucedido aquí? ¿Por qué Dios arrojó la Verdad a la tierra? Y más enigmático aún es el hecho que, de todas las Cualidades Divinas, fue la Verdad la que discrepó con Dios. Viendo que al final Dios creó al hombre y que ésa es por lo tanto la verdad: que el hombre debía ser creado. ¿Cómo podía la Verdad argumentar contra ello? ¡Y también Dios Mismo es verdad! ¿Cómo podía la Verdad argumentar en contra de la verdad?

Hay muchas mentiras, pero una sola verdad. Donde hay *mucho*, allí está el concepto de lo falso. Donde hay *uno* sólo, allí está la verdad. El Hombre fue creado. De él surgió la población del mundo, los "muchos." Y nos encontramos ahora con una pregunta difícil: ¿Dónde está la verdad? ¿Quién de nosotros tiene la verdad, la *verdad real*? Somos muchos. ¿Cómo puede alguien llegar a discernir aquello que sea la verdad? ¿Quién está en lo cierto? ¿Cuál es el camino correcto?

Las sendas de Dios son muy profundas y se nos ocultan. Incluso los ángeles no pueden alcanzar a Dios o a Su verdad. Los ángeles comprendieron que Dios quería crear al hombre para que Lo sirviese. ¿Cómo podría un hombre corpóreo, con un cuerpo físico y viviendo en un mundo físico, ser capaz de comprender esta verdad? ¡Imposible!, eso fue lo que pensaron y por lo tanto argumentaron en contra de su creación. Pero Dios pensaba de otra manera. El sabía que el hombre tendría la sabiduría, el intelecto y la habilidad de elevarse por sobre ese desafío y reconocer la verdad eligiéndola por sobre lo falso.

*

Existe la verdad y existe la verdad real. Los ángeles estaban en lo cierto al afirmar que el hombre está lleno de falsedad. Tiene "muchos" pensamientos y "muchas" ideas dentro de sí. Constantemente debe ocuparse de buscar y determinar la verdad. Si lo hace, eventualmente terminará por encontrarla. Pero esa verdad que el hombre encuentra ¿es ella la verdad real, la verdad definitiva? ¿O es solamente una forma de la verdad, una verdad parcial y por lo tanto incompleta? La respuesta es que cada uno posee dentro de sí una medida de la verdad y la habilidad para buscarla. Pero debemos comprender también, que la verdad de cada uno es diferente, determinada por factores tales como la disposición, el entorno, la educación, etc. Y mucho depende "de donde uno viene." Debido a ésto, la verdad del hombre, siendo verdad, es sólo parcial. Y fue esta verdad, la verdad parcial propia de cada uno, la que arguyó con el Creador. Y fue esta verdad la que Dios arrojó a la tierra.

Dios posee una comprensión superior. La Suya es la Verdad Definitiva, que trasciende hasta a la verdad más "obvia." Los Verdaderos Tzadikim han llegado a esta verdad y nosotros, los "muchos," podemos también alcanzarla. ¿Y cómo? Aceptando que la verdad definitiva, una verdad superior a la nuestra, existe y que es nuestro deber buscarla. Entonces, la verdad, la verdad real, se elevará de entre nosotros (*Likutey Halajot, Ribit* 5:16-20).

Enseñó Reb Noson que una persona debe siempre implorar y pedirle a Dios que lo guíe en la senda de *Su* verdad. Con nuestra propia verdad podemos engañarnos, pero la verdad de Dios es real, es la Verdad Definitiva (*Siaj Sarfei Kodesh* 1-502). Y agregó Reb Noson: "¿Cómo puede uno reconocer la verdad real si se le presenta? Si reconoces en tu corazón que realmente deseas la verdad (sólo la verdad real), y le pides a Dios que te haga digno de Su verdad y dejas tus acciones totalmente en Sus manos, entonces, sea como fuere que El te guíe, esa será la verdad definitiva" (*Likutey Halajot, Beheima veJaia Tehora* 4:24).

*

Hubo un tiempo en que Reb Noson era presionado por su suegro para que tomase el puesto de rabino oficial en uno de los distritos locales.

De hecho estaba bien calificado para ese puesto y semejante posición le hubiese permitido ganarse la vida, algo que mucho necesitaba. Pero Reb Noson no estaba seguro sobre lo que debía hacer. No estaba seguro que esa fuese su verdadera manera de servir a Dios, que eso fuese lo que Dios quería de él. Ante el dilema buscó el consejo del Rebe Najmán.

"Toma ese puesto," le dijo el Rebe. "¿Por qué no? Ser rabino oficial debe de ser algo bueno."

"¿Pero es esa la verdad? ¿Es eso lo que verdaderamente debo hacer?" preguntó Reb Noson.

"Sí," contestó el Rebe. "¿Quién más calificado que tú para ese puesto?"

Pero Reb Noson no estaba totalmente convencido. "¿Pero es esa la verdad *real*?" insistió.

"¡¿Tu quieres la verdad *real*?!" respondió el Rebe. "La verdad real es que no debes tomar ese puesto." (El Rebe comprendía que la responsabilidad iba a frustrar el crecimiento espiritual de Reb Noson.) Reb Noson estuvo siempre muy agradecido de haber insistido con el Rebe pidiendo la verdad *real*. Habiéndose negado a ese puesto, pudo servir a Dios y pasar así su vida difundiendo las enseñanzas del Rebe Najmán (Siach Sarfei Kodesh 1-175).

*

Enseñó también el Rebe Najmán: Donde hay verdad hay paz (The Aleph-Bet Book, Truth A:22). Cuando se comprende la Verdad Definitiva, sabiendo que cada uno de nosotros es diferente y aun así busca al Dios Unico, entonces se puede alcanzar la paz (Likutey Halajot, Ribit 5:20). (El pequeño libro MAIM trata en detalle todos estos conceptos, conjuntamente con el Midrash sobre los cuatro que entraron en el Pardes [Jaguigá 14b] y los comentarios de Reb Noson explicando en profundidad estas ideas).

* * *

RECONOCER Y ACEPTAR LA VERDAD

Enseña el Rebe Najmán: La verdad es cumplir con una mitzvá cuando se está solo, de la misma manera como se la cumpliría encontrándose entre la gente: con la misma dedicación, cuidado y devoción. Tal es el modo de un hombre de verdad (*Likutey Moharan I, 251*). Cierta vez, una persona conversaba con el Rebe Najmán respecto a ser un *rebe*. El Rebe Najmán le advirtió contra ello. "No podrás recitar ni siquiera las Gracias por la Comida de manera apropiada. Todos tus pensamientos estarán pendientes de actuar de una manera aceptable frente a tus seguidores" (*Rabbi Nachman's Wisdom #47*).

La verdad, en este sentido, significa no necesitar "asistencia" de los otros. Por ejemplo, cuando una persona está orando, a veces necesita "ayuda." Sus intenciones y sus acciones están gobernadas por la conciencia de que los otros lo están observando. Necesita del ojo público para poder ver cuán bien está orando. Por otro lado, están los que desean verdaderamente orar con devoción, pero estar en público los distrae, sintiendo que son observados, aun cuando ésto no sea así. La verdad se manifiesta cuando uno no necesita "asistencia" de nadie. No importa quién esté alrededor, pues uno está concentrado en el servicio a Dios (*Likutey Moharan I, 66:3*).

*

Con espíritu abierto. Hoy en día, existe la tendencia de aceptar la verdad solamente cuando la persona "así lo siente." Pero ésto no es suficiente. Existe un gran peligro en ignorar la verdad. Enseña el Rebe Najmán: El rasgo de carácter conocido como *nitzajon* (victoria) nos impide aceptar la verdad. Es probable que a lo largo de una conversación lleguemos a deformar nuestro propio razonamiento y opinión antes que aceptar o peor aún, admitir, que la otra persona pueda estar en lo cierto (*Likutey Moharan I,122*). Y esto también es verdadero cuando se discute con la propia conciencia. Es posible que comprendamos que aquello que hacemos está mal, pero lo racionalizamos; utilizamos la "lógica" antes que la verdad, y nos autoconvencemos que aquello que estamos haciendo es lo correcto.

Por lo tanto, sólo reconoceremos la verdad si nos acercamos a lo que hacemos con un espíritu abierto, buscando la verdad y estando *preparados* para aceptarla. ¿Es posible que la otra persona esté en lo cierto? Puede ser que sí o puede ser que no. Escuchémosla. Escuchemos qué es lo que tiene que decir. *Luego* podremos evaluar. Tome los puntos buenos, los puntos positivos y acéptelos como lo que son, la verdad. Pues, de hecho, desde este punto de vista, ellos son la verdad, Luego ofrezca su propio punto de vista, sin buscar la "victoria." La verdad triunfará.

*

Reconociendo una mentira. Pero un peligro aún mayor lo constituye la alteración de la verdad. Es importante reconocer ésto en uno mismo y en los demás. Así se lamentaba el Profeta (Isaías 5:20): "¡Ay de aquellos que llaman mal al bien y bien al mal! Ellos hacen que la oscuridad [parezca] luz y que la luz [parezca] oscuridad; lo amargo hacen dulce y lo dulce amargo."

Las ecuaciones matemáticas deben ser absolutas. Hasta el mínimo error en una pequeña fracción, puede producir una serie de cálculos erróneos que lleven a un desastre (por ejemplo en la construcción, etc.) Cuánto más aún será si la persona altera la verdad de la vida y trama una red de falsedades y mentiras a su alrededor. Una vez que se ha dicho una mentira, otra debe ser creada para cubrir la primera, y así en más. Había un hombre, en el vecindario de Reb Noson, que era un conocido pecador y que hacía que la gente se descarriara. Pero aun así, era conocido como un hombre de principios que nunca mentía. Cuando le preguntaron acerca de él, Reb Noson respondió: "Puede ser que él no mienta. ¡Pero toda su vida es una mentira!" (*Tradición oral*).

En todos sus escritos, Reb Noson nos exhorta a buscar la verdad constantemente. Escribe respecto de aquellas personas que hacen notorios sus distorsionados puntos de vista: La palabra *verdad* nunca deja sus labios. Hablan verdad. Gritan verdad. Pero, ¡ay de ellos y de su verdad! (*Likutey Halajot, Shabat* 7:64).

*

...aunque hiera. A veces, la verdad hiere. Pero el reconocimiento y la aceptación de la verdad son el primer paso en la curación. Reconocer la enfermedad trae su cura. De la misma manera, reconocer la verdad de la situación en la que nos encontramos nos ayudará a aceptar el camino correcto que debemos seguir. No es fácil. Por el contrario, siempre es muy difícil enfrentar un problema. Pero recuerde: cuanto antes aceptemos el problema, antes podremos continuar con la vida.

Es mucho más sano aceptar la verdad lo antes posible y realizar las correcciones necesarias desde el principio, mientras somos más moldeables. De esa manera, la verdad hiere menos. Buscando la verdad y aceptándola nos embarcamos en una constante revisión de nuestra vida. Y seremos capaces así de identificar los puntos débiles, corregirlos y construir un futuro mejor.

*

En los otros. También debemos reconocer la verdad en los demás. Cierta vez dijo el Rebe Najmán: La gente se equivoca cuando piensa que el Tzadik no puede cometer un error y que en caso que lo cometa, deja de ser un Tzadik. Yo digo que el Tzadik sigue siendo un Tzadik y el error sigue siendo un error (*Siach Sarfei Kodesh* 1-46).

La gente tiene la tendencia a criticar. "El no es realmente religioso... es un impostor... nunca lo fue..." Encontramos difícil pasar por alto los errores de los demás. Pero la gente es sólo eso: gente. Y un Tzadik *es* un Tzadik. Y así enseñó el Rey Salomón: "No hay justo que no cometa un error" (Eclesiastés 7:20). El hombre es humano y es un ser sujeto al error. El Rebe Najmán exalta las virtudes de la verdad real, de la verdad absoluta. Allí donde exista el error hay que reconocerlo como tal. Esta es la verdad. Lo que está mal, está mal. Pero, lo que está bien, sigue estando bien. Y también ésto debe ser reconocido. (El mismo Tzadik es bien consciente de su error, pero no se deja vencer por él; cf. *Rabbi Nachman's Wisdom* p.7; #30; #235).

El Rebe Najmán nos exhorta a reconocer al Tzadik y a los puntos buenos también. La verdad es, definitivamente, cuestión de blanco y negro. Pero nuestra "humanidad" hace que nos encontremos con áreas grises donde la verdad (al menos tanto como podamos determinarla) puede ser de una o de otra manera... En tal caso, debemos juzgar a los demás de manera favorable. Somos libres de observar nuestras propias áreas grises con el lente de la verdad, del blanco y negro, pero no así la verdad en los otros. No está en nosotros el juzgar con ojo crítico su "verdad gris."

* * *

LA VERDAD ES TANGIBLE

El Talmud nos enseña que la falsedad no perdura (Shabat 104a). La mentira no permanece y no otorga una verdadera recompensa. Pero ésto genera un problema. Sabemos que el deseo de dinero es una forma de idolatría y que la idolatría es epítome de falsedad (Sanhedrín 92a). ¿Cómo es posible entonces que la avaricia y el deseo de riquezas puedan producir una verdadera riqueza para aquél que está dominado por ella? ¿Cómo es posible que el deseo por el dinero traiga su recompensa? La respuesta se encuentra en el siguiente diálogo talmúdico.

Los Sesenta Sabios de Atenas desafiaron a Rabí Yeoshua ben Jananya: "¡Dínos algo falso!" A lo que contestó Rabí Yeoshua: "Una mula dio a luz. Colgando del cuello del recién nacido había una nota que decía: Mi padre debe 100.000 monedas." Ellos le dijeron: "¿Cómo es posible que una mula dé a luz?" Contestó: "¡Ustedes me pidieron que dijese algo falso!" (Bejorot 8b).

Explica el Rebe Najmán: La mula alude a la idolatría. El nacimiento sugiere ser fructífero y provechoso. Cuando los Sesenta Sabios preguntaron sobre el hecho de que una mula diera a luz, en realidad estaban preguntando si era posible que la idolatría rindiera frutos. ¿Cómo es posible que la falsedad, el deseo de dinero, dé a luz? El Rabí Yeoshua les contestó que esa era la falsedad que le habían pedido que dijese. Esa gente piensa que siempre está ganando. Y la verdad es que no lo están. La falsedad no trae beneficios, ni recompensa verdadera... La gente trabaja duramente toda su vida y piensa que está ganando. Al final, la mayoría se percata que nada devino de ese constante trabajo. Y aunque algo les haya quedado de su riqueza, eso significa simplemente que han amortizado *toda su vida* sólo por dinero. Dinero que, en todo caso, no podrán llevarse con ellos. Corren de un lugar a otro, de trabajo en trabajo, de ciudad en ciudad, buscando provecho y ganancia, buscando dinero. Es como si hubiesen nacido con una gran deuda, con una nota colgando de sus cuellos en la cual se dice que deben mucho dinero y que deben pagar por él (Likutey Moharan I, 23:5).

Y agregó Reb Noson: Parece que todos sienten la necesidad de dejar algo para sus hijos. Esto es, en sí mismo, una deuda. Pregúntale a alguien que ha vivido por qué trabaja tan duro y te contestará: "Lo hago por mis hijos." "Uno pensaría" dice Reb Noson, "que dado que todo el mundo trabaja por sus hijos, estos hijos deberían ser maravillosos. ¡Aún quiero ver un niño sin fallas! [¡Aquél por el cual uno ha vendido su vida!]" (Rabí Eliahu Jaim Rosen).

*

Dijo el Rebe Najmán: "El mundo engaña a la persona. Acepta este consejo: ¡No te dejes engañar!" (Rabbi Nachman's Wisdom #51). Lo que el Rebe quería que comprendiésemos es que la búsqueda de la verdad no comienza con la búsqueda de las necesidades y posesiones mundanas. Por supuesto que debemos vivir: la necesidad de comida, cobijo y vestimentas es real. La Torá habla de la necesidad de trabajar para poder sobrevivir. Pero la búsqueda de la verdad es una búsqueda de la eternidad, una "posesión" que el hombre puede adquirir y retener para siempre, algo tangible. La persona no debería sacrificar su vida entera a la "idolatría," a la falsedad y sólo por la ración de pan que necesita. Si pusiéramos nuestras energías y recursos en la búsqueda de la verdad, tendríamos una vida mucho más rica, incluso en este mundo.

Dijo Reb Noson: [Los deseos de] este mundo no son tangibles, y no se los llega a alcanzar [nunca]. La Torá y la plegaria son tangibles y uno sí puede alcanzarlos (Aveneha Barzel p.86). Hay gente que trabaja durante toda su vida para alcanzar un objetivo, dinero o algún otro deseo. Y a veces lo logran. "Pero," como dijo el Rebe Najmán, "el hombre y la riqueza no pueden permanecer juntos para siempre. O bien el dinero le es quitado al hombre o el hombre es quitado de su dinero. No pueden permanecer juntos para siempre" (Rabbi Nachman's Wisdom #51).

*

El Rebe Najmán enfatizó una y otra vez el hecho de que la verdad representa algo duradero, algo tangible, algo que el hombre puede aferrar y mantener para sí mismo. Usted debe cuidar de su familia; esa es su responsabilidad. Debe ocuparse también de usted mismo; pues si no lo hace usted, ¿quién lo hará? Pero recuerde que su principal responsabilidad es buscar lo duradero, la verdad, la Verdad Definitiva. Está bien buscar "nacimientos," futuro y ganancias, pero ganancias permanentes, no aquellas que lo engañan y confunden y lo hacen correr detrás de lo pasajero.

* * *

El VERDADERO LIDERAZGO

La verdad se dispersará en muchos grupos (Sanhedrín 97a).

Cierta vez alguien le dijo a Reb Moshé Breslover: "Siempre se hace mención, en las enseñanzas del Rebe Najmán, al Tzadik de Verdad. ¿Quién es ese Tzadik de Verdad?" Contestó Reb Moshé: "Iosef interpretó los sueños del Faraón de manera correcta. Le comunicó que vendrían Siete Años de Abundancia y Siete Años de Hambre. Y le aconsejó que tomase un ministro inteligente para que administrase el acopio de los granos durante los años de abundancia en vista de los años de hambre que llegarían después. El Faraón comprendió que si Iosef conocía el problema y su solución, que estaba seguro de lo que debía hacerse, entonces, era Iosef mismo el candidato. El era la elección más obvia para ese puesto. Ahora bien" dijo Reb Moshé, "si el Faraón pudo darse cuenta que aquel que habla sobre el tema debe de ser el que más conoce del mismo, también tú podrás darte cuenta de quién se trata cuando se menciona al Tzadik de Verdad" (Rabí Najmán Burstein).

*

Un verdadero líder es aquel que alcanza un genuino nivel de humildad, alguien que se ve a sí mismo como nada (ver Likutey Moharan I, 4:7). Alguien que se dedica por completo (sin reparar en los sacrificios) a las necesidades de su rebaño. Un ejemplo perfecto de este tipo de líder lo constituye Moshé Rabeinu. Cuando se hizo el Becerro de Oro, Dios quiso aniquilar la nación entera, menos a Moshé. "¡Entonces bórrame a mí también!" exclamó Moshé. A todo lo largo de nuestra historia, nuestros líderes de verdad se han sacrificado una y otra vez por nosotros. Cuando un líder reconoce las necesidades de su rebaño y actúa en concordancia, conoce entonces la verdad de su posición: que él se encuentra allí para la gente.

Por el contrario, hay mucha gente en posiciones de liderazgo, sobre todo en nuestra época, quienes ven como su principal cometido y responsabilidad obtener reconocimiento para su causa, para sus opiniones y para ellos mismos. Estos son falsos líderes. Enseña el Rebe Najmán: Hay mucha gente que se ve a sí misma como líder de su comunidad. Pero sus aspiraciones están guiadas por la ambición personal y el deseo de reconocimiento. En verdad, no sólo son incapaces de guiar a los demás, sino que también son incapaces de guiarse a ellos mismos, pues son víctimas de sus propios malos deseos (Likutey Moharan I,10:4). Y dice en otro lado: Cuídate de los líderes comunales y de los maestros de Torá a quienes les falta integridad (Likutey Moharan I, 28:1).

* * *

El Rebe Najmán contó una historia sobre un rebe muy conocido quien solía orar en su cuarto privado, adyacente a la sinagoga. Al escuchar ruidos en la puerta, este rebe comenzaba a orar con gran fervor y entusiasmo, pensando que se trataba de los jasidim intentando espiar a su maestro durante sus devociones. Más tarde descubrió que los sonidos eran causados por un gato que arañaba la puerta. "¡Durante nueve años oró para un gato! ¡Dios nos salve!" (Aveneha Barzel p.25).

Debemos estar en guardia respecto a la falsedad, sobre todo en el ámbito espiritual. Hay algunos que presentan a la Torá y al Judaísmo de una manera tal que impide a la gente encontrar la verdad. El rebe que oraba para el gato se vestía como una persona religiosa, actuaba como un líder religioso... pero sus devociones estaban dirigidas a él mismo: para lograr honor, riqueza, etc.

*

Enseña el Rebe Najmán: El consejo que una persona da a otra crea una unión entre ambos; forma un lazo entre el dador y el receptor. En cierto sentido, esta unión es como un matrimonio. La idea y el consejo que uno implanta en el otro crece y se desarrolla y llega a "nacer" en la realidad. Si el consejo proviene de una mala persona, si el dador carece de buenas virtudes, nada bueno puede surgir de allí. Por el contrario, el consejo que uno recibe de los Tzadikim es una verdad total. Y sus resultados finales son positivos (*Likutey Moharan* I, 7:3).

Por esta razón es muy importante asociarnos con líderes verdaderos y rectos. Las ideas y consejos que podemos recibir de ellos nos llevarán hacia la verdad y hacia la fe completa, pues su consejo es la pura y definitiva verdad. Aunque no podamos comprender cómo es que aquello que nos dicen sea la verdad, al aceptarlo confiadamente, hacemos que ella se grabe dentro nuestro. Nuestra fe, sostenida por nuestro deseo de la verdad real, nos llevará, en última instancia, hacia el sendero correcto.

Por supuesto que no siempre es tan fácil reconocer quién es el líder verdadero y quién no lo es. Cuál consejo debemos aceptar y cuál ignorar. Nuestros Sabios reconocieron este problema y ofrecieron el siguiente consejo: Ven a ver la diferencia entre los discípulos de Avraham y los de Bilaam... (*Avot* 5:23). ¿Por qué la diferencia entre los discípulos y no entre Avraham y Bilaam mismos? Pues muchas veces nos es imposible diferenciar entre el Tzadik de Verdad y el falso líder. Ambos son maestros, expertos en lo suyo. Solamente con el correr de los años podremos ver los frutos de sus enseñanzas en aquellos que las tomaron de ellos.

Así entonces, enseña el Rebe Najmán: Busca siempre la verdad. La verdad de los Tzadikim. Busca, observa y sobre todas las cosas pídele a Dios que puedas merecer encontrarla. A lo largo del *Likutey Halajot*, Reb Noson muestra que la verdad puede ser hallada en las enseñanzas del Rebe Najmán. Pero una y otra vez exhorta al lector a no dejar de buscar la verdad. La pregunta es pues, si la verdad puede ser hallada en los textos del Rebe Najmán y el lector probablemente ya la ha encontrado, ¿qué necesidad hay de seguir buscándola? La respuesta es que no importa cuánta verdad uno crea que ha encontrado, nunca debe dejar de buscarla. Es un error creer que la búsqueda ha terminado. Aunque se haya encontrado alguna verdad, siempre existe una Verdad Definitiva que se debe buscar.

*

Reb Noson escribió cantidad de discursos sobre el tema de la verdad y del verdadero liderazgo (algunos fragmentos están incluidos en el capítulo "El Tzadik"). Pero es un error creer que la verdad es algo fácil de encontrar. Reb Noson dijo respecto de Mashíaj, en cuya época se revelará la Verdad Definitiva: Mashíaj tendrá más dificultad en convencer de su identidad a los Jasidim que a los ateos. Con un sólo milagro todos los ateos creerán en él, pero los Jasidim... (Siach Sarfei Kodesh 1-525). Lo que quiere decir es que todos tenemos tanta "verdad" y "fe" en nuestra propia forma de vida que bien podríamos dejar de aceptar al Mashíaj si nos dijese que la verdad se encuentra en otro lado.

* * *

5

LA FE

"Debemos temblar de temor al considerar la grandeza de Dios. ¡El mundo entero está lleno de Su Gloria!" El Rebe Najmán nos repetía ésto una y otra vez. Quería imbuirnos de sensibilidad por la grandeza de Dios y de comprensión respecto a la fe que deberíamos tener en El (*Tzaddik #414*).

Dijo el Rebe Najmán: Creo que Dios es grande. Que El es muy grande. Que El es Omnipotente. ¡Creo que El puede transformar un triángulo en un cuadrado! (*Tzaddik #407*).

Enseña el Rebe Najmán: La fe es como un hermoso palacio, con muchas y hermosas habitaciones. Uno entra y recorre un cuarto y otro, va de un salón a otro... Desde allí uno camina con Confianza... luego, más y más allá. ¡Cuán afortunado es aquél que camina en la fe! (*Tzaddik #420*).

*

Dijo el Rebe Najmán: "Los demás consideran que la fe es poca cosa. Pero yo la considero algo extremadamente grande" (*Rabbi Nachman's Wisdom #33*). Cuando el Rebe le pidió a Reb Noson que pusiera por escrito sus discursos le dijo: "Debes cuidar en extremo las palabras que uses en tus escritos. ¡Pero cuando llegues al tema de la fe, deja que tu pluma corra!" (*Rabí Eliahu Jaim Rosen*). La importancia de la fe no tiene paralelos. Sin ella no podemos entrar en el ámbito de la Torá y las mitzvot. Con ella, podemos alcanzar los más altos niveles.

Pero, ¿qué es en realidad la fe? ¿Por qué es tan necesaria? ¿Cuándo hay que aplicarla, y en qué debe de ser puesta? ¿Cómo podemos alcanzarla? Preguntas y más preguntas. Todos las tenemos. ¿No merecemos al menos alguna respuesta?

Dado que el Rebe le otorga una importancia tan grande a la fe, debe de haber entonces cantidad de información al respecto en los escritos de Breslov. Y por cierto que la hay. En este capítulo intentaremos ofrecer una imagen sintética de la fe: del valor que tiene alcanzar una fe completa y simple; del poder de la fe; de cómo podemos lograrla; de los parámetros de la fe (fe en Dios, en la Torá y en las mitzvot; en los Tzadikim y en nosotros mismos). Estudiaremos también el punto de vista del Rebe Najmán respecto del mundo secular y del ateísmo, ofreciendo consejos para mantenerse firmes en la fe pese a las corrientes del siempre cambiante mundo contemporáneo. También trataremos el tema de la fe y de la confianza, tal como se relacionan con una de las áreas más importantes de nuestra vida cotidiana, con nuestro trabajo.

* * *

¿QUE ES LA FE?

La fe es el fundamento del mundo; y más específicamente es el principio fundamental del Judaísmo, de la Torá y del hombre mismo. No existe una persona que no tenga fe en algo o en alguien. A lo largo de la vida nos encontramos siempre con situaciones que nos piden corroborar esa fe. "¿Tengo fe en mi esposa, en mi vecino, en mi hijo? ¿Son ellos merecedores de mi confianza? ¿Es que debo tener fe?" Bueno, ¿Y qué otra cosa nos queda? La fe es un atributo sin el cual no podemos sobrevivir en este mundo.

Pero, ¿qué es la fe? ¿qué es esta confianza que deposito en los demás? Ante todo, debemos "definir" la fe, ver como se usa y expresa en el Judaísmo. La fe se aplica a aquello que no conocemos o que no podemos comprender. No necesitamos de la fe para decir que ese objeto de madera con cuatro patas que está delante nuestro es una mesa o que las cuatro paredes que nos rodean conforman una habitación. Eso lo podemos ver. Lo sabemos. Y no necesitamos de la fe para convencernos que si colocamos un dedo en el fuego nos quemaremos. Lo sentimos. Lo sabemos. La fe se vuelve necesaria sólo cuando no podemos experimentar el objeto de manera directa, con nuestros propios sentidos o comprender la razón por la cual debemos hacer algo. Cuando una madre le dice a su hijo que debe hacer determinada cosa de determinada manera, el niño suele preguntar: "¿Y por qué tengo que hacerlo así?" La inevitable respuesta de la madre suele ser "¡Porque sí!" Este es el famoso "Porque sí" de la fe. "Porque soy tu mamá, ¡por eso mismo!" Ella espera que su hijo tenga fe en ella; fe en que como madre sabe lo que es mejor para él. En esencia, lo que ella desea es que él confíe en que ella comprendé aquello que él, como niño, no puede comprender.

Pero a medida que crecemos, muchos de nosotros ya no sabemos cómo creer o qué cosa creer. Nos desembarazamos de nuestra fe infantil, considerándola sólo una expresión de falta de madurez intelectual y una falta de sofisticación. Cosa que nos deja pensando en dónde depositar nuestra fe. Y para ésto necesitamos una guía.

La Revelación en el Monte Sinaí fue un hecho real, ocurrió realmente. Es un hecho histórico. Moshé subió al Cielo y trajo la Torá. El, el Tzadik Verdadero, vio qué cosas estaban disponibles y podíamos aceptar y nos las dió para guiarnos a través de nuestras vidas en este mundo. Lo mismo es valedero con todos los Tzadikim. Ellos recibieron la Torá de Moshé (Avot 1:1) y la transmitieron como herencia, de generación en generación, hasta el día de hoy. El Rebe Najmán compara al Tzadik con una madre: "Se compara a la Torá con la leche y el Tzadik alimenta a los Judíos con la luz de su Torá" (Likutey Moharan I, 4:8). Tal como una madre sabe lo que es bueno para su hijo, de la misma manera el Tzadik conoce aquello que es bueno para los Judíos.

*

Para una mejor comprensión de este capítulo será útil considerar la siguiente cita del Rebe Najmán y parte de un discurso tomado del *Likutey Halajot*, concerniente a la fe y al intelecto.

Enseña el Rebe: Es una gran mitzvá aguzar el intelecto y la razón para entender con claridad aquellas cosas que Dios permitió que la mente humana comprendiera. Pero respecto de aquellas otras cosas que la mente humana no puede comprender, uno debe depender absolutamente de la fe (*Likutey Moharan* I, 62:2).

Escribe Reb Noson: La esencia de cada cosa en este mundo puede ser vista en su "rostro." Tal como un hombre se reconoce de inmediato por su rostro, todo en el mundo puede reconocerse por su rostro. Esto puede comprenderse en el ámbito de los negocios, donde miramos primero para ver qué "cara" tiene la transacción, si la mercadería es buena, si los precios son razonables, etc. Sólo después, si la cosa parece buena, nos dedicamos a los detalles. En este sentido, la "cara" muestra la verdad, pues raramente podemos "disfrazar" el verdadero valor de algo. Es por ésto que cuando un mercader es honesto y su mercadería tiene un precio de acuerdo a su valor, se observa que su "rostro brilla." El rostro muestra su verdad interior.

"Shema Israel... Dios es Uno." La verdad es una. Puede haber incontables mentiras, pero la verdad sólo puede ser una. Todo aquél que busque la verdad verá a Dios en todas partes. Y ésta es, en efecto, la misión del hombre en este mundo: buscar la verdad, a Dios, donde fuera que vaya.

Pero esta verdad no se puede alcanzar si no tenemos fe. La fe es el requisito más importante para lograr la verdad. El mundo entero opera sobre la fe. Por ejemplo: al valuar una mercadería que se desea comprar, se pregunta por su precio. ¿La comprará? Si cree que el precio es bueno, lo hará. Si sospecha que hay algo malo y no confía en el vendedor, no lo hará. Estas mismas reglas de fe se aplican tanto a la compra de caballos y de inmuebles, como a la leche y el pan que se compran en el abasto. ¿Y qué hay de aceptar un cheque de alguien? ¿Confía en que tendrá fondos? Vaya a donde vaya, debe tener fe en la gente con la que trata, pues de lo contrario no habrá transacción posible. Si no tiene fe y confianza en los demás, no podrá sobrevivir en el mundo de los negocios.

¿En quién tendremos fe? ¿En quién depositaremos nuestra confianza? En aquella persona que consideremos verdadera y honesta. No importa cuán inteligente sea una persona, en última instancia siempre deberá confiar en alguien. Hasta los presidentes de conglomerados multinacionales deben tener fe en los informes de sus asesores, en el trabajo hecho por gente en la cual confían. Es así que todo negocio se fundamenta, en definitiva, en la fe y en la confianza.

¿Y de dónde proviene la fe? Como todo el resto de las cosas de este mundo, la fe tiene sus raíces en un concepto superior, arriba. La fe necesaria para triunfar, incluso en el ámbito mundano de los negocios, proviene de la pura fe en la verdad, en Dios. Dijo el profeta respecto de su fe espiritual (Habakuc 2:4), "El hombre recto vivirá por su fe." La fe es el fundamento de todo. Con ella podemos buscar la verdad absoluta y reconocer a Dios dentro y desde cada cosa en este mundo.

Pero no todos saben cuál es la mejor inversión ni cuál es la mejor mercancía para comprar. De hecho, muy poca gente lo sabe y aun así, podemos ver que es muy limitado el número de los que triunfan. La mayoría de la gente no lo logra. Enseña el Talmud: "Nadie sabe en qué terreno [de los negocios] prosperará" (Pesajim 54b). Aun con las mejores intenciones, no todos tienen los consejeros adecuados o los amigos confiables, que puedan aconsejarle cómo invertir y ganar. La mayoría de la gente es incapaz de aprehender *todos* los vericuetos de un negocio, especialmente cuando las transacciones se realizan en lugares distantes y les falta el consejo de un experto.

Pero en cuanto a la Torá, hemos sido y aun lo somos, extremadamente afortunados. Moshé Rabeinu, nuestro Pastor Verdadero, nos trajo la Torá del Cielo, de Dios. Visitó la "tierra lejana," vio la verdad con sus propios ojos y nos trajo la senda del éxito. Fue leal para con los Judíos: luchó por ellos, batalló por ellos y cuando pecaron ante Dios, se quedó a su lado, llegando a ofrecer su vida por la de todos los Judíos. Moshé nos trajo los medios para servir a Dios, la "mercadería," la Torá y las mitzvot. Creyendo en él, aceptándolo como amigo verdadero y leal, podemos encarar nuestra búsqueda de la verdad absoluta. Nuestra mercadería está compuesta por los tsitsit, los tefilin, el Shabat, la Torá, las plegarias, la caridad, la bondad, etc. Es con estos "bienes" que podremos lograr nuestra prosperidad.

Y más aún. No es necesario que comprendamos todo ésto. Podemos confiar en Moshé Rabeinu y en que aquello que él nos dio es el consejo correcto. Aunque ahora no podamos comprenderlo, más tarde se nos hará claro. Esa es la belleza de tener un amigo fiel y leal en el cual *podamos* confiar.

Por el contrario, si pensamos que debemos comprender y ver absolutamente todo de forma bien clara antes de emprender un negocio, ¿cómo podremos triunfar? ¿Cómo podremos alguna vez encarar algo? Siempre estaremos pensando que alguien nos quiere engañar, dudando del precio, etc. ¿No ha notado con cuanta rapidez se mueven los hombres de negocios luego de leer los informes y de consultar a sus amigos, sintiendo que el negocio vale la pena? Imagine qué sucedería si comenzaran a sopesar cada factor de riesgo y si buscaran ponderar cada detalle meticulosamente. ¡Nunca cerrarían trato! Para el momento en que hubiesen tomado una decisión, el vendedor ya estaría en otra parte o el mercado habría desaparecido.

Cuando se trata de la Torá, en cambio, tenemos la palabra de nuestro amigo verdadero y leal, de Moshé Rabeinu. El nos trajo la Torá. El nos dió la mercancía: los medios para triunfar en este mundo. El sabía. El estuvo en el Cielo y vio con exactitud cuál era la mejor mercancía. Si tenemos fe, fe en Moshé Rabeinu, fe en los verdaderos Tzadikim, podremos triunfar.

Todo aquél que crea en la verdad, se halla unido a la verdad. La verdad y la fe van juntas, mano a mano. Cada una soporta y refuerza a la otra. Creyendo en la Torá, atraemos sobre nosotros la verdad de la Torá. Aunque no comprendamos aún aquello que estamos haciendo, más adelante se hará claro para nosotros a medida que estudiemos y progresemos dentro del Judaísmo. Pero primero, debemos creer. Debemos tener fe (adaptado de *Likutey Halajot, Giluaj* 4:1-3).

* * *

UNA FE COMPLETA PERO SIMPLE

Con frecuencia el Rebe Najmán nos recordaba cuán afortunados éramos en que Moshé nos hubiera mostrado el camino correcto. Comenzó la Torá con palabras simples, sin nunguna prueba filosófica (Génesis 1:1) "En el comienzo creó Dios..." Se nos ha ordenado creer en Dios sólo por la fe y no entrar en especulaciones (Rabbi Nachman's Wisdom #5).

Dios es único. Es un concepto simple. Por lo tanto, la fe en El debe de ser simple, sin ningún tipo de sofisticación. El Rebe Najmán enseñó además que la fe más importante es la fe simple (Rabbi Nachman's Wisdom #32). Es la fe inocente de la gente común (Rabbi Nachman's Wisdom #33).

Cuando el Rebe Najmán estuvo en la ciudad de Lemberg (1808) escuchó que alguien decía: "¡El viejo, viejo, viejo Dios!" El Rebe sintió una gran inspiración en esas palabras y relató el incidente una y otra vez, siempre repitiendo las palabras "viejo, viejo, viejo." Su propósito era muy claro: Debíamos creer con total simplicidad que Dios es el Anciano, el anciano de los ancianos. Nuestra fe es muy antigua, es una herencia de nuestros primeros antepasados, de los santos patriarcas. No es una fe nueva, ni el fruto de las ideas de alguien, sino que viene desde el mismo principio de la existencia del mundo (Tzaddik #413).

*

¿Cómo funciona la fe? ¿Debo seguir ciegamente a alguien? ¿Totalmente? ¿O será suficiente una fe parcial? ¿Debo tener fe sólo en un camino seguro? ¿O puedo elegir donde depositar mi fe? Esta es una buena pregunta. Muy buena. Y no hay una sola respuesta para ella.

¿Es posible enseñar álgebra avanzada o cálculos matemáticos a un niño de cinco años? Primero le enseñamos el número uno, luego uno más uno, más tarde la suma y la resta simple. Cuando el niño comienza a desarrollar su comprensión de las matemáticas podemos proceder entonces con la multiplicación, la división y las fracciones. Y luego con el álgebra, la geometría, la trigonometría, etc. En lugar de comenzar con el cálculo matemático, empezamos con el número uno. Una vez establecida la base, construimos sobre ella toda la estructura matemática, paso a paso, hasta llegar a explicarle todo el esquema.

Y algo muy similar sucede con la fe. ¿Qué es lo que realmente sabemos de Dios? ¿Qué es lo que conocemos del Judaísmo? Así pues comenzamos con el uno. Un Dios. Él existe. Pero tenemos muchas preguntas. Antes de poder contestar estas preguntas y muchas otras que inevitablemente surgirán, debemos aprender algunas nociones básicas. De manera que comenzamos a estudiar. Una vez que nuestro conocimiento se ha expandido, estamos preparados para elevarnos a niveles aún mayores. Pero, tal como ocurre con las matemáticas, en última instancia, toda la fe descansa en el Uno. Debemos fortalecer nuestra fe. Ahora creemos en Dios, en el Uno. Entonces continuamos con nuestro estudio. Crecemos en conocimiento. Pero debemos retornar, nuevamente, a la fe básica a la crencia en Dios. Y de esta manera se avanza.

Para comenzar, nuestra fe debe de ser ciega. ¿Qué es lo que sabemos? Aceptamos a Dios. Pero nada sabemos de El, ni siquiera cómo llegar a reconocerlo. Entonces comenzamos a estudiar la Torá, Sus enseñanzas, Su palabra. La Torá revela la voluntad de Dios, los ideales Divinos y cómo podemos acercarnos a ellos. Al crecer, nuestra fe crece con nosotros. Ya no es más una fe ciega, pues hemos logrado algún conocimiento de Dios. Pero a medida que crece nuestro conocimiento, comenzamos a percibir un nivel más alto de Divinidad, uno que desconocíamos. Al carecer de los elementos que nos permitan comprender esta nueva percepción, volvemos nuevamente a la fe. Nuestra fe nos ayuda a trascender los obstáculos que, de otra manera podrían haber impedido nuestra comprensión de ese nuevo nivel. Luego estudiamos aún más y obtenemos un mayor conocimiento. Este ciclo se repite nuevamente aumentando nuestra percepción y obteniendo niveles de comprensión aún más amplios. Pero debemos retornar a la simple fe para que nos lleve más alto aún.

Enseña el Rebe Najmán: Es necesario el conocimiento además de la Fe. Es muy fácil que aquél que sólo posee la fe pueda caer de su nivel. *Debe [combinar su fe] con el conocimiento* (*Likutey Moharan* I, 255). (Aunque la lección se centra en el tema de la fe en los Tzadikim, esto también se aplica a todos los aspectos de la fe). La fe y el conocimiento, al combinarse, se complementan el uno con el otro. Debemos comenzar con la fe, caso contrario, nos faltaría el fundamento sobre el cual basarnos. Pero es necesario también el conocimiento. Sin él nunca podremos estar seguros de que nuestra fe no está dirigida hacia el lugar equivocado, Dios no lo quiera. La única manera de poder determinarlo es mediante nuestra constante búsqueda de la verdad. Al avanzar en nuestros conocimientos seremos capaces de discernir dónde se encuentra la verdad. Y este es el conocimiento que fundamenta a la fe.

La fe completa es una necesidad y ella debe estar alimentada con el conocimiento. Fe y luego conocimiento, una y otra vez. El Judaísmo es un sendero probado, seguro. Ha sobrevivido a todos sus opresores durante milenios. Pero el Judaísmo requiere de la fe, de una fe poderosa y sólida. ¿No existen también diferentes senderos dentro del Judaísmo? Si. Elija uno y comience a estudiar. Estudie y aprenda. Aumente su conocimiento pero sin debilitar su fe. Busque la verdad. Sea paciente. Hay muchas sendas en la Torá. Busque y siga su camino con fe y conocimiento. Al final, llegará a su destino correcto.

Enseña el Rebe Najmán: El estudio de la Torá tiene el poder de dirigir a la persona en todos sus emprendimientos, ofreciéndole el consejo correcto. Es de vital importancia tener fe en los Tzadikim. Pues estudiando sus palabras, la Torá podrá guiarlo por el camino correcto de la vida (*Likutey Moharan* I, 61:1).

* * *

EL PODER DE LA FE

Enseña el Rebe Najmán: Los Judíos son llamados *iVRim*, pues su fe les permite *oVeR* (pasar sobre) todas las dificultades, los conocimientos y las pseudo sabidurías con las cuales se encuentran (*Likutey Moharan* I, 64:2).

El mundo es un puente muy angosto. ¡Lo más importante es no tener miedo! (*Likutey Moharan* II, 48). La fe nos permite sentirnos seguros de nuestros pasos sobre este estrecho puente de la vida, permitiéndonos enfrentar sus pruebas y alcanzar con seguridad el otro lado.

Con fe, siempre es posible sobrevivir. Aun si somos golpeados por el sufrimiento, Dios no lo quiera, siempre podemos encontrar consuelo en Dios. Y esto es posible porque creemos en El y confiamos en que todo lo que El hace es para nuestro bien. Por otro lado, la persona que no tiene fe, carece de vida. Mientras las cosas andan bien, su vida parece estar en orden. Pero, como suele suceder, cuando surgen los problemas y las dificultades, la persona no encuentra a donde recurrir. Careciendo de fe para apoyarse en ella, su vida se vuelve amarga. La fe es el único medio para superar los obstáculos (*Rabbi Nachman's Wisdom* #32).

Cuando se posee una fe simple en Dios, es posible alcanzar un nivel muy alto de percepción espiritual, un nivel más alto aun que el de la más grande sabiduría (*Rabbi Nachman's Wisdom* #32).

¿Quién puede decir que posee una fe completa? Si la persona creyese que Dios escucha cada una de las palabras que salen de sus labios, de cierto que oraría con un tremendo nivel de concentración e intensidad (*Likutey Moharan* I, 62:2). ¿Cuántos de nosotros nos encontramos en este nivel? Siempre hay un lugar para seguir creciendo en el campo de la fe.

Dijo el Rebe Najmán: "Mediante la fe es posible alcanzar un estado tal de anhelo que la persona se supera a sí misma, llegando inclusive a no saber entonces qué es lo que anhela [alcanza un nivel superior al que poseía]" (*Tzaddik* #425).

"Debes creer" dijo el Rebe Najmán, "que si puedes destruir, también puedes reparar" (*Likutey Moharan* II, 112). Esta es, en sí misma, una poderosa afirmación. ¿Por qué nos juzgamos cuando pensamos que hemos cometido un pecado? Pues creemos que hemos errado y que esto traerá aparejado resultados negativos. Esto nos inquieta. Hasta llega a preocuparnos. Y todo porque *creemos* que estuvo mal. ¡Esto demuestra que en realidad sí tenemos cierto grado de fe dentro de nosotros! Si es así, dijo el Rebe, dado que ya tienes fe dentro de ti mismo, debes creer que así como has destruído algo, *puedes* también rectificarlo (*Likutey Halajot, Eiruvey Tejumin* 5:35).

* * *

CONSTRUYENDO NUESTRA FE

La fe está asociada y depende, de la boca, tal como está escrito:

"Haré conocer Tu fe con mi boca" (Salmos 89:2). Si una persona habla de la fe, diciendo que desea creer o habla palabras de fe, su fe se acrecienta (Likutey Moharan II, 44). Es por esto mismo que debemos cuidarnos de no expresar palabras contrarias a la fe, ni siquiera en broma, pues ello puede hacer que la persona caiga en el ateísmo, Dios no lo permita (Likutey Moharan II, 44).

Una y otra vez la persona debe repetirse: ¡Creo en Dios! ¡Yo creo en Dios! Repetir estas palabras nos ayuda a imbuirnos de la fe que tan desesperadamente necesitamos. Reb Noson solía decir que cuanto más repita algo una persona, más se le grabará en su mente y en su corazón (Rabí Eliahu Jaim Rosen). Repítase palabras de emuná (fe) y repítalas a su familia, a sus amigos. Aunque no tengan ningún efecto positivo sobre ellos, sí lo tendrá sobre usted.

Por el contrario, no debemos nunca articular palabras de maldad. Nunca debemos decir que cometeremos un pecado o que seremos malos, aunque no sea nuestra intención cumplir con nuestras palabras. El poder del habla es tan fuerte que puede llegar a hacer que la persona peque. Yeihu fue nombrado como rey de las Diez Tribus. Reemplazaría a Ajav, un gran idólatra. Para convencer al pueblo Judío, que estaba sumido también en la idolatría, que debían seguirlo a él, Yeihu les dijo: "Ajav sirvió un poco [a los ídolos], pero Yeihu los servirá mucho" (2 Reyes 10:18). Aunque en ese momento Yeihu era temeroso de Dios y no tenía ninguna intención de servir a la idolatría, al final él mismo cayó víctima de sus propias palabras. Vemos pues la importancia de no articular palabras de maldad (Rabbi Nachman's Wisdom #237).

La fe debe ser tan sólida como para que la persona pueda llegar a ver aquello en lo cual cree, justo allí, delante de sus ojos (Likutey Moharan I, 62:4). ¡Creer es ver! Creer en algo con convencimiento y fuerza puede llevarnos a un nivel de comprensión tan grande como si lo estuviésemos viendo con nuestros propios ojos. Así pues, para lograr la fe, debemos hablar de ella y sobre ella; evitando lo contrario, a toda costa, aunque nuestra intención sea burlarnos de las ideas heréticas de los no creyentes. Debemos anhelar la fe y orar constantemente para obtenerla.

* * *

LOS PARAMETROS DE LA FE

Fe en Dios. ¿Qué significa tener fe en Dios? La lista es interminable. Presentaremos aquí algunos de los aspectos más necesarios y básicos de la fe:

— Fe en que Dios es Uno. No hay otro más que El.
— Fe en que Dios es el Rey. El es nuestro gobernante.
— Fe en que Dios supervisa todo con Divina Providencia.
— Fe en que Dios escucha y acepta nuestras plegarias.
— Fe en que Dios es bueno. Y que todo lo que nos suceda es para nuestro bien.

Fe en la Torá y en las Mitzvot. "Todas Tus Mitzvot son fe" (Salmos 119:86). Fe también significa fe en la Torá: La Torá Escrita y la Torá Oral. Enseña el Talmud: Quienquiera que diga que acepta toda la Torá, salvo una sola ley, la que considera que no proviene de Dios por intermedio de Moshé, esa persona es un hereje (Sanhedrín 99a).

*

Respecto del incienso que se quemaba en el Santo Templo, está escrito que si hubiese contenido miel entre sus componentes, nadie se hubiese resistido a su fragancia. ¿Y por qué entonces no se le ponía miel? Porque la Torá nos ordena (Levítico 2:11), "No pondrás miel sobre el altar" (de la *Liturgia Diaria*). Había un Jasid de Breslov, cuyo nombre era Reb Israel Starpachik, que recitaba con gran fervor e intensidad las plegarias diarias. Sucedió cierta vez que Reb Pinjas de Kublitch, un Jasid de Skver (oponentes en esa época a la Jasidut de Breslov), pasó cerca de Reb Israel cuando éste estaba recitando el pasaje litúrgico correspondiente a las leyes del sacrificio del incienso. Reb Pinjas quedó pasmado al escuchar a Reb Israel recitar: "La dulzura de la fragancia... El aroma sería increíblemente maravilloso. ¿Y por qué entonces no le agregamos algo de miel? Pues la Torá nos ordena... La Torá nos ordena... La Torá nos ordena..." El fervor y la inspiración que emanaban de la plegaria de Reb Israel, elevada con simpleza y con fe en el significado y mensaje de la Torá, influenciaron de

tal manera a Reb Pinjas que éste se volvió también un Jasid de Breslov
(*Rabí Najmán Burstein*).

Hay muchas cosas que debemos hacer, muchas prácticas
devocionales que aparentemente aumentarían nuestro servicio a Dios.
¡Pero atención! Si estas cosas no están en la Torá ni en las enseñanzas
Rabínicas, sería un error llevarlas a la práctica. Sólo la Torá puede darnos
los parámetros correctos para tratar y encarar la vida. Es por esta razón
que debemos poner un gran énfasis en observar de manera simple las
leyes de la Torá. Teniendo fe en la Torá y en las mitzvot veremos la
importancia que tiene el adherirse a la Torá y la influencia positiva que
ella tiene en nuestras vidas, a diferencia de aquellos que buscan nuevos
caminos y cuyo resultado son las generaciones que se alejan de Dios, de
la Torá y del Judaísmo.

Dijo el Rebe: "¿Cómo puede alguien que desea ser Judío, estudiar
los textos de los ateos? Para desarrollar la fe uno debería estudiar sólo
aquellas obras escritas por los Tzadikim, el Talmud, el Midrash, el Zohar,
etc. pues todos ellos están enraizados en la Torá que recibimos de manos
de Moshé, en el Sinaí" (*Tzaddik #410*).

Debemos creer que existen secretos muy profundos relacionados al
cumplimiento de las mitzvot de la Torá que recibimos de Moshé, aunque
no los comprendamos (*Tzaddik #411*). Debes tener fe, "mantener la fe" y al
final, el mundo de la Torá se abrirá para ti y comenzarás a comprender
más sobre Dios y la Torá.

* * *

Fe en los Tzadikim. "Y ellos creyeron en Dios y en Moshé Su servidor"
(*Exodo 13:31*). Dice el Midrash: "Todo aquél que cree en Dios es como si
creyese en el pastor verdadero, en Moshé y todo aquél que cree en el
pastor verdadero, es como si creyese en Dios, Creador del mundo" (*Mejilta,
BeShalaj*).

Enseña el Talmud: "La Torá se adquiere por medio de cuarenta y
ocho cualidades. Una de ellas es la fe en los Tzadikim" (*Avot 6:6*). La mayoría
de estas cualidades se refieren a nuestra diligencia y esfuerzo en el estudio

de la Torá y en la rectificación de los rasgos negativos. Pero, ubicada en médio de las cuarenta y ocho cualidades se encuentra la fe en los Tzadikim. Los Tzadikim son los encargados de transmitirnos la Torá, de manera que sin fe en ellos nunca podremos adquirir la Torá. Siendo así, ¿de qué nos sirve la búsqueda intelectual y el estudio?

De manera que la fe en los Tzadikim constituye parte integral del camino en la adquisición de la fe en Dios. ¿Cómo podremos esperar, en este mundo contemporáneo tan complejo y cambiante, tener la claridad suficiente como para elegir aquello que es bueno y correcto, tanto en el ámbito mundano como en el ámbito sagrado? Es por ésto que necesitamos de los Tzadikim. Estos hombres, que se han elevado por sobre las restricciones físicas y las limitaciones de la mente humana, ellos saben. Podemos confiar en ellos de la misma manera como un niño confía en sus padres a los que considera conocedores de todo.

*

"La mayor parte de los marineros son *jasidim*" (Kidushin 82a). "Y ésto se debe a que se encuentran en constante peligro y miran siempre hacia Dios" (Rashi, ad.loc.)

Un capitán experimentado no dejaría nunca que un novicio pilotease su nave. Su experiencia en el timón es algo que el principiante no puede siquiera esperar igualar. Pero, a veces, hasta los capitanes más avezados necesitan ayuda de maestros aun más experimentados que ellos. Y también puede suceder que los más eximios navegantes se encuentren frente a un mar tan turbulento que sientan inútil todos sus conocimientos. Entonces, no tienen más alternativa que volverse hacia Dios por Su ayuda.

La supervivencia en este mundo puede compararse al navegar por el mar. Así como es físicamente imposible que el hombre sobreviva en el agua y peligroso el que navegue sobre ella, de la misma manera es imposible sobrevivir en el "mar del conocimiento" y peligroso navegarlo sin las herramientas adecuadas. Y estas herramientas son los consejos que recibimos de los Tzadikim quienes nos guían por el sendero apropiado.

Esto puede relacionarse con el cruce del Mar Rojo. Los Judíos creían en Moshé, el Tzadik y lo siguieron a través del mar. El impasible mar se abrió para ellos y sus aguas se elevaron como paredes, separando una tribu de la otra, simbolizando con ésto que cada uno era guiado en el cruce del mar, el "mar de conocimiento," de acuerdo a su nivel de sabiduría y de comprensión. El Faraón, por otro lado, no creía en absoluto. Y aun así, pensó que tenía las herramientas como para cruzar el mar. Pero descubrió lo contrario. Estando mal equipado para manejarse entre las olas turbulentas, las paredes de agua se desplomaron sobre él y sobre todo el ejército Egipcio (*Likutey Halajot, Netilat Iadaim LiSeudá* 6:39).

Dijo el Rebe Najmán: "A partir de mí pueden ustedes comenzar a tener un atisbo de la grandeza de Dios" (*Tzaddik* #284). El Tzadik es aquél que ha alcanzado la Torá y ha adquirido *Ruaj HaKodesh* (el espíritu santo). Mediante nuestra fe en los Tzadikim, atraemos sobre nosotros su santidad, recibiendo así su ayuda en la búsqueda de la grandeza espiritual. Inclusive el solo hecho de mencionar sus nombres nos ayuda a atraer su santidad (*Likutey Halajot, Netilat Iadaim LiSeudá* 4:6).

*

...y fe en uno mismo. Cuando la fe de una persona comienza a fallar, debe aumentar su esfuerzo en las devociones a Dios (*Likutey Moharan* II, 86). Escribe Reb Noson que cuando escuchó esta enseñanza del Rebe Najmán se sintió muy confundido. "Yo siempre pensé que tenía fe," dijo Reb Noson, que no podía comprender qué es lo que el Rebe le quería indicar. Al referírselo al Rebe, éste le dijo: "es posible que tú tengas fe, ¡pero lo que te falta es fe en ti mismo!" (*Rabbi Nachman's Wisdom* #140).

De aquí podemos aprender que la falta de confianza en uno mismo es también una falta de fe. Dicho de manera positiva: Fe también significa fe en uno mismo. Y ésto se manifiesta de diversas maneras.

— Creer que yo, como individuo, soy muy importante a los ojos de Dios.

— Creer que no importa cuán lejanos podamos estar de Dios, siempre tenemos el poder para retornar.

— Creer que no importa qué vida esté llevando en este momento, yo poseo la fuerza interior para cambiar mis hábitos.

— Creer que yo también puedo llegar a ser un Tzadik.

— Tener la autoconfianza necesaria en el trato con los demás.

Escribe Reb Noson: Si bien es verdad que "Todos los comienzos son difíciles" (Mejilta, Jetro), es necesario saber que aquél que está cerca de completar determinado servicio a Dios se encontrará con mayores dificultades aún (Likutey Halajot, Masa uMatan 3:6). Pero cada uno de nosotros posee una tremenda fuerza interior con la cual siempre podemos llegar a cumplir con esa tarea, si lo deseamos real y verdaderamente. Todo lo que hace falta es la voluntad de completar ese servicio. Todos poseen esta fuerza de voluntad que sólo necesita ser exteriorizada (Likutey Halajot, Masa uMatan 3:6).

Hay Tzadikim que enfrentan mucha oposición debido a que carecen de fe en ellos mismos o en las enseñanzas originales de Torá que ellos revelan. Como no creen en el valor que sus pensamientos originales tienen a los ojos de Dios, ellos mismos disminuyen su importancia. Pero la controversia que los enfrenta los obliga a rever sus pasos y ésto les permite recordar su verdadero valor (Likutey Moharan I, 61:5). De esta manera, el Rebe Najmán deja en claro que al faltar la autoestima, es la misma persona la que atrae sus propias dificultades.

*

A menudo nos encontramos confundidos respecto de cuál es la mejor manera de servir a Dios. A veces sentimos que cierta manera es la mejor, pero más tarde cambiamos de opinión y nos convencemos que otra es superior a ella. Y ésto nos puede llegar a confundir. Sobre ésto, dijo el Rebe Najmán: "¿Por qué confundirse? Lo que haces, lo haces. ¡Mientras no hagas ningún mal!" (Rabbi Nachman's Wisdom #269).

El Rebe mismo sirvió a Dios de esta manera: tomaba un cierto camino en sus devociones y no se movía de él durante algunos meses. Aunque otras posibilidades cruzasen su mente, las ignoraba y continuaba por el sendero que había elegido. Luego de un tiempo de servir a Dios de esa manera, evaluaba sus objetivos y los logros. Sólo entonces decidía si cambiaba de senda (*Likutey Moharan* II, 115).

Evalúe un plan, tome la decisión y aténgase a él. No dude. "¿Estará bien?" "¿Estaré haciendo lo correcto?" Tenga confianza en usted mismo y en que usted es lo suficientemente inteligente como para elegir un camino y apegarse a él durante cierto tiempo. Caso contrario, nunca podrá comenzar. Y recuerde, *siempre* puede cambiar.

La fe posee diferentes niveles. Ella reside, esencialmente, en el corazón, pero su nivel más importante lo alcanza cuando se extiende por todo nuestro cuerpo. Es por ésto que, luego de lavarnos las manos antes de comer el pan, las elevamos frente a nuestro rostro, para atraer la santidad (*Shaar haMitzvot, Ekev*). ¿Y cómo podemos atraer esta santidad? Sólo teniendo la certeza que nuestras acciones tienen el poder de atraer esta fe (*Likutey Moharan* I, 91).

Enseña el Rebe Najmán: La persona debe mantener tres tipos de "conversaciones" cada día. Una con Dios, una con su Rabino o mentor espiritual y una con un buen amigo. Cada persona debe despertar el punto bueno dentro de ella misma. Primero "conversa con Dios" sobre este punto. Luego lo potencia meditando y hablando de sus debilidades y fortalezas frente a Dios. Luego, debe tomar también del punto bueno de su amigo. Y ésto se logra conversando a diario con él. El tercer punto que debe recibir es el "punto general," el bien que se encuentra más allá de sus capacidades pero que puede hallarse en aquella persona de un nivel más elevado, su mentor espiritual (*Likutey Moharan* I, 34:8).

Así pues, si tenemos fe en Dios, fe en los Tzadikim y fe en nosotros mismos, siempre podremos hallar una salida para nuestras emociones y sentimientos y encontrar maneras de mejorarnos y reparar todo el mal del pasado. Podremos enfrentar mejor el futuro, sabiendo que estamos parados sobre una sólida base de fe.

* * *

RESPECTO DE LA SABIDURIA SECULAR Y DEL ATEISMO

Cierta vez le preguntó su sobrino al Rabí Ismael: "Dado que he terminado de estudiar toda la Torá, ¿puedo ahora estudiar la filosofía Griega?" A lo que respondió el Rabí Ismael: "Si, pero ¡únicamente en ese momento del día en que no es de día ni de noche!" (Menajot 99b).

El 9 de Octubre de 1802, el Zar Alejandro I de Rusia emitió un *ukase* conteniendo una serie de regulaciones en contra de los Judíos. Esto se conoció con el nombre de *punkten*, los decretos puntuales antecesores de los edictos que forzaron la conscripción de los Judíos en el ejército del Zar y la educación secular obligatoria. De estos dos decretos, el más temido por el Rebe Najmán era el relativo a la educación secular, pues, tal como él dijera, destruiría las futuras generaciones de Judíos (ver Until The Mashiach, Historical Review; Rabbi Nachman's Wisdom #131; Tzaddik #127, #132).

Cierta vez, al discutir el tema de estos decretos, exclamó el Rebe: "¡Ay de nosotros! que ni siquiera pensamos en el bienestar de nuestros niños, ¡qué les sucederá a ellos y a sus futuras generaciones! ¡Serán ahogados por el diluvio de herejías que tan rápidamente se está extendiendo, por culpa de nuestros pecados!" (Tzaddik #417).

*

Mucha gente ha preguntado por qué el Rebe Najmán rechaza todas las formas de filosofía y de sabidudía secular, mientras que tanto enfatiza la fe. Pues ahora, en esta época de "iluminismo," ¿no es posible también encontrar las respuestas correctas?

Para responder a ésto, es importante dejar asentado primero, que el Rebe Najmán es uno de los más grandes exponentes del uso total de las capacidades intelectuales que Dios nos ha dado. Y ésto lo deja bien claro desde la primera lección del *Likutey Moharan* donde dice: "La persona debe utilizar su intelecto en la *totalidad de sus capacidades*, con la finalidad de encontrar a Dios en todos los aspectos de la Creación." Esto es algo que deberíamos hacer a diario, en cada situación: encontrar a Dios en todas partes. Y sólo podremos lograrlo si poseemos el suficiente conocimiento como para comprender cómo es posible que la Divinidad exista en todas las cosas. Y más aun, si estudiamos en profundidad el *Likutey Moharan*, encontraremos que casi todas sus lecciones hablan sobre la importancia del *daat* (conocimiento) y de cómo uno debe buscarlo y desarrollarlo.

Y segundo, el Rebe Najmán no está rechazando el derecho de la persona a buscar su sustento. El Rebe apreció, tanto como los Sabios Talmúdicos y los Codificadores, la importancia de estar en condiciones de mantener a la propia familia. Pero, en el mundo del conocimiento secular hay innumerables cuestiones que no poseen respuesta; al menos respuestas que la mente humana pueda comprender. El hombre, por definición, es un ser limitado: limitado en la capacidad de su intelecto y limitado en el tiempo de su vida. Es por lo tanto imposible responder a aquellas preguntas que se relacionan con la Fuente de la Creación, pues tales cuestiones, por definición, se relacionan con el Infinito. Estas preguntas y respuestas se encuentran en el ámbito del *makif* (entorno exterior), por sobre el intelecto humano. Muchas veces, cuando la mente se formula una pregunta, al mismo tiempo que la plantea, posee ya su respuesta. Esta respuesta contesta esa pregunta, pero entonces otra pregunta surge, una pregunta que hasta el momento era *makif*. La que también tiene su respuesta. Y así continúa de pregunta en respuesta. Es necesario ser extremadamente cauteloso al contestar estas preguntas dado que hay ciertas preguntas que se encuentran por sobre la capacidad humana de comprensión. Estas preguntas deben quedar sin respuesta, o de lo contrario tendrán un efecto negativo sobre nuestra fe (*Likutey Moharan* II, 7:6-8). Enseña también el Rebe Najmán que aquella persona que ha cometido un pecado sufrirá constantemente el acoso de este tipo de preguntas (*Rabbi Nachman's Wisdom* #32).

El Rebe Najmán sabía que cada palabra de filosofía que no nos lleve hacia Dios, automáticamente nos alejará de El. No se trata entonces de poseer lo "mejor de ambos mundos." Ambos conceptos, la fe y la filosofía, son mutuamente excluyentes. Se nos pide, durante el estudio de la Torá, que cuestionemos e indaguemos. Sólo tenemos que observar una sesión de *pilpul* talmúdico para darnos cuenta cómo se cuestiona una y otra vez una sola página de Torá. Pero existen límites para la conjetura y la comprensión de la mente humana. Este es el poder de la fe. Hoy no comprendemos. ¿Y mañana? Quizás. *Aceptamos* de buena fe, hasta que tengamos la capacidad de comprender.

Por otro lado, la filosofía se basa en la premisa esencial del constante cuestionamiento; y enseña que todo aquello que no pueda ser comprendido, no necesariamente debe ser aceptado. Se niega a aceptar los límites de la mente humana. Pero el hombre es un ser limitado. Los científicos han gastado millones de horas y miles de millones de dólares tratando de comprender la Creación y todo lo que han obtenido es un conjunto de teorías contradictorias. Y es a estas yermas teorías sobre la naturaleza de la vida, teorías que llegan a negar la misma existencia de Dios, y que sólo conducen hacia más preguntas, a las que tan vehementemente se opone el Rebe Najmán.

*

Advirtió el Rebe Najmán: "Voy a revelar un secreto. Una ola de ateísmo va a cubrir el mundo. Yo sé que mis seguidores se fortalecerán en la fe, aun sin necesidad de esta revelación. Pero puede que haya otros que escuchen este llamado y se fortalezcan con él. Es para bien de ellos que estoy revelando el futuro" (*Rabbi Nachman's Wisdom* #35). Muchas veces el Rebe suspiraba y gemía entristecido por los problemas que traería la difusión del ateísmo. Dijo que ésta era la forma en la que los Judíos serían puestos a prueba antes de la llegada de Mashíaj. Muchos pensarán que será fácil superar la prueba de la fe, dado que muchos Tzadikim también previeron esta ola de ateísmo y previnieron respecto de ella. Pero las tentaciones y pruebas serán tan grandes que, aunque la persona reconozca que se halla sometida a una prueba, las olas del ateísmo se alzarán igualmente sobre ella (*Rabbi Nachman's Wisdom* #220).

Enseña el Rebe Najmán: "Los pecados de la persona la llevan hacia la herejía" (*The Aleph-Bet Book, Faith* A:22). También dice en otra parte: "La herejía de una persona destruye su deseo por estudiar la Torá" (*The Aleph-Bet Book, Torah Study* A:77). Entrar en el ámbito de la filosofía nos sitúa en un ciclo vicioso. Si pecamos, atraemos la herejía hacia nosotros. Esta herejía destruye nuestro deseo de Torá, de modo que comenzamos a alejarnos e incluso a rechazar la influencia fundamental que la Torá puede tener en nuestras vidas. Y ésto conduce hacia nuevos pecados, lo que trae nuevas herejías, las que a su vez nos alejan aún más de Dios.

* * *

PERMANECIENDO JUDIO

El Rebe Najmán se oponía a toda filosofía y conocimiento secular que enseñase a cuestionar a Dios y llevase hacia ideologías ateas. Estas filosofías han existido desde hace miles de años y hasta ahora no ha salido ningún buen Judío de su "sabiduría" (Rabbi Nachman's Wisdom #5).

La raíz del hombre es espiritual. Pero una vez que ha descendido al mundo físico, el hombre tiende a apoyarse en las "sabidurías" materiales. Cuando estos pensamientos se enraizan en la mente de una persona, allí crecen y ocupan espacio. ¿Cómo podemos esperar encontrar a Dios y encontrar la espiritualidad, si hemos descendido hacia las profundidades del ateísmo? (Likutey Moharan I, 35:1).

El buscar la "sabiduría" se relaciona con el hecho de que la Sabiduría Suprema es la fuente de toda la Creación, tal como está dicho (Salmos 104:24) "Todo fue creado con sabiduría." Lo que en realidad hacemos, es buscar nuestra fuente. Pero debemos buscar la fuente correcta (Likutey Moharan I, 35:1). La sabiduría y el conocimiento intelectual no deben ser considerados como un objetivo en sí mismos, sino como un vehículo para acercarnos a la Fuente de la sabiduría, a Dios Mismo; para acercarnos a El y no para distanciarnos de El.

Como hemos explicado, la fe se aplica solamente a aquello que no podemos comprender. Es mediante el estudio y la plegaria que llegamos a comprender más a Dios y Su grandeza y saber más sobre El. Pero la llave que abre la puerta de la comprensión sigue siendo la fe. Sin esta llave nunca podremos alcanzar la verdadera sabiduría (Likutey Halajot, Netilat Yadaim LiSeudá 6:1).

Y aunque hayamos caído en el ateísmo y la herejía, no debemos abandonar. "He caído tan bajo... ¿Cómo podré ahora retornar?" "¿Cómo podré llegar a limpiar mi mente?". Dijo Reb Noson: "No importa lo que yo pueda escuchar de labios de un Judío, incluso hasta cosas que no están de acuerdo con nuestra fe, yo sé que profundamente dentro de su corazón, siempre será un Judío" (Kojavey Or, p.79 #35). La fe que todos poseemos en lo más intimo de nuestras almas es eterna. Debemos tomar de esta fe interior una y otra vez. Al final, llegaremos a alcanzar la fe pura.

*

Cierta vez una persona llegó a ver al Rebe Najmán, quejándose de las dudas y cuestiones que tenía respecto de la fe. Esta persona sentía que quería servir a Dios y tener fe en El, pero las dudas no dejaban de acuciarlo. Le dijo entonces el Rebe: "Toda la Creación llegó a la existencia debido a las personas como tú. Dios vió que habría gente que tendría que luchar contra todos los obstáculos, para poder mantenerse en su fe. Es por esta clase de gente que Dios creó al mundo" (Rabbi Nachman's Wisdom #222).

A fines de los años 1940, Rabí Zvi Aryeh Rosenfeld comenzó a diseminar la Jasidut de Breslov en Norteamérica. Siempre habló, a lo largo de todos sus años de enseñanza, sobre la importancia de la fe. Tuvo éxito en inculcar su fe en cientos y quizás en miles de personas. Rabí Zvi Aryeh solía decir que el primer paso en la enseñanza del Judaísmo es la fe. Con fe, uno puede llegar a ver la verdadera belleza del Judaísmo y comprender entonces que también puede ser un Judío y elevarse en este mundo. Pero sin la fe, la persona está perdida, no está en ningún lugar. Enseña el Rebe Najmán: "¡Para aquél que no tiene fe, su vida no es vida!" (Rabbi Nachman's Wisdom #32). Solía decir mi Rosh Yeshiva: "Aquél que tiene fe no tiene preguntas; aquél que no tiene fe, nunca tiene respuestas" (Rabí Eliahu Jaim Rosen).

*

Un amigo de New York me preguntó: "¿Por qué se opone tanto a la filosofía el Rebe Najmán?"

Le contesté con otra pregunta: "¿Obligas a tus hijos a que cursen la escuela elemental?"

"¡Si, por supuesto!"

"¿Para qué?"

"Para que puedan educarse."

"¿Y qué harán con ello?"

"Ir a la facultad" contestó mi amigo con seguridad.

"¿Y para qué?"

"Para que puedan vivir sus vidas de la mejor manera posible. Ganarse la vida, pagar sus cuentas, tener un buen pasar ellos y sus familias."

"Parece razonable," le dije, pensando en voz alta. "Comienzas con ellos desde muy pequeños y les inculcas los valores de la educación durante los diez y seis años o más que pasan en la escuela. Luego, a los veinte años ya pueden sustentarse a sí mismos y a sus familias y quizás contribuir también con la sociedad durante un período de cuarenta o cincuenta años."

"Una pregunta más. ¿Cuánto tiempo deseas que tus hijos sean Judíos!?"

El Judaísmo era el ser entero del Rebe Najmán. En él pensaba y vivía. Y por lo tanto, Judaísmo era lo que él enseñaba. Todo lo que pudiese alejar a la persona del Judaísmo era rechazado. Observe cuánto énfasis se pone hoy en día en el tema de la educación general. Y hay personas que consideran que unas pocas horas semanales en la escuela Judía son suficientes, suponiendo que ésto bastará para que sus hijos se mantengan fieles al Judaísmo y a los valores Judíos durante todas sus vidas.

* * *

GANANCIAS HONESTAS

Enseña el Talmud: Estas son las obligaciones de un padre para con su hijo: "...enséñale Torá; enséñale un oficio..." (*Kidushin* 29a).

Enseñar a nuestros hijos un oficio o una profesión es una obligación y no una responsabilidad electiva. Es deber de todo padre eseñar a su hijo cómo ganarse la vida con honestidad. E incluída en ésta obligación está la necesidad de enseñarle a tener fe. Con fe, será capaz de enfrentar aquellas tentaciones del dinero que promueven la deshonestidad. Con fe podrá soportar las a veces increíbles presiones y demandas que los negocios y el trabajo hacen recaer sobre nuestros hombros. Y con fe podrá de seguro guardar el Shabat y las Festividades y hacerse de un tiempo para estudiar la Torá y para la plegaria.

Enseña el Rebe Najmán: El deseo de dinero es idolatría. Todas las idolatrías del mundo están relacionadas con el dinero. Los negocios son la mayor prueba para la fe (*Likutey Moharan* I, 23:1,4). En el lenguaje del Zohar: "Ella los atrapa con riquezas en esta vida y luego los extermina" (*Tikuney Zohar*, pag. 3). Esto hace referencia al Malo, que tienta a la gente con riquezas y con una "buena vida" en este mundo, para luego enterrarlos pues no tienen en sus vidas nada más que deseo por el dinero. Sus días se han ido y ellos quedan con un vacío. No poseen fe y por lo tanto no utilizan su tiempo de una manera sabia, estudiando Torá y practicando las mitzvot (*Likutey Moharan* I, 23:final).

El dinero o más bien el deseo por el dinero, devora la vida y el tiempo de la gente. Pero además, el deseo por el dinero es responsable de las peores preocupaciones. El hace que la persona viva constantemente preocupada (*Likutey Moharan* I, 23:5).

Cierta persona conocida mía sufrió una gran pérdida durante una transacción inmobiliaria pero, pese a ello aún le quedaban algunos millones de dólares en el banco. Cuando le solicité un aporte para caridad, comenzó a quejarse de sus pérdidas. Viendo el terrible estado mental en el que se hallaba lo consolé y le ofrecí la siguiente analogía. "Perder en gran escala es como si a uno le entrasen ladrones en la casa. Nunca volverás a sentirte seguro." "¡Es cierto!" exclamó, aliviado porque yo comprendía su angustia. De hecho sentía mucha lástima por él. El dinero era toda su seguridad.

¡Imagínese! Le quedaba suficiente dinero como para vivir de renta el resto de sus días. Pero estaba tan conmocionado por sus pérdidas que nunca más volvería a sentirse seguro. Aunque tuviese el dinero suficiente como para varias vidas, ello no podía otorgarle el sentimiento de seguridad que buscaba. Porque le faltaba la fe.

*

"Ganarse la vida es tan difícil como la separación de las aguas del Mar Rojo" (*Pesajim* 117a). Tal como no podemos esperar separar el Mar Rojo, tampoco podemos pensar en la posibilidad de controlar nuestra ganancia. Pero, así como es muy fácil para Dios separar las aguas del Mar Rojo, de la misma manera le es increíblemente simple el proveernos de nuestro sustento. Sólo necesitamos tener fe (*Likutey Moharan* I, 23:final).

*

Cuando tenemos fe, nuestro sustento equivale a recibir el maná del Cielo. Podemos confiar en que el Cielo nos lo enviará. De esta manera estamos contentos con aquello que recibimos y no deseamos más. Por el contrario cuando la persona desea más de lo que le es dado, destruye toda su vida con el deseo de riquezas, pues no hay maná en ello (*Likutey Halajot, Netilat Yadaim LiSeudá* 6:85).

* * *

6

TORA Y PLEGARIA

"Aléjate del mal y haz el bien..." (Salmos 34:15).

Cierta vez, Reb Guershon de Terjovitza le confesó al Rebe Najmán lo difícil que le era servir a Dios. El Rebe Najmán le contestó: "¡Sólo ocúpate de hacer el bien! ¡El bien quedará y el mal se irá!" (Tzaddik #447).

Hay muy pocas mitzvot con las cuales nos podamos ocupar de manera más total y consistente como con el estudio de la Torá y la plegaria. El Shabat viene sólo una vez por semana y las Festividades de manera menos frecuente. Dar caridad y otros actos de bondad dependen de la oportunidad y de los medios para poder realizarlos. Incluso la mayoría de las mitzvot diarias tienen su momento y características específicas. Pero no sucede lo mismo con el estudio de la Torá y con la plegaria a las cuales puede dedicarse la persona cuando quiera y donde sea que lo desee. Así, encontramos numerosas enseñanzas del Rebe Najmán que tratan de manera específica sobre estas dos mitzvot. Además y frente de las otras mitzvot, ambos, el estudio de la Torá y la plegaria sirven para un propósito más ámplio: sin el estudio de la Torá es imposible saber qué debe hacerse, aun cuando uno quiera cumplir con las mitzvot y sin la plegaria es imposible realizar las mitzvot con total alegría y devoción.

"Todo lo que Dios ha declarado, ¡haremos y escucharemos!" (Exodo 24:7). ¿Es que ésto tiene sentido? ¿Quién puede hacer antes de escuchar aquello que debe ser hecho? En este versículo, la palabra "escuchar" significa comprender. Así pues, los Judíos cumplirían primero con las mitzvot y luego llegarían a comprenderlas. "Cuando los Judíos dijeron: '¡Haremos y escucharemos!', 600.000 ángeles descendieron y adornaron a cada Judío con dos coronas, una por el *hacer* y otra por el *escuchar*" (*Shabat* 88a). Estas dos coronas corresponden a la Torá y a la Plegaria. Torá es aquello que se nos ha revelado y es aquello que podemos hacer. La plegaria corresponde a aquello que esperamos alcanzar al avanzar cada vez más alto en nuestra comprensión, en nuestra habilidad para escuchar (*Likutey Moharan* I, 22:9).

*

Cada vez que Rabí Nejunia entraba a la casa de estudios recitaba una corta plegaria: "Por favor, Dios, ayúdame a que no cometa un error o que yo sea la causa de un error; deja que mis colegas se regocijen en mí; que no tome una decisión incorrecta: que no llame impuro a lo puro ni puro a lo impuro; haz que mis colegas no cometan errores; y que yo pueda regocijarme con ellos." Y al salir de la casa de estudios elevaba la siguiente oración: "Te agradezco Dios, pues Tú has puesto mi parte entre aquellos que se sientan en la casa de estudios y no me has hecho estar con aquellos que pierden su tiempo en vanas conversaciones. Yo me despierto y ellos se despiertan. Yo me despierto para estudiar Torá y ellos se despiertan para perder el tiempo. Yo trabajo y ellos trabajan. Yo trabajo y recibo la recompensa; ellos trabajan y no reciben recompensa alguna. Yo corro y ellos corren. Yo corro hacia el Mundo que Viene; ellos corren hacia el Pozo de Desperdicios" (*Berajot* 28b).

¡Ven a ver la belleza de nuestra santa Torá! La plegaria de Rabí Nejunia contiene todas las enseñanzas que hemos tratado en los capítulos anteriores. Al entrar en la casa de estudios, Rabí Nejunia elevaba una plegaria *simple*. Pedía que tanto él como sus colegas se *regocijaran* en cada uno. Al pedir no caer en el error, estaba pidiendo ser guiado hacia la *verdad*. También pedía lo mismo para sus colegas, pues él veía sus *puntos buenos* y les deseaba el éxito en sus estudios también. Luego, al salir, reforzaba su *fe* y oraba por no juntarse con aquellos que se sientan en vanas conversaciones, aquellos que no poseen fe en la Torá ni en el Mundo que Viene. Sus plegarias incluían estas enseñanzas, pues ellas son el requisito necesario para el correcto estudio de la Torá y la plegaria.

*

Reb Noson dijo que Dios nos dió la Torá, es decir el estudio de las leyes de la Torá, a través de Moshé Rabeinu, pero la Torá, los medios y maneras de sentirla y cumplirla, Dios nos lo dió a través de las enseñanzas del Rebe Najmán (Kojavey Or, p.69 #5). (La Torá no sólo hace referencia a la Biblia y a la Mishná, sino también a todas las enseñanzas sagradas transmitidas por nuestros santos maestros, a través de todas las generaciones.)

También dijo Reb Noson que el camino del Rebe Najmán unifica en sí mismo las virtudes de los jasidim y de los misnagdim. En general, los jasidim de esos días se volcaban con fervor a la plegaria, pero no se dedicaban con profundidad al estudio de la Torá. Los misnagdim, por otro lado, se dedicaban de lleno al estudio de la Torá, pero no eran devotos de la plegaria. El Rebe Najmán puso énfasis en las dos: en el estudio de la Torá y en la plegaria (en cada área en particular y en la interconexión entre ambas) (Aveneha Barzel, p.52 #10).

*

Enseña el Rebe Najmán: Toda la Torá que una persona estudia se unifica con sus plegarias e ilumina sus palabras. La Torá refuerza y renueva la plegaria; la plegaria refuerza y renueva el estudio de la Torá (Likutey Moharan I, 2:6). La fuente de la Torá fluye desde la plegaria (Likutey Moharan I, 8:7).

Existen dos clases de plegarias: la plegaria por las necesidades materiales y la plegaria por las necesidades espirituales. Cuando la plegaria se centra en lo material, se encuentra entonces en un nivel muy inferior al estudio de la Torá. Pero, cuando la plegaria se centra en lo espiritual, se halla entonces en un nivel superior al de la Torá. Iaacov simboliza la Ley Escrita, Rajel simboliza la Torá Oral y Lea simboliza la plegaria espiritual. Iaacov supuso que si quería obtener una total comprensión de la Torá debía primero combinar la Ley Escrita con la Ley Oral (casándose con Rajel). La plegaria (Lea) seguiría después. Pero Dios sabía que debería ser de otra manera e hizo que Iaacov se casase primero con Lea. Sólo es posible obtener la Torá completa mediante la plegaria por nuestras necesidades espirituales (Likutey Halajot, Rosh Jodesh 5:29).

Cuando alguien le preguntó al Rebe cómo era posible llegar a ser un Judío verdaderamente religioso, el Rebe Najmán le respondió que lo único que debería hacer era orar y estudiar y orar (*Rabbi Nachman's Wisdom #287; Siaj Sarfei Kodesh 1-220*).

* * *

TODA LA VIDA

Hay mucho que un hombre debe hacer en su vida. Para poder sobrevivir, debe prepararse con los medios como para adquirir comida, vestimenta y refugio. Luego de casarse, debe sostener las necesidades de su esposa y familia. Más adelante, debe asegurar el futuro de sus hijos hasta que éstos se casen, e inclusive a veces hasta después de ello. El Rebe Najmán conocía todo ésto y sin embargo dijo: "¡¿Qué otra cosa tiene que hacer una persona en este mundo mas que orar, estudiar Torá y orar?!" (*Rabbi Nachman's Wisdom #287*).

Esto podremos entenderlo mejor , luego de estudiar la siguiente afirmación talmúdica: "Come pan con sal, bebe poca agua, duerme en el suelo y vive una vida de sufrimiento. Si así lo haces, afortunado eres, bien te irá. Afortunado en este mundo. Bien te irá en el Mundo que Viene" (*Avot 6:4*). ¿*Afortunado*? ¡¿Es realmente una *buena vida* comer sólo pan con sal?! ¡Debe de ser una broma!

Reb Noson explica esta Mishna de una manera muy simple. Si el objetivo de una persona es vivir en una gran mansión, con exquisitas comidas, con la mejor vestimenta, etc. de hecho su vida será muy amarga. ¡Cuánto tendrá que trabajar, cuántas horas deberá perder, para llegar a tener el dinero necesario para todas estas cosas! La mayor parte de la humanidad trabaja durante toda su vida para llegar a cubrir sus necesidades básicas. Cuán pesado será entonces alcanzar esa "buena vida." Y aun si la persona se dedica a ello, se "vende" a sí misma para lograr esos objetivos, ¿es ello garantía de que podrá lograrlo? Lo más probable es que no lo consiga.

Y más aún, cuando la persona se entrega a semejante objetivo, ¿qué tiempo le queda para la Torá y la plegaria? ¿cómo podrá llegar a concentrarse en la plegaria, a la mañana, cuando debería estar trabajando? ¿cómo puede llegar a disfrutar de una vida de Torá, cuando el tiempo que tiene sólo lo puede utilizar para pensar en dinero y en cómo vivir mejor?

Pero es muy diferente si la persona dedica su vida a la Torá y a la plegaria. Entonces, siempre tiene tiempo para vivir, ser feliz y estar tranquilo. La persona cuyo objetivo es vivir una vida de Torá utilizará su tiempo de la mejor manera posible, para el desarrollo de lo espiritual. Se limitará en sus necesidades y estará conforme con su suerte (con aquello que hace y con sus logros en la vida) y se alegrará de utilizar todo el tiempo libre que le quede en el estudio de la Torá y en la plegaria. Dejando que su objetivo sea sólo "pan y sal," no deberá amortizar su vida en aras del deseo y del placer. *¡Efectivamente afortunado es él! ¡Todo es bueno para él!* (Rabbi Nachman's Wisdom #308).

En otro comentario relacionado con la misma Mishna, Reb Noson explica que los más altos niveles de la espiritualidad pueden lograrse mediante el deseo de alcanzar el verdadero objetivo. ¿De qué sirve todo el dinero que una persona pueda ganar y ahorrar si no tiene una relación decente con su mujer y con sus hijos; algo que lamentablemente es muy común? ¡Cuántos sacrificios debe sufrir esa persona para "obtener" sus bienes! Sus deseos de riqueza no lo llevan a lugar alguno y sólo se queda con el conflicto, la preocupación y la depresión. No hay placer en este mundo para aquél que lo persigue. El verdadero placer es sentido únicamente por aquél que está satisfecho con lo que posee. Su vida es considerada vida y sus deseos pueden cumplirse (Likutey Halajot, Netilat Yadaim LiSeuda 6:64)

* * *

TIEMPO PARA EL ESTUDIO DE LA TORA

Uno de los seguidores de Reb Noson poseía una pequeña tienda, con la cual se ganaba la vida. Pero este hombre anhelaba dedicar su vida y sus fuerzas al estudio de la Torá y estaba dispuesto a abandonar su medio de subsistencia en aras de ello. Al presentarle el plan a Reb Noson, el hombre quedó asombrado de que su mentor no lo aprobase. "En este momento tu corazón está encendido por el deseo y el anhelo de la Torá. Estás dispuesto a aceptar las dificultades que ello te traiga aparejadas. ¿Pero qué sucederá cuando se apague ese fuego? ¿Qué comerás entonces? ¿Serás capaz de aceptar las dificultades y de permanecer alegre? Permíteme sugerir otra alternativa. Cada día, antes de salir para tu negocio dispón de un tiempo para el estudio de la Torá. Además, guarda una colección de los diferentes libros de Torá en tu tienda. Siempre que tengas un momento libre utilízalo para estudiar. Si eres constante en el estudio y aún sigues con ese anhelo por la Torá, cierra tu tienda una hora más temprano y utiliza ese tiempo para estudiar Torá. De manera gradual puedes entonces aumentar tu dedicación a la Torá y pedirle a Dios que te otorgue la libertad para estudiar todo el tiempo. Al final podrás superar los obstáculos y dedicarte con toda tu energía al estudio de la Torá. Por otro lado, si sientes que no puedes mantener ese ritmo de estudio, al menos podrás seguir ganándote la vida" (*Aveneha Barzel*, p.49 #2).

*

Si tu objetivo está dirigido hacia la Torá y la espiritualidad, todo el trabajo que hagas para ganarte la vida es considerado como una de las Treinta y Nueve Tareas necesarias en la construcción del Tabernáculo. Esto significa que tu trabajo diario e inclusive las cosas mundanas que haces son consideradas santas. Pero si te falta esa fe y no tienes tu vista puesta en lo santo, tu ocupación es considerada como las Treinta y Nueve Tareas de afán y pesado trabajo (*Likutey Moharan* I, 11:4).

Fije su vista en la Torá y la plegaria. Haga de ellos su objetivo. Todos salen a trabajar, pero es su motivación lo que cuenta. Mientras que algunos trabajan en las Treinta y Nueve Tareas y no tienen otra cosa para mostrar más que una vida gastada en adquirir gratificaciones materiales, otros, que en apariencia se ocupan de las mismas Treinta y Nueve Tareas, han logrado construir un tabernáculo santo.

Recuerde ante todo: Lo más importante es su deseo. Qué es lo que *desea* conseguir; y no lo que haya podido o no conseguir. Esto es verdad en general y más aún cuando sus objetivos están dirigidos al logro espiritual. Como dijo el Rebe Najmán: Lo más importante es el deseo, el deseo de servir a Dios. No hay nadie que pueda decir que sirve a Dios de acuerdo a Su grandeza. Si algo se comprende respecto a Su grandeza, se verá que es imposible entender cómo alguien puede afirmar que Lo sirve a El. Hasta el ángel más alto no puede decir que sirve verdaderamente a Dios. Por lo tanto, lo más importante es el deseo de servirlo a El (Rabbi Nachman's Wisdom #51).

Lo mismo se aplica a nuestra vida cotidiana. Aunque por el momento encuentre difícil dedicarle más tiempo a la Torá y a la plegaria, no abandone su deseo de hacerlo. Si lo anhela, al final encontrará la manera. Nada se opone a la voluntad, como dice el refrán: Querer es poder.

*

Dijo cierta vez el Rebe Najmán: ¿Por qué trabajas tan duro y gastas tu vida en ello, si al final nada quedará? ¡Trabaja menos para que algo quede! (La persona que trabaja en aras de los bienes materiales de este mundo agota sus días y éstos ya no vuelven. Incluso todo aquello por lo que ha trabajado, también lo abandonará. Pero trabajando menos por lo físico, la persona puede tener el tiempo para dedicarlo a aquello que quedará con ella, sus logros espirituales) (Siach Sarfei Kodesh 1-263).

De esta manera el Rebe Najmán enseña que la persona sólo tiene que orar, estudiar y orar. Si la Torá y la plegaria es lo que desea, entonces, automáticamente, todo su día, incluyendo las actividades más mundanas, estará dedicado a la Torá y a la plegaria, a la búsqueda del logro espiritual y de la Divinidad.

* * *

PLEGARIA, ESTUDIO Y PLEGARIA

Reb Avraham Jazan dijo que cada Shabat, por la mañana, cumplimos con este concepto de la plegaria, el estudio y la plegaria. Primero oramos *Shajarit* (la Plegaria de la Mañana), luego escuchamos la lectura de la Torá. Más tarde oramos nuevamente el *Musaf* (la Plegaria Adicional) (Rabí Levi Itzjak Bender).

Luego de orar, uno debe disponer de un tiempo para el estudio de la Torá (Oraj Jaim 155:1). El Rebe Najmán indicó de manera inequívoca el uso de los tefilin de Rabeinu Tam, además de los tefilin de Rashi que son utilizados por todos los hombres. También enfatizó la necesidad de estudiar los Códigos todos los días (ver el Capítulo sobre el Estudio de la Torá). Reb Ozer de Umán fue testigo de la costumbre implementada por los Jasidim de Breslov de las primeras generaciones que combinaban estas dos prácticas tan importantes. Cada mañana estudiaban los Códigos con los tefilin de Rabeinu Tam aún colocados (Kojavey Or, p. 80). Esto facilita el "orar, estudiar la Torá y orar," aún durante la semana. Si luego de estudiar los Códigos después de la Plegaria Matutina, recitamos algunos Salmos o alguna otra Súplica, cumplimos con la indicación del Rebe.

*

Tal como uno debe diezmar sus ganancias, dando el diez por ciento de nuestro ingreso a la caridad, de la misma manera uno debe diezmar las horas del día para el estudio de la Torá. De manera que una persona que dedica su día a trabajar, debe separar al menos un diez por ciento de su tiempo para el estudio de la Torá. Y la persona que puede estudiar durante todo el día, debería separar el diez por ciento de su tiempo para estudiar las enseñanzas del Rebe Najmán (Rabí Najmán Burstein).

* * *

7

EL ESTUDIO DE LA TORA

LA GRANDEZA DE LA TORA

Enseña el Rebe Najmán: "La Torá es más grande que todo e incluye a todo. Es más grande aún que la profecía" (Tzaddik #421).

El estudio de la Torá es un requisito necesario para alcanzar el temor al pecado. Pero el temor al pecado debe preceder al estudio analítico de la Torá (The Aleph-Bet Book, Limud A:47).

El estudio con dedicación se eleva más alto que el cumplimiento de las mitzvot (The Aleph-Book, Limud A:33).

El Rebe Najmán estaba hablando con alguien respecto al estudio de la Torá. "¿Por qué no estudias?" le dijo, "¿Qué puedes perder? Dios Mismo estudia la Torá cada día. ¡Gracias al estudio de la Torá podrás merecer el Mundo que Viene! (Rabbi Nachman's Wisdom #17, ver Avoda Zara 3b).

Bien conocida es la compasión que la gente siente por aquellos carentes de las cosas mundanas. Todos pueden atestiguar sobre la piedad que la gente siente por aquellos hambrientos y desamparados o que sufren serios problemas. Es bien conocida la reacción de la gente frente a una persona sin ropas o calzado. Pero la compasión por los carentes en el Mundo que Viene es una piedad mucho mayor. Si la persona carece de vestimenta en este mundo, otros pueden hacer una colecta y comprarla para él. Este tipo de piedad es imposible de practicar en el Mundo que Viene. Allí, las únicas vestimentas que uno necesita son la Torá y las mitzvot. Feliz de aquél que puede "comer" muchos capítulos de la Mishná, "beber" versículos de los Salmos y "vestirse" con algunas mitzvot (Rabbi Nachman's Wisdom #23).

Debes saber que hay recintos de Torá. Aquél que tenga el privilegio de entrar en estos recintos y descubrir pensamientos originales de Torá, verá que estas cámaras no tienen límite. Y estando allí, podrá acumular magníficos tesoros. ¡Afortunado es él! (*Likutey Moharan* I, 245).

El estudio de la Torá trae paz (*The Aleph-Bet Book, Limud* A:75).

* * *

COMO ESTUDIAR

Trate de recorrer todos los libros sagrados en el curso de su vida. Habrá visitado así cada uno de los lugares de la Torá. Al llegar al Mundo que Viene podrá hablar de sus muchos "viajes" y "paseos," de la misma manera que la gente adinerada se vanagloria de los lugares exóticos que ha visitado. Estudiando *todos* los libros de Torá podrá decir: "Estuve en este libro, me quedé un tiempo en ese conjunto de escritos" (*Rabbi Nachman's Wisdom* #28).

No se amedrente ni desanime frente a todo lo que hay para aprender. Y aunque olvide lo que ha estudiado, tampoco desespere. Enseñan nuestros Sabios que en el Mundo que Viene la persona recordará todo lo que estudió. Acostúmbrese a verse como un jornalero asalariado que recibe su paga por volcar agua dentro de unos barriles perforados. La persona tonta dirá: "¿Para qué perder mi tiempo?" Pero el sabio dirá: "Me pagan por día. ¿Qué me importa si los barriles se llenan o no? A mi me pagan para echar agua dentro." De la misma manera, la persona que estudia Torá es recompensada por el tiempo que invirtió en el estudio y no por aquello que recuerde (*Rabbi Nachman's Wisdom* #26; ver *VaYikra Raba* 19:2).

El estudio de la Torá es de una importancia incuestionable. De hecho, "Es tu vida..." (Deuteronomio 30:20). (De lo contrario no nos sería tan difícil cumplir con esta mitzvá tan grande). Es muy importante reconocer el supremo valor del estudio de la Torá y estar conscientes de las barreras que existen y que deben ser superadas por todo aquél que desee entrar al maravilloso y majestuoso mundo de la Torá. En este capítulo trataremos las enseñanzas del Rebe Najmán respecto a cómo alcanzar el estudio de la Torá, qué estudiar y de quién tomarlo.

*

Mediante la plegaria. Tal como mencionamos en el capítulo anterior, podemos ver a través de las acciones del Rabí Nejunia, la importante conexión que existe entre la plegaria y el estudio de la Torá. Alguien le preguntó al Rebe Najmán respecto a ciertas devociones en el servicio a Dios. El Rebe le recomendó el estudio de la Torá. Cuando el hombre le objetó: "¡Pero yo no sé cómo estudiar!," el Rebe le contestó: "¡Eleva una plegaria! Con la plegaria todo es posible. El bien más grande puede obtenerse mediante la plegaria" (Likutey Moharan II, 111).

El primer paso en el estudio de la Torá es orar por ello. Orar a Dios, rogarle, pedirle a El que le otorgue el privilegio de estudiar la Torá y que lo ayude a comprender aquello que estudie. Como enseña el Rebe Najmán: "Uno debe orar con fervor e implorar poder llegar a comprender la Torá" (Likutey Moharan I, 21:8).

El mismo Rebe hacía ésto. Cuando comenzó a estudiar la Mishná, la encontró imposible de comprender. Lloró y se afligió hasta que fue capaz de comprenderla por sí mismo. Más tarde le sucedió lo mismo al estudiar el Talmud. Nuevamente lloró con amargura hasta que tuvo el mérito de comprender. Y ésto se repitió con el estudio del Zohar y los escritos del Ari. Alcanzó la comprensión luego de orar, pedir y llorar (Rabbi Nachman's Wisdom p.9).

*

Esfuerzo y dedicación. Cierta vez el Rebe Najmán estaba discutiendo el tema de la impresión de libros de Torá, cosa que se había generalizado en esa época. Todo el mundo estaba comprando libros para tener en sus casas. Dijo el Rebe: Nuestros Sabios dijeron que llegaría un tiempo en que la Torá sería olvidada por los Judíos (Shabat 138b). Pero ahora se imprimen y venden cantidad de libros y la gente forma sus propias bibliotecas. Dado que hasta un simple trabajador posee libros, la Torá no se olvida. Pero lo que la gente no comprende es que esos libros no significan nada si no se los abre y estudia (Rabbi Nachman's Wisdom #18).

Por lo tanto, el segundo paso en el estudio de la Torá es la dedicación y el esfuerzo. Uno debe abocarse a ello. No es suficiente comprar libros y exponerlos en la biblioteca. La devoción y la dedicación son absolutamente necesarias. Una de las claves más importantes para desarrollar la diligencia es el plantearse objetivos realistas. Es bueno tener objetivos de corto plazo y otros a largo plazo, pero sobre todo, lo importante es que sean realizables. Apuntar hacia lo posible acrecienta el entusiasmo; buscar lo imposible lo destruye.

Una vez que haya determinado sus metas en el estudio de la Torá, recuerde: debe cumplir con ellas, no importa lo que suceda. Sea riguroso y haga todos los esfuerzos posibles para cumplir con su plan de estudios diarios. Si está atrasado y no puede cumplir con la cantidad que se había propuesto o su orden diario se ve trastocado, como suele sucederle tambié hasta a las personas más dedicadas, entonces termine de noche, esa misma noche. No importa cuán tarde se le haga, ni cuán cansado esté, hágalo. Aún así es mejor que caer por debajo de lo propuesto, y dejarlo para mañana. Saber que está dispuesto a cumplir con su objetivo es, en sí mismo, muy beneficioso. Cuando usted sabe que tendrá que quedarse despierto hasta muy tarde para poder terminar su cuota diaria de estudio (especialmente luego de un par de noches difíciles) se asegurará de llegar a tiempo o inclusive más temprano, a sus sesiones regulares de estudio.

Aun con devoción, hay veces en que no se pueden cumplir las metas diarias. En determinadas ocasiones, como durante Iom Kipur y Purim, cuando todos están ocupados con la plegaria y las mitzvot propias del día, es imposible ocuparse del estudio como en los otros días. Lo mismo se aplica a los días fuera de lo común cuando uno debe viajar, o casar un hijo, etc. En semejantes situaciones lo mejor es hacer lo que hacía Reb Noson. Reb Noson había dispuesto diferentes planes de estudio para las diferentes ocasiones. Por ejemplo, la cantidad de Códigos que debía estudiar dependía de lo que le permitía el día: tanto para un día de semana, tanto para un viernes, tanto para el Shabat, tanto para una festividad y así en más. Cada día tiene diferente cantidad de horas disponibles para el estudio de la Torá: algunos días más y otros menos. La cantidad no era un problema. Lo más importante para Reb Noson y para nosotros también, era mantener las metas que él mismo había establecido y obligarse a cumplirlas (Rabí Eliahu Jaim Rosen).

Contó Reb Noson: "Durante mucho tiempo tuve gran dificultad con mis estudios de Torá. Entraba a la casa de estudios lleno de entusiasmo y con la intención de dedicar toda mi energía a mis estudios. Pero tan pronto como comenzaba, inevitablemente algo sucedía que me distraía, me desconcentraba y me alejaba de mis intenciones. Y no importaba cuán determinado estuviese, cada día traía una nueva distracción y un diferente motivo. Siempre era algo que no había podido anticipar y ante lo cual estaba indefenso. Como podrán imaginar, no pasó mucho tiempo antes que tuviera los nervios de punta. Estaba dispuesto a abandonar. Entonces, le comenté mi problema al Rebe. El me respondió que en lo que respecta al estudio de la Torá "¡un poco es también bueno!" Esto cambió mi actitud por completo. Así, aunque no llegase a estudiar tanto como lo hubiese deseado, estaba igualmente conforme y contento con lo que hubiese podido lograr. De esta manera pude superar mis dificultades con el estudio. Tomando un poco de aquí y otro poco de allá pude llegar a ser un estudiante serio (Aveneha Barzel p. 78). [Debe tenerse en cuenta que Reb Noson ya era un erudito en Torá antes de conocer al Rebe Najmán.]

Una de las interpretaciones de la frase: "Ama a tu Dios... con todas tus *fuerzas*," que recitamos diariamente como parte del Shema es: "Y amarás a Dios... con todo tu dinero" (Rashi, Deuteronomio 6:5). Y ésto nos acerca otra herramienta para acrecentar nuestra diligencia y determinación en el estudio de la Torá. Simplemente, siempre y cuando sea posible, trate de pagar por el estudio de la Torá. Al pagarle a alguien para que le enseñe o estudie con usted, de manera natural querrá obtener el máximo de su dinero. Esto le garantizará que no será flojo en sus esfuerzos para obtener el máximo de sus estudios. Aborrecerá perder el tiempo. De hecho, siendo niño, el Rebe mismo utilizaba el dinero que le asignaban sus padres y le pagaba un dinero extra a su maestro por cada página adicional del Talmud que le enseñase (Rabbi Nachman's Wisdom p. 6).

Dijo el Rebe Najmán: "Todo aquél que haga cuanto yo le diga, de cierto que llegará a ser un gran Tzadik. Por supuesto que cuanto más estudie más éxito tendrá" (*Tzaddik* #320).

*

Conocimiento amplio. Junto con el deseo de que sus seguidores "visitasen" todos los libros sagrados, el Rebe Najmán enfatizó también la necesidad de un conocimiento general y extensivo de la Torá. De esta manera, el Rebe favorecía aquél método de estudio que genera un conocimiento amplio, por sobre aquél que desarrolla un proceso analítico. No estaba de acuerdo con que la mayor parte del tiempo dedicado al estudio se utilice en el análisis profundo de unas pocas páginas. Pasar meses diseccionando una o dos páginas del Talmud puede hacer de uno algo así como un "especialista" y aguzar nuestras facultades dialécticas, pero en última instancia también hace que la mayoría de los alumnos ignoren la mayor parte de los tratados talmúdicos, sin mencionar las otras áreas o peor aún, sus Leyes.

Por lo tanto, otro paso en el estudio de la Torá es determinar las áreas que se intenta estudiar, concentrándose en cubrir la mayor cantidad de terreno que el tiempo permita. De esta manera no tendrá problemas en terminar cada libro que encare y tendrá el tiempo suficiente como para reverlo y ganar así un conocimiento más amplio de la Torá. De hecho ésta es la enseñanza talmúdica (*Shabat* 63a): "¡Estudia todo y luego trata de comprender!" (Es decir, primero tome el conocimiento y después clasifíquelo y refine su comprensión.)

Enseñó también el Rebe Najmán que no es necesario apurarse en rever lo aprendido. Lo mejor es continuar con el orden de estudio. Por ejemplo, cuando termine las *Mishnaiot* del tratado *Berajot*, en lugar de rever lo aprendido, deberá pasar al próximo tratado, *Peá*. Continuando así con un ritmo constante. De esta manera será capaz de estudiar muchos libros sagrados y repasarlos más adelante. (*Rabbi Nachman's Wisdom* #76).

*

Comprender y enunciar. El Rebe Najmán sugirió estudiar rápido, con velocidad y simpleza y no detenerse demasiado en cada detalle. Debemos tratar de comprender cada cosa en su propio contexto y enunciar las palabras de la Torá a medida que las estudiamos. No hay necesidad de elucidar específicamente las palabras a medida que avanzamos; si continuamos adelante, su significado llegará a aclarse (*Rabbi Nachman's Wisdom* #76). De todas maneras, es bueno que la persona comprenda lo que estudia en el lenguaje que mejor entienda (*Likutey Moharan* I, 118). De cualquier manera, debemos trabajar para comprender aquello que estudiamos. No es suficiente repetir las palabras sin saber lo que ellas significan. La falta de comprensión no puede ser considerada aprendizaje (*Sijot VeSipurim* p.87, #13).

*

Continuar. ¿Qué sucede si, aunque trate de entender el texto de manera simple y en su contexto, no consiga comprenderlo? De la afirmación del Rebe Najmán se desprende con claridad que lo que entonces hay que hacer es continuar. Si estudiando, se llega a una o dos oraciones que no se comprenden o a algún concepto que está más allá de nuestro entendimiento, no debemos detenernos allí. Después de todo, la mayoría de los textos poseen pasajes difíciles. Simplemente debemos marcar el pasaje y continuar. De esta manera, el estudio rápido le permitirá acumular mucho material. Más tarde podrá rever por segunda y por tercera vez todo aquello que ya ha estudiado... Y ya que ha estudiado mucho más desde la primera vez que intentó dilucidar el texto, la próxima vez podrá llegar a comprenderlo. Y si hay cosas que nunca llegue a comprender, la cantidad sobrepasará al resto (*Rabbi Nachman's Wisdom* #76).

Este método de estudio sugerido por el Rebe Najmán es mencionado también en el Talmúd y en las obras posteriores (*Avoda Zara* 19a; *Orjot Tsaddikim* #27; *SheLaH, Shavuot; Maharal MiPrague, Netiv HaTora* y en buena parte de los Codificadores). También Reb Noson, en su juventud, prefería este método de estudio más directo y general. A diferencia de sus compañeros de clase quienes al ser examinados sobre el Talmud trataban siempre de impresionar a sus maestros buscando las dificultades y las soluciones brillantes, Reb Noson leía y explicaba el texto de manera simple y clara. Cuando confesaba, a diferencia de los otros estudiantes, que no tenía ninguna pregunta, su maestro reconocía que su recitado simple y preciso era mucho mejor que las complicadas cuestiones planteadas por sus amigos (Aveneha Barzel p.3).

Cuando el Rebe Najmán le aconsejó a Reb Noson que estudiase Kabalá, éste le confesó que había muchos puntos en el *Etz Jaim* (el tratado más importante de Kabalá del Ari) que no llegaba a comprender. El Rebe le aconsejó que marcase cada parte que no pudiese comprender. "La próxima vez que lo estudies, lo comprenderás y entonces podrás borrar la marca." Reb Noson comentó más tarde que cada vez que repasaba el *Etz Jaim* esas marcas eran más escasas (Rabí Eliahu Jaim Rosen).

*

Cuida tu lengua. Enseña el Rebe Najmán: "Cada Judío es una letra de la Torá. De manera que las seiscientas mil letras de la Torá equivalen a las seiscientas mil almas Judías en la Creación. Cuando encuentras una falta en un Judío, es como si encontraras una falta en la Torá, haciéndola incompleta. Pero, al no hablar en contra de otro Judío o disminuirlo y enfatizando sus puntos buenos, también encontrarás hermosa a la Torá. Tendrás entonces un profundo amor por la Torá, el que te llevará a estudiar con gran dedicación" (Rabbi Nachman's Wisdom #91).

* * *

QUE ESTUDIAR

El Rebe Najmán ennumeró todo lo que una persona debería estudiar por día y esta lista llenaría una página. Uno debe estudiar lo suficiente como para que al final del año haya completado los siguientes textos: 1) Todo el Talmud con los comentarios de Rashi, Tosafot, Rif y Rabeinu Asher; 2) todo el *Shuljan Aruj* (los Códigos Legales); 3) Todos los *Midrashim*; 4) El *santo Zohar*; 5) Los escritos del Ari (Rabbi Nachman's Wisdom #76; ésto implica unas 20.000 páginas por año).

*

¡¿Y quién puede imaginar lograrlo en un año?! Sin mencionar que el Rebe continuó diciendo que la persona debe también tener tiempo para estudiar la Torá de manera profunda y analítica, recitar los Salmos y las plegarias adicionales, etc. La mayoría de la gente dirá: "¡Imposible!" o "¡Debe ser una broma!"

¡Un momento! Antes de abandonar sin siquiera haber comenzado veamos qué es lo que el Rebe Najmán tiene para decirnos. Primero, no hay porque sentirse abrumado. Obviamente tal programa de estudios está dirigido a la persona que ya ha recorrido el Talmud, el *Shuljan Aruj*, el *Midrash*, el *Zohar*, etc y que está familiarizada con su contenido. De lo contrario, llevaría un esfuerzo sobrehumano el solo hecho de recitar meramente todas esas palabras y ni pensar siquiera en tratar de comprenderlas. Este programa se aplica también al método recomendado por el Rebe. Como explicamos más arriba, él quería que estudiásemos de manera rápida y ágil, sin confundirnos al intentar concentrarnos en los detalles complejos y las referencias cruzadas.

Aún así usted podría preguntar por qué el Rebe Najmán estableció una "carga" tan pesada, si en verdad no podía pensar que alguien, mas allá de un erudito, pudiera llegar a cumplirla. La respuesta es muy simple. Hemos visto que el Rebe comprendía que nadie (ni siquiera el estudioso más grande y dedicado) puede servir a Dios como es debido. ¿Y entonces? Tal como el Rebe Najmán insistió tantas veces, lo más importante es el deseo. Debemos desear servir a Dios de la manera en que Su gloria lo merece. Esto también se aplica a la manera en que Lo servimos mediante nuestro estudio de la Torá. También aquí debemos apuntar a lo mejor, estudiando toda la Torá en el curso de un año. De la misma manera en que el Rebe comprendió que aunque pudiésemos cumplir con éste programa de estudio de la Torá, no estaríamos sirviendo a Dios como se Le debe, así mismo fue consciente también que con el progresivo debilitamiento del deseo de estudiar Torá a lo largo de las generaciones, la mayoría de nosotros nunca llegaríamos a alcanzar el objetivo anual por él prescripto. Pero podemos desearlo.

Es importante escuchar también lo que dijo el Rebe luego de enumerar la lista *ideal* de estudio: nos ponemos ansiosos si nos vemos imposibilitados de completar todo lo que él sugirió para cada día. "Uno puede ser un buen Judío aun sin estudiar tanto. Aun sin ser un erudito, se puede llegar a ser un Tzadik. Sólo mediante el conocimiento talmúdico y halájico es posible alcanzar una percepción profunda, pero hasta el Judío más simple puede ser correcto y un Tzadik." Luego el Rebe citó la enseñanza talmúdica (Avot 2:21): "No estás obligado a terminar la tarea (estudiar toda la Torá), pero no puedes excusarte por no hacerla" (Rabbi Nachman's Wisdom #76) (Ver Apéndice A respecto a un programa de estudios posible para principiantes y niveles intermedios. Ver Apéndice B que incluye las obras del Rebe Najmán y otras enseñanzas de Breslov.)

* * *

Ideas Originales sobre la Torá. Es posible explayarse sobre la Torá y tener ideas originales en cualquier área que se desee. La única condición es no generar nuevas leyes (Rabbi Nachman's Wisdom #267).

Dijo también el Rebe Najmán respecto a su propia obra, el *Likutey Moharan*: "Pueden torcer mis enseñanzas tanto como lo deseen [con el fin de llegar a comprenderlas], pero no pueden alejarse ni una frase del *Shuljan Aruj*" (Siaj Sarfei Kodesh I-131).

Es una gran cosa desarrollar ideas propias y originales sobre la Torá. Primero, ello demuestra que sus pensamientos están ocupados en la Torá, como opuesto a otras cosas que bien pueden ocupar o distraer su mente. Esto lo ayudará a clarificar su mente de toda la información indeseable que ha ido recogiendo en el pasado. Segundo, es una señal que su estudio de Torá ha tenido un efecto sobre usted y que usted desea crecer en la Torá. Las ideas originales de Torá tienen el poder de acrecentar la Divina Providencia en el mundo. Gracias a las ideas que usted ha originado, la gente reconocerá más el gobierno de Dios sobre el mundo.

"Pero cuidado," previno el Rebe Najmán, "no deben instituir nuevas leyes o una nueva torá que no esté de acuerdo con la Santa Torá." Para ello, aconsejó el Rebe que toda vez que queramos enseñar algunas de nuestras ideas originales a otra persona, debemos antes y después de transmitirla, estudiar el *Shuljan Aruj*. Este estudio de la Ley evitará que nuestras ideas se extravíen (The Aleph-Bet Book, Jidushin deOraita, A:7).

Algo más respecto a las ideas originales sobre la Torá: Debemos creer que son importantes a los ojos de Dios y no desistir de pensar nuevas ideas sobre la Torá que puedan ayudarnos a nosotros y a los demás, a llegar más cerca de Dios.

* * *

DE QUIEN...

"Moshé recibió la Torá del Sinaí y se la transmitió a Joshua; Joshua se la transmitió a los Ancianos; los Ancianos a los Profetas..." (Avot 1:1).

"Consíguete un maestro" (Avot 1:6).

*

Una persona no puede estudiar Torá con cualquiera. Es posible que tenga que viajar para llegar a encontrar el lugar adecuado para estudiar Torá (The Aleph-Bet Book, Limud A:92).

Como hemos visto más arriba (en el Capítulo sobre la Verdad), existen diversas perspectivas respecto del mundo. Esto afecta todos los aspectos de nuestras vidas y es válido también respecto al estudio de la Torá. Debido a ésto se han desarrollado con el tiempo diversos acercamientos al método de estudio: desde los profundamente analíticos hasta los centrados especialmente en la halajá, con toda la gama intermedia. Algunos favorecen el *iyun* (estudio en profundidad), otros con memorias más fuertes eligen *bekiut* (conocimiento más amplio)...etc. Y ésto se aplica no sólo a la manera en que se estudia un determinado tema de la Torá (las diferencias más notables se dan en el estudio del Talmud), sino también a las diferentes escuelas de pensamiento que se han desarrollado sobre lo que se debe estudiar en general. Así, incluso dentro del mismo movimiento de Breslov, están aquellos que ponen el énfasis en una buena cuota de Talmud, mientras que otros favorecen las enseñanzas del Rebe Najmán.

Al comienzo, ésto puede parecer confuso. Es posible que usted se pregunte cual sea el método correcto de estudio. Cuando se trata de Torá: ¿Cuál de los métodos de estudio es el verdadero? De hecho, esta pregunta no plantea un problema en sí, pues la respuesta es que cada persona posee una verdad diferente. Cada persona tiene su propia y particular preferencia. Lo que debe hacer es encontrar *su propio* nivel. Encuentre un maestro que le agrade y permita que lo guíe de acuerdo a *su propia verdad* . No hay razones para tener que aceptar las preferencias de otros. Como dijeron nuestros Sabios: "La persona estudia Torá desde el lugar que su corazón desea" (Avoda Zara 19a). Esto significa que se debe buscar el camino que más se adapte a uno, pues sólo así podrá dedicarse con todo su corazón, y sólo entonces su deseo será lo suficientemente fuerte como para que un día pueda llegar a realizar el *"duro trabajo"* de Torá recomendado por el Rebe.

*

Esto recuerda la conocida historia del tesoro escondido bajo el puente de Viena. Así es, en síntesis, como la relató el Rebe Najmán:

Cierta vez un Judío soñó que debajo de cierto puente, en Viena, encontraría un gran tesoro. Viajó entonces a esa ciudad y se detuvo junto al puente tratando de pensar qué podría hacer. Un policía que pasaba lo notó algo sospechoso y comenzó a interrogarlo. Pensando que lo mejor sería ser honesto, el Judío le explicó que había soñado que encontraría un tesoro debajo de ese puente. Y si el policía quería ayudarlo, podría también compartirlo con él. El policía comenzó a reir y le dijo: "A ustedes los Judíos solo les interesan los sueños. Yo también tuve un sueño y también vi un tesoro." El policía prosiguió describiendo el lugar y resultó que correspondía con exactitud a la ciudad y a la casa del Judío. "Y allí es donde, en mi sueño, pude ver el tesoro," concluyó. El Judío volvió corriendo a su pueblo, cavó bajo su casa y encontró el tesoro. Fue entonces cuando comprendió que el tesoro había estado siempre allí, pero para poder encontrarlo había tenido que viajar hasta Viena.

Y lo mismo es verdad respecto al servicio de Dios. Cada persona es dueña del tesoro, pero para poder encontrarlo debe viajar a donde está el Tzadik (Rabbi Nachman's Stories #24).

El tesoro se encuentra dentro de cada individuo y él es su único dueño. Pero el descubrimiento y el desarrollo de ese tesoro sólo se logra por intermedio del Tzadik. El Tzadik es como un árbol con muchas ramas. De esas ramas salen otras ramas más pequeñas de las cuales crecen las hojas. Todas las hojas se alimentan de la raíz por intermedio del tronco y cada una toma su alimento por un canal diferente. De manera similar, las personas toman su Torá por intermedio del Tzadik, del Tzadik verdadero. Pero cada uno de nosotros tiene su propio camino, separado del de los demás y cada uno debe utilizar el sendero correcto para recibir, por intermedio del Tzadik, su alimento, la Torá. Enseña al respecto el Rebe Najmán: "El Tzadik guía a la persona hacia su camino (el camino de su rectificación)" (Likutey Moharan I, 4:8). Y agregó Reb Noson: "Debes estudiar y recibir la Torá de tu rabí, de uno calificado, erudito y recto. De esta manera llegarás a comprender las numerosas alusiones e ideas que aparecen en tu camino para ayudarte a llegar más cerca de Dios" (Likutey Halajot, Netilat Iadaim liSeuda 6:56).

Enseña el Rebe Najmán: "Nuestro rabí debe ser un lamdan (un erudito) y un jasid (un piadoso). Debe ser erudito pues 'un ignorante no puede ser piadoso' (Avot 2:6). Pero ser estudioso no es suficiente, pues es posible ser un erudito y un malvado al mismo tiempo" (Likutey Moharan I, 31:final).

*

Advirtió también el Rebe Najmán respecto de los peligros de ser "muy erudito." Dijo: la erudición de una persona puede llevarla hacia alturas espirituales muy elevadas. Pero, si encuentra dificultades y cae de su nivel [de devoción], debe recuperar su fuerza interior por medio de sus "puntos buenos," sus actos buenos y no de su conocimiento de la Torá. El estudio de la Torá es muy grande, pero recuperar un nivel de rectitud requiere fortalecerse con las buenas obras de uno. Por otro lado, la maldad de una persona puede llevarla hacia la herejía y más aún si es una persona erudita (*Likutey Moharan* I, 30:final).

Más aún, enseña el Rebe Najmán: Existen ciertos maestros de Torá que deben evitarse a toda costa. No sólo se empobrecen ellos mismos con sus falsos estudios sino que extravían también a los demás y los debilitan [y desaniman] para el estudio entusiasta de la Torá (*Likutey Moharan* I, 28:1).

* * *

EL PODER DE LA TORA

"Ellos Me dejaron y olvidaron Mi Torá" (Jeremías 16:11). Si Me hubiesen dejado, pero hubiesen seguido [estudiando] la Torá, su luz los habría hecho retornar con arrepentimiento (*Eija Raba, OPesija* 2).

Mucho más puede extraerse de las enseñanzas del Rebe Najmán respecto a la Torá y al poder y la grandeza de su estudio. Pero no está dentro de los límites de este manual profundizar cada uno de los temas y esperamos que el lector, habiendo obtenido una perspectiva general de las enseñanzas del Rebe, pueda continuar por sí solo. Así, será suficiente con la presentación de una selección de las enseñanzas que tratan sobre el tremendo poder del estudio de la Torá.

La Torá tiene el poder de elevar a la persona desde la peor de las impurezas, incluso de la profanación del Pacto (la inmoralidad sexual). Cierta vez que alguien cuestionó ésto, el Rebe Najmán contestó lo siguiente: "¿De qué te sorprendes? El *Brit* (la señal del Pacto), corresponde a *Iesod*. La Torá corresponde a *Tiferet*" (*Tzaddik* #573). (Iesod, la novena de las Diez Emanaciones (Sefirot), está ubicada en un nivel inferior a Tiferet, la sexta Sefirá; ver más adelante: "Las Siete Velas," donde el Pacto y este concepto se hallan más ampliamente explicados.)

"Cada palabra de Torá estudiada crea un ángel. Este ángel tiene el poder de derrotar y eliminar la fuerza del Otro Lado" (*Likutey Moharan* I, 20:7).

Nadie transgrede a no ser que sea dominado por un "espíritu de locura" (*Sota* 3a). Los pecados y daños espirituales que una persona pueda haber realizado la vuelven literalmente loca. Este es el motivo por el cual la mayoría de la gente sufre de toda clase de desviaciones y creencias. El remedio para ello es estudiar Torá de manera intensiva. La Torá está constituída en su totalidad por los Nombres del Santo, bendito sea y tiene el poder de aplastar la inclinación al mal y eliminar toda la locura y la demencia que se adhieren a la persona debido a sus pecados (*Advice, Torah Study* 4).

En otra parte, el Rebe dice que la Torá que uno estudia de manera "obligada" le otorga poder al Reino de la Santidad y ayuda a la persona a superar su locura (*Likutey Moharan* I, 1). Estudiar la Torá de manera obligada puede significar varias cosas: 1) pese a las dificultades y los obstáculos: enfermedad, conflictos económicos o emocionales, etc. 2) cuando no se desea estudiar y uno se fuerza a ello; 3) con concentración o en voz alta (*Rabí Eliahu Jaim Rosen*).

Resulta claro a veces observar en la gente que son sus creencias personales las responsables de su excentricidad y de su locura. Pero en general, la gente logra aferrarse (aunque no totalmente) a una gota de sanidad y no pierde por completo la razón. Y ésto es algo sorprendente, pues por lógica y de acuerdo a la cantidad de pecados que una persona pueda haber cometido y por lo tanto, la cantidad de "locura" que posee dentro de sí, debería estar completamente loca. Pero, Dios tiene piedad y Le deja a cada persona la "pequeña fracción" de claridad necesaria como para retornar a una vida más sana, es decir, a Dios. Y esto puede lograrse a través de los Tzadikim. Ellos han logrado un alto nivel de sabiduría y conocimiento y pueden hacer descender esa sabiduría al nivel de cada persona, ayudándola a curarse (*Likutey Halajot, Netilat Iadaim liSeuda* 6:37). Más específicamente, esta sabiduría es la Torá y el consejo que nos revelan los Tzadikim.

La Torá que uno estudia de manera "obligada" tiene el poder de rectificar el habla. La rectificación del habla trae modestia y plegaria (*Likutey Moharan* I, 38:4-5).

Estudiar el Talmud durante la noche puede ayudar a que la persona se sobreponga a las motivaciones impuras (*Likutey Moharan* I, 3).

Originar pensamientos nuevos de Torá es una gran rectificación para todos los pecados (*Likutey Moharan* II, 105).

Si alguien encuentra imposible estudiar la Torá, porque nunca tuvo la posibilidad de aprender y no sabe cómo hacerlo; o porque no posee libros; o porque está de viaje, pero su deseo de estudiar y servir a Dios son muy grandes: esta persona crea con su gran anhelo un libro de Torá en el Cielo (*Likutey Moharan* I, 142).

El Rebe dijo que mucho deseaba inculcar en la gente la importancia del estudio diario de la Torá, de manera que todos estudiasen una cierta cantidad, sin falta, cada día. Pues el poder de la Torá es tan grande que hasta la persona que habitualmente comete los peores pecados puede ser rescatada de la trampa más profunda (*Rabbi Nachman's Wisdom* #19).

* * *

8

LA PLEGARIA

La plegaria es el arma principal de Mashiaj. Todas las batallas que luchará y todas sus conquistas vendrán a través del poder de la plegaria (*Likutey Moharan* I, 2:1). Agrega Reb Noson: También para cada Judío, como para Mashíaj, su arma esencial es la plegaria (*Advice* I, 2:1).

* * *

LA GRANDEZA DE LA PLEGARIA

Cierta vez Reb Noson estaba hablando acerca de la grandeza de la plegaria. Dice el Midrash: "Luego que las plegarias son recibidas en el Cielo, un ángel les toma juramento y las envía más arriba, hacia la Corona que adorna la cabeza del Santo, bendito sea" (*Shemot Raba* 21:4). "Fíjense," dijo Reb Noson, "¡ni siquiera los ángeles pueden elevarse al nivel que alcanzan las plegarias!" (*Aveneha Barzel* p.88).

Enseña el Rebe Najmán: "Mediante la plegaria el Judío puede alcanzar su mayor acercamiento a Dios" (*Likutey Moharan* II, 84). "Mediante sus oraciones, cada Judío logra adquirir un absoluto dominio y control y alcanza así aquello que desee" (*Likutey Moharan* I, 97).

"La esencia de nuestra fuerza vital proviene de la plegaria" (*Likutey Moharan* I, 9:1). "La plegaria trae vida a todos los mundos" (*Likutey Moharan* I, 9:3).

Reb Naftalí tuvo un sueño en el cual un alma se le aparecía y le pedía que le enseñase alguna de las lecciones del Rebe Najmán. Le dijo Reb Naftalí: "La esencia de nuestra fuerza vital proviene de la plegaria." Al escuchar ésto el alma comenzó a agitarse y a ascender cada vez más alto. Cuando Reb Naftalí le relató este sueño al Rebe Najmán, éste le contestó:

"¡¿Tú piensas que en los Mundos Superiores escuchan mis lecciones tal como ustedes lo hacen en este mundo?!" (*Hishtafkut HaNefesh*, Introducción).

Hay tres clases de plegarias: la plegaria de David, (Salmo 86); la plegaria de Moshé (Salmo 90); y la plegaria del hombre pobre (Salmo 102). De las tres, la más poderosa es la plegaria del hombre pobre (*Zohar* III:195a).

Las plegarias del hombre pobre son de hecho las más poderosas, pues provienen de un corazón quebrado. El pobre se halla frente a Dios y gime por su destino: "¿Por qué yo? ¿Por qué tengo que sufrir?" Esta plegaria es tan efectiva que rompe todas las barreras y se eleva directamente hacia Dios. "Cuanto más será entonces," escribe Reb Noson, "si la persona llora ante Dios por su pobreza espiritual, por estar hundido en la materialidad y por su deseo de acercarse a Dios. ¿Cuánto más poderosa es esa plegaria? ¡De hecho se elevará directamente ante de Dios!" (*Likutey Tefilot, Tefilin* 5:43).

"La Fe, la Plegaria, los Milagros y la Tierra Santa de Israel conforman un solo concepto" (*Likutey Moharan* I, 7:1). ¿Cómo es ésto? Cuando oramos, ello es un signo de nuestra fe. De lo contrario, ¿por qué lo haríamos? La plegaria aumenta nuestra fe y mientras oramos, gradualmente, vamos desarrollando un sentimiento más íntimo por nuestro Creador. Esto a su vez puede llevar a los milagros. Cuanto más oremos, más dominaremos los elementos. Y ésto se debe a que nuestras plegarias están dirigidas a Dios y El tiene dominio sobre toda la Creación. Por lo tanto, Dios puede hacer milagros y los hará para todos aquellos cuyas plegarias estén plenas de un refinado nivel de fe. Además, estos milagros y plegarias se relacionan conceptualmente a la Tierra de Israel pues revelan la santidad y el Reino de los Cielos.

* * *

EL PODER DE LA PLEGARIA

"La plegaria tiene el poder de cambiar la naturaleza" (*Likutey Moharan* I, 216). Esto se aplica tanto a las fuerzas de la naturaleza como a nuestra propia naturaleza humana. Dijo cierta vez Reb Noson: "Solo la plegaria puede ayudar a una persona a romper sus pasiones indeseables. Y la razón es muy simple. Normalmente, la persona que quiebra sus pasiones se queda con dos deseos; tal como cuando alguien quiebra algo por la mitad y se queda con dos partes. Pero con la plegaria podemos deshacernos por completo de nuestras pasiones indeseables" (*Siaj Sarfei Kodesh* I-511).

*

"La plegaria ayuda a anular los decretos Celestiales antes e inclusive después que éstos han sido emitidos" (*The Aleph-Bet Book, Tefila* A:14). Cierta vez, cuando el hijo de Reb Shimón estaba muy enfermo, casi al borde de la muerte, éste se acercó al Rebe y le pidió que orase por la salud del niño. El Rebe Najmán no le respondió. Entristecido y sin esperanzas, Reb Shimón volvió a su casa. Su esposa comprendió muy bien lo que el Rebe había querido indicar con su silencio. Pero en lugar de desesperar, pasó toda la noche sentada junto a la cuna de su pequeño hijo, orando por él. A la mañana siguiente, al ver a Reb Shimón, el Rebe Najmán corrió a su encuentro con gran alegría, diciendo: "¡Mira cuán grande es el poder de la plegaria! Anoche el decreto estaba sellado. El niño iba a morir. Y ahora, ¡no solamente ha sido anulado el decreto, sino que el Cielo le ha otorgado inclusive una larga vida!" Cuenta la tradición que el hijo de Reb Shimón vivió hasta cerca de los cien años (*Aveneha Barzel*, p.39 #60).

* * *

LAS PLEGARIAS DIARIAS

CUANDO ORAR

El Rebe Najmán insistió en la necesidad de orar lo más temprano posible en la mañana. Dijo: "La plegaria es algo tan grande y quién sabe si uno tendrá la posibilidad de orar más tarde durante el día" (*Rabbi Nachman's Wisdom* #31). El Rebe quería que sus seguidores comenzaran muy temprano el día e insistió sobre la necesidad de levantarse para el *Tikun Jatzot* (el Lamento de Medianoche). En la mayoría de los casos, aquellos que lo hacían se quedaban despiertos hasta el momento de las Plegarias Matutinas. De lo contrario, muchos se levantaban lo suficientemente temprano como para orar *vatikin*, al rayar el alba.

Comenzar el día bien temprano tiene muchas ventajas. Ante todo permite disponer de mucho tiempo para las devociones. Se puede orar como es debido: recitar cuidadosamente todas las palabras y concentrarse en su significado. Se puede también tener un momento de quietud y aislamiento, en *hitbodedut*, estudiar Torá, realizar alguna mitzvá y todo ello antes de salir para la oficina o el lugar de trabajo y "comenzar" el día. Levantarse tarde impide todo ésto. Incluso antes de haber apurado sus plegarias y una taza de café, uno debe correr en plena hora pico, lanzado al fárrago cotidiano sin estar preparado y con los párpados aún entrecerrados.

Y hablando de una taza de café, el Rebe Najmán comentó que nunca tomaba ni siquiera un vaso con agua antes de recitar las plegarias de la mañana. Estaba en desacuerdo con aquellos que bebían un café o algo similar antes de orar (*Rabbi Nachman's Wisdom* #277). Aunque existen opiniones en el *Shuljan Aruj* permitiéndolo, Dios dice: "¡¿Recién después de beber y comer vienes a alabarme?!" (*Berajot* 10b). El corazón, al encontrarse necesitado, se siente dominado y humilde. Evitar la comida y la bebida antes de orar genera un mayor deseo de alimentar lo espiritual antes que lo físico. Y por supuesto que ésto no representa un problema si uno comienza su día más temprano.

Dijo el Rebe Najmán: "Aquellos Tzadikim que oran luego del momento establecido para las Plegarias de la Mañana, están cometiendo un error" (*Tzaddik* #487). Cuando Reb Meir de Teplik le preguntó a Reb Noson cómo era posible que la gente pudiese afeitarse la barba y los *peyot* con una navaja, transgrediendo de esta manera cinco prohibiciones de la Torá, Reb Noson le contestó: "¿Y cómo es posible que gente "religiosa" no recite el Shemá de la mañana en el momento correcto?" (*Kojavey Or*, p.75 #17). Queda claro según el *Shuljan Aruj* que la hora correcta para el Shemá es antes de un cuarto del día. La Plegaria de la Mañana puede alargarse hasta pasado un tercio de día. (Esto cambia de acuerdo a la ubicación geográfica y uno debería consultarlo con el rabino local).

*

DONDE ORAR

Es incuestionable la importancia de orar en una sinagoga. Es un lugar de oración, construído especialmente para ello. Pero, en la medida de lo posible uno debiera elegir una sinagoga donde encuentre más satisfactoria su plegaria. Hay sinagogas en las que la oración no dura menos de "x" cantidad de minutos y no más de "y" cantidad de minutos, etc. Y las hay en donde prevalece la conversación, sobrepasando inclusive a la plegaria. Uno debe usar la propia discreción al respecto. Reb Noson escribe: están aquellos que oran con rapidez y aquellos que lo hacen lentamente y cada uno de acuerdo a sus verdaderos sentimientos (*Likutey Halajot, Nizkei Shkheinim* 55:2). Aun así, uno debe tratar de hacer el esfuerzo y recitar la plegaria con la mayor *kavaná* (concentración devocional) posible.

También es de crucial importancia orar junto con un *minian* (quórum). Enseña el Talmud: Es posible que las plegarias de un individuo sean rechazadas, pero las oraciones de muchos jamás son negadas (*Tanit* 8a). Uno debe orar allí con contento y alegría, llegando incluso a aplaudir con las manos y cantar las palabras. Como dijo el Rebe Najmán: Considero extremadamente valiosa la manera de orar del Baal Shem Tov: con devoción y alegría (*Tovot Zijronot* #5). Pero no se debe orar molestando a los demás o utilizar manierismos destinados a llamar la atención. Es mejor orar con simpleza y con la mayor *kavaná* posible.

Dijo el Rebe Najmán: No debes decir que si tu plegaria fuese muy intensa no escucharías ni sentirías nada más. La persona puede ser molestada aunque esté concentrada por completo en su plegaria (*Rabbi Nachman's Wisdom* #285). Algunos sienten que dado que su oración es diferente a la de los demás es mejor para ellos orar solos en sus hogares. Pero ésto no es así. Es necesario hacer cualquier esfuerzo para orar en una sinagoga. Si hay cosas que lo molestan durante la plegaria, deberá orar y hablar al respecto durante su *hitbodedut* (*Oneg Shabat* p.502).

El Rebe nunca pidió a sus seguidores que cambiasen su versión "heredada" de la plegaria. Las tradiciones familiares de *nusaj*, Sefardita, Ashkenazí o Sefarad (Jasídica), no tienen que ser cambiadas. No importa con cual versión se ore. Dijo el Rebe Najmán: la Jasidut no tiene nada que ver con el *nusaj*. Uno puede ser un Jasid y orar con la versión Ashkenazí (*Siaj Sarfei Kodesh* I-90).

*

COMO ORAR

Enseña el Rebe Najmán: La persona debe poner toda la energía en sus plegarias. Este es el significado profundo del versículo: "Por Ti somos muertos cada día" (Salmos 44:23). Entregarse a sí mismo en la plegaria es como si se estuviese santificando el Nombre de Dios (*Rabbi Nachman's Wisdom* # 12). De manera similar, la persona debe tratar de concentrarse por completo en el momento de la oración. Mientras la persona esté consciente de la presencia de otros a su alrededor, su *kavaná* no es completa. Es necesario lograr un nivel de plegaria tal que sólo se encuentren allí Dios y uno mismo (*Likutey Moharan* II, 103).

Reb Naftalí oraba de esta manera. Cierta vez comentó el Rebe: "En los Mundos Superiores alguien estaba orando con mucha intensidad. Pude ver su rostro y era mi Naftalí" (*Aveneha Barzel* p.75). Como parte de los Decretos Puntuales que comenzaron a ponerse en práctica en el año 1827, las autoridades Rusas dispusieron la conscripción militar obligatoria de los niños Judíos, llevándolos compulsivamente a prestar servicio militar en el ejercito del Zar durante un período de aproximadamente veinticinco años. Era muy común que bandas armadas entrasen en las casas Judías buscando nuevos conscriptos. Ni aún los exceptuados se libraban de ser llevados. Los soldados corruptos pedían ver los papeles de excepción del niño y de manera inmisericorde destrozaban el documento, llevándose entonces al niño. Cierta vez, durante una leva de este tipo que estaba llevándose a cabo en Uman, una familia con los documentos pertinentes llegó corriendo a la casa de Reb Naftalí. Aunque Reb Naftalí estaba orando Minjá (el servicio de la Tarde), los recién llegados, comenzaron a hacer un gran ruido y alboroto para llamar así la atención de la gente. Sólo entonces y en presencia de muchos testigos mostraron los documentos de su hijo. Más tarde, cuando Reb Naftalí terminó su oración, los miembros de la familia se acercaron a él solicitándole perdón por haber disturbado su plegaria. Sorprendido, Reb Naftalí insistió que no había escuchado nada (*Aveneha Barzel* p.75).

*

La concentración es quizás uno de los estados más difíciles de alcanzar durante la plegaria. Se cuenta la historia de Rabí Levi Itzjak de Berdichov quien se acercó a cierta persona, en la sinagoga, inmediatamente después de las plegarias saludándola con un caluroso *¡Sholem Aleijem!* Asombrado, el hombre le contestó: "¡Pero si aquí estuve todo el tiempo!" Le dijo entonces el Rabí Levi Itzjak : "Durante las plegarias tu mente vagaba por Varsovia, mientras pensabas en tus negocios. ¡Y ahora que tus plegarias han terminado, has retornado a Berdichov!"

El Rebe Najmán puso un gran énfasis en la dedicación y concentración sobre cada una de las palabras y cada una de las letras de las oraciones. Conociendo la dificultad que ésto conlleva, aportó una cantidad de sugerencias para intentar orar con *kavaná*. En los siguientes párrafos presentaremos algunas de ellas.

La persona debe orar con toda su fuerza y voluntad. Si pudiese concentrarse solamente en sus plegarias, las mismas palabras le darían le energía suficiente como para orar con todas sus fuerzas (*Rabbi Nachman's Wisdom* #66).

Enseña además el Rebe Najmán: "Nunca dejes que la vergüenza te impida orar" (*Likutey Moharan* II, 120). Uno no debería pensar que si cometió un error o un pecado no está apto para orar. Debería hacer el esfuerzo de fortalecerse durante las plegarias. La esencia de las plegarias implica la comprensión simple y directa de las palabras (*Likutey Moharan* I, 30, final). En la víspera del último Rosh HaShana de su vida (5571/1810), el Rebe Najmán estaba gravemente enfermo y postrado en su lecho. Israel, su pequeño nieto, estaba a su lado. El Rebe le pidió al niño que orase a Dios por su salud y éste, parándose en un rincón, dijo: "¡Dios!, ¡Dios!, ¡Haz que mi abuelo se ponga bien!" La gente que lo rodeaba comenzó a sonreir, pero el Rebe les advirtió: "Esta es la manera de orar. ¡Con simpleza! ¿Qué otra manera existe?" *(Tzaddik #439)*.

Comprender aquello que uno está diciendo hace que la tarea se torne más fácil. El Rebe Najmán recomendó con vehemencia la práctica del *hitbodedut* (la plegaria en un sitio recluido), pues es entonces que uno habla a Dios en su lengua nativa. Y también es posible hacerlo con las plegarias diarias. Nuestros Sabios enseñaron que la plegaria puede ser recitada en el idioma que uno comprenda *(Oraj Jaim 101:4)*. Pero el *Lashon Kodesh* (la Lengua Santa) abarca absolutamente todo, siendo muy ventajoso orar en el idioma Hebreo original. Es por lo tanto lo más aconsejable tener un *sidur* (libro de oraciones) Hebreo/Español, de manera que cuando no se comprenda el original, pueda consultarse la traducción y apreciar así el significado de aquello que se está diciendo.

*

En su viaje de regreso desde la Tierra Santa, el barco donde viajaba el Rebe Najmán comenzó a hacer agua. Todo el mundo corrió a bombear y sacar el agua que se estaba acumulando. El Rebe, que se encontraba muy debilitado físicamente, no podía participar de esa extenuante tarea. Pero para no desanimar al resto, fingió que se esforzaba en la tarea, enrojeciendo su rostro como si estuviese realmente trabajando duro. Más tarde, al discutir el tema de la plegaria con sus seguidores dijo el Rebe: "Ustedes son como yo en ese barco. Sólo simulan que se esfuerzan en la plegaria" *(Rabbi Nachman's Wisdom #121)*. Lleva un gran esfuerzo orar correctamente, pero, tal como enseña el Rebe, ello puede lograrse. Sólo hay que ser cuidadosos. No se engañe pensando que sólo mediante movimientos externos está orando de manera correcta.

Debemos tratar de concentrarnos en las palabras que estamos diciendo. Sería maravilloso llegar a emocionarnos al punto de llorar y verter lágrimas durante la plegaria. "Pero," enseñó el Rebe Najmán, "querer llorar mientras se está orando es también un pensamiento externo." Si así lo siente está muy bien. Pero lo más importante es concentrarse en las palabras que se están diciendo *(Likutey Moharan II,95)*.

Los pensamientos extraños y distractivos que surgen durante la plegaria semejan al enemigo que se debe enfrentar en el campo de batalla. Como un buen soldado, es un deber continuar con la tarea asignada. Aunque la persona no pueda orar toda la plegaria con la debida concentración, habrá al menos "herido" y "mutilado" a la oposición, a los pensamientos extraños. Al final, si mantiene su determinación, ganará la batalla (*Likutey Moharan* II, 122).

No insista esperando que sus plegarias sean respondidas. Ore y hágalo con fuerza, pero no insista en que Dios haga lo que usted Le pide. Que sus plegarias sean más bien una súplica. De lo contrario (Dios le dará aquello que usted pide), pero será como robarlo de Arriba (*Likutey Moharan* I, 195).

Cierta vez en que Reb Noson estaba de visita en Uman observó cómo un tal Reb Moshé oraba con mucho fervor y devoción. Un tiempo después al retornar a Uman, Reb Noson observó que esta vez Reb Moshé no oraba ya con la misma intensidad y esfuerzo. Le dijo entonces Reb Noson: "Reb Moshé, te has debilitado. Ya no oras como solías hacerlo. Escucha mi consejo y comienza nuevamente. Mírame. ¡Mi barba ya está blanca y aún tengo la intención de llegar a ser un buen Judío!" (*Aveneha Barzel* p.63). Todos pasamos por etapas de frialdad y de entusiasmo. Lo más importante es no abandonar.

*

Y QUE SUCEDE SI...

Muy bien. Sabemos que es necesario orar con *kavaná*. Pero también sabemos que ello no es fácil. ¿Qué sucede si tratamos y no sentimos que lo estemos logrando? ¿Qué hacemos entonces?

Si encuentra difícil mantener la concentración durante todo el servicio, divida entonces las plegarias en secciones. Es decir, comience decidido a concentrarse sólo en las primeras páginas. Luego, al llegar al próximo grupo de páginas, oblíguese a concentrarse nuevamente pero sólo en ese nuevo grupo (*Likutey Moharan* II, 121). La ventaja de avanzar en la plegaria a razón de una sección por vez radica en que la persona puede forzarse en la concentración durante un corto período de tiempo, sin llegar a sentirse molesta (*Rabbi Nachman's Wisdom #75*).

Recuerde también: No es bueno recurrir a las "curas rápidas." No funcionan. Es necesario tratar una y otra vez. ¡Eso es lo que sirve y produce resultados!

Alguien le sugirió a Reb Noson que quizás lo mejor para evitar los pensamientos extraños y distractivos fuese orar con un ritmo más bien rápido. Reb Noson estaba en desacuerdo con ésto, sosteniendo que era mejor una plegaria lenta. Orando rápido, la persona puede llegar a atravesar toda la plegaria con la mente ocupada por un solo pensamiento extraño. Pero al orar lentamente siempre existe la posibilidad de poder concentrarse como corresponde al menos en uno o dos pasajes de la plegaria (*Aveneha Barzel*, p.61 #25).

En otra ocasión, un hombre se acercó a Reb Noson quejándose de tener que repetir una y otra vez sus plegarias. El hombre se sentía obligado a hacerlo de esa manera pues le era extremadamente difícil recitar las palabras con la necesaria intención. Dijo Reb Noson: "¿Es ésta la única manera que tienes de servir a Dios? ¿Con esas palabras solamente? Si esas palabras salen quebradas, recurre entonces a otra forma de devoción, recita los Salmos o alguna otra plegaria..." (*Aveneha Barzel*, p.90). No es posible concentrarse siempre en la plegaria de la manera en que uno quisiera. Cuando no pueda concentrarse en una plegaria, recurra a otras oraciones. Quizás éstas le despierten el entusiasmo hacia Dios.

Escribe Reb Noson: "Derrama tu corazón delante de Dios..." (Lamentaciones 2:19). Si no puedes orar correctamente, derrama entonces tu corazón, inclusive sin *kavaná*, tal como el agua que se derrama de manera accidental (*Likutey Halajot, Minja* 7:44). Al final, tu corazón terminará por abrirse.

* * *

JATZOT

Todo aquél que sienta el temor de Dios en su corazón debe levantarse a medianoche y lamentar la destrucción del Santo Templo (*Oraj Jaim* 1:3). *Tikun Jatzot*, (el Lamento de Medianoche), es la plegaria que se recita como lamento por la destrucción del Templo (*Mishna Brurá* 1:9).

Ven y escucha las palabras del Talmud, del Midrash y del *Shuljan Aruj*. Ven a ver las enseñanzas del Zohar, de la Kabalá y de la casi totalidad de los Escritos Sagrados. Todos ellos hablan de la importancia del *Tikun Jatzot*, de la importancia de arrancarse de la cama, en mitad de la noche y de recitar los Salmos indicados para ello. De llegar a sentir la amargura de nuestra pérdida como nación y como individuos, recitando algunos cantos fúnebres. *Jatzot* es quebrar "el sueño, que es una sesentava parte de la muerte" (*Berajot* 57b). Es como un rayo de luz en el momento más oscuro de la noche. De hecho, enseña el Rebe Najmán: La más grande devoción en el servicio a Dios es levantarse para la plegaria de medianoche (*Rabbi Nachman's Wisdom* #301). En esta sección desarrollaremos el punto de vista de Breslov respecto del gran valor e importancia de levantarse para *Jatzot* y recitar esas plegarias. En el próximo capítulo hablaremos de un beneficio adicional y más importante aún, cual es levantarse en mitad de la noche para el *hitbodedut* (meditación y plegaria en un lugar recluído).

LA IMPORTANCIA DEL JATZOT

Conceptualmente, el Santo Templo corresponde a *daat* (conocimiento). Cuando la mente/conocimiento de la persona es pura, ello equivale a la construcción del Santo Templo. Pero, si la mente/conocimiento del hombre están impuros, ello es un indicio de la destrucción del Santo Templo (*Likutey Moharan* II, 67).

El pasado ya no existe. La Casa de Dios fue destruída hace aproximadamente unos dos mil años. En este momento, Él espera retornar a nosotros (y nosotros retornar a El) para reconstruir el Santo Templo. Aunque digamos que no hemos sido nosotros los causantes de su destrucción, el Talmud nos enseña que también nosotros somos responsables: pues si el Templo no se construye durante nuestros días, es como si se estuviese destruyendo (*Jerusalmi, Ioma* 1:1). O quizás hemos sido causa de su destrucción durante una reencarnación anterior. Por lo tanto, corresponde que cada uno de nosotros demuestre que al menos no es responsable del atraso en su reconstrucción. Así, debemos levantarnos para *Jatzot* y lamentar la destrucción del Templo. Dios ha prometido recompensar a todos aquellos que se lamenten, permitiéndoles ser testigos de la reconstrucción del Templo y de Jerusalem (*Likutey Moharan* II, 67).

Estar lejos de Dios es como estar dormido: cuanto más profundo sea el sueño más difícil será despertar al servicio de Dios. El sueño es comparado al conocimiento "menor," a la existencia inconsciente, mientras que el despertar equivale al estar consciente. Así, levantarse para el *Tikun Jatzot* puede compararse a ser conscientes de nuestra propia existencia y de la necesidad de hacer un buen uso de nuestras vidas. Es análogo también a encontrar los puntos buenos dentro de nosotros, entre la "oscuridad" que los rodea. El gran valor de levantarse para *Jatzot* radica en que "quiebra" el sueño y elimina la distancia con Dios (*Likutey Halajot, Hashkamat HaBoker* 1:12).

*

CUANDO Y COMO

El momento indicado para el *Tikun Jatzot* es seis horas después de la caída de la noche, en cualquier época del año (ver *Maguen Avraham, Oraj Jaim* 1:2; 233:1). Por ejemplo, en Norte América, o en el Sur de Latinoamérica, la hora del *Jatzot* en invierno es alrededor de las 23:30 hs; en el verano cerca de las 3:30 hs de la madrugada. En países ubicados más al norte, tales como Inglaterra y Europa del Norte, su momento es alrededor de las 22:30 hs en el invierno y en pleno verano es posible que ni siquiera haya *Jatzot*. (en ese caso la persona deberá levantarse antes del alba; *Rabbi Nachman's Wisdom* #301).

Como hemos dicho, el motivo del *Tikun Jatzot* son la tristeza y el dolor por la pérdida de nuestro Santo Templo y por todas las dificultades que nos sobrevinieron desde ese entonces. Es costumbre recitar esta plegaria a la manera de los dolientes, de modo que hay algunos que se quitan los zapatos y se sientan en el suelo o que se cubren con tela de arpillera y demás. Al preguntársele al respecto, contestó mi Rosh Yeshiva:

"Es más importante levantarse a recitar las plegarias de *Jatzot* que ocuparse de las costumbres asociadas con ello."

Las plegarias del *Tikun Jatzot* son altamente inspiradoras. Escribe Reb Noson: El Rebe repitió cierta vez algunos de los versículos del *Tikun Jatzot*, haciéndonos notar el poder de las mismas para despertar el corazón del hombre. Exaltó cierta parte de la liturgia indicando el gran poder que tenían para inspirar a la persona en el servicio a Dios (*Rabbi Nachman's Wisdom #268*). Comenta el Rebe en otra parte: Al recitar el *Tikun Jatzot*, la persona siente que puede expresar libremente sus emociones tal como si estuviese ocupada en el *hitbodedut* (la plegaria en un lugar recluído). En general, la persona recita el *Jatzot* no tanto por la destrucción del Santo Templo, sino por lo que le está sucediendo en ese momento. Si la persona tiene el mérito de recitar el *Jatzot* de esta manera, verá que sea lo que fuere que le está sucediendo aparecerá reflejado en las palabras del *Tikun Jatzot* (*Likutey Moharan* II, 101).

Enseña el Rebe Najmán: Al recitar el *Tikun Jatzot* y otras plegarias similares es bueno referirlas a ti mismo. Esto se aplica especialmente a los Salmos. El Rey David compuso los Salmos para todo Israel; para la nación como un todo y para cada individuo en particular. Los versículos están diseñados de tal manera que es posible encontrar en ellos todas las luchas contra la Mala Inclinación, los pensamientos distractivos y lujurias que dominan la vida de la persona. Los enemigos que el Rey David quería vencer son las "fuerzas del mal" que rodean a la persona e intentan negarle el sendero de la vida. La plegaria es la única arma que puede contrarrestar tales fuerzas (*Likutey Moharan* II, 101).

"¡Oh Dios! Las Naciones han penetrado en Tu *Najalá* (Herencia); ellos han profanado Tu *Heijal* (Santuario), han dejado a Jerusalem en ruinas" (*Salmos* 79:1). Este versículo se recita como parte del *Tikun Jatzot*. A partir de las enseñanzas de la Kabalá y del Jasidismo podemos comprender que *najalá* es simbólico del Templo, de *Daat*; *Heijal* es la boca; y Jerusalem es el corazón. De esta manera interpretaba, mi Rosh Yeshiva este versículo: "La mente Judía, el templo, debe contener el Talmud: *Babli* y *Jerushalmi*, Midrash, Zohar, Shuljan Aruj, etc. Pero en cambio ocupamos nuestro pensamiento con la "sabiduría" de las naciones. Una boca Judía, el *heijal*, debe expresar alabanzas a Dios, recitar palabras de Torá y plegarias y hablar con palabras de amor y entusiasmo para nuestras familias y amigos. Pero en cambio, ocupamos nuestras lenguas con la maledicencia y la burla. Un corazón Judío, Jerusalem (la ciudad santa) debe estar lleno de amor y temor a Dios. En cambio lo hemos dejado corromper..." Este es un ejemplo de cómo podemos "traducir" y aplicar *Jatzot* a nuestra vida y situación personal.

Por otro lado, todos experimentamos situaciones difíciles en nuestras vidas. Y en esto no hay excepciones. Debido a que la plegaria de *Jatzot* es una expresión tan profunda de sufrimiento y angustia, ella es el vehículo perfecto para canalizar nuestros propios y atormentados sentimientos. Al fallecer el Rebe Najmán, Reb Noson encontró imposible expresar la agonía que esta pérdida le producía. Sólo encontraba consuelo recitando las plegarias de *Jatzot* (Rabí Eliahu Jaim Rosen).

(El Breslov Research Institute ha editado un volúmen dedicado a éste tema, titulado "*The Sweetest Hour.*" Además de presentar explicaciones y aclaraciones respecto al *Tikun Jatzot*, basadas en fuentes Jasídicas, Kabalistas, Talmúdicas y Halájicas, incluye la primera traducción completa al inglés de éste emotivo servicio, conjuntamente con una guía detallada de cuándo y cómo recitarlo.)

*

Y QUE SUCEDE SI...

Además de levantarse para recitar las plegarias de *Jatzot*, es importante también dormir lo suficiente (ver Capítulo 12, "Las Necesidades Diarias"). No todos pueden dormir lo suficiente antes de la medianoche como para poder levantarse y funcionar correctamente durante todo el día. Y sobre esto existen varias opciones: se puede quebrar el sueño, levantándose a medianoche para recitar el *Tikun Jatzot* y volver luego a dormir; o es posible permanecer despierto hasta las plegarias de la mañana y luego dormir unas horas más. Si la persona no puede levantarse a medianoche, al menos podrá hacerlo antes del alba (Oraj Jaim 1:1; Mishna Brura 1:9).

Reb Dov de Tcherin anhelaba levantarse a medianoche para recitar la plegaria de *Jatzot*, pero le era imposible despertarse. Cuando nada funcionó, contrató un hombre para que lo despertara y lo vigilase hasta que terminara de vestirse. Pero debido a que entonces no podía dormir lo necesario, Reb Dov comenzó a sufrir unos terribles dolores de cabeza. Finalmente, el Rebe Najmán le indicó que *su Jatzot* era a las tres de la mañana, dándole así unas horas más de sueño continuo. "Duerme y come, sólo cuida tu tiempo." le dijo el Rebe. Luego de ésto, los jasidim que permanecían despiertos durante las horas de la noche sabían con exactitud cuándo eran las tres de la mañana, pues en ese momento llegaba Reb Dov a la sinagoga (*Kojavey Or*, p.25 #21).

Decía mi Rosh Yeshiva: "Si una persona no puede levantarse cada noche para *Jatzot*, que lo intente al menos una vez por semana." Y si tampoco puede hacerlo de manera constante puede intentar levantarse una vez al mes. Esto no le será ya tan difícil. El mejor momento para ello será entonces en la noche de Erev Rosh Jodesh, pues la víspera de la Luna Nueva está indicada como día de oración.

*

LA GRANDEZA DE JATZOT

Enseña el Rebe Najmán: *Jatzot* tiene el poder de la redención. Y puede suavizar los juicios adversos (*Likutey Moharan* I, 149).

En el momento del *Jatzot* una gran bondad y amor descienden del Cielo (*Likutey Halajot, Hashkamat HaBoker* 1:14).

Así como el Exodo de Egipto comenzó en *Jatzot*, de la misma manera la Redención Final tendrá lugar en *Jatzot*. Esto nos enseña que la Redención que esperamos vendrá por el mérito de aquellos que se levantan para *Jatzot* (*Likutey Halajot, Hashkamat HaBoker* 1:15).

Dijo Reb Noson: Cantamos *Adir Hu* (Poderoso es El) al finalizar la Agadá de Peisaj debido a que ella corresponde a la plegaria de *Jatzot* que lamenta la destrucción del Templo. Durante "Poderoso es El" pedimos, en un tono correspondiente a la festividad, que Dios reconstruya el Santo Templo (*The Breslov Haggadah* p.145).

* * *

LOS SALMOS

LA GRANDEZA DE LOS SALMOS

Enseña el Rebe Najmán: Es algo maravilloso recitar los Salmos de manera regular (*Likutey Moharan* II, 73).

Aquél que desee arrepentirse completamente debe recitar los Salmos (*Likutey Moharan* II,73).

Hay veces en que no nos sentimos con ánimo de arrepentirnos. Por la razón que fuere, no nos sentimos motivados a retornar a Dios. Y también hay momentos en los que intentamos arrepentirnos pero no logramos encontrar la puerta adecuada. Existen doce puertas en el Cielo, correspondientes a cada una de las Doce Tribus de Israel y cada Judío debe dirigir su plegaria hacia la puerta de su tribu, dado que las demás no le serán conducentes. A veces, comenzamos a arrepentirnos y logramos dar con la puerta adecuada; pero descubrimos entonces, al llegar, que ésta permanece cerrada. Recitar los Salmos tiene el poder de entusiasmar incluso al menos motivado. Puede también dirigir nuestra plegaria hacia la puerta correcta e incluso abrirla (*Likutey Moharan* II, 73).

*

Hay muchas manifestaciones de protesta en Jerusalem, por cantidad de motivos. Mi Rosh Yeshiva sólo concurría a aquellas demostraciones en las que se recitaban Salmos. Decía él: "El poder del recitado de los Salmos es muy grande; y más aún cuando se los recita entre numerosa cantidad de gente."

Reb Isaac Sofer, un residente de Breslov, solía recitar dos veces el Libro de Salmos completo, durante la noche de Iom Kipur. [El libro está compuesto por ciento cincuenta salmos. Dos veces esa cantidad suma trescientos, equivalente a la palabra Hebrea que designa el perdón, *Kapar*. Es por lo tanto una costumbre recitar dos veces el Libro completo en la noche de Iom Kipur.] Cierta vez, al pasar Reb Noson por la sinagoga del pueblo, temprano en la mañana de Iom Kipur, escuchó a Reb Isaac recitar los Salmos con "fuego" (con gran anhelo y entusiasmo). Luego que sus seguidores le informaron que ésta era la segunda vez que Reb Isaac completaba el Libro entero y con el mismo fervor y entusiasmo, dijo Reb Noson: "Este es uno de los nuestros." Poco tiempo después, Reb Isaac se convirtió en un jasid de Breslov (Sijot VeSipurim p.144 #57).

* * *

LOS DIEZ SALMOS

Enseña el Rebe Najmán: Los Salmos (Tehilim), los Diez Tipos de Canciones, tienen el poder de anular la klipa (la impureza) del Otro Lado. La impurificación más destructiva es la "simiente malgastada," causada por la klipa conocida como Lilit. Los Salmos tienen el poder de derrotar esa impureza y rectificarla, como lo indica el hecho de que TeHILiM, tiene el mismo valor numérico que LILIT, (más cinco, correspondiente a las cinco letras del nombre) (Likutey Moharan I, 205).

*

EL REMEDIO GENERAL

Para cada pecado existe una determinada rectificación. Para reparar el daño espiritual causado por determinado pecado, es necesario aplicar el remedio apropiado para esa transgresión. La tarea de rectificar individualmente cada una de las transgresiones es algo que supera nuestras posibilidades. Pero y' tal como enseñó el Rebe Najmán, existe una rectificación general. El Remedio General tiene el poder de rectificar todos los pecados (Likutey Moharan I, 29:4).

Este Remedio General está compuesto por las Diez Clases de Canciones. Cualesquiera diez Salmos del Libro de los Salmos incluyen las Diez Clases de Canciones, pero los diez Salmos prescriptos de manera específica para la rectificación de la emisión de semen en vano son los que se conocen como el Remedio General. Estos son:

16; 32; 41; 42; 59; 77; 90; 105; 137; 150.

Recitando estos Diez Salmos es posible rectificar todo el daño espiritual causado por la emisión de semen en vano y todos los otros pecados, llegando entonces al arrepentimiento (de ser posible uno debiera sumergirse antes en una *mikve*) (*Rabbi Nachman's Wisdom* #141; Para más detalles ver el Capítulo 16, Las Siete Velas.)

*

En la mayoría de las sinagogas de Breslov, se recitan estos Diez Salmos inmediatamente después de la plegaria de *Musaf* de la mañana de Shabat. Rabí Zvi Aryeh Rosenfeld estableció en su *minian* la costumbre de recitar el Remedio General todos los días, luego de las plegarias diarias.

Dijo el Rebe Najmán: La revelación de estos Diez Salmos como el Remedio General es una maravillosa y tremenda rectificación. Es absolutamente original. Desde el tiempo de la Creación, muchos Tzadikim estuvieron buscando el remedio para este pecado. Dios ha sido bueno conmigo y me permitió alcanzar esta comprensión y revelar este remedio al mundo... Salgan y difundan a todos los hombres la enseñanza de los Diez Salmos. Aunque parece muy simple recitar diez Salmos, aún así será algo muy difícil de cumplir (*Rabbi Nachman's Wisdom* #141).

*

¿DONDE?

El Libro de los Salmos puede ser recitado allí donde estemos: en la sinagoga, en casa, en la oficina, en un hotel, viajando, etc. Y así ha sido durante miles de años. Las palabras del Rey David nos han acompañado en las buenas y en las malas. Es posible encontrar el Libro de los Salmos impreso en los más variados formatos y tamaños, desde los pequeños que caben en la bolsa del *talet* hasta los de gran tamaño para el pupitre de lectura.

Tradicionalmente, el Libro de los Salmos se ha recitado en todos los lugares santos, incluyendo el Muro Occidental, la Tumba de los Patriarcas en Jebrón, la Tumba de Rajel y la tumba de Rabí Shimón Bar Yojai, para nombrar unos pocos. Es una antigua costumbre orar en las tumbas de los Tzadikim de manera que en su mérito nuestras plegarias puedan ser respondidas. Cierta vez el Rebe Najmán dijo respecto de la tumba del Baal Shem Tov: "Las tumbas de los Verdaderos Tzadikim poseen la misma santidad que la Tierra de Israel. Es por lo tanto una gran cosa visitar sus tumbas y orar y recitar Salmos allí" (*Likutey Moharan* II, 109).

Y dijo el Rebe Najmán referente a su propia tumba: "A cualquiera que venga a mi tumba, recite los Diez Salmos (El Remedio General) y entregue algo para caridad en mi nombre, yo prometo que intercederé en su favor. ¡No importa cuán terribles hayan sido sus pecados, yo haré todo lo que esté en mi poder para sacar a esa persona de Gehinom!" (*Rabbi Nachman's Wisdom* #141). (El Rebe Najmán está enterrado en la ciudad Ucraniana de Uman, ubicada a mitad de camino entre Kiev y Odessa.) Esta es la promesa más increíble y única jamás dada por un Tzadik. Considere el poder de esta promesa. Su poder estriba en que por virtud de viajar a la tumba del Rebe Najmán, recitar los Diez Salmos y dar caridad, la persona gana los servicios del abogado más poderoso y elocuente, uno que defenderá su caso ante el Tribunal Celeste en el Día del Juicio.

Escribe Reb Noson: "El Remedio General es una poderosa rectificación. Podamos nosotros, en mérito a esta rectificación, merecer ver la venida de Mashíaj, el retorno de los exiliados y la reconstrucción de Jerusalem. Amén." (*Likutey Moharan* II, 92).

* * *

PLEGARIAS ESPECIALES

Además del *Tikun Jatzot*, de los Salmos y del Remedio General, el Rebe Najmán enfatizó la importancia de otras plegarias especiales y muy beneficiosas. Estas incluyen el servicio de *Iom Kipur Katán* recitado como parte de Minja en la víspera de Rosh Jodesh. Debido a que es el último día del mes, la víspera de Luna Nueva es particularmente propicia para ayudar a cualquiera que quiera arrepentirse de las transgresiones cometidas en el curso de todo el mes. También está la *Tefila Zaka*, una plegaria escrita por Rabí Avraham Danzig de Vilna, autor del libro *Jaiei Adam* y que se recita en la víspera de *Iom Kipur*, justo antes del *Kol Nidre*. También los Sabios compusieron sus propias plegarias especiales, las que recitaban a diario (*Berajot* 16b y sig.).

Muchas veces oramos pero no lo "sentimos." Estamos distantes de la plegaria o quizás no nos encontramos reflejados en sus oraciones. Debido a esto muchos de nuestros grandes eruditos vieron la necesidad de originar plegarias especiales para diferentes situaciones. Estas pueden encontrarse en *Shaarei Tzion, Takfu Tefilot* y otras obras similares. El Rebe Najmán valorizaba mucho estas plegarias opcionales y solía recitarlas (*Rabbi Nachman's Wisdom* p.11).

Enseña el Rebe Najmán: "Es muy bueno también componer plegarias a partir de lo estudiado. Luego de escuchar o estudiar palabras de Torá, elabora una plegaria al respecto. Pídele a Dios que te ayude a ser digno de cumplir aquello que hayas estudiado. La persona inteligente sabrá cómo componer estas oraciones. Aunque el *hitbodedut* es en sí mismo algo muy grande, este aspecto del *hitbodedut* (transformar la Torá en plegaria) es extremadamente grande. Produce, Arriba, un enorme deleite" (*Likutey Moharan* II, 25).

Esta enseñanza incentivó a Reb Noson a componer su propio libro de plegarias, el *Likutey Tefilot*. Esta obra contiene más de doscientas magníficas plegarias que abarcan todos los temas y circunstancias de la vida. Basándose en los conceptos y consejos que se hallan en las lecciones del Rebe Najmán, Reb Noson los transformó en plegarias de gran anhelo y santidad. El *Likutey Tefilot*, una obra en dos volúmenes, está basado casi en su totalidad en el *Likutey Moharan*, con algunas de las plegarias centradas en aquellas conversaciones del Rebe que se encuentran en su libro *Rabbi Nachman's Wisdom*. Rabí Najmán Goldstein de Tcherin, un discípulo de Reb Noson y autor de muchos libros importantes dentro de la literatura de Breslov, continuó en la senda de Reb Noson y compuso los *Tefilot veTajanunim*, basado en el *Likutey Moharan*, *Rabbi Nachman's Wisdom*, y *Tzaddik*. El hijo de Reb Naftalí, Reb Efraím, compuso sus propias plegarias, con el título de *Tefilot HaBoker*. También otros Jasidim de Breslov han compuesto, con el mismo espíritu, súplicas y oraciones basadas en las enseñanzas del Rebe.

Como hemos dicho, la idea es tomar el tema de Torá que hayamos estudiado y traducirlo en una plegaria, pidiéndole a Dios que nos ayude a cumplir con lo aprendido. Por ejemplo, al estudiar sobre los sacrificios, aunque hoy no podemos traer ofrendas al Santo Templo, podemos igualmente pedir a Dios que nuestros estudios sean considerados como si hubiésemos llevado esos sacrificios al Templo (Menajot 110a). Y más aún, podemos decir: "Dios, tal como he estudiado estas leyes, permíteme cumplirlas en el Santo Templo, rápidamente y en nuestros dias. Amén."

De manera similar, al estudiar las leyes concernientes a los tefilin, tsitsit, Shabat, Peisaj, lulav, shofar, matza, etc. (las mitzvot que sí tienen aplicación hoy en día), debemos de hecho pedirle a Dios que nos ayude a cumplir con esa mitzvá de la mejor manera posible y de acuerdo a nuestras posibilidades, con alegría y felicidad.

Al estudiar las leyes relativas a los daños, podemos orar pidiendo no vernos nunca envueltos en una situación similar, ni como causantes ni como víctimas (tal como en la Plegaria del Viajero, en la que pedimos no sufrir ningún daño en el camino). También existen maneras de formular plegarias para aquellas leyes que pueden parecer impracticables, como en el caso del hombre casado y feliz en su matrimonio, al estudiar las leyes del divorcio. "Dios, ayúdame para que no tenga que divorciarme nunca. Y sobre todo que nunca me divorcie de Ti. Por el contrario, permíteme acercarme siempre a Ti." Si realmente lo deseamos, podremos siempre encontrar la manera de orar por algo cercano a nosotros.

* * *

LIKUTEY TEFILOT

Dijo Reb Noson: "Ahora que ha sido publicado, la gente deberá rendir cuentas por cada día en el que no haya recitado las plegarias del *Likutey Tefilot*" (Kojavey Or, p.77.) (El Breslov Research Institute está llevando a cabo un proyecto de traducción al inglés de esta obra con el título de *"The Fiftieth Gate"*, habiendo publicado al presente las plegarias 1 a 40)

La gente suele preguntar si estas plegarias fueron compuestas con *Ruaj HaKodesh* (Inspiración Divina). ¡De hecho, provienen desde más arriba que el *Ruaj HaKodesh*, pues emanan de la 50 ava Puerta de la Santidad! (Kojavey Or, p.77).

Hay mucha gente que ha merecido entrar en el Gan Eden recitando el *Likutey Tefilot* (Kojavey Or, p.77)

Dijo Reb Noson respecto del *Likutey Tefilot*: "Vendrá un día en que surgirá una nación que orará con estas plegarias (Kojavey Or, p.77).

* * *

9

HITBODEDUT

El *Hitbodedut* se encuentra en un nivel muy alto. De hecho, en un nivel por sobre todos los niveles (*Likutey Moharan* II, 25).

Una de las principales enseñanzas del Rebe Najmán y quizás su enseñanza más importante y más conocida, se centra en la plegaria privada en reclusión. Esta práctica conocida simplemente como el *hitbodedut*, constituye el nivel más alto en nuestra relación con Dios. El *hitbodedut* es la herramienta que nos permite buscar y encontrar nuestro lugar: tanto en el mundo en general, como dentro de nuestra familia; entre amigos y en la comunidad; y por sobre todo, en nosotros mismos. Nos da la oportunidad de expresar todos nuestros sentimientos interiores, las alegrías y las depresiones, los éxitos y las frustraciones. Mediante el *hitbodedut* nos examinamos una y otra vez, corrigiendo las fallas y errores del pasado, al tiempo que buscamos el sendero correcto para el futuro. ¡No puede fallar! Dijo Reb Noson que el mismo Rebe Najmán llegó al nivel al que llegó fundamentalmente mediante el *hitbodedut* (*Rabbi Nachman's Wisdom* p.7 #10). Pero no fue sólo el Rebe Najmán quien alcanzara niveles tan elevados gracias al *hitbodedut*. El mismo Rebe Najmán dijo: "Todos los Tzadikim llegaron a los grandes niveles a los que llegaron, debido a su práctica del *hitbodedut*" (*Likutey Moharan* II, 100).

"Haz lo posible para dedicarle al menos una hora cada día a la plegaria privada y a la meditación. Manifiéstate con tus propias palabras, en el idioma que mejor comprendas. Habla sobre todo lo que te sucede. Admite tus pecados y transgresiones, tanto intencionales como no intencionales. Habla con Dios de la manera en que lo harías con un amigo muy cercano: dile a El lo que te está sucediendo, tu dolor, las presiones que sufres, tu situación personal y la de los demás en tu hogar y también del Pueblo Judío en general. Habla sobre todo. Argumenta con Dios de la manera que puedas. Presiónalo, pídele que te ayude a acercarte a El de una manera genuiña. Grita, clama y gime, suspira y llora. Agradécele a Dios por todo el amor que El te ha mostrado tanto en lo espiritual como en lo material. Cántale y alábalo y pide por todo aquello que necesites, espiritual y material. Confía en que la satisfacción que Dios tiene ante estas conversaciones, inclusive con la gente de los niveles más bajos, es más preciosa para El que todas las otras devociones, incluídas las de los ángeles en todos los mundos. Aunque no puedas abrir la boca, el solo hecho de estar allí, poniendo tu esperanza en Dios, elevando tus ojos y forzándote a hablar y aunque no puedas emitir más que una sola palabra, esto es algo que permanece para siempre"(*Likutey Moharan* II, 95-101 etc.).

Si ha estado practicando el *hitbodedut* durante años y aún sigue pensando que no ha obtenido ninguna mejora, no se detenga, continúe. Al final, alcanzará su objetivo, tal como lo hizo el Rey David. El clamaba *cada* noche y así continuó, hasta obtener una respuesta (*Rabbi Nachman's Wisdom* #68).

"Aunque me rodeen mis enemigos... En esto confío. Una cosa he pedido a Dios, que pueda buscar, que pueda habitar en la Casa de Dios..." (Salmos 27:3,4). La mejor protección contra las fuerzas del mal son la plegaria y el deseo de servir a Dios. El Rey David sabía ésto. Aunque estaba rodeado por una multitud de enemigos, fuerzas que buscaban su destrucción, el Rey David no temía. Pedía a Dios que lo ayudara a guardar su fe y le permitiese siempre acercarse a El: para "habitar en la Casa de Dios." Su gran deseo de servir a Dios y su fe inquebrantable en la plegaria eran su fortaleza y poder contra todos sus enemigos (*Likutey Halajot, Netilat Iadaim li'Seuda* 6:55).

Dijo también Reb Noson: Podemos encontrar excepcionales consejos en las enseñanzas del Rebe respecto a la manera de servir a Dios y acercarnos a El. Pero a veces, el consejo mismo es muy difícil de cumplir. El único consejo que tiene el poder de elevarnos siempre hacia todos los grandes niveles que deseamos alcanzar y cumplir, es el *hitbodedut* (*Likutey Moharan* II, 101).

* * *

LA GRANDEZA DEL HITBODEDUT

Las plegarias personales ante Dios, durante el *hitbodedut*, son una forma de *Ruaj HaKodesh* (Inspiración Divina). Así fue como el Rey David compuso el Libro de los Salmos. Se esforzaba por orar y hablar delante de Dios. Decía el Rey David: "A Ti te habla mi corazón" (Salmos 27:8) y explica Rashi: "A Ti," a Tu servicio, como Tu mensajero, "habla mi corazón." Su corazón servía de mensajero del Santo, expresando las palabras que Dios mismo daba al Rey David para que Le orase. Y con estas palabras de Inspiración Divina, fue compuesto el Libro de los Salmos. El nivel de Inspiración Divina de cada persona está determinado por la medida en que deje que estas palabras, provenientes de Dios, lleguen a ella (*Likutey Moharan* I, 156).

De esta manera describía Reb Noson la grandeza del *hitbodedut*: Trate de imaginar la figura del Sumo Sacerdote al entrar al Santo de los Santos (en el Templo) en el único momento del año en que esto estaba permitido, en Iom Kipur. Al describir su aspecto la liturgia establece que el Sumo Sacerdote parecía como alguien que "se sienta en soledad para orar delante de Dios." "Fíjate," dice Reb Noson, "el Sumo Sacerdote entrando al Santo de los Santos es comparado a la persona que se sienta y derrama su corazón delante de Dios" (*Hishtafkut HaNefesh*, Introducción). (¡Mediante el *hitbodedut* es como si pudiésemos entrar al Santo de los Santos todos los días!).

El Rebe hizo la siguiente analogía respecto del *hitbodedut*: "Tú sabes que los ladrones se emboscan normalmente en aquellas rutas donde se sabe que circulan los viajeros, esperando atacarlos. Aquél que quisiera evitarlos, debe encontrar alguna ruta nueva, de manera que no lo puedan atacar. Lo mismo se aplica respecto de la oración. Las plegarias establecidas son muy bien conocidas de los 'ladrones,' los acusadores y fuerzas del Otro Lado. Pero el *hitbodedut*, es un sendero absolutamente nuevo. Tomando este nuevo camino, utilizando palabras nuevas y súplicas originales es posible engañar a estos 'ladrones' espirituales. Y de esta manera nuestras plegarias pueden ascender sin tropiezos" (*Likutey Moharan* II, 97).

Dijo Reb Noson: "Pruébalo. Practica el *hitbodedut* durante cuarenta días seguidos. Yo te garantizo el resultado" (*Aveneha Barzel* p.66).

Escribe Reb Noson: El Rebe prescribió diferentes devociones para cada uno de sus seguidores. A algunos les recomendó el estudio diario de diez y ocho capítulos de la Mishná, mientras que a otros les prescribió ayunar determinada cantidad de veces durante el año. A unos les aconsejó sumergirse en la *mikve* y a otros diversas clases de devociones. Pero había dos prácticas devocionales prescriptas a todos por igual, para sus seguidores de esa generación y para todos los de las generaciones posteriores. Estas son el estudio diario de los Códigos y la práctica del *hitbodedut*. Este consejo es para todos, pues es algo que todo Judío tiene la habilidad de cumplir (*Rabbi Nachman's Wisdom* #185).

*

"Toda devoción prescripta por el Rebe es una ayuda y un remedio para rectificar tanto el pasado como el futuro. Te ayudarán luego de tu muerte, cuando te encuentres frente al Tribunal Celestial, estarán junto a tí en la Epoca Mesiánica, te asistirán en el tiempo de la Resurrección y serán de ayuda en el Mundo que Viene" (*Rabbi Nachman's Wisdom* #185).

* * *

¿CUANDO Y DONDE?

Disponga de una hora (o más) cada día, para meditar. Puede hacerlo en una habitación o en el campo. Mientras esté allí hable sobre todo lo que esté en su corazón, con palabras de gracia y súplica. Estas palabras deberán ser dichas en el idioma que usted hable corrientemente, para que pueda así expresarse de la manera más clara posible. Al dirigirse a Dios en su idioma nativo, las palabras están más cerca de su corazón y fluyen más fácilmente (*Likutey Moharan* II, 25).

Dijeron nuestros Sabios respecto al recitado de las plegarias establecidas: "Si la persona pudiese orar durante todo el día" (*Berajot* 21a). El Rebe Najmán dijo que sería algo grandioso si pudiésemos practicar el *hitbodedut* durante todo el día. Pero para la mayoría esto es algo imposible. Por lo tanto, la mayor parte de la gente deberá disponer de al menos una hora diaria. Pero aquellos individuos muy fuertes en su servicio a Dios pueden pasar más tiempo en el *hitbodedut* (Likutey Moharan II, 96).

La noche es el momento ideal para el *hitbodedut*, cuando el mundo que lo rodea está dormido. Durante el día, la gente está atareada corriendo tras los placeres materiales y físicos del mundo. Esto produce distracción y molestia en aquél que desea servir a Dios, aunque él mismo no esté ocupado en otra cosa que la búsqueda espiritual. Por lo tanto, el mejor momento para el *hitbodedut* es a mitad de la noche, cuando los deseos y pasiones de este mundo se hallan dormidos (Likutey Moharan I, 52). Aunque la noche es el mejor momento, todo momento es un buen momento. Si no puede levantarse a medianoche para practicar el *hitbodedut*, intente hacerlo temprano en la mañana, antes o después de las plegarias de la mañana, antes de ser atrapado por el ajetreo de otro día. Y si tampoco puede a la mañana, cualquier otro momento es bueno también. Cuando sea...donde sea.. sólo recuerde: cuanto más tranquilo, mejor.

Lo más importante es la constancia. Rabí Avraham Jazan solía decir: "El *hitbodedut* con constancia (todos los días) es miles de veces más grande que el *hitbodedut* interrumpido." Dijo también en otra ocasión: "El día que la persona no practica el *hitbodedut*, aprende un "capítulo de herejía" de parte del Malo" (Rabí Eliahu Jaim Rosen).

Enseñó el Rebe Najmán que para la práctica del *hitbodedut*, lo más indicado es encontrar un lugar conducente a la meditación y que permita concentrarse en las palabras, sin distracciones. Una habitación es buena, pero mejor lo es un parque y lo más indicado es en el campo o en un bosque. En suma, cuanto más tranquilo y aislado sea el lugar, más ideal será para el *hitbodedut*.

En el campo. Enseña el Rebe Najmán: Así como el día es menos propicio para el *hitbodedut* que la noche, la ciudad lo es menos que el campo. La ciudad es un lugar donde la gente anda detrás de "esta mundanalidad," de manera que aunque no estén presentes, el tumulto y bullicio que crean permanece y disturba la meditación. Es por esto que el mejor lugar para la meditación es el campo, donde las influencias turbadoras del día y del mundo se encuentran reducidas a un mínimo (Likutey Moharan I, 52).

"¡Debes saber! Cuando la persona medita en los campos, toda la vegetación se une a su plegaria y aumenta su efectividad y poder" *(Likutey Moharan II, 11)*. Cierta vez estaba el Rebe caminando por un prado cuando le dijo a la persona que lo acompañaba: "Si sólo pudieras escuchar y comprender el lenguaje de las hierbas. Cada hoja de hierba canta su alabanza y plegaria a Dios" *(Rabbi Nachman's Wisdom #163)*.

En tiempos del Rebe Najmán la mayoría de las ciudades y de los pueblos eran bastante pequeños. Era fácil salir hacia los alrededores y caminar por los campos y bosques. Hoy en día, esto aún es posible para aquellos que habitan en pequeñas ciudades y pueblos. Pero, la mayoría de la gente vive en metrópolis y de hecho les es bastante difícil poder llegar a los límites de la ciudad. Una alternativa puede ser utilizar algún parque cercano. [Respecto a estar en parques y campos, enseñó el Rebe Najmán que no se debe temer a los peligros que puedan rodear el orar en los campos de noche, pues orar para acercarse a Dios es una gran mitzvá y "aquél que cumple un precepto Divino no debe temer ningún mal" *(Pesajim 8b)*. Por otro lado, los peligros de caer en manos de las "fuerzas del mal" son mayores que los riesgos que se pueden correr yendo a meditar a un bosque. Queda claro, sin embargo, que no se trata de ir a lugares tales como el Central Park de New York, donde corre peligro la vida de uno, inclusive durante el día. Respecto a esto, la ley es clara: no se debe contar con un milagro *(Pesajim 8b)*.]

...o en casa. ¿Pero qué sucede si no puede ir a un parque? ¿O si, aunque pueda hacerlo, encuentra difícil concentrarse debido a la falta de seguridad, etc? El Rebe Najmán enseñó que es muy bueno tener una habitación especial, aislada, para estudiar Torá y para orar. Ese lugar, habitación, oficina o estudio, es especialmente beneficioso para la práctica de la meditación y la conversación con Dios. También es posible practicar el *hitbodedut* debajo de su talet. Sólo cúbrase la cabeza y hable con El. De esta manera también podrá tener privacidad y meditar, inclusive en una habitación llena de gente. También puede aislarse con Dios, de noche, bajo las mantas de su cama. Y ésto es lo que hacía el Rey David, tal como él lo describe *(Salmos 6:7)*, "Cada noche yo hablo en mi cama..." O también puede hacerlo sentado frente a un libro abierto. Los demás pensarán que usted está estudiando y de esta manera tendrá la suficiente privacidad como para hablar con todo su corazón delante de El (*Rabbi Nachman's Wisdom* #274-275). Otra posibilidad es practicar el *hitbodedut* mientras camina. El Rebe hacía ésto (*Tzaddik* #7). No hay razón alguna para esperar llegar al lugar donde meditamos comúnmente y comenzar entonces a acercarnos a Dios.

Uno de los seguidores del Rebe Najmán se quejaba de las dificultades que encontraba al intentar servir a Dios de una manera apropiada. El hombre culpaba de esto a su casa que siempre estaba atestada de gente y donde no tenía una habitación privada para sus devociones. El Rebe le contestó: "Es probable que si Dios pensara que la única posibilidad de que Le sirvas dependiera de que tengas una habitación privada, de hecho ¡El ya te la habría otorgado!" (*Tzaddik* #588). De manera que debemos esforzarnos en practicar el *hitbodedut* cuando y donde nos sea posible. Al final, Dios nos proveerá del tiempo y el lugar apropiados.

* * *

PARA QUE ORAR

Enseña el Rebe Najmán: Es bueno comenzar el *hitbodedut* diciendo: ¡Hoy *comienzo* a unirme a Ti! Comienza de nuevo cada día. Si ayer fue bueno, espero que hoy será mejor. Si ayer no fue de la manera que debería haber sido, hoy es un nuevo comienzo y será bueno (*Tzaddik* #437). El Rebe mismo comenzaba cada día "poniendo" en manos de Dios sus actividades diarias, pidiendo hacer todo de acuerdo a la voluntad de Dios. "De esta manera," decía, "No me preocupo. Confío en Dios para hacer lo que El crea conveniente" (*Rabbi Nachman's Wisdom* #2).

*

Lo espiritual. Comience su día con el *hitbodedut*, pidiendo que todo funcione de acuerdo al plan de Dios y que usted pueda actuar de acuerdo con Su deseo. Así, sus plegarias se centralizarán, automáticamente en el deseo de Dios de acercarlo a El. Decía el Rebe que estas plegarias pueden incluir el arrepentimiento por el pasado y un pedido por el futuro y para cada persona de acuerdo a su propio nivel espiritual. El Rebe acentuó el hecho de que este consejo es universal y que está dirigido a todos aquellos que deseen acercarse a Dios. Sea lo que fuere que le falta, sea lo que fuere que usted sienta que necesita para poder servir a Dios, esta es la manera en que podrá alcanzarlo (Likutey Moharan II, 25).

Lo material. Cierta vez el Rebe Najmán conversaba con uno de sus seguidores respecto de la vestimenta: "Uno debe orar por todo. Si tus ropas están rotas, pídele a Dios que te dé unas nuevas. Aunque el objetivo más importante de la plegaria es el acercarse a Dios, aún así, debes pedir por *todas* tus necesidades, grandes y pequeñas." Y agregó: "La persona que no pide a Dios por sus necesidades puede ser comparada con un animal. Este es alimentado y abrigado sin pedirlo. Para poder ser considerado una *persona*, debes satisfacer todas tus necesidades en la vida a través de Dios, mediante la plegaria." (Rabbi Nachman's Wisdom #233).

Escribe Reb Noson: "Cierta vez estaba hablando con el Rebe respecto de algo que yo necesitaba. Dijo el Rebe: 'Ora por ello.' Considerando que la mía era una cuestión insignificante y en absoluto una necesidad, me asombró escuchar que uno debe pedir a Dios incluso por cosas tan triviales como esa. El Rebe me reprochó y dijo: '¡¿Disminuye tu dignidad el orar a Dios por algo así?!" (Rabbi Nachman's Wisdom #233).

Cierta vez Reb Najman Jazan estaba martillando un clavo cuando el martillo se resbaló y le golpeó los dedos. Le dijo entonces Reb Noson: "¿Por qué no practicaste el *hitbodedut* antes de martillar? Deberías haber pedido que el martillo golpeara el clavo y no tus dedos..." (Siaj Sarfei Kodesh I-687).

Cierta vez, mientras practicaba el *hitbodedut* frente a la tumba de Rabí Shimón Bar Yojai, en Merón, se le escuchó decir a Reb Avraham Sternhartz: "Dios, por favor ayúdame a levantarme por la mañana. Permite que diga el *mode ani*, que lave mis manos tres veces, que recite la plegaria de la mañana, que pueda orar..." Sea lo que fuere que querramos, debemos pedirlo, con total simpleza.

*

El *hitbodedut* abarca todo el espectro de la vida: desde las simples cuestiones diarias del hombre, hasta los más altos niveles espirituales a los que que podamos aspirar. Cuando el Rebe Najmán dijo que debíamos expresarnos delante de Dios pidiendo por todo aquello que considerásemos necesario, quiso decir exactamente eso, ¡Todo! Así sea que necesitemos una buena salud (¿y quién no la necesita?), éxito en los negocios y con el sustento (¿y quién no lo necesita?), ayuda para la crianza de nuestros hijos (¿y quién no la necesita?), cuidado de los padres ancianos (y no tan ancianos) o por todo aquello que desee nuestro corazón, debemos elevar nuestros ojos, nuestros corazones y nuestras palabras y suplicar delante de Dios. Debemos pedirle que todo salga bien. Si así sucede, bien. De lo contrario, pida nuevamente. Otra vez y una vez más si es necesario. El *hitbodedut* no es algo que se practica una vez y luego se deja. El *hibodedut* es una práctica diaria.

Por ejemplo, si necesita reparar su automóvil, pida por encontrar un buen mecánico y que éste descubra el desperfecto rápido. Ruegue no tener que volver a repararlo. ¿Y qué dice de su máquina de lavar, de su máquina de coser, de la refrigeradora, etc.? El *hitbodedut* puede incluir un pedido para que no le envíen la prenda equivocada de la tintorería o que le envíen el pedido correcto del supermercado, o incluso no pagar de más por algo que tenga que comprar. ¡Nada es demasiado trivial! ¡Si piensa que lo necesita, ore por ello! (En la próxima sección aclararemos más este punto.)

Por supuesto que la persona debe centralizar sus plegarias en el objetivo último, en el servicio a Dios. Pída, reclame, ruegue y suplíquele a Dios para que El le revele Sus caminos, que le muestre Su misericordia, que pueda usted merecer acercarse a El. Ruegue poder realizar Su voluntad, cada mitzvá en su debido momento. Pida sentir la belleza de la Torá y la dulzura de las mitzvot. Cierta vez, Reb Najmán Jazan trabajó duramente levantando una *suká* para Reb Noson. Esa tarde, sentados bajo la suká, comentó Reb Najmán: "Se siente una alegría diferente cuando se está bajo una suká que uno se ha esforzado por construir." Respondió entonces Reb Noson: "Es posible, pero eso tú aún no lo has intentado. Pasa un día entero pidiéndole a Dios: '¡Señor del Universo! ¡Permíteme sentir el verdadero gusto de la suká!' Luego, entonces, fíjate lo que una persona puede llegar a experimentar en la suká" *(Aveneha Barzel, p.52 #12)*.

Una vez que se acostumbre a la práctica del *hitbodedut* verá cómo es posible llegar a orar por todo, desde los deseos espirituales más exaltados hasta las cuestiones materiales más triviales, pasando por toda la gama intermedia. No se deje vencer por el siguiente tipo de prejuicio: hay algunos que al desarrollar su *hibdodedut* se sienten extraños pidiendo por el éxito en sus negocios y por otras necesidades similares. "Aquí estoy," dice la persona, "finalmente he logrado orar a Dios, ¿y en lo único que puedo pensar es en cuestiones materiales?" Y si no es por dinero, será por otras necesidades materiales y la persona imagina que el *hitbodedut* no es para esta clase de cosas. Sintiéndose culpable comienza a concentrar sus plegarias solamente en los temas espirituales. Pero debido a que su corazón no está completamente en ello, sus plegarias comienzan a debilitarse. Y así, con el tiempo, puede llegar a dejar inclusive su práctica del *hitbodedut*. Respecto de esto, dijo Reb Noson: "Pídele a Dios por tu sustento. Puede ser que comiences sintiéndote avergonzado por pedir y rogar por algo material, pero al final pedirás por lo espiritual también" *(Aveneha Barzel, pg.49)*.

* * *

COMO PRACTICAR EL HITBODEDUT

La práctica de conversar con Dios puede ser algo muy satisfactorio o muy incómodo. Depende por completo de usted. Mantenga la práctica en un nivel de simpleza y podrá llegar a sentir una afinidad tal con ella que esperará con ansiedad esos momentos diarios. Esta sección ofrece algunos consejos y varios ejemplos para la práctica del *hitbodedut*. Es común que la gente lea respecto de esta práctica de conversación y meditación con Dios, que estudie todas las lecciones y enseñanzas relacionadas con ello y que llegue a familiarizarse con todos sus detalles: cuándo y dónde practicarlo, cuán seguido, durante cuánto tiempo, etc. ¡Pero cuando se trata de llevarlo a la práctica, todo falla! Su mente se queda vacía y sus palabras pierden brillo. ¿Qué hacer entonces? Ante todo, no se preocupe.

Es muy común que esto suceda, y no solamente a los principiantes. Cierta vez dijo el Rebe: si lo único que una persona puede hacer durante el *hitbodedut* es articular la frase "Señor del Universo," eso es muy bueno también (*Tzaddik* #440). También dijo que el sólo hecho de estar sentado, aunque no pueda decir nada, es valioso también (*Likutey Moharan* II, 25); y muchas veces, esto es todo lo que podemos llegar a hacer, no importa cuánto conozcamos acerca del *hitbodedut*.

De todas maneras, es muy útil tener una idea simple y concreta de cómo practicar el *hitbodedut*. Las siguientes sugerencias respecto a lo que uno puede llegar a decir al conversar con Dios y de cómo decirlo, no están pensadas como una guía completa. De hecho, las posibilitades son ilimitadas, dependiendo de la persona, el lugar y el momento. Estos ejemplos están pensados para darle una idea al lector sobre cómo practicar el *hitbodedut*, resumiendo en ellos una amplia gama de temas, aplicables a la mayoría de las personas. En última instancia, cada persona deberá elegir las palabras y los temas que encuentre más cercanos.

*

De manera simple y abierta. Le dijo el Rebe Najmán a Reb Noson: "La persona debe practicar el *hitbodedut* de una manera simple y directa, tal como lo haría al conversar con un buen amigo" (*Tzaddik* #439; *Kojavey Or* p.12 #4). ¿Ha tenido alguna vez un problema sobre el cual conversó con un amigo, con un verdadero amigo? Se empieza diciendo algo que a su vez lleva a otra cosa y antes que uno se dé cuenta comienza a revelar los secretos más ocultos del corazón. Y las palabras parecen fluir por sí mismas. Esto se debe a que usted se encuentra muy cerca de ese amigo y no ve motivos para no hablar. El *hitbodedut* debe practicarse de la misma manera:

"Yankel, necesito contarte algo que me sucedió hoy. Me desperté sintiéndome bien. Fui al *shul* y comencé a orar con fervor. Pero entonces lo vi a Avi, con quien tuve un problema la semana pasada. Inmediatamente perdí el entusiasmo y me sentí frío como una roca, algo que me está sucediendo cada vez más seguido últimamente. De manera que volví a casa bastante deprimido y terminé peleando con mi esposa. Luego, en la oficina, todo fue peor. De hecho, no me sorprendería que terminen por despedirme. ¿Qué voy a hacer? Tengo la sensación de no poder controlarme. Trato de mantener las cosas bajo control y pasar el día de la mejor manera posible, pero todo me sale mal. ¿Qué puedo hacer? ¡Quizás tú puedas aconsejarme algo!"

Ahora bien, en lugar de dirigirse a su amigo íntimo, hable con su Amigo "más" íntimo. Sustituya simplemente a Yankel por Dios. Puede expresarse frente a Dios exactamente de la misma manera, descargando sus problemas con franqueza y en detalle. Después de todo, si Yankel puede escucharlo y quizás también ayudarle, ¡con más razón lo hará Dios! [Es importante recordar lo dicho por nuestros Sabios: "No se debe hablar al Cielo de una manera grosera"(Bava Batra 16a). No se debe pensar o hablar con Dios en el mismo lenguaje familiar con el que uno se dirije a un camarada. Pero, esto no excluye la plegaria directa y personal, el *hitbodedut*, en la cual uno se dirije al Todopoderoso tal como uno lo haría con un buen amigo. La apertura y el candor con el cual uno le "revela todo" a un amigo íntimo y que es lo deseable al conversar con Dios, no debe mal interpretarse como un permiso para hablar de manera grosera al dirigirse a Dios (ver también Guitin 57a).

Como un niño. El Rebe Najmán ofreció otra analogía respecto al *hitbodedut*. En su deseo por mostrarnos de una manera clara y transparente la manera en la cual debemos acercarnos a esta práctica tan importante, el Rebe dijo que es muy bueno derramar nuestros pensamientos delante de Dios, tal como lo haría un niño pidiéndole algo a su padre. Dios nos llama Sus hijos, tal como está escrito (Deuteronomio 14:1), "Ustedes son hijos para Dios." Por lo tanto, es muy bueno expresar sus pensamientos y problemas delante de Dios, tal como un hijo quejándose y acosando a su padre (Rabbi Nachman's Wisdom #7).

*

Los siguientes párrafos ofrecen un ejemplo de algunas cortas plegarias que pueden ser elevadas durante el *hitbodedut*. Recuerde, todo pensamiento puede ser ampliado, meditado y transformado en plegaria, durante horas y horas. También es posible combinar dos ideas o dos mil ideas. Utilice el modo y las plegarias o súplicas que sienta, y hágalo con sus propias palabras. Deje que fluyan libremente desde su corazón.

Acercándose a Dios. "¡Dios, por favor! Estoy muy confundido. Escucho hablar de Judaísmo pero no tengo idea realmente de qué se trata. Guíame para alcanzar una verdadera fe en Ti."

O bien: "¡Dios! Estoy muy confundido. Leo respecto de Ti. Estudio respecto de Ti. Escucho hablar de Ti. Escucho hablar de Judaísmo. Pero no tengo idea de qué se trata. ¡Ayúdame! Guíame en tu camino para que pueda aprender sobre Ti, sobre Tu existencia y pueda llegar a alcanzar una verdadera fe en Ti."

O bien: "¡Oh, Dios! Quiero acercarme a Ti. Quiero experimentarte, sentir Tu bondad y el bien que de Ti procede. Tu infinita misericordia. Abreme Tu camino, el camino de la Torá, el camino de los Verdaderos Tzadikim, para que pueda aprender cómo acercarme a Ti. Soy consciente de lo alejado que estoy de Ti y que no soy digno de ninguna clase de revelación. ¡Pero, soy un Judío! Fuí creado para reconocerte y servirte. ¡Ayúdame! Guíame en Tus sendas para que pueda aprender sobre Ti, sobre Tu existencia y poder así llegar a alcanzar la verdadera fe en Ti".

O bien: "¡Oh, Dios! Quiero acercarme a Ti. Quiero experimentarte, sentir Tu bondad, el bien que de Ti procede y Tu infinita misericordia. Abreme Tu camino, el sendero de la Torá, el sendero de los Verdaderos Tzadikim, para que pueda aprender cómo acercarme a Ti. Soy consciente de lo alejado que estoy de Ti y me doy cuenta que no soy digno de ninguna clase de revelación. ¡Pero, soy un Judío! Fui creado para reconocerte y servirte. Tú me has puesto en este mundo físico. Tú eres el que me colocó aquí donde me encuentro, en esta situación, exponiéndome a las tentaciones de una vida mundana. Yo sé que ésto es por mi bien, para que pueda buscar y encontrar la verdad, que eres Tú y para elevarme por sobre todas las falsedades. Pero soy muy débil, siento que nunca podré sobreponerme a mis deseos. ¡Por favor! Ayúdame a acercarme a Ti. Ayúdame a sentir siempre Tu presencia para poder, cada vez más, acercarme a Ti. Ayúdame a ser feliz siempre, ayúdame a sentir la alegría de ser un Judío y a practicar con orgullo el Judaísmo".

El estudio de la Torá. "¡Por favor, Dios! Ayúdame a estudiar Torá, todos los días de mi vida. Ayúdame a comprender lo que estudio y a recordarlo. Por favor, guíame con un programa de estudio, de manera que pueda aprender aquello que es necesario que conozca. Ayúdame a navegar con seguridad en el 'océano de la Torá,' de manera que sea lo que fuere que estudie, me acerque siempre a Ti."

O bien: "¡Por favor, Dios! Ayúdame a estudiar Torá. Ayúdame a estudiar el Jumash, el TaNáJ, la Mishná, el Talmud, los Códigos y el Musar, todos los días de mi vida. Sea lo que fuere aquello que estudie, ayúdame por favor a comprenderlo y recordarlo. Ayúdame a navegar con seguridad en el 'océano de la Torá,' de manera que fuera lo que fuere aquello que estudie, me lleve al verdadero conocimiento y sabiduría, para acercarme a Ti."

O bien: "¡Por favor, Dios! Ayúdame a estudiar Torá. Ayúdame a que pueda disponer de un tiempo para el estudio, todos los días y permíteme que sea constante en ésto. Sea lo que fuere aquello que estudie, ayúdame a comprenderlo y recordarlo. Guíame para que estudie sólo aquello que está permitido estudiar, de manera que todo aquello que aprenda me permita obtener el conocimiento y la sabiduría necesarios para acercarme a Ti. Aléjame de la filosofía y de los falsos conocimientos, aquellos que pueden llevarme lejos de Ti. Permíteme encontrar un maestro apropiado que me enseñe el verdadero sentido de aquello que estudio, de manera que no me equivoque y reciba un buen consejo."

La plegaria. "Dios mío, ayúdame a concentrarme en mis plegarias. Por favor, te lo ruego, en este momento Te estoy orando y hablando, pero mi corazón está alejado de mis palabras. No puedo concentrarme. Mi mente divaga. Por favor, permíteme sentir mis palabras. Permíteme apreciar la belleza de las palabras de la plegaria, de manera que pueda encontrarte."

O bien: "Dios mío, ayúdame a concentrarme en mi plegaria. Por favor, ayúdame, pues quiero elevarte esta plegaria. Quiero recitar mis oraciones con alegría. Permíteme sentir las palabras. Permíteme apreciar la belleza de las palabras de la plegaria, de manera que pueda encontrarte.

Abre mi corazón, abre mis labios y permite que mis palabras surjan y se dirijan hacia Ti con total concentración. Por favor, acepta mi pedido y guía mis palabras directamente hacia Ti."

O bien: "Dios mío. Por favor, ayúdame. Quiero orar, quiero derramar mi corazón delante de Ti. Quiero acercarme a Ti, pero no sé qué decir. Estoy confundido. Me encuentro distante de Ti y me es difícil sobreponerme a los deseos materiales. Pero aun así, deseo acercarme a Ti. Por favor, permíteme practicar el *hitbodedut* todos los días. Permíteme sentarme delante de Ti, al menos durante una hora cada día, de manera que pueda elevarte una plegaria y expresar el anhelo de mi corazón delante de Ti. Permíteme también recitar mis plegarias cotidianas con *kavaná*. Y haz de manera que pueda despertar a tiempo para poder asistir a los servicios de la sinagoga, junto al minian."

Verdad y fe. "¡Oh Dios! ¡Por favor, permite que tenga una fe completa en Ti! Una fe completa en Ti, en Tu Torá y en los Verdaderos Tzadikim. Sálvame de la falsedad, de las filosofías extrañas y de toda clase de pensamientos que puedan alejarme de Ti. ¡Por favor, Dios mío! Llévame por el sendero adecuado para mi alma. Guíame por el camino que me lleve cada vez más cerca Tuyo. Dame una fe completa, una fe inquebrantable en la verdad de todo lo relativo a Ti. Y permíteme encontrar esa verdad, Tú mismo, de manera que pueda acercarme más a Ti."

O bien: "Estoy preocupado, acosado por innumerables preguntas. Sólo preguntas pero sin respuesta. Estoy confundido por las cosas que veo y que no logro comprender. Por favor, Dios mío, si es que puedo comprender la respuesta, por favor permíteme conocerla. Y si aún no estoy capacitado para comprender, aumenta por favor mi fe en Ti. Refuerza mi aceptación de Ti como Rey, como Dueño del universo. Y haz que pueda creer verdaderamente que tanto yo como todo lo que me sucede y todo lo que sucede en el mundo entero, está en Tus manos exclusivamente. Por favor, ayúdame a recordar y reconocer esto todos los días de mi vida y a estar consciente de Ti en todo momento. Haz de manera que todo Israel y todas las naciones del mundo lleguen a conocer Tu Soberanía."

Comportamiento y deseos. "Por favor, Dios. Ayúdame a quebrar mis rasgos de comportamiento negativos. ¡Tengo tantos que no sé por donde comenzar! Deseo la humildad y me arrebata la arrogancia. Quiero paciencia y me encuentro lleno de ira. Es cierto que el otro día perdí la paciencia. ¡Es cierto, sí! Fué más que perder la paciencia, en realidad fue una terrible escena. ¡Pero no soy tan malo! ¡Aún quiero acercarme a Ti! Es posible que no lo merezca. Pero, Dios mío, también tengo mis puntos buenos. También hay en mí un poco de bien, lo que indica que puedo progresar. Por favor ayúdame a desarrollar ese punto bueno y a sobreponerme a mis malas cualidades. Haz que tenga un buen comportamiento. Nunca más quiero perder la paciencia. Ayúdame a controlar la ira. Y ayúdame a conseguir otras buenas cualidades también."

O bien: "¡Dios, por favor, ayúdame! Hoy sí que me sobrepasé. De verdad. Me dejé llevar por mi apetito. ¿Cuándo aprenderé a controlarme? ¿Cuándo aprenderé a decir '¡no!' a la comida? Ayúdame. Mantenme alejado de comer en demasía, de 'llenarme' de comida. Sálvame de estos excesos. Sálvame también de hablar mal de los demás, de la falsedad, de las burlas y de inmiscuirme en las cosas que no me conciernen. Ayúdame a hacer lo correcto. Permite que abra mi boca sólo para la Torá y la plegaria, para decir palabras amables y fortalecer a los amigos. ¡Y sálvame de hacer el mal!"

Los hijos. "Hoy, tal como Tú sabes, mi esposa y yo hemos sido bendecidos con un hermoso hijo. Gracias Dios mío. Te pido Dios, por favor que le otorgues una buena salud y que nos permitas criarlo con dulzura. Otórganos la sabiduría y la paciencia necesarias para tratar con los niños, de manera que puedan crecer y llegar a ser buenos Judíos."

O bien: "Hoy, mi hijo de cuatro años, me dijo una mentira y yo lo castigué. No sí si estuve bien al hacerlo. No sé si lo hice para enseñarle la severidad de semejante crimen o para apaciguar mi cólera. No logro medir si semejante castigo correspondía realmente a su transgresión. Quizás debí encontrar alguna otra manera de enseñarle que está mal mentir. Por favor, ayúdame a controlar mi cólera y a comprender qué es lo que realmente motiva a mi hijo a comportarse de la manera en que lo hace. Te pido, Dios, por favor, muéstrame la manera correcta de guiar a mi hijo. Dame la sabiduría y la paciencia para hacer que crezca y sea un buen Judío."

O bien: "Dios mío. Diríje mis pasos. Guíame. Enséñame a educar a mis hijos de la manera correcta. Tú me has confiado esta niña. Yo, como padre y custodio deseo lo que es correcto para ella. Deseo lo mejor para ella. Pero, ¿qué es lo mejor para ella? Sólo Tú lo sabes, Señor del Universo. Sólo Tú puedes velar para que ella esté protejida del mal, de las enfermedades de la sociedad, de los peligros de la calle, etc. Permite que pueda desarrollar buenas cualidades, buenos deseos, buenas intenciones, de manera que siempre busque el bien. Otórgame la sabiduría y la paciencia para poder educarla y que llegue a ser una buena persona y una buena Judía".

La subsistencia. "¡Dios! ¡Necesito ayuda! Tengo muchas cuentas que pagar y necesito el dinero para cancelar mis préstamos, las expensas y las cuotas de mi vehículo, etc. Debo pagar también la mensualidad de la escuela de mis hijos. Y todo esto es mucho. No sé de donde podré obtener semejante suma. ¡Ayúdame! Reduce mis gastos o aumenta mi ingreso. ¡Pero ayúdame! ¡No soporto semejante carga! Por favor, ayúdame a salir de este pesado yugo."

O bien: "He encontrado un nuevo negocio donde invertir mi dinero. Parece bueno. ¿Debo o no debo invertir en él? ¿Cuál es el camino correcto que debo tomar? Necesito que me guíes en esto. Por favor, muéstrame la senda correcta de manera que pueda tomar la decisión adecuada para beneficiarme y para beneficiar a mi familia."

O bien: "He encontrado un nuevo negocio donde invertir mi dinero. Parece bueno. ¿Debo o no debo invertir en él? ¿Cuál es el camino correcto que debo tomar? Necesito que me guíes. ¿Podrá dejarme este negocio el tiempo suficiente para poder orar, estudiar y estar con mi familia? ¿Me dará un ingreso suficiente? Por favor, muéstrame el sendero correcto de manera que pueda tomar la decisión adecuada y beneficiarme y poder beneficiar a mi familia. De esta manera podré mantener a mi familia y tener el tiempo necesario para estudiar Torá y servirte."

O bien: "He encontrado un nuevo negocio para invertir mi dinero. Parece bueno. ¿Debo o no debo invertir en él? ¿Cuál es el camino correcto que debo tomar? Necesito que me guíes. ¿Tendré el tiempo suficiente para estudiar, orar y estar con mi familia? ¿Me dará el suficiente ingreso como para mantener a mi familia y dar caridad generosamente? O por el contrario, ¿será una trampa? ¿Quedaré esclavizado de este negocio, día y noche, con muy poco tiempo para mí mismo? ¿Me dejará estar libre para el Shabat? Por favor, muéstrame el camino correcto para que pueda tomar la decisión adecuada y beneficiarme y poder beneficiar a mi familia. De esta manera, podré mantener a mi familia y tener el suficiente tiempo para estudiar y servirte."

Las vacaciones. "¡Qué cansado estoy! Necesito vacaciones. ¿Pero a dónde iré? Querría un lugar donde pueda descansar y recargar las baterías. Pero también quiero asegurarme que no Te olvide durante ese tiempo. Por favor, permíteme encontrar un buen lugar, donde haya un *shul*, una *mikve* y comida kosher. Recuérdame que lleve libros de estudio, cassettes y mi walkman. Y por sobre todas las cosas, que mientras esté allí, no me olvide de Ti ni de mi Judaísmo."

La familia y los amigos. "¡Señor del Universo! Por favor, ayúdame a que haya paz en mi hogar. Gracias a Dios, tenemos una hermosa familia. Pero siempre parece haber fricciones entre mis hermanos y esto trae tensión al resto de la casa. Cada uno es una joya cuando está solo, pero cuando están juntos son como perro y gato. Por favor, ayúdanos a eliminar la rivalidad y a hacer que la paz reine en nuestro hogar. (Por supuesto que puede suplantarse por otros parientes o vecinos.)"

O bien: "Hoy he tenido una conversación con mi amigo que me llevó a estar en desacuerdo con él (¡es posible repetir las mismas palabras de la conversación también!). Creo que yo estaba en lo cierto o al menos así me parece desde mi punto de vista. De todas maneras, no tenía la intención de decir lo que dije, pero lo hice. Lo lamento. ¿Qué puedo hacer para corregirlo? Ayúdame a encontrar una buena manera de corregir lo que salió mal. Por lo menos, haz que mi amigo comprenda que no lo hice por maldad, ¡Dios no lo permita! Ayúdame a controlar mis palabras para que nunca más diga algo que pueda dañar a los demás. Ayúdame a poder ver el punto de vista del otro."

Buena salud. "Por favor, Dios, en Tu gran misericordia, otórganos una buena salud para que podamos servirte de la manera apropiada."

O bien: "Mi hijo no está bien. Tiene esta enfermedad y está sufriendo. Por favor, Dios, envíale una *refuá shleimá* (una completa recuperación). Y otórganos una buena salud."

O bien: "Mi abuelo debe someterse a una operación. Por favor, Dios, envíale una *refuá shleimá*, de manera que no sea necesaria esa intervención quirúrgica. Y si debe someterse a ella, por favor, haz que el diagnóstico sea correcto. Que pueda tener el cirujano adecuado, las enfermeras adecuadas y el resto del personal adecuado. Por favor, cura a mi abuelo y a todos aquellos que se hallan enfermos. Por favor, Dios, envíale una pronta recuperación y otórganos a todos una buena salud."

*

Es necesario recordar esto respecto del *hitbodedut*: Elija el tema que sienta más cercano *en ese momento*. Hágalo con el mayor sentimiento posible. Practíquelo todos los días.

* * *

SUSPIRAR

Enseña el Rebe Najmán: "Uno debe suspirar y gemir durante el *hitbodedut* (Tzaddik #441).

El suspiro de un Judío es algo muy precioso (Likutey Moharan I, 8:1).

Cuando suspiras y gimes por la imposibilidad de acercarte a la santidad, eso hace que te unas al *ruaj* (la fuerza vital) de la santidad. Esto es así, pues al suspirar se atrae el aliento, que es la vida misma (Likutey Moharan I, 109).

Suspirar y gemir no son sólo apariencias para impresionar a los demás o convencerse a uno mismo de la sinceridad y el deseo de arrepentimiento. Cada suspiro y cada gemido es parte de un proceso a través del cual se atrae *ruaj* (aliento), vida. Existen numerosas lecciones del *Likutey Moharan* dedicadas al concepto de *ruaj*. Los deseos y anhelos están centrados en el corazón, el órgano utilizado para respirar y desear. Por lo tanto, enseñó el Rebe, que debemos gemir y suspirar durante el *hitbodedut*. Piense en acercarse a Dios y en llegar a ser un mejor Judío.

Gima y exhale sus malos deseos. Dijo el Rebe Najmán: "¡Por un cuarto de hora de placer, la persona puede llegar a perder este mundo y el próximo!" (*Likutey Moharan* II, 108). Cierta vez el Rebe Najmán aferró a Reb Shmuel Isaac cerca del corazón y le dijo: "¿Por un poco de sangre en tu corazón perderás este mundo y el próximo? ¡Gime y expúlsalo! Llora y suspira tanto como para deshacerte de los deseos por este mundo" (*Tzaddik* #441).

*

El grito silencioso. Es posible gritar, estando rodeado de gente, y que nadie lo escuche. Este es el grito silencioso conocido como "la pequeña y suave voz." Todos pueden hacerlo. ¡Simplemente imagine el sonido de semejante grito dentro de su mente! Al aislar este grito y concentrarse en él, estará en realidad gritando dentro de su cerebro. Esto no es algo meramente imaginario y le permitirá llamar a Dios inclusive en un lugar atestado de gente (*Rabbi Nachman's Wisdom* #16). El Rebe Najmán enfatizó la habilidad del hombre por concentrarse y dirigir el proceso de su pensamiento. Refiriéndose al grito, afirmó que era posible gritar, literalmente, y ser escuchado en todo el mundo. Este avanzado nivel de concentración durante la meditación puede también utilizarse para "crear" cualquier entorno imaginable que facilite nuestro *hitbodedut*. Por ejemplo, uno puede "reubicarse" en lo alto de una montaña nevada o cerca de un arroyo, en un bosque o inclusive en el Muro Occidental, en Jerusalem, dependiendo de la fuerza y la habilidad para generar esa imagen.

* * *

Y QUÉ SUCEDE SI...

Enseña el Rebe Najmán: "Puede haber momentos en que la persona sienta que no puede hablar con Dios y que no siente las palabras que expresa. Esto puede suceder y de hecho es algo que sucede. No te desanimes. El solo hecho de sentarse delante de Dios y querer orarle es en sí mismo algo muy grande" (*Likutey Moharan* II, 25).

Reb Itzjak de Tulchin, el hijo de Reb Noson, solía consultar a su padre respecto a las dificultades que encontraba en el desarrollo espiritual. Cierta vez expresó su frustración, al confesar que se habían debilitado sus devociones y que no podía meditar adecuadamente. Reb Noson le contestó que la grandeza del Rey David se veía manifestada precisamente en ese terreno. Hubo veces en que el Rey David deseaba orar pero no podía encontrar las palabras para hablar con Dios. Pero él sabía que no debía desesperar. En lugar de abandonar, gemía y suspiraba delante de Dios diciéndole que su boca estaba cerrada y que no podía encontrar las palabras adecuadas para orar. Y *esto* era su plegaria. Dios aceptaba entonces sus ruegos y le otorgaba la inspiración necesaria como para encontrar las palabras correctas mediante las cuales expresar su corazón. De hecho, Dios quiere que Le oremos pidiéndole que nos guíe y muestre la manera apropiada de orar (*Aveneha Barzel*, pg. 70 #53). Nunca hay que desanimarse del *hitbodedut*. Si no puede hablar delante de Dios, siga intentándolo. Vuelva una y otra vez, día tras día, vuelva a su lugar en el bosque o a su habitación especial o donde sea que lo practique y siga intentándolo. Al final, las palabras llegarán a sus labios.

*

Enseña el Rebe Najmán: "También de esta situación puedes hacer una plegaria. El mismo hecho de que hayas venido a orar y no lo logres, puede ser algo sobre lo cual estructurar tu plegaria" (*Likutey Moharan* II, 25). "Aun cuando no puedas hablar, aunque lo único que puedas articular sea una sola palabra, sólo una, este esfuerzo puesto en el *hitbodedut* es igualmente valioso. Repite esa sola palabra una y otra vez. Aunque ésto continúe así durante días, refuérzate constantemente con esta única palabra. Al final, Dios abrirá tus labios y te enviará las palabras necesarias para orar y meditar apropiadamente" (*Likutey Moharan* II, 96).

Por ejemplo, es posible que usted quiera decir: "Oh, Dios. Esto no funciona. No tengo deseos de hablar. En realidad no tengo deseos de hacer nada. Por favor, abre mis labios. ¡Por favor! ¡Por favor! ¡Por favor!...''

Tal como mencionamos más arriba, dijo también el Rebe: "Aunque sólo puedas repetir la frase '¡Señor del Universo!', ésto es algo muy bueno también" (*Tzaddik* #440). Una vez alguien se acercó a Reb Noson alabando a cierto estudiante que sabía de memoria 1.000 páginas del Talmud. Le dijo Reb Noson: "¡Pero mi alumno, Reb Ozer, puede repetir 1.000 veces la frase 'Señor del Universo!'" (*Aveneha Barzel* pg. 49).

*

Enseña el Rebe Najmán: "Debes ser extremadamente obstinado en tus devociones y en tu servicio a Dios" (*Likutey Moharan* II, 48). Y al mismo tiempo, el mismo Rebe Najmán era conocido por su tolerancia. Nunca era terco y obstinado (ver *Tzaddik* #430). Esto puede parecer contradictorio, pero no lo es. Al tratar sobre cualquier otra cosa, el Rebe predicaba en contra de la obstinación y la terquedad, y ésto era lo que él practicaba. Pero admiraba la obstinación puesta en las plegarias a Dios, en el *hitbodedut* y en las súplicas para llegar a ser un buen Judío (*Rabí Eliahu Jaim Rosen*).

Y también en esto debemos hacer una distinción. Nuestra obstinación debe aplicarse a la *práctica del hitbodedut* y no a nuestra disposición para aceptar la voluntad de Dios. Nunca debemos dejar de orar, pedir y rogar. El Rebe enseñó que es posible, mediante el *hitbodedut*, obtener de Dios todo aquello que necesitemos. Tal como él mismo dijo: "De haber sabido en mi juventud el gran poder que tenía la plegaria, nunca hubiera realizado las mortificaciones que tuvieron un efecto tan devastador sobre mi cuerpo" (*Hishtakfut HaNefesh*, Introducción). Esta determinación y tenacidad puestas en la plegaria es parte de lo que el Rebe denomina "obstinación santa." Pero, cuando se trata de aceptar las respuestas de Dios a nuestros requerimientos, no hay lugar para la terquedad. La decisión debe ser dejada a El y debemos confiar en que Dios nos dará todo lo que El sepa que es necesario, lo que El considere mejor.

*

En resumen, los *cómo* del *hitbodedut* son prácticamente ilimitados. Hay muchas y diferentes maneras y técnicas de meditación y de expresión del corazón y del alma delante de Dios; de la misma manera en que parecen existir innumerables temas por los cuales orar. Es necesaria mucha obstinación y terquedad para sentarse todos los días, día tras día, semana tras semana, año tras año. Pero si persevera, si practica el *hitbodedut* de manera consistente, de hecho podrá observar los resultados, mucho mayores de lo que hubiera imaginado.

Quizás el punto más importante para recordar respecto del *hibdodedut* sea el hecho de que cada palabra cuenta. Cada palabra articulada, aunque no provenga de un corazón quebrado ni fluya con sentimiento, es muy importante. Un poco antes de morir, se le escuchó decir a Reb Avraham Jazan durante su *hitbodedut*: "¡Dios! ¡Por favor, ayúdame a creer que ninguna palabra se pierde! ¡Que ningún pensamiento bueno es olvidado por Ti!" (*Rabí Eliahu Jaim Rosen*).

* * *

EL PODER DEL HITBODEDUT

Cierta vez dijo el Rebe Najmán: "¿Cómo es que permitimos que Dios traiga el mal al mundo? Debemos alejar a Dios de Sus otras tareas. Debemos evitar que emita esos decretos (era el tiempo del *Ukase* del Zar). Debemos pedirle que deje todo lo demás y que nos escuche. Cuando un Judío quiere hablar con Dios, cuando desea derramar su corazón delante de El en una plegaria, Dios deja de hacer aquello que está haciendo en ese momento y presta atención a aquél individuo que desea acercarse a El" (*Rabbi Nachman's Wisdom #70*).

*

"Dios es bueno para todos" (Salmos 145:9). Dios es bueno para todo.

Todo aquello que la persona necesite puede pedirlo en su plegaria y Dios se lo puede otorgar. Así sea salud, sustento, hijos u otras necesidades de la vida y en especial del espíritu; Dios puede otorgar todo (*Likutey Moharan* I, 14:11).

*

Cierta vez Reb Yudel le preguntó al Rebe: "¿Cómo hace uno para despertar su corazón al servicio de Dios?" Y el Rebe le contestó: "A través del poder de la palabra. Articula las palabras con tus labios, recita los Salmos y otras plegarias, constantemente y tu corazón despertará" (*Tzaddik* #441). Enseña también el Rebe Najmán: "El habla posee un tremendo poder para despertar a la persona al servicio de Dios. Por lo tanto, aunque sientas que en tus palabras falta el sentimiento, continúa diciéndolas. Y dílas de la manera que puedas. Luego de un tiempo estas palabras 'sin corazón' te despertarán al servicio de Dios" (*Likutey Moharan* II, 98).

*

Cierta vez les dijo el Rebe a sus seguidores: "¡Sus cuerpos son tan densos y están tan apegados a la materialidad! ¡Deben ablandarlos con palabras de santidad!" (*Tzaddik* #443). El Rebe contó la siguiente parábola relativa a la grandeza de la persistencia en la plegaria: Un rey le pidió a su hijo que transportara una enorme piedra a la torre del palacio. Pero el Príncipe, por más que lo intentara, no podía imaginar de qué manera podría llegar a elevar semejante roca. Finalmente, le dijo el rey: "¿Creiste realmente que yo esperaba que llevaras esa roca de una sola pieza? Desmenúzala con cincel y martillo y sube cada día un poco. Al final, toda la piedra estará en la torre." De manera similar, al servir a Dios, la plegaria diaria y persistente, el *hitbodedut*, desmenuza el corazón de piedra y eleva a la persona hacia Dios (*Tzaddik* #441).

*

Enseña el Rebe Najmán: "La persona inteligente orará toda su vida con tal de llegar a decir, al menos una vez, una palabra de verdad delante de Dios" (*Likutey Moharan* I, 112). Existen diferentes niveles de verdad. Están aquellos en los que su hablar transmite un poco de verdad. Poseen la verdad dentro de ellos, pero no pueden irradiarla e iluminar a los demás. Y están aquellos otros, individuos especiales, que poseen un nivel tan grande de verdad dentro de ellos mismos que cada una de las palabras que dicen tiene el poder de iluminar con la verdad a los demás (*Likutey Moharan* I, 9:3).

Es posible que usted se pregunte: "¿Cuánta verdad, entonces, transmiten mis palabras?" Si es honesto consigo mismo, es probable que quiera elevar su nivel. Después de todo, si el Rebe dice que vale la pena pasarse la vida tratando de decir al menos una sola palabra de verdad... Y la clave para esto es el *hitbodedut*. Orar con sus propias palabras, con su propia verdad y con el sentimiento más profundo de su corazón, lo llevará a niveles aún más altos de verdad. Entonces sus palabras podrán transmitir esa verdad y quizás iluminar también a los demás.

* * *

ANECDOTAS SOBRE EL HITBODEDUT

Cuando el Rebe Najmán le enseñó a Reb Noson la importancia del *hitbodedut*, éste le preguntó: "¿Pero no es que el hombre tiene libre albedrío?" El Rebe no le respondió de manera explícita, pero le indicó que aunque no podía explicárselo de manera completa, era necesario igualmente que siguiera esta práctica. Reb Noson comprendió que esa misma pregunta era posible formularla respecto de las plegarias instituídas por nuestros Sabios (*Tzaddik* #436). La pregunta de Reb Noson era la siguiente: ¿Por qué debemos orar a Dios pidiéndole que nos acerque a El? ¿No se anula de esta manera el principio del libre albedrío? Al pedirle a El que determine lo que hacemos, ¿no estamos de hecho pidiéndole que anule nuestra libertad de elección? Y el Rebe le respondió: "aunque ésto pueda ser algo muy difícil de comprender, la mejor manera de practicar nuestra libertad de elección es rogándole a Dios que podamos someternos a Su voluntad". Como enseña la Mishná: "Haz que tu voluntad sea Su voluntad" (*Avot* 2:4).

Cuando Reb Noson comenzó a seguir al Rebe Najmán, pasó un

Shabat en Breslov. En la noche del viernes, luego que todos se retiraron a dormir, Reb Noson descendió a las orillas del río Bug y pasó allí la noche rogándole a Dios. "¡Dios!," decía, "Hay un fuego que arde en Breslov. ¡Enciende mi corazón con esa llama!" (Siaj Sarfei Kodesh 1-689).

Luego del fallecimiento del Rebe Najmán, Reb Noson se mudó (desde su pueblo natal, Nemirov) a Breslov. En un comienzo alquiló la habitación de una casa. Esto le resultó bastante incómodo, por lo que oró a Dios pidiéndole una vivienda mejor. Sus plegarias fueron escuchadas y pudo mudarse a una vivienda propia. Pero esta nueva casa no tenía ninguna habitación aislada donde Reb Noson pudiera practicar el hitbodedut y estudiar Torá. No teniendo mejor alternativa, levantó una pared separando un rincón en la cocina. No era lo mejor, dado que periódicamente lo interrumpían sus hijos, pero al menos tenía sus cuatro paredes. Y así estuvieron las cosas hasta que luego de muchos años y muchas plegarias, Reb Noson pudo finalmente agregar una habitación a su casa. Entonces agradeció y alabó a Dios por haberle permitido merecer su propio cuarto, luego de tantos años (Aveneha Barzel, pg. 62 #30).

Cierta vez, Reb Noson y un amigo se detuvieron en una posada. Mientras estaban comiendo, un pequeño hueso se atravesó en la garganta de Reb Noson. Abriendo su boca, como si se estuviese asfixiando, logró liberar la obstrucción. "¿Has visto cómo abrí la boca y miré hacia el cielo cuando me atraganté con ese hueso?" le dijo Reb Noson a su amigo. "No hay otra cosa que podamos hacer cuando estamos en apuros más que mirar al cielo, aunque no podamos hablar sino gruñir." (Kojavey Or, pg. 71 #8).

Antes de dejar Europa, en su viaje a Tierra Santa, Reb Eljanan Specter fue a visitar al hombre responsable de la introducción de la Jasidut de Breslov en Polonia, Reb Itzjak Breiter. Al llegar Reb Eljanan, Reb Itzjak estaba practicando el hitbodedut. Reb Eljanan esperó durante seis horas. Al salir Reb Itzjak de su habitación, le dijo Reb Eljanan: "¡Debes de haber experimentado una tremenda inspiración!" "¡Ni siquiera comencé a expresar lo que había en mi corazón!," le respondió Reb Itzjak.

Cuando Calev fue a Jebrón para orar frente a las tumbas de los Patriarcas, corría un grave peligro de caer en manos de los habitantes de la región (Números 13:22, Rashi). Pero ello no le impidió llegar hasta allí, pues una persona bajo presión y acuciada por la necesidad no toma en cuenta los peligros. Sólo sabe que debe actuar (Zohar III:158b). Reb Noson enseñó que lo mismo se aplica al servicio de Dios y en especial a la práctica del *hitbodedut* en el campo. Debemos sentir la opresión de la Mala Inclinación y no detenernos ante los así llamados peligros involucrados en el servicio a Dios (Kojavey Or, pg. 71 #9).

Al discutir el tema de la práctica nocturna del *hitbodedut* en los campos, Reb Noson relató la vez en que una banda de Jaidamakos [Cosacos] cayó sobre un pueblo y forzó a sus habitantes a huir hacia los campos. Entre los que huían se encontraba un hombre conocido por su temor a todas las cosas. Mientras corría, este hombre se encontró de pronto, solo, en medio del cementerio del pueblo y sin otra alternativa, se escondió allí durante toda la noche. Al día siguiente, cuando los pobladores retornaron a sus hogares, le preguntaron: "¿Cómo pudiste pasar toda la noche solo en el cementerio?" "¡Tenía demasiado miedo como para sentir miedo!," les respondió (Siaj Sarfei Kodesh 1-555).

Una de las seis preguntas que le hacen a la persona frente al Tribunal Celeste es la siguiente: "¿Tenías esperanza en la Redención?" (Shabat 31a). Rabí Najmán Jazan dijo que esto se refiere no sólo a la redención del pueblo Judío, sino también a la de cada individuo. ¿Perdiste la esperanza y abandonaste el trabajo?, ¿o tuviste esperanzas y oraste a Dios por tu salvación y para que te librara de todos tus problemas? (Aveneha Barzel pg.80).

* * *

10

LA PAZ

Dios no encontró un recipiente más adecuado para sus bendiciones que la paz (*Uktzin* 3:12).

Enseñó Rabí Iehudá el Príncipe: Grande es el poder de la paz. Dios deja de considerar los pecados de los idólatras de Israel, cuando la paz reina entre ellos. Pero si hay antagonismos, se les hace pagar por cada una de sus transgresiones. Mira entonces cuán amada es la paz y cuán aborrecida es la contienda (*Bereshit Rabá* 38:6).

*

La paz es la bendición más buscada por la humanidad y es, a la vez, la más evasiva. Con paz, todo está bien; sin ella, ¿de qué sirve todo el bien? Todos necesitamos de las bendiciones. Algunos necesitamos bendiciones para la salud o *najat*, otros necesitan bendiciones para su subsistencia o para obtener sabiduría o para muchas cosas más. La lista es enorme. Pero aunque tengamos la bendeción requerida, de nada vale si no está acompañada por la paz. ¿Para qué sirve ser bendecido con todo el dinero que uno necesita si para obtenerlo o para mantenerlo, se debe vivir una vida de problemas y ansiedades? Y esto se aplica también al plano espiritual. No importa cuánto hayamos trabajado con la oración o para lograr algún conocimiento de Torá, no importa cuantas mitzvot hayamos realizado para poder acercarnos a Dios, nada de esto estará completo si no existe la paz. De hecho, la paz constituye la prueba más clara de que nuestros esfuerzos han sido valiosos.

* * *

ALGUNOS OBSTACULOS PARA LA PAZ

¿Y por qué, si es tan deseable, tan vital para el resto de las cosas, es la paz tan difícil de alcanzar? ¿Por qué el hombre no ha logrado, en general, estar en paz consigo mismo? ¿Por qué la humanidad no ha logrado traer paz al mundo? Obviamente, la paz no es algo tan fácil de obtener. De lo contrario, hace mucho que la habríamos alcanzado.

Como dijo el Rebe Najmán: "Muchas de las nociones falsas y equivocadas que tuvo la humanidad en épocas pasadas, han quedado ya en el olvido. Esto incluye prácticas tales como el sacrificio de los hijos, la adoración de ídolos, etc. Pero la locura que lleva a hacer la guerra es algo que no ha sido abolido." De manera explícita declaraba el Rebe su antipatía por los científicos que desarrollaban nuevas clases de armamentos: "¡Qué grandes sabios deben ser! ¡Mira cómo fabrican nuevas armas capaces de matar a miles de personas de una sola vez!" (Tzaddik #546).

¿Y qué es lo que hace que la paz sea tan evasiva? En verdad, no existe una sola respuesta a este interrogante. Y la lista de los por qué puede llegar a ser interminable. Pero es posible aislar algunos de aquellos rasgos del carácter responsables de formar una poderosa barrera frente a la verdad, haciendo imposible el logro de la paz, tanto para el hombre como para la humanidad entera. Trataremos estos rasgos (la victoria, los celos, la calumnia, la envidia y la ira), con la esperanza que al reconocerlos y comprender cómo nos impiden lograr la paz, podamos alcanzar nuestro deseo de eliminarlos de una vez para siempre.

*

¡**Nitzajón**! ¡Victoria! ¡Por supuesto que usted la quiere! ¿Y quién no? Pero, ¿a qué precio? Enseña el Rebe Najmán: Nuestro deseo de salir victoriosos (*nitzajón*) nos impide aceptar la verdad. Si, en el transcurso de una conversación o discusión, llegamos a reconocer la validez de la opinión de la otra persona, nos empecinaremos en nuestro punto de vista o razonamiento antes de aceptar o peor aún, admitir que la otra persona pueda estar en lo cierto (*Likutey Moharan* I, 122).

Este comportamiento conocido como *nitzajón* es un tema frecuente en el *Likutey Halajot*. Escribe Reb Noson: "En la Torá, la palabra que designa lo eterno, *neTZaJ*, también significa victoria, *niTZaJón*. De hecho, ambos significados apuntan a lo mismo. ¿Qué victoria puede ser llamada una verdadera victoria sino aquella que es eterna? La historia ha demostrado, una y otra vez, que la nación conquistada o el pueblo oprimido no permanecen callados para siempre. Es posible que le tome años, pero una nueva generación se levantará y tarde o temprano el ciclo del tiempo volverá a girar y el vencedor victorioso, dado que su victoria no fue eterna (permanente o definitiva), se encontrará sufriendo en manos de la víctima. De igual manera sucede en el plano personal. "Conquistar" a un competidor en los negocios crea un sentimiento de hostilidad y un deseo de revancha en el perdedor. Y en última instancia, esas victorias son vacías y carentes de valor. Es posible que por el momento haya alcanzado el objetivo deseado, pero de hecho, ello no contribuye en nada a nuestra vida Eterna."

"Por el contrario," continúa Reb Noson, "todo aquello que hagas en pro de tu vida Eterna, se quedará contigo para siempre. Una mitzvá realizada es una mitzvá acreditada. Nadie podrá quitártela, nunca. Si realizas una segunda mitzvá, también ella se agregará a tu cuenta. El verdadero *nitzajón* lo constituye la conquista de tus malos rasgos y deseos. Entonces sí que eres el verdadero triunfador, con todos tus pensamientos, anhelos y actos de bondad, acreditados a tu cuenta eterna. Busca la verdad, la verdad eterna y entonces siempre saldrás victorioso y estarás siempre en paz." (*Likutey Halajot, Birjot Pratiot* 5:2)

Es muy importante aprender a reconocer el valor eterno de las cosas. Cuando intente decidir sobre algo que deba hacer, busque los beneficios eternos que ello le reportaría y no las posibles ganancias temporales. Y esto se aplica en especial a cuando uno se encuentra frente a una decisión difícil, sobre un tema controvertido. Supongamos, por ejemplo, que usted debe tomar una decisión impopular. Muy bien. Asúmalo. Sea firme en su resolución. Ese es su papel. Pero, advierte Reb Noson, antes de debatir el tema con aquellos que disienten con usted, debe asegurarse que ha mirado el asunto desde la perspectiva de la eternidad. Si en su posición se observan ganancias eternas, sabrá entonces que ha tomado el camino correcto. Si, por el contrario, lo único que acrecentará con ello es alguna satisfacción pasajera y cierta autoestima temporal por haberse salido con la suya, entonces, de hecho, usted es el perdedor, y en verdad, un gran perdedor.

Buscar honores a expensas de otra persona es también una forma de *nitzajón* y de hecho, es algo detestable. Enseña el Talmud: "La persona que gana con la humillación del prójimo, pierde su parte en el Mundo que Viene" (Yerushalmi, Jaguigá 2:1). Esto puede observarse cuando el "triunfador" se enorgullece de la derrota del otro; pero puede también manifestarse de una manera más sutil. ¿Quién puede decir que nunca se ha autopromocionado diciendo cosas como: "Ah, no. Yo nunca haría lo que fulano hizo. ¡Así no actúo nunca!"? Vemos en esto otra faceta del vencedor y del vencido, donde el *nitzajón* ha generado conflictos y destruído la paz.

La plegaria es el camino para superar el *nitzajón*. Es posible hacer de esto el objeto de muchas sesiones de *hitbodedut*. Pídale a Dios que lo ayude. Cuando se encuentre ante la posibilidad del *nitzajón*, pídale a El que lo ayude a superar su deseo de una victoria falsa, o al menos temporal. Busque solo el *nitzajón* eterno. Recuerde que es preferible perder el prestigio (o algo más aún) y salvar su alma eterna, antes que recurrir a la conquista de los demás forzándolos a participar de sus propios puntos de vista.

Aun frente a una situación que requiera una rápida decisión es posible elevar una corta plegaria: "¡Dios! Ayúdame a elegir Tu camino. Ayúdame a dar el paso correcto y no permitas que mi *nitzajón* intervenga en mi decisión." Si trata de cumplir con la voluntad de Dios, entonces, de hecho, no buscará obtener una victoria temporal y sin sentido, perdiendo así la guerra. Al final encontrará el equilibrio correcto necesario para vivir una vida que le otorgue una victoria eterna.

Otra manera de superar el deseo de victoria es tomar la determinación de dialogar con aquél que está en desacuerdo con usted. El diálogo puede llevar al compromiso y a la verdad (ver más adelante: "Verdad y Diálogo"). Respecto al litigio han enseñado nuestros Sabios: "La mejor solución es un compromiso equitativo" (*Joshen Mishpat* 12:2). El compromiso es un arte que requiere de todas nuestras habilidades en el trato con la gente. No hay nadie en este planeta que no tenga necesidad del compromiso, al igual que no hay nadie que viva una vida de paz sin compromiso.

*

Los celos. Enseña el Rebe Najmán: La Inclinación al Mal odia al hombre [y busca dañarlo] física y espiritualmente (*Rabí Eliahu Jaim Rosen*). Podemos comprender que la Inclinación al Mal busque el daño espiritual del hombre, pero ¿por qué dañarlo también físicamente? Observe simplemente cuanto empeño pone en minar el bienestar físico y material del hombre. Dice el *Zohar*: "Ven a ver el poder de la Inclinación al Mal. Los animales nacen con un instinto natural de supervivencia. Intuyen a sus enemigos y evitan el peligro desde el momento mismo de su nacimiento. Pero no sucede lo mismo con el hombre. Por el contrario, el niño va directo hacia el peligro. ¡Busca situaciones peligrosas y se arroja de lleno a ellas! Esto se debe a que nace con el *Ietzer HaRa*" (*Zohar* I:179a).

Otra manera en que la Inclinación al Mal logra poner en peligro o destruir nuestro bienestar físico y emocional son las actitudes de celos. Siendo uno de los atributos más enquistados en el hombre, los celos hacen su aparición desde una temprana edad. Desde niños deseamos las cosas que otros poseen. Y como bien sabemos, eso no se detiene allí. Los celos constituyen el más destructivo de los comportamientos humanos, pues siempre nos dejan insatisfechos, sin tranquilidad ni paz.

Enseñaron nuestros Sabios: "A todo el que tenga celos en su corazón, se le pudrirán los huesos" (*Shabat* 152b). Solemos pensar en el deterioro corporal como una consecuencia natural de la muerte. Lo que no nos damos cuenta es que los celos carcomen el cuerpo de la persona aún antes que el alma lo abandone y el cadáver sea depositado bajo tierra. ¿Cómo puede descansar en paz si Carlos tiene un Mercedes-Benz y él sólo un BMW? ¿O si Pedro y su familia salieron de vacaciones tres veces durante el año? ¿O si su mejor amigo consiguió un empleo de alto rango... un gran *shiduj*... un premio importante? Los celos de este tipo tienen el poder de destruir a la persona. Carcomen su paz mental, su corazón y su salud. Embotan sus emociones y, lo que es peor aún, dejan una huella en su alma. ¿Qué paz puede tener en la vida cuando todo su ser se consume con el deseo ardiente por las cosas que no son suyas?

Enseñó el Rebe Najmán que los celos tienen su raíz en el Mal de Ojo. Casi siempre se confunde al Mal Ojo con una fuerza mística sobrenatural, pero a lo que el Rebe hace referencia es a esa actitud tan común de mirar a nuestros vecinos y amigos con un ojo crítico y negativo. El Talmud lo describe como "uno que está mirando siempre la casa del vecino" (*Bava Batra* 2b). En lugar de pensar de manera positiva respecto de nuestros vecinos y amigos y desearles lo mejor, tendemos a envidiar sus bienes y su buena fortuna. Este Mal Ojo lleva a la calumnia y a otras fuerzas terribles y destructivas que una vez desencadenadas destruyen nuestra paz.

Y esto es verdad también respecto de las cuestiones espirituales. Enseñó el Rebe Najmán: "Si la gente se aferrara a esta (actitud)... eso también sería muy bueno. Aun cuando no puedas alcanzar un nivel muy alto, puedes igualmente apoyar a otros y desearles alcanzar aquello que tú no puedes. 'Aunque yo no pueda ser un buen Judío, un Judío religioso, al menos mi amigo puede serlo'" (*Rabbi Nachman's Wisdom* #119).

Comenta Reb Noson: Yo pensé que esto era algo obvio. Por supuesto que si yo no puedo ser un buen Judío al menos mi amigo puede llegar a serlo. Por supuesto que deseo que él lo logre. Pero, con el tiempo comencé a comprender que éste es un tema de conflicto y separación entre los Judíos. Podemos ver gente que ha intentado ser verdaderamente religiosa. Que se dedicó a ello con un gran esfuerzo, haciendo un serio intento por lograrlo, pero que finalmente no lo pudo alcanzar y con el tiempo volvió a alejarse. En lugar de incentivar a los demás, estas personas se volvieron intolerantes y celosas de todos aquellos que pudieran orar con fervor y estudiar la Torá. "Si yo no lo puedo lograr, tampoco podrán ellos (o no debieran)" y harán todo lo posible para evitar que los otros puedan lograrlo. Pero, un verdadero Judío debe hacer exactamente lo contrario.

Debe desear que los demás sirvan a Dios, aún cuando él mismo sea incapaz de hacerlo. ¡En esto consiste el verdadero amor Judío! (ibid.)

Escribe también Reb Noson: Leemos en el versículo (1 Samuel 2:30): "Aquellos que Me honran serán honrados. Aquellos que Me desprecian serán despreciados." Está escrito respecto de Aarón: "Aquellos que me honran," pues él honraba a Dios acercando a aquellos que estaban lejos de Dios. Pero, están aquellos que desprecian a la gente, como si ellos mismos fueran perfectos e inmaculados. Siempre están encontrando alguna falla en los demás, especialmente en aquellas personas que intentan acercarse a Dios. Esa gente desprecia a Dios y al denigrar a los demás insulta a Dios. Sobre ellos está escrito: "serán despreciados" (Likutey Halajot, Netilat Iadaim li'Seuda 6:59).

Observe el resultado de los celos: Caín estaba celoso de su hermano Abel y lo mató; asesinaba así a una cuarta parte de la humanidad. Los hermanos de José estaban celosos de él y por causa de sus acciones nuestros antepasados quedaron cautivos de Egipto (Shabat 10b). Los celos que Koraj sentía por Moshé y por Aarón (Números 16), trajeron aparejada no sólo la primera rebelión en la historia de la nación, sino también la muerte de más de catorce mil personas (Números 17:14). El Rey Saúl casi mata a David debido a los celos que sentía de él. Esta lista es interminable. Si semejantes individuos pudieron caer presas de los celos y del nitzajón, ¿qué podemos esperar de nosotros? (ver Likutey Moharan II, 1:1; Parparaot LeJojma, loc. cit.).

Escribe Reb Noson: La disputa y la discusión se han hecho tan comunes entre los Judíos que se ha vuelto extremadamente difícil encontrar la verdad. Esta falta de paz constituye la causa principal de la extrema tardanza en la reconstrucción del Santo Templo. Y es ello, más que nada, el motivo de tener que esperar tanto tiempo para la llegada de Mashíaj (Likutey Halajot, Netilat Iadaim li'Seuda 6:74).

¿Existe algún remedio para ello? Por cierto que lo hay. Primero, debemos reconocer la existencia de este problema. La mayoría de la gente no se considera celosa. "¿Quién, yo? Yo no estoy celoso de mis amigos ni de sus posesiones ni de sus logros en la Torá."¡Vuelva a mirar! El reconocimiento es el primer paso para corregir cualquier situación, y en especial todo lo referente a las sutilezas de la personalidad. El Rebe Najmán era bien consciente de esto. Comprendía de qué manera el cáncer de los celos es capaz de extenderse y llegar a destruir a la persona, tanto espiritual como físicamente, incluso mucho antes que ella misma pueda darse cuenta. Afortunadamente el Rebe ofreció una solución, de manera que tenemos una posibilidad. Por supuesto que la respuesta es la plegaria, el *hitbodedut*. Una y otra vez debemos volvernos hacia Dios pidiéndole que nos salve: "Ayúdanos a vernos como realmente somos. Por favor, guárdanos lejos de la trampa de los celos." ¿Parece algo demasiado simple frente a semejante problema? Quizás lo sea, ¡pero funciona! Si verdaderamente nos volvemos a Dios, todos los días, pidiéndole esto, al final podremos superarlo.

Otra manera de sobreponerse a los celos es buscando los puntos buenos en los demás y juzgándolos de manera favorable. El Rebe nos enseña que al detenernos en lo bueno no miramos a los otros con un Mal Ojo, sino por el contrario con el Buen Ojo. Encontrar el bien trae mérito y significación al mundo y ayuda a disipar y a enfriar las ardientes llamas de los celos.

Dijo el Rebe Najmán: "Es muy difícil que dos individuos prominentes puedan vivir [en paz] en una misma ciudad." Dijo Reb Noson: "El rabí Aarón y yo podemos vivir juntos en el mismo lugar" (*Siaj Sarfei Kodesh* I-612). El rabí Aarón era el Rav, la autoridad halájica en Breslov. El mismo Rebe Najmán le demostraba un gran respeto y honor. En cuanto a Reb Noson, su grandeza y brillo se manifestaban en sus inigualables escritos. Aun así, estas dos personas prominentes podían convivir en paz en el mismo pueblo. ¿Por qué? Porque ambos eran modestos. Ninguno estaba celoso del otro y no existía competencia alguna entre ellos. Más bien, su intención era servir a Dios y en esto se ayudaban y complementaban mutuamente.

La Calumnia. Este es otro de los obstáculos serios para el mantenimiento de la paz. El Talmud considera a la calumnia como al peor de los pecados (*Erjin* 15b) y es bien sabido que la calumnia, más que las guerras, ha sido la responsable de la destrucción de muchísimas vidas. Calumniar a algo o a alguien bueno tiene el poder de disuadir y desanimar a cualquiera, sin importar cuán comprometido pueda estar en ello. La difamación de la persona puede llevar a que los mejores amigos se conviertan en los más terribles enemigos. Enseña el Rebe Najmán, en relación al pasaje talmúdico antes citado: Cuando una persona calumnia a otra el Santo, bendito sea, Le dice a los ángeles del Infierno: "Yo lo juzgaré desde Arriba y ustedes desde abajo" (The Aleph-Bet Book, Slander A: 1). De hecho, esa persona no encontrará paz ni en su cuerpo ni en su espíritu.

En general, la calumnia puede dividirse en dos categorías: la difamación respecto de Dios y de todo aquello relacionado con el acercamiento a El y la difamación de nuestros congéneres.

Difamar a Dios. La gente puede llegar a ser una traba en el servicio a Dios. Y en verdad, una traba mucho más importante aún que el mismo Malo Instinto (Rabbi Nachman's Wisdom #80). Algunas personas suelen difamar a Dios. Hablan mal de la Torá y de las mitzvot y ocultan así la luz de Dios y del Judaísmo. Si usted viviera solo, sin la influencia de los demás, es posible que tuviera que enfrentarse a todo tipo de problemas y preocupaciones, confusiones y frustraciones, pero al final, las cosas terminarían bien. Esto se torna más difícil cuando son los demás el motivo de la confusión y frustración. Ridiculizar y burlarse de todo lo sagrado, puede llegar a ser algo contagioso. Y las confusas dudas que resultan de esas ideas pueden disuadirlo con facilidad de intentar servir a Dios (Rabbi Nachman's Wisdom #81).

A veces el problema es más complejo, pues aquél que difama a Dios y a la Torá es alguien que aparenta ser una persona temerosa de Dios. Tal individuo, que se viste y habla como un Judío religioso y devoto, pero cuyas opiniones y consejos desaniman a la gente, alejándolas del camino correcto, puede constituir un serio impedimento para aquél que verdaderamente desea servir a Dios. Confiamos en que él sabe de lo que está hablando y por lo tanto, lo tomamos más en serio. En verdad, ese es el peor difamador de Dios y de la Torá, pues tiene el poder de alejar a aquellos que confían en él para guiarlos en su búsqueda de la santidad (Rabbi Nachman's Wisdom #81).

El responsable de este tipo de difamación se dedica a enseñar toda clase de falsas interpretaciones respecto de nuestra santa Torá. Esas falsas interpretaciones dan la impresión de estar enraizadas en la Torá y de conformar la voluntad de Dios y por lo tanto parecen expresar y representar al verdadero Judaísmo. ¡Dios no lo permita! Estos puntos de vista constituyen una difamación respecto de la Torá. Basándose en filosofías e ideologías ajenas a la Torá o al menos no enraizadas en ella, suelen difamar a los grandes Sabios del Talmud y criticar a todo aquél que permanece fiel a sus enseñanzas. Estas interpretaciones sofisticadas son aceptadas y apoyadas por aquellas personas que desconocen el Talmud y las posiciones rabínicas respecto de la Ley Oral e impiden que la gente descubra lo que Dios y la Torá quieren decir en verdad. (Es posible que uno desarrolle ideas nuevas respecto de la Torá, tal como lo hemos explicado en el capítulo relativo a la Torá. Pero, estas ideas deben estar enraizadas en las fuentes tradicionales.) Este tipo de difamación abre una gran brecha entre Dios y los Judíos.

La destrucción del Santo Templo fue la peor desgracia que le ocurriera al pueblo Judío. Aunque hubo motivos coyunturales responsables de la destrucción de la Casa de Dios, esa desgracia ya fue determinada y grabada en la historia unos mil años antes. El motivo: la difamación de la Tierra de Israel por parte de los espías enviados a la Tierra Santa. Al retornar de su misión, su informe generó el desconsuelo y el llanto de los Judíos frente a su destino. En lugar de alegrarse con la buena fortuna que Dios les estaba por otorgar, fueron disuadidos de entrar a la tierra. Dios dijo: "Ustedes lloraron sin motivo. Vendrá un tiempo [en este día de Tisha b'Av] en que tendrán buenas razones para llorar" (Taanit 29a). Si los espías no hubiesen hablado en contra de la Tierra Santa, los Judíos habrían entrado al lugar de su herencia, sin dudarlo. Y de esta manera fueron la calumnia y el conflicto los responsables de la destrucción del Santo Templo (Likutey Halajot, Netilat Iadaim Li'Seuda 6:74).

¿Cómo es posible evitar y no difundir la calumnia? Enseña el Rebe Najmán: "La verdad salva de la calumnia" (The Aleph-Bet Book, Slander A:9). Es necesario buscar la verdad con honestidad. Estudie la Torá y fíjese qué es lo que ella enseña. Descubra qué es lo que significan en verdad las mitzvot. Encuentre la naturaleza y profundidad de nuestra verdadera relación con Dios. Este conocimiento le traerá paz, con Dios y con usted mismo. Enseñó también el Rebe: "Buscar la verdad genera paz" (The Aleph-Bet Book, Peace A:6).

Difamar al Hombre. El segundo tipo de calumnia lo constituye el hablar en contra de nuestros congéneres. Uno dice una palabra. No lleva más de un minuto y a veces menos. Antes que uno se dé cuenta la apreciación está fuera y *nunca* podrá recuperarla. Si algo es dicho respecto de alguien, aunque lo sea sin mala intención, el daño ya estará hecho y, a veces, puede llegar a ser fatal. El calumniador puede lograr separar a dos personas que de otra manera bien podrían estar en paz entre ellas. Arruina su acuerdo y tranquilidad. Destruye también su propia paz; quizás para siempre.

Bueno, casi para siempre. El Zohar (III:47a) afirma: "El pecado de la calumnia es tan severo que no existe arrepentimiento para él." Aunque esta opinión es reconsiderada más adelante en el mismo Zohar, ella nos muestra cuán seriamente debemos tomar esta prohibición.Y el Talmud avanza más al respecto: "La calumnia separa al hombre del hombre, al esposo de la esposa. Es como si el calumniador apartara a los Judíos de Dios; lo mismo que la idolatría" (Erjin 15). El Rebe Najmán relaciona esto al hecho de que la persona que calumnia y difama destruye la posibilidad de la paz, tanto individual como universal (Likutey Moharan I, 14:12).

Enseña el Rebe Najmán: La calumnia deriva de la imaginación, de la habilidad de fantasear. Tanto los hombres como los animales poseen esta facultad (aunque en diferentes manifestaciones). Pero el hombre fue creado para elevarse por sobre la imaginación y obtener conocimiento e inteligencia. Y cuanto más se calumnia, más se desciende hacia la fantasía (*Likutey Moharan* I, 54:5).

La gente suele juzgar a los demás de manera perentoria y de acuerdo a su accionar y sin considerar sus motivaciones reales. El calumniador sólo supone cual sería el motivo que hace que la persona se comporte de la manera en que lo hace. Pero no lo *sabe* con certeza. Lo juzga con la presunción y con el poder de la imaginación y no de acuerdo a la realidad. ¡Calumnia para satisfacer su propia imaginación! De esta manera, el calumniador se asemeja al animal. Imagina algo, a partir de las acciones de la persona, algo que muy probablemente nunca existió.

El primer paso para cuidar la lengua es el estudio de las leyes de *lashon hara* (la calumnia). Y sin duda, el *Jofetz Jaim*, del Rabí Israel Meir Kagan (1840-1933) es la obra más idónea al respecto (existe una traducción al inglés, *Guard Your Tongue*, realizada por Rabí Zelig Pliskin).

Un segundo paso lo constituye el trabajo para lograr humildad (*Likutey Moharan* I, 197). Si uno se ve a sí mismo como alguien insignificante no estará entonces tan propenso a criticar y calumniar a los demás. Decía mi Rosh Yeshiva, al hablar sobre la calumnia: "La persona que está ocupada pensando en sí misma no tendrá tiempo para pensar en los demás." Lo que quería decir, simplemente, es que cuando la persona piensa sobre sí misma, sobre cuán distante está de perfeccionar su personalidad, de mejorar y de adquirir buenas cualidades, no perderá su tiempo y esfuerzo tratando de minimizar y deshonrar a los demás.

Un tercer paso, lo constituye, naturalmente, la plegaria. Practique mucho el *hitbodedut*, pidiéndole a Dios que le evite tener que enfrentar situaciones donde se esté calumniando a alguien. Si se encuentra con una persona o entre un grupo de personas que hablan de manera difamatoria, diga rápidamente: "¡Dios! ¡Por favor, sálvame de la calumnia!" y trate de salir rápidamente de esa situación. Si no puede, decídase firmemente a no creer en la calumnia que le están contando.

Dijo Reb Avraham Jazan: "La boca de la persona es como una rueda de molino. Mientras se la mantiene moliendo, ella produce qué comer. Mantén tu boca moliendo, mantenla diciendo palabras de Torá e *hitbodedut*. ¡Mueve tus labios! ¡Mueve tus labios! (*Rabí Eliahu Jaim Rosen*). El poder de la palabra es un regalo que Dios otorgó exclusivamente al hombre. Debemos utilizarlo de manera positiva. Tome la determinación de no utilizarla nunca para el mal. Huya de la calumnia. No la diga. No la repita. Ni siquiera la escuche. No tenga ninguna relación con ella, en absoluto.

Orgullo e Ira. "Cuando las cosas no suceden de acuerdo a lo planeado, esto es señal de orgullo y arrogancia (*Likutey Moharan* II, 82).

Es natural que hagamos planes. Hacemos un programa para el día de hoy, diseñamos nuestro mañana y realizamos proyectos completos para nuestro futuro. Pero, como bien sabemos, las cosas no siempre suceden como las planeamos, programamos o proyectamos. Y en verdad no siempre las calabazas se transforman en carrozas reales. A veces nuestros planes salen tal cual los pensamos, tal como esperábamos que sucedieran. Pero por lo general, parece como si la Vida no se tomara la molestia de leer nuestros guiones. Nuestras ideas se trastruecan, nuestros sueños se vuelven pesadillas y nuestras esperanzas se destrozan. ¿Y qué hay de nuestros planes entonces?

Cuando las cosas salen tal como las programamos decimos que todo está *k'seider*. Y cuando no, lo llamamos *shelo k'seider*. La palabra *seder*, significa literalmente orden. ¿Están las cosas ordenadas y funcionando de acuerdo con mi voluntad? ¿O están fuera del orden previsto y van contra mi voluntad? Pero, ¡un momento! ¿Quién es, en todo caso, el que hace que las cosas sucedan? ¿Quién es el que determina cómo deberán o no suceder las cosas?

Existe la voluntad de Dios. Y también está mi voluntad. Ambas deberían coincidir, pero esto no siempre es así. ¿Qué sucede entonces? Cuando yo deseo algo y Dios desea alguna otra cosa, no cabe la menor duda que será la voluntad de Dios la que prevalezca. Es El quien hace que las cosas sucedan y es Su voluntad la que determina cómo sucederán. Entonces, la pregunta más lógica debería ser: "¿Cómo puedo yo aceptar esto que ocurre?" o al menos: "¿Puedo llegar a aceptarlo? ¿Puedo aceptar que es Dios quién Me creó y Quien conoce los senderos y la dirección, los planes, programas y proyectos que mi vida debe seguir?" ¿Puedo decir que ésto proviene de Dios, que es Su voluntad y que haré lo mejor que pueda, dada la presente situación? ¿O por el contrario, rechazo lo que sucede, niego que esto sea lo que yo quiero y busco maneras para cambiar aquello que ha sucedido en contra de mi voluntad?

La manera como decida enfrentar lo que suceda cuando mi voluntad y la voluntad de Dios no coincidan perfectamente, influirá en cómo viva mi vida. Esto estará íntimamente relacionado con la paz que tenga conmigo mismo y con el mundo. Explica el Rebe Najmán que nuestra aceptación o nuestro rechazo de la voluntad de Dios están relacionados con el concepto de "*ani emloj*" (Yo gobierno). Si acepto la voluntad de Dios, entonces, sea lo que fuere aquello que suceda, tanto positivo como negativo, siempre estará de acuerdo con mi voluntad. Buscando la Divinidad en todo aquello que sucede, acepto que todo lo que me ocurre es voluntad de Dios y que por lo tanto está *k'seider*. ¡Dios gobierna! Pero si no acepto lo que sucede como voluntad de Dios, si no busco la Divinidad en todas las cosas, entonces siempre habrá cosas que sucedan en contra de mi voluntad. Veré todo como *shelo k'seider* y trataré de cambiarlo. ¡Yo gobierno! (*Likutey Moharan* II, 82).

El deseo de aquellos que no aceptan la voluntad de Dios sino que buscan cambiar las cosas es un epítome de la arrogancia y del orgullo, lo que constituye un cuarto impedimento para el logro de la paz. Cuando la persona es arrogante, Dios se aleja de ella. Como enseñan nuestros Sabios: "Dios le dice al arrogante: '¡El y Yo no podemos vivir juntos en el mismo mundo!'" (*Sota* 5a). En otras palabras, Dios lo abandona a sus propias elucubraciones y deja que resuelva por sí mismo sus propios problemas. ¿Y qué sucede entonces? Muy simple; su arrogancia lo lleva a la frustración; su frustración lo arrastra a la ira y la ira destruye su paz.

Todo anda muy bien hasta que la persona de la clase "Yo gobierno" encuentra una oposición a sus planes. Es algo *shelo k'seider*, y su arrogancia no le permitirá aceptar que proviene de Dios. Ahora sí que tendrá que encontrar una solución, pues Dios lo ha dejado para que resuelva solo sus propios problemas. Buscará una salida y planeará un nuevo accionar creyendo que aún controla su propio destino. Pero, tal como le ha sucedido a todos los hombres desde que el Primer Hombre trató de solucionar sus problemas en la vida excluyendo a Dios, pronto descubrirá que no importa cuántos planes, programas y proyectos haya realizado, las cosas seguirán yendo contra su voluntad, *shelo k'seider*. Y muy pronto ésto lo llevará a sentirse frustrado. Se preguntará cómo es que no puede triunfar, cómo es posible que las cosas no le salgan bien. Y de manera inevitable su frustración le hará perder la paciencia y llegará a encolerizarse con aquello que considera su propia ineptitud. Una pregunta: "¿Puede un hombre así vivir en paz? ¿Podrá alguna vez estar en paz consigo mismo?"

Esto nos da una idea de cómo el orgullo y su asociado, la ira, constituyen un obstáculo para la paz. Si usted verdaderamente cree que todo proviene de Dios, nunca se sentirá turbado. Aceptará cualquier situación, cualquier interrupción inesperada en su rutina diaria o en sus planes de largo plazo y aprovechará lo mejor de ello. Así, al menos, podrá controlar sus emociones sin llegar a sentirse frustrado con usted mismo o desquitándose con algún otro. No sucede lo mismo con la persona arrogante. Ella piensa que controla todo. Entonces, cuando algo sucede contra su voluntad, esto la desequilibra. Se encoleriza. El *shelo k'seider* le demuestra que no controla su vida y esto la trastorna. Cada *shelo k'seider* es otro recordatorio más de su falta de control y otra prueba de su derrota. ¿Y cómo puede llegar a compensar esto? ¿Qué puede hacer? Arroja su frustración hacia los demás. Ellos sufren entonces. Le grita a su esposa, a sus hijos o a su socio, a sus amigos, vecinos, a todas las cosas que no funcionan como él lo espera. Una pregunta: "¿Puede un hombre así saber qué es la paz? ¿Podrá alguna vez estar en paz con los demás?"

Obviamente, la humildad es la clave para anular la propia arrogancia. Y es también una solución para la ira. Si me considero alejado y distante de Dios, ¿de qué podré enojarme? ¿De un *shelo k'seider*? ¿De que los demás no me escuchan? ¿De no triunfar? Y en última instancia, ¿qué soy yo?

Es importante comprender, al mismo tiempo, qué es la humildad y más precisamente, qué no lo es. Enseña el Rebe Najmán: Mira cuán duro trabajamos para obtener *mojin degadlut* (una conciencia expandida de Dios). Entonces, debido a que creemos que la humildad requiere que nos consideremos como nada, descendemos a *katnut* (conciencia restringida de Dios) y a la insignificancia (*Likutey Moharan II, 22*). La humildad no significa caminar con la cabeza gacha, sintiéndose deprimido y rechazado. Ni verse a sí mismo como pequeño y sin valor. La única manera de alcanzar la verdadera humildad es orar a Dios pidiéndole su guía para descubrir qué es la verdadera humildad (*Likutey Moharan* II, 72). Básicamente, la humildad es reconocer nuestra insignificancia frente a Dios. Esto lleva a la modestia que entonces impregna nuestra relación con la gente. Mucho más puede decirse y nada más también, pues las situaciones individuales y particulares que gobiernan la verdadera naturaleza de la humildad son infinitas. Como dice el Rebe, sólo la plegaria nos llevará allí.

Y por supuesto que la plegaria ayuda. Debemos pedirle a Dios que nos otorgue el poder de controlar nuestra arrogancia e ira. Pedirle siempre ser conscientes de que "¡El gobierna!" De hecho, la misma plegaria es una señal de aceptación. Cuando oramos aceptamos *Su* control sobre *todos* nuestros planes, programas y proyectos. Es una prueba de que en alguna medida reconocemos que El está controlando el *seder* y que rechazamos nuestra arrogancia. ¡¿Qué otro motivo tendríamos para orarle?!

* * *

DOS CLASES DE PAZ

Enseña el Rebe Najmán: "Existen dos clases de paz. Está la paz interior, la paz en los huesos de uno. Y está la paz universal, la paz que prevalece cuando el mundo se ilumina con la Gloria de Dios (*Likutey Moharan* I, 14:2,8).

Ahora que hemos destacado algunos de los rasgos de la personalidad que impiden la armonía y que hemos enumerado algunas sugerencias para poder superarlos, es tiempo de buscar aquello que el Rebe Najmán indica que es la naturaleza misma del objetivo: la precisa naturaleza de la paz.

Enseña el Rebe Najmán: El mundo entero está lleno de conflictos. Existen las guerras entre naciones; batallas entre estados y regiones. Peleas entre familias; conflictos entre vecinos. Cuestionamientos entre esposo y esposa; disputas entre padres e hijos; discordias en el mismo hogar. Y nadie le presta atención a la finalidad de la vida. La persona muere un poco cada día. Pues ese día, una vez que pasa, ya nunca volverá a ser. Una vez que se pierde, que se ha ido para siempre, nunca retornará. De esta manera, cada día nos acerca un poco más hacia la muerte... ¡Debes saber! Todo es una sola cosa. El hombre es un microcosmos, un mundo en miniatura. Su personalidad, con todas sus complejas estructuras de comportamiento, equivale a todas las diferentes naciones y facciones del mundo. Debido a ésto, todas las guerras, conflictos y discusiones que tienen lugar en el macrocosmos se reflejan en su vida cotidiana, y en su mismo ser... Así como existen naciones que desean ser neutrales pero que son arrastradas hacia el conflicto, de la misma manera hay veces en que el hombre trata de detener el conflicto en su interior pero no lo logra (Rabbi Nachman's Wisdom #77).

Podemos llegar a comprender lo positivo a partir de lo negativo. De este análisis que hace el Rebe respecto a la ausencia de paz, podemos inferir la naturaleza misma de la paz, cuando ésta se manifiesta, y la naturaleza de la paz que debemos buscar. El Rebe Najmán nos dice que la naturaleza de la paz es una sola. La paz del mundo, la paz universal, está totalmente imbricada con la paz individual, con la paz interior. Un hombre sin paz es un mundo en guerra; un mundo en armonía es un hombre en paz.

Paz interior. El Rebe Najmán nos dice que la paz interior es aquella que uno conoce en los propios huesos. "Huesos", en un sentido literal, se refiere al cuerpo. Paz interior implica salud, un equilibrio entre los componentes esenciales de la corporeidad, conocidos como los Cuatro Elementos (fuego, aire, agua, tierra). La enfermedad, por otro lado, es un síntoma revelador de un conflicto interno y un desequilibrio. Los "ingredientes" del cuerpo se hallan en guerra y la enfermedad prevalece. El término "cuerpo" también se aplica a la salud mental. La falta de paz interior indica la ausencia de paz mental. Los pensamientos y los consejos se encuentran disociados y las decisiones son inciertas y antagónicas. La mente está en guerra. Y prevalece el *des-a-sosiego* (ver Likutey Moharan I, 4:8, 14:8).

"Huesos" también significa esencia: la paz interior es aquella que usted conoce en su esencia. Es la paz entre el deseo de su alma por servir a Dios y el deseo de su cuerpo de servirse a sí mismo. Si el cuerpo gobierna sobre el alma no hay posibilidad alguna de llegar a la paz pues el cuerpo siempre desea, siempre quiere algo: dinero, sexualidad, comida, honores, etc. El alma, por otro lado, es espiritual. Su deseo es únicamente espiritual. La persona inmersa en los deseos y pasiones mundanas no está en paz y nunca lo estará. Siempre buscará satisfacer aquello que no puede ser satisfecho. Para lograr la paz interior, la paz en los "huesos" de nuestra esencia, es el alma quien debe gobernar al cuerpo (*Likutey Moharan* I, 14:9)

La paz interior es un tranquilo sentimiento de confianza dentro de uno. Sin ansiedades ni preocupaciones extremas, más bien con la seguridad interior de ser capaces de enfrentar lo que suceda. Y ésto surge de la paz entre el alma y el cuerpo. El cuerpo se halla en sintonía con el alma y la obedece (*Parparaot LeJojma, Likutey Moharan* I, 14).

Paz universal. Toda persona debe decir: "¡El mundo fue creado para mí!" (*Sanedrín* 37a). Y dado que el mundo fue creado para mí, nos dice el Rebe Najmán, yo soy responsable del mundo. Debo buscar siempre la manera de mejorarlo y hacer de él un lugar mejor para vivir (*Likutey Moharan* I, 5:1). ¿Y qué mejor manera de rectificar al mundo que llenarlo con la bendición que trae bendiciones, con la paz? Es decir, con la Paz Universal, la paz que prevalece cuando el mundo se halla iluminado con la gloria de Dios.

Enseña el Rebe Najmán: Al difundirse la paz, todo el mundo puede ser llevado a servir a Dios de común acuerdo. Cuando los hombres están en paz pueden dedicarse a dialogar abierta y honestamente. Pueden pensar en conjunto respecto a la finalidad del mundo y sobre todas sus vanidades. Al conversar entre ellos sobre las realidades de la vida... abandonarán sus ilusiones y sus ídolos de plata y aspirarán solamente a Dios y a Su Torá. Su único objetivo será servir a Dios y buscar la verdad (ver *Likutey Moharan* I, 27:1; *Advice, Peace* 4).

Escribe Reb Noson: El motivo esencial de la creación fue la gloria de Dios. ¿Qué es Su gloria? Es el cumplimiento de Su voluntad por todo aquello que Él creó. Y de manera particular, es cuando el hombre, por libre elección, cumple con la voluntad de Dios... Dios creó al mundo con una inmensa cantidad de diferencias y diversidades. El papel del hombre consiste en armonizarlas y unificarlas. Su tarea es crear la armonía y la paz en el tiempo: entre el día y la noche, entre las estaciones, los años, las décadas y la vida; armonía y paz entre los lugares: entre los climas cálidos y fríos, entre las montañas y los valles, entre la tierra fértil y el páramo. Y debe crear la armonía y la paz también entre todas las formas de la creación: entre el hombre y el animal, entre el animal y los vegetales, etc; y en especial entre las diferencias y diversidades existentes en la humanidad misma. Sólo con la paz y la armonía y con la intención de unificarlas podrán superarse estas diferencias. Al buscar la verdad, al Dios Unico y al cumplir con Su voluntad, se iluminará al mundo con la gloria de Dios. Cuando esta iluminación se complete todas las diferentes partes de la Creación se armonizarán (*Likutey Halajot, Birjot HaRiah* 4:2-4). Entonces, la paz universal reinará en el mundo.

LOGRANDO LA PAZ

Ahora que sabemos qué cosas debemos evitar en nuestra búsqueda de la paz y también qué es la paz, nos queda aún una pregunta por responder: ¿Cómo podemos alcanzarla?

Torá y plegaria. Enseña el Rebe Najmán: ¿Cómo podemos estar en paz con las cosas que nos suceden, tanto buenas como malas? Mediante la Torá que es llamada shalom (*Likutey Moharan* I, 33:1). La Torá es llamada paz. Ella trae la paz. La mejor solución para aquella persona que no posee paz interior, cuyos pensamientos están siempre divididos, cuyas decisiones son siempre inciertas y dubitativas y cuya mente se encuentra en guerra constante, es estudiar la Torá y, en especial, los códigos legales. Así como cada persona experimenta situaciones conflictivas consigo misma y con su familia y amigos, de la misma manera existen discrepancias en el seno de la Ley Oral. Trabajando para llegar a clarificar la ley, para hacer la paz entre las diferentes opiniones, uno se apega a la paz de la santidad. Y esto ayuda a resolver los propios conflictos interiores (*Likutey Moharan* I, 62:2). De la misma manera en que las disputas de la Torá se solucionan basándose en principios tales como el compromiso y la búsqueda de la verdad dentro de los textos, también los conflictos personales pueden resolverse mediante la práctica de este mismo código de conducta en la vida.

Por otro lado, la Torá genera la paz, en especial la paz interior, manteniendo a aquellos que se ocupan de su estudio alejados del bombardeo de los medios de comunicación masiva. Los periódicos, la radio y la televisión con sus informaciones sobre los mercados, los accidentes, la violencia, la guerra y las traiciones (y adulaciones) políticas, ayudan bastante a sumar una buena cuota de inquietud y confusión en el café del desayuno. Suelen llegar justo a tiempo para arruinar lo que parecía ser el comienzo de un hermoso y tranquilo día. Y lo mismo cuando estamos dispuestos a dormir un apacible sueño. ¡Cuánto más pacífica es la lectura de algunas páginas del Jumash o de la Mishná, y el recitar algunos Salmos al comenzar la mañana.

Por sobre todas las cosas, es posible alcanzar la paz pidiendo y orando por ella. Así como durante el *hitbodedut* usted le pide a Dios que lo aleje de los obstáculos que impiden la paz, que lo aleje de todo lo negativo, pídale también por lo positivo. "Por favor, Dios, permíteme encontrar la paz interior. Permite que esté en paz conmigo mismo, con mi familia y con todos aquellos que conozco. Y que el mundo entero, con todas sus diferencias y distinciones, alcance la paz universal." Recuerde también que ésto lleva tiempo. Deberá tener una gran paciencia con el trabajo de la búsqueda de la paz interior. Y deberá creer, no importa lo que suceda, que cada plegaria suya acerca al mundo a la paz universal.

Diálogo y verdad. Como hemos visto, la paz es la cooperación mutua entre las diferentes partes dentro de una unidad. Esta unidad puede ser pequeña o grande. Para que exista la paz debe haber un diálogo y una relación entre los componentes conflictivos de la personalidad, entre el esposo y la esposa, entre padres e hijos, entre vecinos, socios, etc. Una paz más amplia aún requiere el diálogo y la relación entre los miembros de una sinagoga, del vecindario y de la ciudad. Llevado aún más lejos, hay una paz mayor cuando existe el diálogo y la cooperación entre las diferentes facciones de una nación y entre los diversos grupos étnicos y países. La paz última, la paz universal, sólo llegará como resultado de un diálogo y cooperación cuyo sabor no ha sido probado aún en nuestro mundo.

Escribe Reb Noson: Cuando existen conflictos entre las personas, éstas no se abren unas frente a otras. Esto les impide hablarse mutuamente y acercarse así a la verdad. Y aunque llegasen a hablar, su preocupación sería ganar la controversia, lo que significa que ninguna de las dos partes están abiertas a las palabras del otro (Advice, Peace 8).

No puede haber una paz real sin diálogo. Y sin una paz real no puede haber un diálogo honesto. ¿Dónde se comienza entonces? Si desea la paz y no sabe como lograrla, comience con un diálogo en busca de la verdad. El *hitbodedut* es este diálogo con usted mismo. Con otra persona este diálogo debe encaminarse hacia la búsqueda de la verdad, aunque aún no sea honesto debido a la falta de paz. Asegúrese que pueda diferenciar entre la paz y una tregua. Una tregua es un acuerdo mutuo entre dos bandos contrarios dirigido a cesar las hostilidades, mientras que la paz es armonía. La paz implica comprender que ambas partes vienen a dialogar en igualdad de condiciones. No es necesario que ambas partes sean iguales, pero cada una debe considerar el deseo de verdad de la otra como idéntico al suyo propio. Ninguna de las dos buscará dominar a la otra, sino que trabajarán en conjunto en la búsqueda de la paz y de la verdad.

*

Silencio. Encontramos en el Santo Zohar: "Decía el Rey David, 'Dios salva al hombre y a la bestia' (Salmos 36:7). ¿Es que se establece aquí una conexión entre el hombre y la bestia? Sí. Esto se refiere a un hombre, a un hombre sabio, que aunque sea avergonzado, guarda silencio. ¿Por qué? Al sujetar su lengua, aunque se sienta herido por la insensibilidad del otro, se encuentra entonces mudo como una bestia que no puede hablar. Este es el más sabio de todos los comportamientos, pues él sabe cómo triunfar en la vida. Y sobre todo, conoce cómo mantener la paz" (Zohar III:91a).

En el mismo sentido enseña el Rebe Najmán: La esencia del arrepentimiento es cuando una persona escucha que la insultan y pese a ello permanece en silencio. El escucha cómo lo ridiculizan y sin embargo no responde a ello. Esto indica que no le importa la afrenta a su honor (*Likutey Moharan* I, 6:2). Y el resultado de esto, tal como continúa explicando el Rebe, es la obtención de la paz. Cuando uno puede guardar silencio pese a ser avergonzado llegará a ver entonces que sus enemigos, tanto internos como externos, serán totalmente eliminados. Podrá entonces alcanzar ambas, la paz interior y la paz universal [aunque algo modificada].

Reb Isroel Abba Rosenfeld (1882-1947) se preocupaba mucho de que reinase la paz entre sus hijos. En su testamento expresó su deseo de que todos pasaran por alto los errores de los demás. Estas eran sus palabras: "*zohl mein's ibber gein* [Guarden silencio. Perdonen y pasen por alto todo aquello que pueda llevar al conflicto dentro de la familia, aunque pierdan algo con ello]" (*Rabí Zvi Aryeh Rosenfeld*).

Pero lo importante es observar que el guardar silencio esté motivado por el arrepentimiento, es decir, reconocer que el insulto y la indignidad provienen del Cielo y aceptarlas como tal. A veces la persona permanece silenciosa pues no sabe qué contestar y teme empeorar las cosas. O quizás su silencio esconda alguna otra cosa. Y peor aún es el silencio de alguien que sabe que la persona que lo ha insultado espera una respuesta y que con su actitud no le dará esa satisfacción. En todos estos casos el silencio no tiene recompensa (*Likutey Moharan* I, 82). Y la razón es muy simple. El silencio considerado como respuesta o con un motivo ulterior deja a la persona airada y en búsqueda de venganza. Ese silencio no trae la paz. Sólo el silencio motivado por el arrepentimiento es el que genera la paz.

* * *

DIFUNDIENDO LA PAZ

El verdadero significado de la paz es la unión de dos opuestos. Por lo tanto no se asombre si se encuentra con alguien que sea el exacto opuesto suyo. No se atormente porque los puntos de vista de esa persona sean diametralmente opuestos a los suyos. No piense que nunca podrán vivir amistosamente. De manera similar, si observa dos personas con personalidades completamente opuestas, no piense tampoco que la paz entre ellas sea algo imposible. ¡Todo lo contrario! La paz perfecta sólo se logra haciendo la paz entre los opuestos, tal como Dios hace la paz en Sus altos lugares entre el Fuego y el Agua, que son dos opuestos en esencia (*Advice, Peace* 10).

Escribe también Reb Noson: Aarón, el Sumo Sacerdote, era la personificación de la paz. Buscaba la paz e intentaba difundir la armonía en todo Israel. Cuando una pareja tenía alguna dificultad marital, Aarón buscaba mediar entre ellos. Se acercaba al esposo y le explicaba la posición de la esposa y luego le explicaba a la esposa la posición de su esposo, hasta que lograba reunirlos nuevamente. (¡También en ese entonces existían los problemas domésticos!) Y lo mismo hacía cuando se entablaba alguna disputa entre vecinos. Fue debido a sus esfuerzos por mantener la paz, que Aarón mereció el sacerdocio para él y para sus descendientes (*Likutey Halajot, Netilat Iadaim Li'Seuda* 6:59).

Por lo tanto, no es casual que los Sabios incorporaran la Bendición Sacerdotal (Números 6:24-26) en el servicio diario, precisamente en el lugar de la plegaria de la *Amidá* donde se pide por la paz. Tampoco es casual que la misma Bendición termine con las siguientes palabras: "Pueda Dios volver su rostro hacia tí y te otorgue la PAZ" (*ibid. Avadim* 2:12).

*

Con el amanecer de cada día la paz universal parece cada vez más lejana. Pero nuestros Profetas previeron el tiempo en que la llegada de Mashíaj nos traerá la tan anhelada paz al mundo. Es nuestro deber esforzarnos y hacernos fuertes en la fe, la plegaria, la alegría y el estudio de la Torá, así como en la amistad, la bondad y la consideración. Rescatemos los puntos buenos en nosotros mismos e intensifiquemos la búsqueda de la verdad. Al hacerlo *mereceremos* la venida de Mashíaj, la reconstrucción del Templo y el retorno de los exiliados, rápido y en nuestros días. Amén.

* * *

11

NOCHE Y DIA

En el comienzo... La Tierra era caos y desolación, en la oscuridad... Dios dijo: Que haya luz... Dios llamó a la luz "Día" y a la oscuridad llamó "Noche" (Génesis 1).

La Creación. En el comienzo Dios creó los cielos y la tierra. Creó el caos, la desolación y la Oscuridad. El creó la Noche... Y El creó el Día, El creó la Luz. Esta es la historia del hombre, un microcosmos. El hombre incluye en sí a toda la creación. Todos sus actos y pensamientos reflejan, de una manera u otra, la Creación y el estado del mundo (*Rabbi Nachman's Wisdom #77*).

* * *

La oscuridad de la noche y la luz del día son mucho más que meros cambios que tienen lugar cuando el sol se pone o se levanta. Conceptualmente, la Oscuridad y la Luz se manifiestan en muchos aspectos de nuestras vidas. Todos tenemos días buenos y días oscuros. Hay épocas en que las cosas parecen andar como lo esperábamos: todo lo que hacemos resulta satisfactorio y todo lo que nos sucede nos conforma. En esos momentos el Día siempre parece corto. Pero también pasamos por épocas en las que las cosas suceden de otra manera: cuando todo lo que hacemos parece salir mal y todo lo que nos sucede nos conflictúa. Entonces, la Noche parece no tener fin. En este sucederse de las cosas estamos experimentando el proceso de la Creación, de nuestra propia creación, una y otra vez.

Cae la noche. Y entonces comienza la "creación." El Caos y la Confusión, los problemas y las dificultades asaltan a la persona. Su vida parece arrasada por la Oscuridad, una Oscuridad que se siente como eterna. Pero esta caída de la Noche es de hecho el mismo *comienzo* del Día. Es el *comienzo* de una nueva etapa en la vida. Al experimentar la caída de la Noche, junto con la Oscuridad y la Indecisión que la acompañan, debemos considerarla como una oportunidad para aprender algo nuevo, de experimentar algo diferente. El Día comienza con la Oscuridad y la depresión, pero termina con la Luz. De manera que los problemas no deben verse como casuales y azarosos ni como una excusa para la depresión. Por el contrario deben ser considerados como una oportunidad para comenzar nuevamente. Si entendemos que este problema es sólo temporario, que no es en sí más que otra etapa en la vida, podremos entonces encararlo mejor. Dios nos da la Noche con la confusión y el caos, pero no es su intención prolongarla para siempre. La Luz del Día, con su alegría y felicidad le seguirán. De hecho, sin esta Noche, el Día no podría surgir. De manera que con cada Noche, con cada nuevo problema, una nueva etapa se abre en nuestras vidas. La Creación es un volver a empezar.

La Oscuridad y la Luz también poseen su correlato en nuestros pensamientos. La "Creación," como un proceso continuo, también se produce en nuestras mentes, dado que aquello que pensamos transita siempre por períodos Diurnos y Nocturnos. Enseña el *Rebe Najmán*: El Día sugiere sabiduría y la Noche indica una falta de conocimiento (Likutey Moharan I, 1). La Oscuridad y la Noche son simbólicos de las preguntas y dudas del hombre, de su estado de confusión. La Luz y el Día simbolizan la solución y la aclaración, la superación de su caos personal.

Obviamente, todos preferimos el Día, la sabiduría y el conocimiento. ¿Quién no querría tener resueltas todas sus dudas y cuestionamientos personales? De hecho, dada la posibilidad, ¿no querríamos vernos completamente libres de los períodos de confusión y caos de la vida? Pero las cosas no funcionan de esa manera, ni en la Creación en su conjunto, ni en las creaciones particulares de nuestras vidas. "La Tierra era caos y desolación, en la oscuridad..." Primero vino la Oscuridad. Primero estuvo la Noche. Sólo después dijo Dios: "Que haya luz."

* * *

EL PODER DEL PENSAMIENTO

Más que ninguna otra cosa, son los pensamientos nuestros compañeros más constantes. No nos abandonan ni siquiera cuando dormimos. Nuestra mente, que es el lugar donde pasamos la mayor parte de nuestras vidas, experimenta una alternancia de períodos de Oscuridad y de Luz, de confusión y tranquilidad. Y lo que es más, como dice el Rebe Najmán, "allí donde está tu mente, ¡allí es donde estás tú!" (*Likutey Moharan* I, 21: final). Si su mente experimenta confusión y falta de conocimiento, eso es la Noche, no importa qué esté indicando su reloj. Usted se encuentra en la "Oscuridad." Por otro lado, si su mente está alerta y plena de claridad y conocimiento, ¿No es eso como ver la Luz del Día? De hecho, la Luz siempre estuvo asociada con la solución *creativa* de los problemas: "el bombillo eléctrico" que se enciende cuando uno tiene una idea brillante.

Sabiendo que los pensamientos forman una parte tan importante de nosotros y que determinan tanto nuestra manera de vivir la vida y, precisamente por ello, el Rebe Najmán les dedicó muchas de sus enseñanzas. El Rebe decía que: "Todo depende de tu actitud. ¿Ves la Noche como una amenaza o como un desafío creativo? ¿Te atemoriza la Oscuridad o por el contrario ella te motiva a elevarte más aún?" Considere las siguientes enseñanzas tomadas de los textos del Rebe Najmán. La primera, denominada "Noche," se centra en la lucha positiva para eliminar la Oscuridad (el mal) de sus pensamientos. La segunda, llamada "Día," muestra cómo mediante nuestros pensamientos podemos crear la Luz (el bien).

*

La noche... "Debes saber que Dios siente un enorme placer cuando logras sobreponerte al mal y a los pensamientos confusos. Esto es algo muy valioso a Sus ojos. Puede compararse a las contiendas que se realizaban en los estadios para entretener al rey. Estas luchas entre bestias eran observadas por el rey y su corte quienes disfrutaban mucho de la victoria del ganador. Lo mismo sucede con nuestros pensamientos. Nuestros pensamientos malos y confusos son como bestias impuras, mientras que los pensamientos buenos son como bestias puras. Las 'bestias' de nuestra mente son enfrentadas para luchar. Es muy agradable para Dios cuando logramos vencer a las impurezas" (*Likutey Moharan* I, 233). Enseña el Rebe Najmán: Debemos fortalecernos para superar el mal y los pensamientos confusos. Estos pensamientos llegan diariamente a la mente del hombre y la conciencia del hombre se dispone a luchar contra las fuerzas de lo inconsciente. De nada sirve sacudir nuestras cabezas pensando que quizás así lograremos eliminar los malos pensamientos. Debemos enfrentarlos, como en una batalla. Y esto se logra apelando a la estrategia de la distracción, pensando otros pensamientos, como si se estuviera llevando la batalla a otro campo. Concentrándose en otros pensamientos es posible superar la Oscuridad que nos lleva hacia las pasiones y deseos (*Likutey Moharan* I, 72). Indicó cierta vez el Rebe Najmán: "Controlar la mente es tan fácil como dirigir a un caballo. Sólo hace falta tomar las riendas" (*Likutey Moharan* II, 50).

Enseña entonces el Rebe: Es imposible que dos pensamientos ocupen la mente al mismo tiempo. Es muy fácil, si uno desea, empujar fuera los pensamientos malos. Todo lo que hay que hacer es dirigir nuestras mentes hacia la Torá, la plegaria, los negocios, lo que sea; mientras sea algo permitido. Pues es imposible que dos pensamientos ocupen nuestra mente al mismo tiempo. De esta manera, al final, los malos pensamientos desaparecerán (*Likutey Moharan* I, 233).

¿Pero es que no somos capaces de pensar varias cosas al mismo tiempo? Si... pero. Aunque varios pensamientos puedan entrar en nuestra mente al mismo tiempo, sólo uno de ellos podrá permanecer allí. El Rebe Najmán enseñó que el Malo Instinto es muy astuto. Se acerca, golpeando a la puerta de nuestra mente. Si uno lo deja pasar, entonces entra y toma el control y si uno lo rechaza se irá y al tiempo volverá a llamar nuevamente. Pero si no se abandona la batalla, al final se irá definitivamente y ya no volverá (*Likutey Moharan* II, 51). Pruebe vigilar el proceso de su pensamiento. Fíjese cómo es que un pensamiento sigue al otro y cómo uno lleva al otro. Los pensamientos llegan y se van rápidamente, muy rápidamente. Si se les presta atención permanecen, pero si no se repara en ellos y no se les da valor, son efectivamente rechazados.

Escribe Reb Noson: La "batalla de la mente" puede ser comparada con la batalla de los Judíos contra Amalek. Amalek vendría de manera sigilosa y por la retaguardia, atacando desprevenidamente en diferentes momentos. De la misma manera "Amalek" se infiltra en nuestras mentes, sembrando semillas de ateísmo, inmoralidad, etc. La Torá ordena, por lo tanto, que cada Judío debe siempre recordar la batalla con Amalek y nunca olvidarla (Deuteronomio 25: 17-19).

Más aún, Amalek (עמלק) posee el mismo valor numérico que la duda (ספק), 240. Todas las dudas que invaden nuestra mente, todas las incertidumbres sobre cómo actuar en la vida y en especial en el servicio a Dios, provienen de "Amalek." Debemos tratar constantemente de controlar nuestros pensamientos. Si aparecen estas dudas, debemos derramar nuestro corazón en la plegaria, pidiéndole a Dios que El mismo libre Su batalla con "Amalek" y las destruya (Exodo 17-16; Likutey Halajot, Minja 7:19, 30).

*

Un aspecto muy importante de la Noche y de la Oscuridad, también relacionado con nuestros pensamientos, es el concepto de hastará (lo oculto) y de hastará dentro de hastará (lo oculto dentro de lo oculto).

Enseña el Rebe Najmán: Hay veces en que nos sentimos alejados de Dios. Dios se oculta de nosotros debido a algo que hemos hecho. Nos encontramos entonces dentro de una hastará. Aunque es muy difícil encontrarlo a El en ese momento, por lo menos sabemos que debemos buscar a Dios hasta que merezcamos encontrarlo. Pero existe también un caso peor de ocultamiento, la hastará dentro de la hastará. En tal situación ni siquiera nos damos cuenta que estamos lejos de Dios. Pero mediante el estudio de la Torá obtenemos el conocimiento que nos permite despertar de nuestra hastará y de la hastará dentro de la hastará (Likutey Moharan I, 56:3).

Todos andamos por el mundo pensando que no existe ninguna

hastará en nuestras vidas, que de una manera u otra hemos encontrado a Dios, y que hemos "visto la luz." ¿Pero es así realmente? Hablamos de El. Mencionamos Su nombre. Incluso Le oramos. ¿Pero es que realmente somos *conscientes* de El? ¿Hemos realmente buscado a Dios? ¿O en realidad sólo estamos llamando a la Noche "Día"? ¿Están tan opacas nuestras mentes debido a la Oscuridad, que ni siquiera tratamos de hacer un verdadero esfuerzo por encontrarlo? Debemos traer la luz del Día, la conciencia, a nuestras vidas. Debemos despertarnos mediante el estudio de la Torá y el *hitbodedut.*

*

...el día. *"Valeetzer* y Dios creó al hombre..."* (Génesis 2:7). ¿Por qué la letra *Iud* (י) aparece dos veces en la palabra *ieetzer* (וייצר, creó), cuando en verdad era suficiente con una sola? Porque hubo dos creaciones, la de la inclinación al bien y la de la inclinación al mal *(Berajot 61a).*

Cuando Dios decidió crear el mundo, Se contrajo a sí mismo, si así pudiera decirse y creó primero el Espacio Vacío. [Es decir, Dios estaba en todas partes. No existía lugar alguno para la Creación. Por lo tanto Se restringió y contrajo a Sí mismo, como si así fuera, para crear el Espacio Vacío] Dentro de este Espacio Vacío, Dios diseñó y creó el mundo y todo lo que contiene. Toda la creación tuvo como objetivo al hombre, para que el hombre tuviese la posibilidad de elegir libremente entre el bien (la Luz) y el mal (la Oscuridad). De esta manera el Reino de Dios puede revelarse ahora para todos *(Etz Jaim 1).*

Enseña el Rebe Najmán: El hombre es un microcosmos de la misma Creación. Su mente y su corazón son la fuente de todos sus pensamientos y de todas las acciones que ejecuta. En este sentido, su mente, siendo la fuente de sus objetivos e ideas, se asemeja al Espacio Vacío. Sus pensamientos llevan las ideas hacia el corazón (la fuente de nuestras emociones) quien entonces le dicta al cuerpo lo que tiene que hacer. Así, para realizar actos buenos es necesario poseer un corazón puro. Y para tener un corazón puro y limpio es necesario tener buenos pensamientos. Y mientras que los malos pensamientos crean el mismo mal dentro de uno mismo, pensando buenos pensamientos producimos una "buena creación." Se crea entonces un corazón puro y limpio dentro del cual puede revelarse la Divinidad. Es entonces que el corazón se inflama con un gran deseo de servir a Dios. Es deber del hombre controlar este deseo y mantenerlo dentro de su posibilidad y poder para cumplir con las mitzvot, sin elevarse demasiado alto, por su propio bien (Likutey Moharan I, 49:1).

Escribe Reb Noson: La batalla entre los pensamientos buenos y malos es el principal motivo de la Creación. Los pensamientos confusos corresponden al caos y a la desolación creados en el mismo comienzo. Debemos sobreponernos a estos malos pensamientos. Y podemos hacerlo generando y concentrándonos en los pensamientos positivos y buenos y buscando siempre la manera de acercarnos a Dios. Mediante este proceso estamos, de alguna manera, recreando la misma Creación. Y todos *podemos* hacerlo. Cada día, cada uno de nosotros tiene la posibilidad de crear nuevos mundos. Cada día es único. Posee algo nuevo, fresco y diferente, que nunca antes existió. Y así, debemos buscar cada día nuevos pensamientos e ideas sobre cómo llegar y acercarnos a Dios.

Y recuerde: aunque nos encontremos abrumados por los malos pensamientos, aunque hayamos intentado infructuosamente huir de las malas ideas que caen sobre nosotros, siempre tenemos el poder de vencerlas. Pues cada día es una nueva creación, cada día trae consigo el concepto de renovación. Comience nuevamente. Una vez más, desde el principio. Si encontramos dificultades y obstáculos constantes a los buenos pensamientos, debemos entonces suplicar ante Dios para que El nos ayude. Ruegue y pídale a Dios que Se revele a nosotros y nos guíe por el sendero correcto.

La Kabalá nos enseña que Dios creó el Espacio Vacío para tener un lugar donde desarrollar la Creación. Si se piensa al respecto se verá que esto en sí mismo constituye una gran paradoja. Dios retrajo Su Divinidad, como si así fuera, pero sin Divinidad nada puede existir. Obviamente, podemos comprobar que la Creación tuvo lugar y que el mundo existe. De manera que Dios *existe* dentro del Espacio Vacío. Este Espacio Vacío puede parecer absolutamente carente y vacío, pero no lo está. De la misma manera en que si buscamos con esfuerzo podemos siempre encontrar a Dios, inclusive en el Espacio Vacío, también podemos encontrarlo incluso en el torbellino y la confusión que nos asalta en la Oscuridad de nuestras vidas.

Esto nos enseña que aunque hay cosas que no logramos comprender, paradojas inextricables, debemos fortalecernos cada día y tener buenos pensamientos. Somos tan importantes a los ojos de Dios como para ser considerados mini-creadores. A cada uno de nosotros se le han confiado estos poderes para crear. Nuestros pensamientos y nuestros deseos crean el Día, crean el bien que existe en este mundo (*Likutey Halajot, Minja 7:2*).

*

Otra forma de "crear el Día," de crear el bien, es expresar verbalmente nuestros pensamientos y deseos de santidad. No sólo debemos tener buenos pensamientos sino que también debemos enunciarlos, hablarlos y pronunciarlos, en la plegaria o por medio de la conversación.

Enseña el Rebe Najmán: Las letras [Hebreas] en la Torá no poseen vocales. Como un cuerpo sin alma, no posen movilidad. (Por ejemplo, la palabra ישו, *yshu*, puede leerse de las siguientes maneras: yOshEv, yEIshEIv, yAshAv, yAshOv, yAshUv, etc.) Sólo al colocar las vocales se le da sentido a la palabra. Y a esto alude la frase (Cantar de los Cantares 1:11): "*Nekudot hakesef*, las vocales provienen del deseo." [*Nekudot* significa vocales y *kasef* es la palabra Aramea que designa el deseo.] (*Likutey Moharan* I, 31:6-8, final; *también ibid.* 66:4).

De esto aprendemos que nuestro deseo es el que le da significado a las letras y a las palabras que pronunciamos. Si tenemos buenos deseos, nuestras palabras serán buenas y crearemos buenas combinaciones de letras y frases. Esto, a su vez, nos llevará a realizar actos buenos. Si, por el contrario, nuestros deseos están dirigidos hacia el mal, crearemos malas combinaciones y las traeremos al mundo. Debemos, por lo tanto, hablar siempre bien y siempre expresar y declarar nuestros deseos positivos. De esta manera, "creamos" una actitud positiva hacia los actos buenos y en última instancia beneficiaremos al mundo a través de la Luz que se manifiesta en la expresión de nuestros pensamientos y deseos de santidad.

* * *

LA IMAGINACION

Como hemos visto, los pensamientos constituyen nuestra compañía más cercana. Pasamos la mayor parte de nuestros días dentro de nuestras propias cabezas, con nuestras ideas, imágenes e impresiones, con nuestros proyectos y recuerdos, etc. El Rebe Najmán trata el tema del proceso del pensamiento al discutir el concepto de lo que él denomina *medamé* (מדמה). La raíz de esta palabra Hebrea, *damá* (דמה), significa parecido o semejanza y connota la comparación de una cosa con otra. Por lo tanto, la palabra *medamé* tal como la utiliza el Rebe puede traducirse como la facultad imaginante de la mente. Pero esto tampoco nos da una idea completa pues, de acuerdo al contexto, el Rebe Najmán la utiliza para significar tanto una visualización creativa como el proceso más general de la ilusión (דמיון). *Medamé*, como vizualización creativa, es una cualidad asociada con la Luz y el Día; y *medamé* como ilusión se asocia con la Oscuridad y la Noche.

*

La imaginación como ilusión. ¿Quién no ha dejado a su imaginación correr salvajemente, alguna vez en su vida? Cuando permitimos que esto suceda, todos nuestros pensamientos se ven atacados por la confusión y el caos y nuestras mentes ven el mundo y lo que sucede bajo el aspecto de la Noche. Tomemos como ejemplo el momento en que permitimos que nuestra imaginación se concentre en algo que tememos. Enseña el Rebe Najmán: La mayor parte de las cosas que la gente teme, no pueden de hecho hacerle ningún daño. Es posible incluso que sepamos conscientemente que esto es así, pero estas son fobias que no podemos superar (*Rabbi Nachman's Wisdom* #83). ¿Cuantos de nosotros pasamos nuestro tiempo con la inquietud y el temor provenientes de algún peligro imaginario? Decimos cosas como: "Todo el mundo está oscuro," y realmente pensamos que lo está, pues nos hemos imaginado lo peor y nos hemos convencido de su realidad. La Oscuridad de la ilusión ha cubierto la Luz y ha cerrado nuestras mentes a la sabiduría y a la comprensión que normalmente nos deberían ayudar a salir de esa situación e incluso a resolverla. Debemos hacer lo posible por escapar de tal ansiedad y de la consiguiente depresión, pues ella constituye el peor estado mental.

Y no es solamente mediante las ilusiones y las fobias que la ilusión logra confundir nuestras vidas. Dijo el Rebe Najmán, luego de una lección en la que hacía referencia a los deseos y a la inclinación al mal definiéndolos como ilusorios y comparables a los sueños: "Le daremos un nuevo nombre al Malo. De ahora en adelante lo llamaremos Imaginación" (*Likutey Moharan* I, 25, final).

Todos imaginamos que somos diferentes a como somos en realidad: podemos pensar que somos indispensables y esto nos llevará a la arrogancia y al conflicto; podemos creer que nuestra vida familiar está muy bien cuando en realidad hay algo que se está desmoronando frente a nuestros propios ojos; nos engañamos pensando que hemos logrado o alcanzado, la seguridad financiera, algo que de hecho es virtualmente imposible. Y a veces incluso llegamos a crear ilusiones respecto a nuestros logros espirituales y religiosos. ¿Somos tan devotos y dedicados a Dios y a ser buenas personas como creemos y querríamos que los otros creyesen? Cuando hacemos lo que hacemos, ¿somos fieles al Judaísmo? Nuestros antepasados ofrecieron el supremo sacrificio, el de sus propias vidas, por mantenerse fieles a nuestra fe. ¿Seríamos capaces de hacer lo mismo?

Este es el lado ilusorio de nuestra imaginación, al que el Rebe Najmán denomina el Malo. Es el *medamé* del cual debemos escapar. Como dijo el Rebe Najmán: El mundo te engaña. Acepta esta afirmación de mi parte. ¡No te dejes engañar! (*Rabbi Nachman's Wisdom* #51).

*

La imaginación como visualización creativa. Pero existe también otra faceta de la imaginación, la que en lugar de engañarnos y llevarnos hacia la Oscuridad, trae Luz, sabiduría y comprensión a nuestras mentes. Esta es la cualidad de la imaginación mediante la cual podemos transformar nuestras más oscuras Noches en el Día más luminoso; es *medamé* como visualización creativa. Nuestros Sabios nos dicen que cuando Iosef fue siervo en Egipto y la esposa de su amo intentó seducirlo, él tuvo una visión de la imagen de su padre que lo salvó de esa situación (*Sota* 36b). El Rebe Najmán comenta al respecto: Es un misterio muy profundo el mecanismo por el cual una imagen se le aparece a la persona (*Likutey Moharan* I, 150).

De hecho, el mismo Rebe Najmán hacía un uso intensivo de este *medamé*. Contó muchas historias, reveló numerosos sueños, visiones e ideas novedosas, las que muestran a las claras una prolífica imaginación, desafiando incluso a las mentes más creativas. E inspiró a sus Jasidim para hacer lo mismo. No hay duda de que el Rebe también reconocía las características positivas de la imaginación y cómo utilizarla para nuestro beneficio.

A todo lo largo de los escritos del Rebe encontramos referencias a la imaginación. He aquí algunas sugerencias para hacer uso de sus aspectos positivos:

El pensamiento humano posee un tremendo potencial. Si concentramos nuestros pensamientos en algo e imaginamos que existe realmente, podemos de hecho forzar a que eso suceda. Para lograrlo debemos visualizar en detalle cada paso que debe darse para lograr el resultasdo deseado. Un pensamiento difuso y generalizado no logrará resultados. Pero cuando todas las facultades de la mente se concentran con intensidad en aquello que deseamos que suceda podemos ejercer una genuina influencia sobre todo tipo de cosas en el mundo (*Rabbi Nachman's Wisdom* #62).

Al estudiar Torá, imagine un plan de acción para su estudio. Imagine en su mente cómo lo seguirá, con exactitud y detalle. Visualícese haciéndolo y cumpliéndolo, hasta que finalmente llegue a realizarlo (*ibid.*).

Enseña el Rebe Najmán: Cuando estamos confusos y tristes debemos *imaginar* que estamos alegres. Es posible que muy profundamente nos sintamos abatidos, pero si actuamos de manera alegre llegaremos a alcanzar una genuina alegría (*Rabbi Nachman's Wisdom* #74).

Originar ideas novedosas dentro de la Torá es un objetivo muy deseable. Para merecer tal pensamiento innovador, el Rebe Najmán nos dice que debemos hacer uso de la imaginación, comparando ítem con ítem y pensamiento con pensamiento (*Likutey Moharan* I, 54:5,6).

*

Podemos deducir que cada aspecto del poder de nuestra imaginación que usamos para servir a Dios y para mejorarnos a nosotros mismos debe poseer una cualidad positiva. La imaginación que el Rebe Najmán denomina como el Malo, aquella que es necesario reprimir y anular, no es el poder creativo innato en cada uno de nosotros. Sino que es la imaginación ilusoria que nos lleva a engañarnos a nosotros mismos y a los demás; es el pensamiento engañoso que nos lleva a malgastar nuestras vidas.

Y es útil volver a recordar las enseñanzas del Rebe Najmán: ¡Allí donde está tu mente, allí es donde tú estás! Por lo tanto, todo depende de lo que realmente queremos. Si realmente pensamos y deseamos la Divinidad y el genuino crecimiento personal, podremos lograrlo. Si deseamos alguna otra cosa y es allí donde está nuestra mente, eso será entonces lo que logremos. Si pensamos en la Noche, será la Noche. Pero si pensamos en el Día, si pensamos en el bien, con pensamientos positivos y nos concentramos en ello, veremos como al final emergeremos hacia la Luz.

* * *

EL CICLO DE VEINTICUATRO HORAS

Así como en la vida de cada persona existen períodos Nocturnos y Diurnos, de la misma manera cada día tiene sus "Noches y Días," sus momentos de Oscuridad y de Luz. Esto se puede observar con claridad al considerar el orden de plegarias diarias que realiza el Judío a lo largo del ciclo de veinticuatro horas.

Fueron los Patriarcas quienes establecieron las tres plegarias diarias. Avraham inició la Plegaria de la Mañana, Itzjak la Plegaria de la Tarde y Jacob la Plegaria de la Noche (*Berajot* 26b). Enseñaron nuestros Sabios que tanto la plegaria de la mañana como la de la tarde son obligatorias, en tanto que la de la noche es optativa (Berajot 27b). En nuestros días también es obligatoria la Plegaria de la Noche (Oraj Jaim 237:1).

*

Ma'ariv, La Plegaria de la Noche. Enseña el Rebe Najmán: Debemos tratar de hacer que nuestra plegaria sea "una." Y esto se logra reteniendo en nuestra mente la primera letra que enunciamos al comenzar la plegaria, a lo largo de todo el servicio, hasta decir la última palabra. De esta manera la plegaria constituye una unidad. Podremos entonces separar nuestra mirada del mundo y unificarnos con el Uno, con Dios. Podremos entonces superar todos nuestros problemas, pues seremos capaces de ver más allá del mundo físico y observar así el "final," el objetivo, que es El Uno. Entonces reconoceremos que todo es bueno y mereceremos la alegría (Likutey Moharan I, 65).

El ciclo Judío de veinticuatro horas comienza con la noche. La noche es confusión y dificultad, lo que en términos de la Kabalá se conoce como juicios o *dinim* (como opuesto al Día que se relaciona con la bondad o *jesed)*. La Plegaria de la Noche, que es la primera de las plegarias diarias, es recitada entonces al establecerse los juicios. Cuando estos *dinim* abundan, cuando cae la Noche, uno debe ser capaz de ver más allá de la Oscuridad, más allá de las dificultades y confusiones que lo asaltan (Likutey Halajot, Arvit 4:1,2). Y es así como la plegaria nos permite "atravesar la noche."

Escribe Reb Noson: Dado que no existe un mandamiento que ordene recitar la Plegaria de la Noche y que uno ofrece una oración nocturna llevado por un deseo interior y no en el cumplimiento de una obligación, ¿por qué Jacob tuvo que iniciarla? ¿Es posible que alguien pensara que estaba prohibido orar de noche, de manera que Jacob necesitó sentar el precedente de lo contrario? Y por otro lado, ¿qué valor tiene la implementación de una costumbre o devoción optativa? Pero Jacob previó los exilios futuros, las largas Noches y los obstáculos cada vez mayores en el servicio a Dios. Previó la extensa Oscuridad creada por el poder de la resistencia a la espiritualidad. Por lo tanto, Jacob estableció la Plegaria de la Noche. Inició Ma'ariv para mostrar que incluso en nuestros momentos más oscuros existe un sendero por donde siempre podemos retornar a Dios.

También previó que debido a la gran Oscuridad generada por el largo exilio sería imposible forzar a alguien a orar. El amargo exilio, la Noche, es un concepto del silencio. Es como si la persona se sintiera intimidada por lo que la rodea, inmovilizada por un largo y silencioso sufrimiento del que no vislumbra final y sin poder elevar su voz y clamar por su situación. En verdad, si no fuese por los grandes Tzadikim, cuya fuerza espiritual y previsión prepararon diversos medios y consejos para guiarnos a través de esta larga Noche, no hubiésemos podido soportar las presiones y opresiones del exilio. Hace tiempo que la gente hubiera abandonado toda esperanza de orar a Dios y de retornar a El. Así, Jacob "llegó al lugar y pasó la noche allí... Tuvo un sueño en el que vio una escalera apoyada en el suelo y cuya punta llegaba al cielo" (Génesis 28:11,12). Al pasar la Noche allí y descender donde descendió, para luego elevarse hacia el Cielo, Jacob sentó el precedente de que inclusive en la más profunda Oscuridad de la más larga Noche, debemos despertarnos con grandes deseos de orar y retornar a Dios. Esta es la Plegaria de la Noche. ¡Nunca debemos desesperar!

Pero visto que la Plegaria de la Noche es tan importante, ¿por qué fue optativa en un comienzo? Esto se puede comprender, considerando en primer lugar el motivo por el cual se estableció la liturgia diaria. Ese motivo, fue básicamente ayudar a aquellos que no pudiesen dirigirse a Dios sin la ayuda de un rito formalizado de plegarias. Pero la plegaria más completa y productiva es aquella que la persona expresa directamente desde su corazón; la plegaria privada y recluida conocida como *hitbodedut*. Y esto es lo que tenía en mente Jacob, una plegaria espontánea, una plegaria que la persona pudiese ofrecer siempre, sin importar donde se encuentre o lo que hubiese hecho en el pasado. Esta es la plegaria opcional introducida por Jacob como Plegaria de la Noche.

Su intención era darnos el coraje para no abandonar nunca, nunca, ni siquiera en los momentos más oscuros (*Likutey Halajot, Minja* 7:89).

*

Jatzot, El Lamento de Medianoche. Conceptualmente, una de las principales razones para interrumpir nuestro sueño y levantarnos en mitad de la noche para recitar la Plegaria de *Jatzot* (ver Capítulo 8, "La Plegaria") es quebrar la Oscuridad que rodea nuestras vidas. Escribe Reb Noson: Aquél que está lejos de Dios es comparable a uno que está dormido. Cuanto más profundo sea el sueño más difícil es despertar al servicio de Dios. Además, el sueño es considerado un aspecto de la sabiduría "menor," de la existencia inconsciente. Despertar es estar consciente. Así, levantarse para *Jatzot* es similar a ser conscientes de nuestra situación y poder hacer un buen uso de la vida que se nos ha dado. También es similar al acto de encontrar los puntos buenos en nosotros mismos, en medio de la Oscuridad en la cual uno se siente sumergido. Este es el gran valor de levantarse para *Jatzot*, pues "quiebra" el sueño de la inconciencia y acorta nuestra distancia con Dios (*Likutey Halajot, Hashkamat HaBoker* 1:12).

Este "sueño de la inconciencia" es un fenómeno cíclico de nuestras vidas, dado que prácticamente todos los días caemos en el letargo, tanto en medio de nuestras plegarias, nuestro estudio o inclusive en medio de nuestro trabajo. Debemos tratar de fortalecernos siempre, sin importar cuán débiles nos sintamos y superar así nuestra inercia y sopor letárgico. Esta es la enseñanza de *Jatzot*.

*

Shajarit, La Plegaria de la Mañana. Dice Reb Noson que conceptualmente, la Plegaria de la Mañana alude a esa porción del ciclo de veinticuatro horas asociada con la Luz, con los nuevos comienzos que encaramos y con el momento en que todo sucede como lo esperamos, con el Día (*Likutey Halajot, Minja*, 5:5).

Enseña el Rebe Najmán: La Noche denota incertidumbre. Y el Día, por otro lado, denota un consejo claro. ¿Por qué es que la vida funciona correctamente cuando uno tiene fe? Pues cuando se tiene fe se puede alcanzar un consejo claro, simbólico del Día que sigue a la Noche (Likutey Moharan II, 5:2).

El Día y la Luz connotan claridad, un pensamiento claro y preciso. Son sinónimos de pensamientos limpios, del ideal de la Creación y del objetivo del hombre. Del objetivo del estudio de la Torá, de la plegaria y de los deseos correctos. Es por esto que la mayoría de las prácticas devocionales y los mandamientos se realizan durante el día, bajo la Luz del Día, pues corresponden al aspecto consciente del hombre. La persona tiene que mantenerse despierta. ¡Debe estar viva! Debe *querer* hacer. Y con la luz del día, con la Luz, con la guía apropiada, podrá estarlo. Todos buscamos una guía. Todos buscamos la Luz apropiada que nos lleve por el camino correcto. Y éste es el significado del Día (Likutey Moharan I, 1).

Escribe Reb Noson: Un niño recién nacido no posee ningún tipo de conocimiento. Pero poco a poco va aprendiendo, a medida que crece y pasa por las diferentes etapas de la vida. Cada nueva área de desarrollo que comienza es como si empezara todo de nuevo. Y cada vez que aprende algo nuevo, se repite el ciclo una vez más. Esto es Shajarit, la Plegaria de la Mañana. Comienza nuevamente todos los días. Es también la más extensa de las plegarias diarias, indicando la necesidad de buscar siempre un crecimiento continuo y la iluminación (Likutey Halajot, Minja 5:1).

*

Minja, La Plegaria de la Tarde. Escribe Reb Noson: Nuestros Sabios nos dicen que debemos ser muy cuidadosos con la Plegaria de la Tarde (Berajot 6b). Pues en la progresión del ciclo de veinticuatro horas, Minja corresponde al momento donde la Luz comienza a menguar. El Día comienza a declinar y tenemos la sensación de haber malgastado otra brillante oportunidad para liberarnos del caos y de la confusión, de la Oscuridad que ha permanecido adherida a nosotros desde la Noche anterior. Pero la verdad es que nunca debemos sentirnos perdidos, nunca. ¡Nunca desesperes! ¡Nunca abandones! La Noche está cayendo, pero es también el comienzo de un nuevo Día. De un nuevo momento de la Creación. Un comienzo. Debemos recordar que la vida se regenera constantemente. Que la Oscuridad es inevitable, pero que la Luz siempre la sigue. Es posible también encontrar consuelo en el hecho de que aunque la Noche ya está casi sobre nosotros, pronto el Día retornará (*Likutey Halajot, Minja* 4:1).

Reb Noson agrega algunos conceptos respecto a la declinación del Día. Relaciona las plegarias de la tarde, de la mitad del día, con las crisis que asolan a la persona en la mitad de su vida. La mitad de la vida es el momento en que la persona ha superado el zenit de la juventud. Se encuentra rodeada por todo tipo de problemas familiares, el casamiento de los hijos, etc. Al recapitular sobre sus logros, sobre lo que ha hecho durante toda su vida, reflexiona también sobre sus logros espirituales. Muchas veces esto genera sentimientos tan abrumadores que la persona llega a pensar que ya es muy tarde para fortalecerse y arrepentirse y volver a Dios. Nunca, ni siquiera por un momento, se deben tener esta clase de pensamientos, Dios no lo permita. Por el contrario, es necesario fortalecerse siempre para realizar aquello que sea posible. Es por esto que los Sabios nos advirtieron ser muy cuidadosos con la Plegaria de la Tarde (*Likutey Halajot, Minja* 5:5).

* * *

TU FE ESTA EN LA NOCHE

La Noche es caos y confusión. Pero, tal como nos dice el Rey David, "Tu fe está en la noche" (Salmos 92:3), pues la Noche y la Oscuridad son también un aspecto de la fe. ¿Cómo es esto? Como opuesta al conocimiento y a la comprensión, que tal como mencionáramos más arriba, son asociados por el Rebe Najmán con el Día, la Fe sólo se aplica allí donde no está la Luz de ese conocimiento y comprensión. (*Likutey Moharan* I, 1; *ibid.* 62). Por lo tanto, así como en la Noche no tenemos Luz para ver, de la misma manera, la fe es lo que uno debe tener cuando se enfrenta con lo desconocido. ¿Quién ha visto a Dios? ¿Quién puede comprender a Dios o a Sus caminos? Pero a la Noche siempre le sigue el Día y a la Oscuridad, la Luz y la comprensión. Mediante la fe uno puede llegar al entendimiento. Y cuanto más crea uno en Dios más llegará a comprenderlo y a comprobar que El existe en todos lados y que nosotros *podemos* encontrarlo.

En la vida pasamos por momentos buenos y momentos difíciles. A veces la Luz brilla en nuestras Noches y otras veces la Oscuridad opaca nuestros Días. Depende de nosotros utilizar lo que tenemos. Podemos sentirnos abrumados por nuestros momentos Oscuros y desesperar en nuestra confusión o podemos tomar la Oscuridad, la Noche, la confusión y volvernos a Dios diciendo: "Estoy abrumado de problemas, confusiones y dudas. Ayúdame a volverme hacia Ti. Ayúdame a tener fe en Ti. Ayúdame a fortalecerme en Tu bondad y misericordia. Aunque en este momento me siento perturbado, sin embargo fortaleceré mi fe en Ti. El Rebe Najmán enseñó: '¡Nunca abandones! ¡Nuncas desesperes!' Por lo tanto, por favor, ayúdame a renovar mi fe en Ti."

Esta idea se ilustra gráficamente en la historia de *La Princesa Perdida*, uno de los cuentos más famosos del Rebe Najmán.

Había una vez un rey que tenía seis hijos y una hija. El rey amaba mucho a su hija y pasaba mucho tiempo junto a ella. Cierta vez, cuando estaban solos el rey se encolerizó con ella y dijo sin pensar: "¡Que el Malo te lleve!" Esa noche la princesa fue a su cuarto y por la mañana nadie la pudo encontrar. Ante esta noticia su padre se sintió abatido. Viendo la desesperación del rey, su ministro se ofreció a buscarla.

El ministro buscó a la princesa durante mucho tiempo. Atravesó desiertos, campos y bosques hasta que finalmente la pudo encontrar... La princesa estaba en un hermoso y alejado castillo, en algún lugar. "¿Cómo llegaste hasta aquí?" le preguntó el ministro. "Mi padre dijo que el Malo me iba a llevar y éste es el lugar del mal." "¿Y cómo puedo sacarte de aquí?" preguntó el ministro. "Debes elegir un lugar y permanecer allí durante un año entero. Todo ese tiempo debes anhelar y desear liberarme. El último día debes ayunar y mantenerte despierto durante veinticuatro horas."

El ministro hizo tal cual le había dicho la princesa y el último día ayunó y se mantuvo en vigilia. Luego, salió y se dirigió al castillo. En el camino encontró un arbol cargado de hermosas y deseables manzanas.

Tomó una y la comió y de inmediato cayó dormido. Durmió durante mucho tiempo, durante muchos años. Al despertar se preguntó, "¿Dónde estoy?"

El ministro volvió al castillo donde estaba la princesa y le preguntó si aún tenía alguna posibilidad de liberarla. La princesa desolada se lamentó: "Estuviste buscando durante tanto tiempo y por un día has perdido todo. Pero en verdad es muy difícil no comer. Busca ahora un lugar y quédate allí durante otro año anhelando liberarme. El último día puedes comer, pero no dormir. No bebas vino ese día, de manera que no te dé sueño y te duermas. Lo más importante es que permanezcas despierto."

El ministro hizo tal cual se le indicó y el último día se levantó y retornó al castillo. En el camino vió un manantial. El líquido era de color rojo y olía a vino. "Es un manantial y de seguro que lo que contiene es agua," razonaba el ministro, "pero su color es rojo y huele a vino." Probó un poco y de inmediato cayó dormido. Nuevamente durmió mucho tiempo, muchos años. Durmió durante setenta años. Al despertar se preguntó: "¿Dónde estoy?" Y nuevamente comenzó a buscar a la princesa. Pero en el interín, la princesa le había dejado una nota donde le comunicaba que no estaba más en el mismo castillo y que debía buscar la montaña dorada y el castillo de perlas...

Nuevamente la buscó durante muchos años. Al final se cruzó con un gigante quien intentó desanimarlo de su búsqueda diciéndole que no existía un lugar así... El ministro lloró pues estaba seguro que en algún lugar había una montaña de oro y un castillo de perlas. El gigante, que era el rey de todos los animales del mundo, llamó a todos sus vasallos y les preguntó si conocían un lugar semejante. Todos le contestaron que no. El gigante le dijo entonces: "¡Has visto! ¡Te dije que no existía!," y nuevamente trató de desanimarlo en su búsqueda. Pero el ministro insistió de manera que el gigante lo envió a ver a su hermano quien estaba encargado de todos los pájaros del mundo. "Quizás ellos, volando por el cielo, conozcan algo respecto de esa montaña de oro y del castillo de perlas."

El ministro del rey viajó nuevamente durante muchos años.

Finalmente pudo encontrar al hermano del gigante y le solicitó su ayuda. También este gigante intentó desanimarlo en su búsqueda diciéndole: "Ese lugar no existe." El ministro lloró amargamente y exclamó "¡Pero sí que existe!" Entonces, el gigante convocó a todas las aves del mundo y les preguntó si alguna de ellas había visto alguna vez una montaña de oro y un castillo de perlas. Todas contestaron que nunca habían visto nada semejante. "¿No ves que tal lugar no existe, que no hay ninguna montaña de oro ni castillo de perlas?" Pero el ministro no podía darse por vencido. "¡Pero sí que existe! En algún lugar está." Le dijo entonces el gigante: "Más adelante, en el desierto, vive mi hermano, encargado de los vientos que cubren el mundo entero. Ve a verlo y dile que yo te envío. Quizás los vientos sepan algo sobre esa montaña y el castillo."

El ministro volvió a viajar durante años y años. Encontró por fin al tercer hermano y nuevamente solicitó ayuda. También este gigante intentó desanimarlo diciéndole : "De seguro que no existe tal cosa." El ministro insistió, llorando y rogando, "¡Pero sí que existe!" El gigante entonces convocó a todos los vientos y les preguntó si sabían algo respecto de la montaña de oro y el castillo de perlas. Todos contestaron que no. Y el gigante le dijo: "¿No ves que no existe? ¡La gente te ha contado historias!" El ministro lloró amargamente, "¡Pero yo sé que existe!"

Justo en ese momento llegó otro viento y el gigante le dijo enojado: "¿Por qué no viniste junto con los otros vientos cuando los convoqué?" A lo que el viento le contestó: "Me retrasé pues tuve que llevar a una princesa hasta una montaña de oro y un castillo de perlas." El ministro estaba exultante de alegría.

El gigante entonces ordenó al viento que llevara al ministro hasta la montaña de oro y le otorgara toda la ayuda que necesitase. Al final, el ministro redimió a la princesa (*Rabbi Nachman's Stories* #1, pg. 31-54).

*

El rey de esta historia es Dios. La princesa con la cual El se deleitaba es la plegaria, las mitzvot y la devoción. El ministro que trató tan decididamente de encontrar a la amada hija del Rey corresponde a cada uno de nosotros. Tal como nosotros, el ministro era desviado siempre por la confusión, las distracciones y la oposición. Algunos de los obstáculos eran autoimpuestos y otros no. Sufrió incontables Noches, suficientes como para desanimarlo durante mucho tiempo. Pero insistió y siguió buscando, de manera que no sólo logró superar las dificultades sino que, al final, también pudo redimir a la princesa.

¿Por qué triunfó el ministro del rey? Pues no abandonó su fe. Se mantuvo firme en su creencia de que *podía* encontrar a la princesa, de que el Día sigue a la Noche. En lugar de desanimarse por la Oscuridad y la Noche, su fe le permitió utilizar la confusión y la duda para aumentar su deseo y determinación. Incluso cuando todo parecía perdido, habiendo apelado hasta el último recurso y habiéndole demostrado que no existía ninguna montaña de oro ni castillo de perlas, ningún Mundo que Viene, ni Día, ni solución a los problemas de la vida ni objetivo digno de perseguir, él sabía, sabía simplemente que ese palacio existía. ¿Pero cómo? No poseía ningún conocimiento al respecto. Y de hecho tampoco los demás. Pero él sabía. Pues tenía fe. Su fe era tan fuerte que le dió la sabiduría y el conocimiento, la Luz, como para reconocer la verdad. Si la princesa dijo que esa montaña de oro y el castillo de perlas existían, entonces, pese a todos los obstáculos y frente a todo el "conocimiento" en contra, él los encontraría. Su fe era tan fuerte que mediante ella pudo alcanzar un conocimiento claro y perfecto de aquello que previamente sólo podía creer pero no conocer. Y al final, la pudo encontrar. Al final, pues debido a su fe inquebrantable frente a los obstáculos, triunfó en su misión.

De esta manera nos enseña el Rebe Najmán: Es necesario saber que Dios puede ser hallado en la misma Oscuridad. "Y los Judíos permanecieron alejados. Moshé se acercó a la nube donde Dios estaba" (Exodo 20:18). Moshé Rabeinu los superaba a todos y especialmente porque se acercó a la nube, a lo desconocido, a lo incierto, a la confusión. El sabía que encontraría a Dios. Sabía que incluso en esta Oscuridad podía encontrar la Luz de Dios que le indicaría el camino. Y nunca cejó ni se detuvo en el intento. Por lo tanto pudo elevarse muy por encima de los niveles de los más grandes Tzadikim (*Likutey Moharan* I, 115). Y de la misma manera en que Moshé pudo encontrar la Luz de Dios en la Oscuridad, podremos nosotros, en los momentos más oscuros de la vida, reforzándonos con la fe, encontrar la Luz, encontrar a Dios Mismo.

* * *

12

LAS NECESIDADES DIARIAS

Enseña el Rebe Najmán: Debes tener una gran compasión por tu cuerpo. Ayúdalo a disfrutar del conocimiento y de la comprensión espiritual que percibe tu alma. Tu alma está siempre viendo y comprendiendo conceptos muy elevados. Pero el cuerpo no sabe nada de todo ésto. Ten compasión por tu cuerpo. Purifícalo. Entonces el alma podrá informarlo de todo aquello que ella ve y comprende (*Likutey Moharan* I, 22,5).

Nuestras necesidades físicas son muchas. Todos debemos comer y dormir, cuidar de nuestra salud y obtener abrigo. Por lo menos la mitad de la vida de la mayoría de la gente transcurre cumpliendo con estas actividades (*Shabat* 88b). Pero si separamos las necesidades físicas de las necesidades espirituales concluiremos que más de la mitad de nuestras vidas se concentra en actividades no relacionadas con el servicio a Dios. El tiempo que utilizamos durmiendo, comiendo, trabajando... ¿Qué valor puede llegar a tener para nuestras almas? Pero hay otra manera de considerar este asunto.

Noam HaElion (El Deleite Superior) es la fuente de todo lo placentero y disfrutable de este mundo. Todo sentimiento de deleite y placer que experimentamos proviene de esta cualidad Divina. Y ésto es cierto también respecto de los placeres asociados con las necesidades físicas de este mundo, tales como comer, dormir, etc. Mientras los realicemos en santidad, el deleite proviene de *Noam HaElion*. Pero, si nos dejamos llevar por nuestros apetitos físicos y buscamos satisfacerlos, nuestros deseos descienden al nivel de lujuria, en cuyo caso ya no estaremos unidos al Deleite Superior, sino a los agridulces placeres y delicias de este mundo. Es para expiar esta pérdida que cumplimos con las cinco aflicciones de Iom Kipur. Ese día ayunamos y limitamos nuestros placeres físicos para recordarnos la necesidad de evitar tomar nuestros placeres de este mundo. Pero esta acción no es aún perfecta y plena, pues de hecho es necesario alimentarnos y cuidar de nuestras necesidades físicas. Por otra parte, esta lección puede aprenderse observando la festividad de Sucot. En Sucot pasamos siete días dentro de la *suka*, comiendo, bebiendo y durmiendo. De esta manera elevamos nuestros placeres al plano de la santidad, recordándonos que el alimento y todos nuestros deseos tienen su origen en el Deleite Superior. Esto es perfección y plenitud respecto de las necesidades físicas de este mundo: aprendiendo a apreciar el placer y el deleite que producen pero reconociendo que su fuente y origen, *Noam HaElion*, proviene de Dios Mismo (*Likutey Halajot, Minja* 6:8,9).

* * *

ALIMENTO PARA EL ALMA

La comida es aquello que nos mantiene con vida. La comida es aquello que une el cuerpo con el alma. La comida es la misma vida del hombre. ¿O no? Comer puede ser una gran mitzvá o la antítesis de una mitzvá. A veces puede ser lujuria, una de las tres pasiones que nos impiden alcanzar la Divinidad. ¡Todo depende de usted!

Cuando joven, el Rebe Najmán intentó liberarse con todas sus fuerzas de todas las pasiones físicas. Como ésto, en su conjunto, requería de un tremendo esfuerzo, comenzó por concentrar todos sus deseos físicos en su apetito por la comida. Comía mucho, incluso más que la mayoría de las personas, al tiempo que intentaba deshacerse de todos sus otros deseos. Sólo después de suprimirlos comenzó a trabajar tratando de dominar su deseo por la comida. Ayunó con frecuencia y repetidamente hasta que no deseó más comida. Incluso llegó a tener que forzarse a comer para poder mantenerse con vida (*Rabbi Nachman's Wisdom* pg. 18,23).

Más tarde, dijo el Rebe: "De haber conocido la grandeza del *hitbodedut* cuando joven, no habría desgastado mi cuerpo mediante los ayunos. El cuerpo es un vehículo muy importante en el servicio a Dios y no debe ser sometido a tan tremenda autorestricción" (Hishtafkut HaNefesh, Introducción).

Mediante esta lección el Rebe Najmán nos enseña que *podemos comer*, mientras mantengamos nuestra mente en el servicio a Dios. Es posible quebrar el deseo y la pasión por la comida y no mediante la anorexia y la autodestrucción. "Come y duerme. Solamente controla tu tiempo," le dijo el Rebe a su seguidor Reb Dov (Kojavey Or, pg.25). Asegúrate de utilizar todo tu tiempo en el servicio a Dios, incluso cuando estás dedicado a obtener, preparar y comer tu alimento.

Reb Noson reparó en una persona que estaba estudiando Torá luego de las Oraciones de la Mañana. Era notorio el dolor que el hambre le estaba produciendo, pese a lo cual continuaba estudiando. Le dijo entonces Reb Noson: "¡Es suficiente! Ya es hora de terminar con tu deseo por la comida" (Aveneha Barzel, pg.65 #37). El mensaje es muy claro: Come cuando tengas que hacerlo. Y no hagas un problema de ello.

COMIDA, GLORIOSA COMIDA...

De acuerdo con la Kabalá, el Faraón simboliza el cuello y la garganta (ver Likutey Torá, VaYeshev). Su esclavizar al pueblo Judío significaba controlar el poder de la palabra sagrada, a la que lograba silenciar manteniéndola atrapada en la garganta. Por lo tanto, fue sólo cuando los Judíos pudieron finalmente clamar que fueron redimidos de Egipto. El Faraón tenía tres sirvientes: el *sar hamashkim* (jefe de los coperos), el *sar haofim* (el jefe de los panaderos) y el *sar hatabajim* (el jefe de los carniceros); correspondiendo cada uno de ellos a la tráquea, el esófago y las venas [yugulares], todos ellos localizados en la garganta. Estos son los "jefes", las cabezas de todos los deseos y toman su fuerza del mismo Faraón, fuente de todas las impurezas (Likutey Moharan I, 62:5). Por lo tanto, el contacto con estos sirvientes (que tiene lugar cada vez que comemos) nos lleva a estar en contacto directo con el mismo Faraón. Ya que ésto no es lo más deseable, ¿no sería mejor, para todo aquél que desea crecer espiritualmente, mantenerse absolutamente alejado de la comida?

Pero bien sabemos que ésto es imposible. Y lo que es más, está prohibido hacerlo, pues al negarnos el alimento podemos morir, ¡y de hecho, éste no es el resultado deseado en nuestro anhelo espiritual! Por lo tanto debemos comer, tenemos que comer. La cuestión es: ¿Dónde está la linea divisoria? ¿Cómo es posible comer y que nuestro comer sea santidad? ¿Existe alguna manera de evitar el contacto con los servidores del Faraón, salvándonos así de los peligros de una muerte espiritual?

Sí, la respuesta es afirmativa. ¿Y cómo? Demostrando compasión por nuestros cuerpos, purificándonos y no separando nuestras necesidades físicas de nuestras necesidades espirituales. "Eres lo *que* comes", dice el refrán y es verdad. Y también es verdad lo que nos demuestra el Rebe Najmán: que somos *cómo* comemos y también el motivo *por el cual* comemos. Tomados en conjunto, ambos tienen el poder de evitar ser esclavizados en las garras del Faraón.

Aquello que comemos. Enseña el Rebe Najmán: La naturaleza del alimento que ingiere genera un temperamento similar en la persona (*The Aleph-Bet Book, Daat* A:4).

El requerimiento más obvio respecto a lo que comemos se refiere a la comida kosher. Los alimentos y productos que no son kosher nos llevan directamente a las manos del Faraón. Nos dice la Torá (Levítico 11:43,44): "No se *titamu* (impurifiquen) con ello, pues esto les *v'nitmeitem* (haré impuros)... Deben santificarse y ser santos." Explica Rashi (v.43): Esto se refiere al comer. Si uno se impurifica en este mundo, estará impuro en el Mundo que Viene. Y comenta el Talmud (Ioma 39b): La palabra *v'niTMeiTeM* está escrita para enseñarnos que no sólo impurifica a la persona sino que también la hace *m'TuMTaM* (tonta y espiritualmente insensible). El mismo acto de comer comida no kosher, aunque sea un poco, impurifica a la persona y, tal como explica Rashi, le cierra todos los canales de la sabiduría.

El Rebe Najmán advirtió también respecto a comer alimentos malsanos. Por supuesto que en esa época no existían los alimentos congelados, ni los colorantes y conservantes artificiales, pero dos de los alimentos que el Rebe mencionaba específicamente como insalubres eran las cebollas crudas y las frutas inmaduras. Y esta prohibición se aplica incluso para el Shabat. Hay algunos que sostienen que dado que comer en Shabat es en sí mismo una mitzvá especial, es posible comer cualquier cosa, incluso alimentos insalubres, pero el Rebe advirtió seriamente en contra de ello (Rabbi Nachman's Wisdom #265; ver Likutey Moharan II, 88).

Por qué comemos. Comer kosher y sano no es suficiente. Mucho depende de por qué uno come. ¿Está motivado nuestro comer por la lujuria de la comida? Antes de contestar esta pregunta usted querrá saber qué se entiende por lujuria por la comida. ¿Es lo mismo que la glotonería? El Rebe Najmán explica la lujuria como un deseo por lo innecesario. Afirma que una persona que es capaz de comer mucho puede hacerlo y ésto no será considerado como lujuria por la comida (Rabbi Nachman's Wisdom #193). Pero, incluso comer un poco, si está motivado por el deseo más que por la necesidad, es entonces considerado lujuria por la comida. Alguna gente ingiere una gran cantidad de alimentos pues físicamente la química de su cuerpo les pide eso. Otros no tienen necesidad de tanta comida. Cada persona es diferente. Si usted necesita comer mucho, adelante, hágalo. Y si no, no.

Es su actitud respecto de la comida lo que hace la diferencia. ¿Por qué está comiendo? ¿Desea nutrirse o llenarse el estómago? ¿Come porque su cuerpo necesita recuperar sus fuerzas o porque la comida es tan sabrosa que no puede evitar servirse otra porción? Una de las mejores maneras de probar ésto lo constituye su actitud respecto al gusto de la comida. El Rebe Najmán dice que ser quisquilloso respecto de lo que uno come es considerado también lujuria por la comida (Aveneha Barzel pg. 21). ¿Tiene usted gustos especiales o una comida simple le es suficiente? ¿Requiere de una cocina refinada? Si la comida no está "como debe ser", ¿de qué manera reacciona usted?

Indica el *Shuljan Aruj* que es una mitzvá en Shabat comer pescado, carnes y comidas deleitosas. Pero, uno debe comer solamente aquello que le agrada (Mishna Berurá 242:2). El Rebe nunca sugirió que debiéramos obligadamente comer algo que nos desagrade. Lo que quería decir es que al comer las comidas de todos los días hay que disfrutarlas con alegría, aunque puedan ser mejores (ver *Siaj Sarfei Kodesh* 1-10). [¿Quién sabe? ¡Quizás su cocinero mejore o usted consiga un cocinero mejor o termine acostumbrándose a ello!] Lo más importante es no ser quisquillosos respecto de la comida. Podemos aprender de Reb Najmán Jazán, el discípulo más cercano de Reb Noson, quién nunca condimentaba su alimento (*Aveneha Barzel* pg. 21).

Todos sabemos que comer en demasía es dañino, pero la mayoría de nosotros no conoce las causas espirituales de ello. El Rebe Najmán explica en términos espirituales lo que generalmente se supone que es un asunto meramente físico: Como todo en la Creación, la comida tiene su raíz de la cual extrae su vitalidad espiritual. Cuando usted come y extrae el alimento nutritivo de la comida, también le está dando, a su vez, alimento espiritual a la misma comida. Y ésto se debe a que el apetito en el hombre es una fuerza espiritual. Al satisfacer su apetito, su energía se transfiere a la comida, dándole la vitalidad que ella busca. Y a ésto se debe que comer la cantidad adecuada es saludable para la persona: usted nutre a su alimento y su alimento lo nutre a usted. El problema comienza cuando usted ya ha satisfecho su apetito y continúa comiendo. Esta comida adicional no tiene de donde extraer su vitalidad. Y por lo tanto la extrae de usted, de su vitalidad y de su fuerza. Esto es muy dañino físicamente y es la razón por la cual la sobrealimentación produce enfermedades y malestar (*Likutey Moharan* I, 257; también ver *Likutey Moharan* I, 263; *Rabbi Nachman's Wisdom* #143).

Enseña también el Rebe Najmán que comer en exceso fortalece al cuerpo, en detrimento del alma (*Likutey Moharan* II, 8:1). De manera que comer en exceso produce un doble problema. Vacía su cuerpo de vitalidad y al mismo tiempo fortalece al "Otro Lado", debilitando el alma.

Cómo comemos. ¿Cómo comer? Lo más importante es comprender que ello importa. "La mesa del hombre es como el altar, ella lo purifica de todos sus pecados" (*The Aleph-Bet Book, Eating* A:7). Si ese es el caso, entonces de hecho la forma en que comemos es importante. Enseña el Rebe Najmán: Acostúmbrate a comer sin apuro, con calma y conducta.

Evita tragar los bocados mientras estás apurado. Aun si estás solo, come con la misma dignidad y respeto que mostrarías si estuvieses sentado a la mesa con alguien muy importante (*Tzaddik #515*).

Sobre ésto mismo habla el Rebe Najmán al tratar el tema del valor del ayuno. "El valor del ayuno depende de cómo se lo termina. No engullas la comida, sino come de manera calma y sin apuro" (*Siaj Sarfei Kodesh 1-82*).

Es importante también evitar comer cuando se está enojado. No se siente a la mesa si se encuentra realmente molesto y haga lo posible por no enojarse durante la comida. El hígado es el asiento de la ira, y es el órgano asociado con la sangre. También el hígado está asociado con Esaú, cuyo poder está en la espada, en el derramamiento de sangre. Debido a ésto, la ira da fuerzas a Esaú, a la encarnación del Otro Lado. Por el contrario, controlar la ira le da fuerzas a su intelecto (*Likutey Moharan I, 57:6*).

Hay un accionar positivo que asegurará que el Faraón y sus servidores no tendrán influencia sobre nuestro comer. Podemos agregar santidad a nuestros hábitos alimenticios con actividades tales como el lavado de manos anterior a la comida, el recitado de las bendiciones apropiadas, dedicarse al estudio y conversación sobre temas de Torá (entre platos), etc. He aquí una selección de enseñanzas de Breslov referidas a estas prácticas:

Luego de lavarse las manos para el pan, la costumbre indica que se deben levantar las manos de manera de poder recibir santidad (ver *Oraj Jaim 162:1; Shaar HaMitzvot, Ekev*). El Rebe Najmán explica que esta santidad sólo puede ser alcanzada si uno *cree* que ese acto de levantar las manos otorga santidad. Es la fe en las propias acciones lo que de hecho otorga santidad a las personas. Todos tienen el poder de hacer ésto (*Likutey Moharan I, 91*). "Llegará un tiempo" dijo el Rebe Najmán, "en que la persona que se lave las manos antes de comer pan será un *jidush* tan grande como el Baal Shem Tov" (*Sijot VeSipurim pg.76 #6*).

También es de extrema importancia recitar las bendiciones. Enseña el rebe Najmán: Ofrecer alabanzas a Dios es la alegría del Mundo que Viene (*Likutey Moharan II, 2:1*). Comenta Reb Noson: La persona debe unirse constantemente al Mundo que Viene. Debe siempre pensar sobre él y tratar de atraer la alegría y delicias del Futuro hacia el presente. Esto puede lograrse mediante las bendiciones que recitamos antes y después de las comidas. Al recitar la bendición sobre el alimento, lo que estamos haciendo es tomar un objeto físico y utilizarlo para alabar a Dios. Este es el concepto del Mundo que Viene (*Likutey Halajot, Betzia HaPat*, 2:1). ¡Cuán grande es el nivel que se alcanza con sólo recitar una bendición, inclusive sobre algo físico!

Escribe Reb Noson: La Torá, que está compuesta por los Nombres de Dios, es vida. Al decir palabras de Torá durante las comidas, se atrae Divinidad a la mesa (*Likutey Halajot, Netilat Iadaim LiSeuda* 1:3). Es fácil comprender que al dedicarse a cualquiera de las actividades espirituales, tales como estudiar Torá u orar, tenemos el poder de atraer santidad sobre nosotros. Reb Noson revela que los mismos niveles de santidad pueden llevarse hacia una acción física. Y ésto no es una analogía, sino una realidad. Usted puede atraer Divinidad sobre cualquier porción de alimento que coma, con sólo pensar y hablar palabras de Torá [y recitando las bendiciones].

LAS COMIDAS DEL SHABAT Y DE LAS FESTIVIDADES

En Shabat la persona debe tener tres comidas: el Viernes a la noche, al mediodía del Shabat y en la tarde del Shabat (*Shabat* 117b).

Enseña el Rebe Najmán: Come en Shabat en honor al Shabat mismo. No lo hagas porque no has podido comer el Viernes o para no estar hambriento luego del Shabat. Sólo come por el día de hoy, en honor del mismo Shabat. Honra al Shabat con el mejor alimento y con la mayor cantidad de delicias que tu presupuesto te permita adquirir (*Likutey Moharan* I,125). Ni siquiera pienses que el disfrutar de buenas comidas y vinos sea una extravagancia y una indulgencia. Todos los alimentos que tomas en Shabat son considerados santos. Por otro lado, cenar en Shabat trae paz (*Likutey Moharan* I, 57:5,6).

Y comer las Tres Comidas, además de ser la mejor manera de honrar al Shabat, puede también rectificar cualquier desacralización del Shabat que uno haya podido cometer inadvertidamente (*Likutey Moharan* I, 277).

Celebra las comidas del Shabat y de las Festividades con canciones y buena comida (*Likutey Moharan* II,17; *Ibid.* II, 104). Respecto de las Festividades, establece el *Shuljan Aruj* que debemos honrarlas con comida y bebida, tal como al Shabat (*Oraj Jaim* 529:1). De manera que todas las enseñanzas relativas a la celebración y disfrute del Shabat, se aplican también a las Festividades.

* * *

ALIMENTO PARA EL PENSAMIENTO

Hay numerosas enseñanzas de Breslov que tratan sobre la importancia de santificar la manera en que uno come, haciendo de ello un acto santo. Y todas, sin excepción, se centran en los altos grados de espiritualidad que puede llegar a obtener la persona cuando sus intenciones están focalizadas en la Divinidad.

Enseña el Rebe Najmán: Es posible experimentar al comer la revelación de una gran luz espiritual, la Luz del Deseo (*Likutey Moharan* II, 7:10). El hombre, por definición, implica un límite. Puede desear grandes cosas, grandes niveles, pero se encuentra limitado por su realidad física. El único aspecto de la constitución humana que puede ser ilimitado es su deseo de santidad. Este nivel de deseo por lo espiritual le es revelado a la persona cuando santifica su manera de comer. Y respecto a ésto enseña el Rebe Najmán: Uno puede obtener un nivel tal si su comer se halla en la misma categoría que el comer el Pan de la Proposición en el Santo Templo (*Likutey Moharan* I, 31:9).

Comer kosher y de manera digna es considerado como la rectificación del altar del Santo Templo (*Likutey Moharan* I,17:3).

Quebrar nuestro deseo por la comida hace que Dios muestre favor y bondad al mundo (*Likutey Moharan* I, 67:2).

Comer juega un papel vital en el refinamiento y la purificación de la Creación. El alimento que comemos puede ser transformado en plegarias, bendiciones y en el estudio de la Torá. Esto se asemeja en grandeza a la ofrenda de incienso y trae una gran alegría, amor y felicidad al mundo (*Likutey Moharan* II,16; ver *Advice, Eating* 17).

Aunque la persona atrapada por la lujuria de la comida se encuentra alejada de la verdad, si somete esa lujuria, será digna de merecer milagros (*Likutey Moharan* I, 47:1).

* * *

GRATIFICANDOSE

Juntamente con su insistencia en la santificación de la manera en que comemos, el Rebe Najmán advirtió también contra los excesos en los que suele caer la gente; vicios que llevan a la dependencia física y/o psicológica. Los tres vicios que el Rebe puntualizó específicamente eran: fumar, aspirar rapé y tomar alcohol (*Tzaddik* #472, y n.44). Y sus advertencias deben ser tomadas en cuenta aún más en nuestros días, cuando el rapé es reemplazado por "drogas más duras" y la adicción al tabaco y al alcohol no han disminuído desde los tiempos del Rebe.

En los primeros tiempos de la Jasidut, los líderes jasídicos comprendieron el valor de las reuniones y encuentros entre sus seguidores para intercambiar palabras de Torá y conversar respecto al temor del Cielo. En estas reuniones los jasidim solían encender su entusiasmo con un poco de *bromfin* (licor), aunque su objetivo era siempre el crecimiento espiritual. Pero con el tiempo las prioridades cambiaron. Gradualmente, beber *bromfin* llegó a ser cada vez más el centro y motivo de estas reuniones, mientras que desaparecían las discusiones sobre el temor del Cielo. El Rebe Najmán, por lo tanto, rechazaba la costumbre de perder el tiempo en semejantes reuniones. "¡No soporto más sus festividades privadas!" se quejaba. El quería que sus seguidores, en cambio, pasaran su tiempo dedicados a las devociones a Dios (*Aveneha Barzel*, pg 51,#9; *Siaj Sarfei Kodesh*, 1-92).

Esto no significa una total desaprobación de aquellas ocasiones en las que los Jasidim de Breslov se suelen reunir. En el yahrzeit del Rebe Najmán (18 de Tishri, cuarto día de Sukot), en el yahrzeit de Reb Noson (10 de Tevet, la tarde previa al ayuno) y en los yahrzeits de los líderes más recientes del movimiento Breslov, es costumbre de los jasidim reunirse a comer. Pero no se sirve ninguna clase de licor, constituyendo su principal objetivo la celebración, el intercambio de ideas de Torá y el alentarse mutuamente en el servicio a Dios. El centro de estas reuniones lo constituye siempre alguna lección de las enseñanzas del Rebe Najmán.

El *Shuljan Aruj* dice que Purim es el único momento del año donde se permite y alienta el consumo de alcohol (*Oraj Jaim* 695:2). Algunos Jasidim de Breslov cumplen de lleno con esta mitzvá, y otros lo hacen con precaución y beben sólo un poco de vino o licor. Celebrar Purim es servir a Dios de manera alegre y con todo el corazón. Pero aún así, la halajá indica que emborracharse en Purim conlleva ciertas responsabilidades. Debemos cuidar que ningún daño le suceda a alguien como resultado de nuestro beber. Un Jasid de Breslov me contó cómo, cierto Purim, mientras estaba completamente intoxicado, golpeó a alguien. Como resultado de ello, nunca volvió a beber en Purim.

Otra responsabilidad que acompaña el beber en Purim es la habilidad de cumplir con los otros requerimientos halájicos. Ser incapaz de orar a la mañana debido al malestar de la bebida significa que su recompensa (por haber cumplido con la mitzvá de emborracharse en Purim) es superada por su pérdida (por no poder orar).

Reb Shmuel Shapiro era conocido como el "Tzadik de Jerusalem." Toda su vida estuvo dedicado al estudio de la Torá y a la plegaria fervorosa, que realizaba con una intensidad sólo igualable al de las generaciones anteriores. En Purim oraba, leía la Meguilá, distribuía la caridad de Purim y enviaba sus regalos. Luego comenzaba a beber y no se detenía hasta no estar completamente borracho. Pero, pese a estar absolutamente embriagado, de lo único que hablaba era del servicio a Dios. Y en especial, amaba hablar de viajar a Uman (al sitio donde se encuentra la tumba del Rebe Najmán). Y no importaba cuán borracho pareciera, Reb Shmuel siempre estaba sobrio para la oración de la noche. Era algo realmente increíble de observar.

Reb Noson se burlaba de los jasidim que solían dormir con una botella de licor bajo sus almohadas. Cierta vez alguien intentó justificar esa actitud: "Si al despertarse, Mashíaj aún no ha llegado, ponen a dormir con un trago a la inclinacion al mal." "Eso no los va a ayudar", dijo Reb Noson.

"Es mejor dormir con un libro de Salmos bajo la almohada. Si al despertar, Mashíaj aún no ha llegado, entonces pueden comenzar a recitar Salmos otra vez" (Aveneha Barzel, pg. 68 #46).

Todos tenemos problemas que enfrentar, pero no es mediante la botella que podremos superarlos. La plegaria ayuda, la meditación y la fuerza interior ayudan. Utilice su propio espíritu y no la espirituosidad embotellada de algún otro.

Mucho antes que las autoridades sanitarias emitieran su advertencia respecto a fumar y sus consecuencias dañinas para la salud, el Rebe Najmán emitió su propia advertencia. "¡¿Hay tan pocos deseos malsanos que ahora debemos además agregar éste?!" exclamaba (Siaj Sarfei Kodesh, I-3). También advirtió que la adicción al tabaco podía llevar a pecar seriamente (ibid. 1-4). El Rebe comprendió, mucho antes que sociólogos y psicólogos, cómo la dependencia hacia el tabaco o el alcohol (o las drogas) conquistan por completo el poder de voluntad de una persona, destruyendo su vida.

* * *

VESTIMENTA

Estilo y calidad. El *Shuljan Aruj* indica ciertas lineas de conducta respecto a lo que constituye la vestimenta apropiada de un Judío, hombre o mujer, que de hecho deben ser respetadas. En cuanto a los Jasidim de Breslov, no existe una vestimenta uniforme. Siempre se han vestido de acuerdo a la costumbre Judía local, tanto en Polonia, Ucrania, Jerusalem o cualquier otro lugar. El Rebe Najmán advirtió contra la costumbre de vestirse con el estilo propio de los no Judíos (The Aleph-Bet Book, Clothing B:9).

El Rebe Najmán no estaba de acuerdo con el uso de vestimentas caras y refinadas. Por el contrario: "El uso de vestimentas caras y refinadas conduce al orgullo" (The Aleph-Bet Book, Clothing B:3).

Reb Najmán Shpielband, un exitoso comerciante, tenía un fino abrigo de invierno, hecho especialmente para él. Cuando Reb Noson lo vió, ésto no le gustó en absoluto. "Reb Najmán" le dijo Reb Noson, "qué hermoso abrigo ese que llevas. No creo que sea muy apropiado colgarlo en tu viejo armario. ¿No deberías comprar uno nuevo digno de él? Y por supuesto que cuando cambies tu armario también desearás cambiar el resto del mobiliario... Claro que ésto significa probablemente redecorar toda la casa o mejor aún, comprarte una nueva, más agradable aún. Pero, no posees tanto dinero. Por lo tanto ¡parece que no podrás hacerle frente a todos los gastos que derivan de ese abrigo!" (Siaj Sarfei Kodesh 1-642).

En última instancia, todo se reduce a lo que el Rebe Najmán describe en el cuento "El Señor de la Plegaria". Aunque tenía un grupo muy diverso de seguidores, el Señor de la Plegaria era capaz de guiar a cada uno por la senda más conveniente. Entonces, cuando el Señor de la Plegaria comprendía que para poder servir a Dios, determinado seguidor requería de una vestimenta cara, le proveía de semejante vestimenta. Y de manera similar, cuando veía que otro de sus seguidores estaba mejor utilizando vestimentas humildes, así se lo indicaba (Rabbi Nachman's Stories #12 pg. 283).

Cuidado. Enseña el Rebe Najmán: Cuida siempre que tu vestimenta esté limpia y sana. Evita usar algo que esté desgarrado (Likutey Moharan I, 127). Las vestimentas mismas pedirán que se juzgue a la persona que no las cuida ni limpia apropiadamente (Likutey Moharan I, 127).

En el Talmud mismo se hace mención de la limpieza de las vestimentas: Un erudito de la Torá cuyas vestimentas están sucias, es merecedor de la pena de muerte (Shabat 114a). Rashi explica que cuando la gente ve un erudito de la Torá sucio, llega a despreciarlo y por lo tanto llega a despreciar también a la Torá y es por ésto que merece ser severamente castigado. El Rebe Najmán extiende esta advertencia a todos los Judíos. Explica que cada persona, cada una de acuerdo a su particular nivel espiritual, tiene la obligación de mantener limpias sus vestimentas. Y cuanto más importante la persona, más grande es su responsabilidad. Explica además que conceptualmente, vestimentas limpias implican limpieza de pecado. Mantener las vestimentas limpias es una señal de cómo uno se cuida de estar limpio de pecado (Likutey Moharan I, 29:3).

*

Volviendo a tratar el tema de la naturaleza profunda de las necesidades físicas, dice el Rebe Najmán: Feliz de aquél que "come" unos capítulos de Mishná, que "bebe" algunos versículos de los Salmos y que se "viste" con las mitzvot (Rabbi Nachman's Wisdom #23).

* * *

DORMIR

Solía decir Rabí Avraham Jazan: ¿Cómo es posible que un Judío diga que se va a dormir? ¿Cómo puede malgastar su precioso tiempo, durmiendo? Pero de hecho, es necesario dormir. Por lo tanto, cuando uno se acuesta y cierra los ojos, debe hablar con Dios, dedicarse al *hitbodedut*. Entonces, uno se duerme por "necesidad" (Rabí Eliahu Jaim Rosen). También en ésto debemos cumplir con nuestras necesidades físicas (el sueño en este caso), pero cuidando de no separarlas de lo espiritual. Si así lo hacemos, si no las unimos con lo espiritual, ¿cómo podremos ir a dormir? En cambio, si lo hacemos, también traeremos santidad a este aspecto de nuestras vidas y el dormir se transformará en otro medio de acercarse a Dios.

*

Dormir es importante. Ello renueva el cuerpo y el alma. También otorga y renueva la fe: tal como el alma nos fue devuelta en la mañana cuando despertamos, debes creer que de la misma manera nos será devuelta en el día de la Resurrección de los Muertos. Recitar el *Kriat Shema* antes de acostarse es una manera de asegurarse que la fe será renovada mientras uno duerme. El mismo Shema es una afirmación de fe y es por lo tanto lo más indicado para ser el último acto consciente antes de dormirnos . Esto otorgará santidad al sueño y ayudará además a guardar el Pacto (Likutey Halajot, Kriat Shema al HaMita 2).

También tiene el Rebe Najmán un consejo para los insomnes. Mucha gente toma pastillas y otras beben leche caliente. El Rebe aconsejó que la persona con problemas para dormir debe "concentrarse en su fe en la Resurrección de los Muertos," (The Aleph-Bet Book, Sleep B4). Y también ésto es una renovación de la fe. Enseña el Rebe Najmán que antes de dormirse, se le muestran a la persona las almas de todos sus familiares fallecidos. Es sabido que ésto también ocurre antes de la muerte. Dormir, que es una sesentava parte de la muerte, también permite ver estas almas, aunque, comparado con el momento de la muerte, de una manera vaga y al pasar. (*Rabbi Nachman's Wisdom* #90).

*

La necesidad de dormir varía con cada individuo. Para algunos es suficiente con cuatro horas, mientras que otros necesitan de seis a ocho. Duerma tanto como necesite. "Come y duerme" le dijo el Rebe a uno de sus seguidores. "¡Solamente cuida tu tiempo!" (*Kojavey Or* pg.25). ¡Lo más importante es estar despierto al estar despierto! Como enseña el Rebe Najmán: Hay gente que parece temerosa de Dios y que aparentan pasar el día estudiando la Torá y orando. Pero Dios no obtiene placer alguno de sus devociones, pues no ponen su vida en ello. Es como si estuviesen *dormidos*. Este "sueño espiritual" se produce cuando la persona come sin santidad. La comida produce pesadez y la mente se duerme (*Likutey Moharan* I, 60:6).

Cuando se quiere servir a Dios, hay ciertos obstáculos que surgen automáticamente. Y otros que dependen de nosotros y de los cuales somos los responsables. Extralimitarse con la comida es un ejemplo de esto último. Quedamos abotargados y no podemos pensar correctamente. No dormir lo suficiente produce el mismo resultado. Terminamos caminando en la bruma, pensando que estamos sirviendo a Dios, cuando en realidad nos es imposible concentrarnos en nuestras plegarias o en el estudio. Solía decir mi Rosh Yeshiva: "Es mejor ser un *mentsh* (persona) por dos horas que un *behema* (animal) durante diez" (*Rabí Eliahu Jaim Rosen*).

*

Uno de los seguidores de Reb Noson le pidió que le interpretase un sueño que había tenido. Reb Noson lo detuvo. "No me cuentes lo que te pasa cuando duermes. ¡Dime lo que te sucede cuando estás despierto!" (*Rabí Eliahu Jaim Rosen*).

*

En el verano de 1806, el Rebe Najmán contó la famosa historia de "La Princesa Perdida" (*Rabbi Nachman's Stories* #1). Unas semanas después, en Rosh HaShaná, el Rebe dió una lección (*Likutey Moharan* I, 60), en la que explicaba cómo contando historias, y en especial aquellas de los Tiempos Antiguos, era posible sacar a la gente de su "sueño". Luego de dar esta lección dijo el Rebe: "Todo el mundo dice que contar cuentos es bueno para dormirse. ¡Yo digo que contar historias despierta a la gente!" (*Tzaddik* #151). Algunos de los Jasidim de Breslov leen las historias del Rebe Najmán antes de dormirse. Obviamente, su intención no es leer para mantenerse despiertos. Sino para que al despertar, puedan realmente estar *despiertos*.

* * *

LA SALUD Y LOS MEDICOS

Dijo el Rebe Najmán: Cuando estás saludable dedícate con toda tu fuerza a servir a Dios. Pero, cuando no te encuentres bien, cumple la mitzvá de "cuida tu alma" (Deuteronomio 4:15). Cuando no te sientas bien, haz tanto como tu salud te lo permita (*Aveneha Barzel* pg.44 #64).

Pero, ¿qué sucede si uno está realmente enfermo? ¿Se debe llamar al médico? El Rebe Najmán dijo que mucha gente suele actuar de manera irracional al sentirse golpeada por la enfermedad. Sienten que no tienen más opción que correr a casa del médico. Lo que no comprenden es que el médico no puede darles la vida. Al final, es necesario confiar solamente en Dios. Y si éste es el caso, ¿por qué no hacerlo así desde el principio? ¿Por qué tanta gente elije entregarse en manos del que consideran el mejor médico, quién de hecho está más cerca de la muerte que de la vida y que es un agente del Angel de la Muerte mismo? (*Rabbi Nachman's Wisdom* #50).

Evidentemente esta es una afirmación bien fuerte. Pregúntele a los médicos que opinan de ello. *¡Y luego pida una segunda opinión!* Una de las preguntas más comunes respecto al Rebe Najmán se refiere a sus apasionados ataques contra la profesión médica.

La medicina es una profesión muy antigua. En el Génesis (50:2) se menciona a los médicos y de seguro que ya los había mucho antes. Pero, hasta este siglo, la medicina no era más que una "práctica incierta", siendo la mayoría de los médicos absolutamente ignorantes de las funciones internas del cuerpo humano. Pero la opinión del Rebe Najmán se basaba también en un conocimiento directo del tema. Luego de su visita a Lemberg (Lvov) en 1808, se refirió a una convención médica que se estaba realizando cuando él estaba allí. "En esa reunión, había dos grupos de médicos que discutían el tratamiento de una enfermedad grave. Un grupo recomendaba una dieta suave, argumentando que todo lo fuerte podía ser muy peligroso. El otro grupo opinaba exactamente lo contrario. Decían que una dieta fuerte era lo correcto y que las comidas suaves y dulces eran muy dañinas. Y cada grupo citaba casos, acusando al contrario de decretar una sentencia de muerte para el paciente" (*Rabbi Nachman's Wisdom* #50).

Continuaba el Rebe Najmán: "Estos eran los mejores expertos en el tema, pero no podían determinar la verdad. La evidencia experimental es inútil, pues a veces apoya un punto de vista y otras veces apoya lo contrario. Dado que los mismos médicos no están seguros de la verdad, y dependiendo de ello la vida del paciente, ¿cómo puede alguien ponerse en sus manos? El mínimo error puede destruir su vida..."

"La medicina y en especial la medicina interna, tiene muchos detalles. El cuerpo está compuesto de muchos e intrincados detalles." (*Rabbi Nachman's Wisdom* #50). Aquello que puede ser bueno para una parte del cuerpo, puede llegar a ser dañino para otra, y puede tener efectos colaterales terribles. Y tampoco hay garantía alguna con aquellos remedios que se han probado como adecuados para el uso general. Algunos de ellos pueden producir reacciones negativas sólo en un uno por mil y esa es una gran probabilidad. Porque, ¿quién desea ser ese uno? Es por ésto y por otros motivos similares que el Rebe advirtió: ¡Mantente alejado de los médicos!

*

Y si todo ésto es verdad, ¿no hemos acaso avanzado con la medicina en el siglo veinte? ¿No se ha mejorado en estos últimos doscientos años? El mismo Rebe Najmán dijo: "Dios dirige el mundo ahora mejor que antes." (*Rabbi Nachman's Wisdom* #307).

Primero, coloquemos las cosas en su correcta perspectiva. La polémica del Rebe Najmán estaba dirigida en primera instancia contra la primitiva medicina de la Europa Oriental de su tiempo. Y ésto tenía lugar unos sesenta años antes de los descubrimientos llevados a cabo por Pasteur sobre las enfermedades infecciosas y once años antes de la invención del estetoscopio. Obviamente, la medicina en esa época era bastante primitiva.

Pero también tenía lugar luego del descubrimiento de Edward Jenner sobre la vacunación antivariólica en 1798. Dijo el Rebe Najmán respecto a esta vacunación: "Si la persona no vacuna a su hijo contra la viruela cuando es un niño, es como si lo asesinara. Y aunque viva en un lugar muy apartado e inclusive bajo el frío helado del invierno, debe llevar a su hijo a la ciudad para ser vacunado" (Aveneha Barzel pg.29 #34). Esto parece contradecir abiertamente las afirmaciones previas del Rebe. ¿O no?

Por supuesto que no. De la manera en que se expresa el Rebe, queda claro que allí donde existan resultados positivos, *demostrados*, se debe consultar al médico y utilizar el método terapéutico apropiado. La cuestión es, ¿qué es un resultado positivo demostrado? Antes de contestar a esta pregunta debemos analizar otra afirmación del Rebe.

Dijo el Rebe Najmán: "Hay dos para quienes su trabajo es casi imposible de llevar a cabo: Satán y el Angel de la Muerte. Cada uno de ellos debe vigilar el mundo entero. Existe muchísima gente y su tarea es en extremo pesada. Debido a ésto, cada uno de ellos posee sus ayudantes. Satan emplea los falsos líderes para 'matar' espiritualmente a la gente y el Angel de la Muerte utiliza a los médicos como sus mensajeros. Y ésto hace más fácil su tarea" (Aveneha Barzel pg.43 #64).

Dado que el Rebe asocia a los médicos con los líderes, es interesante observar las cualidades que poseen en común. Fíjese en el Líder de una comunidad. Su posición no es muy envidiable. Como guía espiritual, él debe dirigir a las personas que se le acercan y responder a sus preguntas de una manera coherente. Sus vidas, su bienestar emocional y su comportamiento religioso están, literalmente, en las manos de este líder.

Pero los líderes pueden ser verdaderos o falsos. Un líder verdadero, al enfrentar una situación difícil, se preocupa por cada decisión. Teme que su consejo pueda no ser el correcto para *este* individuo, en *este* caso específico. Es posible que haya funcionado antes con algún otro, pero esta persona puede ser diferente. Posee sus propias y únicas características. Debido a ésto, el verdadero líder orará a Dios pidiéndole Su guía y dirección en cada situación. El sabe que es humano y que puede equivocarse y a veces de manera seria. El verdadero líder ora y pide con fuerza, comprendiendo que la persona que se le acerca para consultarle está poniendo su vida en sus manos.

Por el contrario, el falso líder no hace nada de eso. Su orgullo y arrogancia lo llevan a pensar que está capacitado para dirigir a la comunidad. Pero no lo está en absoluto (*Likutey Moharán* I, 10:4). Cuando una persona pone su vida en manos de un falso líder, la está dejando en manos de un consejero incompetente quien piensa que sabe todo y que lo aconsejará de acuerdo a su limitada comprensión. Ahora considere: ¿pondría su vida en manos de un ignorante? Pero si usted no sabe que esa persona es ignorante y por el contrario piensa que es inteligente y conocedora, ¿cómo podrá protegerse? Por supuesto que no puede.

Y lo mismo sucede con los médicos. Cuando usted acude a un médico para curarse, está depositando su vida en manos de él. Su elección del tratamiento y de los remedios tienen un efecto directo sobre su vida. Ahora bien, si su médico fuese Dios, usted no tendría ningún problema. Está demás decir que El es perfectamente idóneo y competente. Pero la mayoría de los médicos ni siquiera Lo reconocen. Muy por el contrario, muchos se creen perfectamente competentes, como Dios y juegan su papel en concordancia con ello. Dicen nuestros Sabios: "Los mejores médicos van a Gehinom" (*Kidushin* 82a). Explica Rashi: Esto se debe a que no apelan al Cielo; y porque a veces la gente muere en sus manos; y porque se niegan a tratar al pobre. Explica el Maharsha: Los mejores médicos significa médicos que se consideran a sí mismo como los mejores. Y que confían sólo en su propia sabiduría. Hay veces en que su orgullo y vanidad les hacen diagnosticar erróneamente una enfermedad y como resultado de ello, el paciente muere. Deben habituarse por lo tanto a consultar con otros especialistas, pues una vida ha sido puesta en sus manos (s.v.tov).

La Arrogancia. Es ésto lo que objetaba el Rebe Najmán. El Rebe comprendía que, al igual que los líderes, los médicos eran especialmente proclives al peligroso ataque del orgullo y la arrogancia. Y si bien es verdad que todos estamos sujetos a las fallas de nuestra humanidad, los líderes y los médicos, debido a su particular posición, son mucho más vulnerables a ello. Y lo que es más, el daño que pueden llegar a cometer puede ser mortal. La pregunta que debe hacerse es: ¿En manos de quién está usted dejando su vida? Y ésta era la pregunta del Rebe Najmán.

Es evidente que el consejo del Rebe Najmán es válido aun respecto de la relativamente avanzada medicina moderna. Es cierto que mucho se ha avanzado y que muchas vidas han sido salvadas debido a los tremendos progresos realizados en los dos últimos siglos. Parece natural que con todos estos avances de la ciencia médica, los diagnósticos médicos deban de ser acertados; y que el porcentaje de éxito debiera ser extraordinariamente elevado. Desafortunadamente, los hechos hablan por sí mismo. ¿Quién no tiene algo para contar al respecto, de sí mismo o de algún conocido? Una lectura equivocada de los datos vitales... una reacción alérgica inesperada... una operación chapucera... Y la lista puede ser interminable. Debe recordarse que el título de doctor no hace infalible a la persona, y los médicos aún siguen cometiendo errores muy caros. Incluso en los laboratorios médicos altamente computarizados, existe siempre el factor humano. Y si ese factor se mezcla con algo de arrogancia, con algo de descuido y de falso conocimiento... Aparentemente era a ésto a lo que se oponía el Rebe Najmán. Todo surge de una falta de fe en Dios.

Enseña también El Rebe: Está escrito (Eclesiastés 1:18), "Al incrementar el conocimiento, se incrementa el dolor." Como resultado del aumento del "conocimiento" en cada generación, en forma de nuevas filosofías y herejías, existe un aumento correspondiente del "dolor", de nuevas enfermedades que afligen a la humanidad (*Rabbi Nachman's Wisdom* #291).

¿Cómo se deben aplicar entonces hoy las enseñanzas del Rebe Najmán? Si su médico es alguien que reconoce sus fallas, alguien que es humilde y se reconoce como mensajero de Dios en la curación, entonces usted puede al menos recurrir a él como a alguien que está "tratando sinceramente de ayudar." Y ésto sólo mientras usted deposite toda su confianza sólo en Dios. Pero lo más importante es el consejo del Rebe Najmán: "¡Si recurres a un médico, asegúrate de que sea el mejor!" (*Siaj Sarfei Kodesh* 1-8).

Con respecto a los remedios, la advertencia del Rebe Najmán relativa a los médicos indicaría que es necesario ser extremadamente cuidadosos con aquello que uno deje entrar a su cuerpo. La mayoría de las prescripciones están dadas con el espíritu de "el menor de dos males". Por cada pastilla de la lista del Physician's Desk Reference (un listado de todos los medicamentos manufacturados en los Estados Unidos, tanto en forma de píldoras, cápsulas o líquidos), es posible encontrar algún efecto colateral, algún otro síntoma del cual hay que cuidarse. Por lo tanto, parece lógico tratar de mantenerse lo más alejado posible de aquellos médicos que recetan alegremente. Reduzca a un mínimo la ingesta de sustancias inciertas, algo que se aplica a la mayoría de las medicamentos. Y por sobre todas las cosas, no se haga droga dependiente. Es posible reconocer a un Jasid de Breslov por su botiquín de medicamentos. A diferencia del resto de la gente, su botiquín está casi vacío.

*

Es conocido que Reb Noson no recurría a los médicos en absoluto (*Aveneha Barzel* pg.43 #64). Y aparentemente tampoco Reb Naftalí. Cierta vez, en que Reb Naftalí no se sentía bien, Reb Noson le escribió: "Me han dicho que estás sufriendo de una enfermedad que afecta tus ojos. Pido a Dios que mejores. Y te envío también la siguiente receta: A) ¡no tomes medicamentos! B) ¡no tomes medicamentos! C) ¡no tomes medicamentos!" (*Alim Letrufa* #3). Tampoco Reb Avraham Sternhartz tomaba medicamentos (*Rabí Moshé Burstein*). Y falleció a los noventa y tres años, en 1955.

Muchos de los líderes de la Jasidut de Breslov han debido ser sometidos a alguna intervención quirúrgica. Y cuando *tuvieron* que someterse a ello, lo hicieron de hecho. Pero se cuidaron mucho de escoger el médico de mejor reputación. Y trataron de hablar con él y animarlo a confiar en Dios para que los ayudara durante la operación. Por supuesto que ellos mismos también oraban para que el médico fuese un verdadero mensajero de salud, pues ellos sabían que de todas maneras, todo está en Sus manos.

Y si todo lo demás falla y usted debe recurrir a un médico o se encuentra frente a una emergencia médica, incapaz de verificar las referencias, etc, recuerde la clásica afirmación de Reb Noson: Dios es grande, El puede ayudar a la persona ¡aun si ésta ha llamado al médico! (*Alim Letrufa* 176; *Siaj Sarfei Kodesh* 1-63).

* * *

13

EN EL HOGAR

"Con sabiduría se contruye la casa; y se consolida con comprensión"
(Proverbios 24:3).

Sabiduría y comprensión son necesarias para construir y consolidar un hogar. El principio masculino, la sabiduría, construye, mientras que el principio femenino, la comprensión, aporta la permanencia. Si falta alguna de estas dos cualidades, no es posible transformar una casa en un hogar. El presente capítulo se centraliza en las tres áreas donde la sabiduría y la comprensión se complementan con el objetivo de crear un hogar: las relaciones entre marido y mujer; la crianza de los niños y la hospitalidad.

* * *

FUNDADO SOBRE LA PAZ

Enseña el Zohar que en realidad, marido y mujer no son más que una sola alma. Al descender, el alma es separada en dos partes, masculino y femenino, para más tarde ser reunidas en este mundo (Zohar III, 283b). Esta reunión, a la que denominamos casamiento, está destinada a cumplir grandes cosas. Como señala Reb Noson, el propósito del casamiento es permitir a la pareja traer a este mundo un alma más, un alma emanada desde los más altos niveles, desde el Mismo Primer Pensamiento de la Creación (Likutey Halajot, Minja 7:93). De esta manera, la unión entre marido y mujer permite a la Creación avanzar un paso más adelante hacia su plenitud y perfección (Nida 13b). Es comprensible entonces que al unirse dos personas con un objetivo semejante, encuentren toda clase de dificultades y obstáculos.

Enseña el Rebe Najmán: La Inclinación al mal odia al hombre [y busca siempre hacerle daño] física y espiritualmente. No hay nada que no vaya a intentar para lograr arruinar su vida (Rabí Eliahu Jaim Rosen). Y ésto se hace patente sobre todo en el hogar. La fuerza del Otro Lado hará cualquier cosa, moverá todos los cimientos con tal de impedir que el alma vuelva a reunirse. ¿De qué otra manera podría evitar que el mundo alcance su perfección? Es necesario, por lo tanto, para llegar a construir un hogar, poseer una inmensa dosis de sabiduría y una gran comprensión, para saber entonces cómo mantenerlo unido.

*

Solía decir Reb Avraham Jazan: El Rebe Najmán exhortaba siempre a sus seguidores a que contrajesen matrimonio siendo jóvenes. Y existe una razón muy importante para ello, además del propósito de guardar el Pacto. Las enseñanzas del Rebe Najmán son las recetas más efectivas contra la enfermedad espiritual. Una persona saludable puede pasar indiferente frente a una farmacia, pues no tiene necesidad de ella. Pero para la persona enferma, la farmacia es una posible salvación. La persona que no está casada puede no sentir necesidad de la "medicina" del Rebe Najmán. Se considera saludable y sana. Pero una persona casada de seguro que ya ha sentido el sabor de las dificultades de la vida. De seguro que ya habrá descubierto que no todo está bien. Por lo tanto, podrá encontrar su salvación y la dirección adecuada en las enseñanzas del Rebe (Rabí Eliahu Jaim Rosen).

El *Likutey Halajot* es el *magnum opus* de Reb Noson. Es un tratado sobre cómo llegar a ser un Judío, compuesto por ocho volúmenes y tres mil seiscientas páginas en doble columna. Reb Noson trata allí todas y cada una de las áreas de la vida, incluyendo las relaciones entre marido y mujer. Pero agrega: "Si hubiera querido escribir respecto de lo que sucede entre los esposos, tendría que haber duplicado el tamaño del *Likutey Halajot* que escribí (Siaj Sarfei Kodesh 1-740).

*

Comienzan juntos y terminan separados (Zohar II, 95a). Mi Rosh Yeshiva decía que ésto se refería al mal. La gente malvada comienza estando de acuerdo sobre aquello que piensan llevar a cabo juntos, pero terminan disputando y separados. En la Santidad, por otro lado, se comienza separados pero se termina unidos. Y ésto es especialmente cierto respecto del casamiento Judío.

Si dos personas intentan vivir una verdadera vida Judía, en conjunto, tendrán necesidad de un alto grado de adaptación. Ajustarse uno al otro como recién casados, acostumbrarse a vivir sus propias vidas lejos de sus padres, ajustarse nuevamente cuando nacen los hijos, etc. Dada la gran cantidad de cambios y ajustes existen muchas razones como para separarse, cosa que suele suceder demasiado seguido en estos días. Pero si la pareja mantiene su respeto mutuo y su dedicación al Judaísmo, podrán siempre encontrar una manera de superar las dificultades. Es posible que comiencen separados, pero al final estarán unidos (Rabí Eliahu Jaim Rosen).

Continuaba mi Rosh Yeshiva: "Enseña el Talmud que si un hombre lo merece, su esposa lo ayudará en todo lo que haga. De lo contrario, ella se le opondrá en todo (Yebamot 63a). Lo que la mayoría de la gente no comprende es que esta ayuda/oposición puede cambiar y transformarse cientos de veces cada día. Y ello depende de la persona misma."

*

Durante los primeros tiempos de su matrimonio, Reb Lipa y su esposa se llevaban muy bien. Ella había sido criada en un hogar donde la atmósfera estaba impregnada de las enseñanzas del Baal Shem Tov y el espíritu del Jasidismo y mucho se alegró cuando Reb Lipa se unió a los seguidores del Rebe Najmán. Pero cuando él dejó de visitar al Rebe, las cosas comenzaron a andar mal entre ambos. Peleaban constantemente y su relación se volvió amarga.

Esto que sucedió entre Reb Lipa y su esposa fue exactamente lo opuesto a lo que tuvo lugar entre Reb Noson y su esposa. Al principio, la esposa de Reb Noson estaba totalmente en contra de que él viajase a visitar al Rebe Najmán. De hecho, ella había sido educada en un hogar donde era notable la oposición a los rebes y a sus enseñanzas. Hasta se llegó a pensar en el divorcio. Pero, a su tiempo, ella reconoció la grandeza de su marido y llegó a apreciar aquello que el Rebe Najmán le había enseñado.

Cierta vez, Reb Lipa se encontró con Reb Noson. Los dos amigos se pusieron a conversar y Reb Lipa mencionó la enseñanza talmúdica que indica que si el hombre lo merece, su esposa se volverá una ayuda; pero que de lo contrario ella se volverá contra él. Reb Lipa hizo notar que hubiera sido suficiente decir que si el hombre la merecía ella sería su ayuda pero que de lo contrario estaría contra él. "¿Qué sentido tiene decir que ella *se volverá*? ¿No es algo superfluo?" preguntó Reb Lipa.

Dijo entonces Reb Lipa: "Pero ahora conozco la respuesta. Si el esposo es digno, entonces aunque ella esté contra él, ella *se vuelve* una ayuda. Y ésto es lo que te sucedió a tí, Reb Noson. Pero si el marido no es digno, entonces, incluso si ella es una ayuda, se *vuelve* su antagonista. ¡Y ésto es lo que me pasó a mi!" *(Kojavey Or*, pg. 55 #30).

*

"Sin paz en la casa, no existe un hogar" *(Rabí Eliahu Jaim Rosen)*. Cuando Reb Noson se acercó por primera vez al Rebe Najmán, un amigo le aconsejó que no tomara en cuenta la oposición de su esposa respecto de la jasidut. Pero Reb Noson no siguió este consejo, sino que trató de demostrarle a ella que sus temores eran infundados. Comentó años más tarde: "De haber seguido el consejo de mi amigo nunca hubiera tenido paz en mi hogar. Y nunca podría haberme acercado al Rebe" *(Aveneha Barzel* pg.7).

La clave para lograr la paz en el hogar puede ser resumida en una palabra: consideración. Cuando usted es considerado con su esposa y su esposa lo es con usted, se establece entonces la paz. Si cada uno de ustedes puede decir: "yo soy importante, pero también lo es ella (él)," entonces todos los obstáculos para la paz, tanto materiales como espirituales, pueden superarse. En el capítulo titulado "La Paz," hemos visto que el *nitzajón* constituye uno de estos obstáculos. Esta necesidad de sentirse victorioso se manifiesta con toda su fuerza en el seno del hogar. "¿No soy yo el amo de esta casa? ¿No soy el jefe acaso? ¡Por lo tanto, debo demostrarlo!" Y tal como mencionamos más arriba, el deseo de "demostrarlo" puede ser tan fuerte que nos lleve a negar la verdad. Pero la verdad es que si surge una batalla, nadie saldrá vencedor. Es necesaria verdadera sabiduría y comprensión para saber cómo y cuándo ceder y cómo llegar a ser considerado siempre, sin lo cual un hogar no puede durar por mucho tiempo.

"El Rebe Najmán nos advertía siempre que debíamos honrar y ser considerados con nuestras esposas. Decía: Las mujeres se angustian mucho con sus hijos. Sufren durante el embarazo y el nacimiento. Luego están los problemas de la educación y la crianza de los niños, además de todas las otras esferas en las cuales sufren por tí. Recuerda todo ésto y ten consideración y respeto por tu esposa" (Rabbi Nachman's Wisdom #264). También enseña el Talmud: "¡Honra a tu mujer y tendrás riquezas!" (Bava Metzia 59a).

*

Enseña el Rebe Najmán: Dios es mi luz. Dios es verdad (Likutey Moharan I, 9:3). Por lo tanto, cuando algo suceda en mi hogar, algo que requiera tomar una decisión con sabiduría y comprensión, buscaré a Dios para que El me ilumine en el verdadero sendero y dirección que deba tomar. Debo recurrir a El por todo lo que necesite y en todo lo que haga. Si Le ruego por mis necesidades, si recurro a El en mis dudas y busco Su guía, encontraré entonces las respuestas correctas y tendré paz en mi hogar.

* * *

LOS HIJOS

Que la sabiduría y la comprensión sean una necesidad absoluta en el proceso de la crianza de los hijos, es algo totalmente claro y conocido para cualquiera que los haya tenido. El problema estriba en que el hecho de saber que estas cualidades son necesarias no es lo mismo que tenerlas. "The Aleph-Bet Book" y el libro Advice, contienen cantidad de enseñanzas sobre la sabiduría y la comprensión en el arte de la crianza de los hijos. Todo aquél que busque una imagen completa de las ideas del Rebe al respecto deberá estudiar estas dos obras. Las siguientes sugerencias nos podrán dar una buena idea del punto de vista del Rebe Najmán.

*

Enseña el Rebe Najmán: Un padre colérico cría hijos tontos (The *Aleph-Bet Book, Children* A:107). Además del efecto positivo que un hogar fundado sobre la paz tiene sobre la relación entre marido y mujer, ello tiene también una tremenda influencia positiva sobre los hijos. Siendo las criaturas más observadoras y perceptivas de la tierra, los niños aprenden muy rápidamente de sus padres y absorben todos sus valores. Si sus padres se aman y están en paz, el niño aprende ésto. Si el padre es diligente en el estudio de la Torá, en la plegaria y en el cumplimiento de las mitzvot, el niño aprende la importancia de la religión en su vida. Si su madre es generosa y hospitalaria, el niño aprenderá buenas costumbres. Pero si su padre es agresivo o abusador de los demás, de su esposa e hijos, entonces el niño aprenderá ésto. Y si su madre es dejada o colérica, también de ésto aprenderán. Lo mismo se aplica a la ira, al *nitzajón* y a los demás rasgos negativos. Por otro lado, el compromiso, la compasión y la consideración que los niños pueden observar en el hogar los ayudará a desarrollarse como individuos fuertes y vitales, dedicados al verdadero servicio a Dios.

Enseña el Rebe Najmán: No privilegies a un hijo por sobre el otro (*The Aleph-Bet Book, Children* A:53). Nuestros Sabios deducen ésto de la historia de Josef, a quién su padre Jacob favorecía abiertamente y a quién le regaló un manto multicolor (Génesis 37:3). Este favoritismo llevó, al final, al descenso a Egipto de lo que en ese momento era la totalidad del pueblo Judío (Shabat 10b). Favorecer a un hijo es a veces necesario y posee sus ventajas temporales. Pero a la larga y generalmente, los efectos son negativos. Sólo un niño muy especial podrá sobreponerse a los sentimientos de celos que el favoritismo hacia otro hermano le genera.

Enseña el Rebe Najmán que un niño debe ser educado a comportarse correctamente desde el comienzo mismo (*The Aleph-Book, Children* A:64). El respeto a los mayores, el autocontrol, la importancia de la bondad y demás, son ingredientes necesarios para el desarrollo de un niño. Estos y otros rasgos del carácter deben ser implantados en el niño desde su infancia o tan pronto como sea capaz de responder a estos ideales. No se preocupe si el niño no llega a comprender su significado. Todo retraso en la educación, en espera a que él niño pueda comportarse correcta e "inteligentemente" suele dar como resultado la insolencia y una estructura de personalidad difícil de cambiar más adelante, durante su vida.

Los niños son seres humanos muy curiosos y atentos. Puede que no comprendan todo, pero muy poco se escapa a su mirada y a sus mentes. Enseña el Talmud: Nunca le digas a un niño que le darás algo y luego no cumplas. Esto le enseñará a mentir (*Suka* 46b). Los niños son también extremadamente sensibles a los estados de ánimo de sus padres y pueden detectar inconsistencias en su mismo comportamiento. Primero edúcate a ti mismo, insiste el Talmud, y luego educa a los demás (*Bava Metzia* 107b). Nuestro problema estriba en la doble vida que llevamos, entre la manera en que nos comportamos y la manera en que esperamos que lo hagan nuestros hijos. El Rebe Najmán advirtió también respecto al uso de este doble mensaje y a la inconsistencia, y mostró cómo estamos constantemente practicándolo, aunque de manera sutil.

Es sabido que los niños son muy obstinados. Su hijo desea algo. Usted le dice que no. El niño insiste. Grita. Llora. Usted comienza a molestarse. Golpea al niño como si ello fuera a calmarlo. Ahora es usted el que está gritando, pero el niño continúa lloriqueando. Finalmente, cuando usted ya no puede soportarlo más, cede y hace lo que el niño quería. Dijo el Rebe Najmán: "Yo digo, no le pegues (*patsch*) al niño. Y no cedas" (*Siaj Sarfei Kodesh* 1-91). Luego de demostrar nuestro doble mensaje al hacer aquello que no queremos que el niño haga (gritar, etc.) entonces cedemos y mostramos nuestra inconsistencia, haciendo lo que ellos deseaban.

El Rebe Najmán no estaba de acuerdo con los padres que castigaban a sus hijos (*Aveneha Barzel*, pg.50 #4). Pero dijo también: "A veces debemos dar un *patsch*." Porque hay momentos en que una cachetada es el mejor remedio y una necesidad disciplinaria. Pero aún así, suelen decir los Jasidim de Breslov: Trata siempre que esos "momentos" sean en "otro momento" (*Siaj Sarfei Kodesh* 1-212). Pues la verdad es que la mayoría de las veces la cachetada paterna proviene de la ira y no es una medida disciplinaria para educar al niño. Y los niños lo saben; aprenden a ignorar los cachetazos, de manera que la pretendida disciplina sólo sirve entonces como un remedio temporal. Como dijo el Rebe Najmán: "Con ira no obtendrás lo que deseas [de tu hijo]. E incluso si has logrado algo con la ira, mucho más podrías haber logrado con amor" (Rabí Levi Itzjak Bender).

*

Las sugerencias del Rebe Najmán no se centran solamente en el tema de cómo criar a los hijos. De hecho, la mayoría de lo que dice el Rebe respecto a los niños, tanto en los libros *Advice* y *The Aleph-Bet Book*, como en sus otras obras, está relacionado con tener hijos y con todo lo asociado a lo que es en esencia la primera mitzvá otorgada al hombre. Los siguientes ejemplos muestran algunas de las ideas del Rebe sobre el tema.

Orando. Es importante comenzar dando el paso correcto. Esto no significa esperar hasta que el niño nazca y comiencen los *mazel tov*. Comenzar de manera correcta empieza con las muchas y diferentes oraciones y plegarias compuestas para la pareja inclusive antes de la concepción del niño. Enseña el Zohar que los pensamientos de los padres en el momento de la concepción tienen una influencia directa sobre el carácter del niño (Zohar Jadash 15a; Likutey Moharan I,7:3; Likutey Moharan I, 10:4, n.35).

También hay plegarias para el embarazo, para el nacimiento y por supuesto, para toda la vida del hijo. El éxito requiere de la plegaria constante; pidiéndole a Dios que nos dé la sabiduría, la delicadeza, la comprensión y la diplomacia necesarias como para criar al niño. Entonces, quizás, podamos lograrlo. Sin la plegaria, las posibilidades son mucho menores. Por lo tanto, enseña el Rebe Najmán que orar con fervor es una *segulá* para los hijos (Likutey Moharan I, 48).

*

Mashíaj no vendrá hasta que no hayan nacido todas las almas que han sido creadas (Nidá 13b). Hay mucha gente, hoy en día, con la equivocada idea de que es inútil traer hijos a este mundo. Algunos dicen, simplemente, que el mundo es un desastre y que no desean que sus hijos vivan así. Fundándonos en lo que conocemos de la enseñanza talmúdica ésto es lo que puede llamarse un círculo vicioso. Otros utilizan un razonamiento diferente. Dicen: "¿Para qué tener hijos si hay buenas razones para creer que no llegarán a ser lo que debieran? De esta manera no estaría contribuyendo tampoco a la venida de Mashíaj." Y parecería que desafortunadamente ésto es muy cierto. Hay niños que no son una fuente de *najat* (satisfacción) para sus padres. Aun así, dijo el Rebe Najmán: "Un Judío debe orar para llegar a tener muchos hijos. Mashíaj será el encargado de rectificar todas las generaciones desde Adán" (*Aveneha Barzel*, Pg.21#4).

Daat. Enseña el Rebe Najmán: Cuida de que el mundo esté habitado por seres humanos y no por animales con forma humana. Para ello, debes dejar tu *daat* en este mundo. *Daat* es conocimiento de Dios. Tu *daat* es *tu* conocimiento de Dios. Y éste se transmite de padres a hijos. También puede transmitirse enseñando la Torá, que es conocimiento de Dios. Pues cuando enseñas a otra persona, es como si le dieras nacimiento y transmitieras *daat* a la siguiente generación (*Likutey Moharan* II, 7:3,4).

Trabajamos y nos esforzamos. Nos afanamos durante toda la vida para garantizarle la vida a nuestros hijos. Es cierto que ellos nos fueron confiados y que somos responsables de darles lo mejor que podamos. Pero, enseñan el Rebe Najmán y Reb Noson, también es importante asegurarse que tenemos *algo* para darles. Debemos tomarnos el tiempo necesario para servir a Dios y cumplir con *nuestras* vidas. Debemos adquirir *daat*. Entonces tendremos qué transmitir, qué darle a nuestros hijos. Vivir una verdadera vida Judía será el mejor ejemplo para nuestros hijos, de manera que también ellos puedan llevar adelante nuestra gloriosa herencia de la Torá. Después de todo, este es el mejor tesoro que podamos darles.

Buenas acciones. Cierta vez, alguien se acercó al Rebe Najmán pidiéndole que orase para que pudiese tener hijos. El rebe le contestó: "¡Nuestros Sabios enseñaron que la principal 'descendencia de los justos son sus buenas obras'! (Rashi, Génesis 6:9). Pide ser un buen Judío y que seas digno de seguir el verdadero sendero. Si eres digno de tener hijos físicos, mejor, pero tus principales descendientes nacen cuando dejas que tu corazón se acerque a Dios." Este hombre dejó de pedir por hijos y se concentró en sus devociones. Tiempo después le dijo el Rebe: "Y sería bueno que también tuvieses hijos" y finalmente este hombre tuvo un hijo (*Rabbi Nachman's Wisdom #253*).

Nuestros Sabios enseñaron que una persona tiene tres amigos: sus bienes, su familia y sus buenas acciones. Al acercarse sus últimos días, son sus bienes los que lo dejan, pues ya no le son de ninguna utilidad. Al morir, es su familia la que lo acompaña hasta el cementerio, pero no más. Luego del funeral lo abandonan y regresan a casa. Sólo el tercer grupo de amigos, sus buenas acciones, lo acompañan al Mundo que Viene (*Pirkei de Rabí Eliezer #34*).

Los hijos son importantes. Muy importantes. Sólo ellos garantizan la continuidad de nuestra herencia y de nuestra santa fe. Pero también usted es muy importante. También usted tiene una obligación para con usted mismo. Y también está obligado a tratar de llegar a ser un buen Judío. Pues al final, será usted el único que tendrá que responder por todos sus años y obras. En último análisis, sólo sus buenas acciones lo acompañarán y estarán constantemente a su lado. Dijo Reb Noson en relación a ésto: Parece que todos sienten la necesidad de dejar algo para sus hijos. Esto en sí mismo es una deuda. Pregúntale a cualquiera que haya vivido por qué trabaja tan duro y te dirá: "Lo hago por mis hijos." "¿Crees tú," dijo Reb Noson, "que dado que todos trabajan por sus hijos, llegarás a ver hijos maravillosos? ¡Aún quiero ver ese niño perfecto! [¡Aquél por el cual todos hipotecan sus vidas!] (*Rabí Eliahu Jaim Rosen*).

De manera que el consejo del Rebe Najmán es: Ora y pide por tus hijos, tanto si ya los tienes como si esperas tenerlos, pero asegúrate de orar también por ti. Tus hijos crecerán y se irán de tu lado. Es posible que hasta te produzcan *najat*. Tu debes orar por tu descendencia eterna, por tu Torá y mitzvot; cuidar que se mantengan intactas. De esta manera, tendrás más posibilidades de que tus hijos se queden junto a ti en la fe.

* * *

LA HOSPITALIDAD

Aparte de *shalom bait* (paz en el hogar) y de la crianza de los niños, existen muchas otras cosas que al practicarse pueden transformar una casa en un hogar. Recibir a los huéspedes es quizás un buen ejemplo. La consideración, generosidad y preocupación por los demás que se demuestran mediante la hospitalidad son cualidades necesarias para la construcción de un hogar. Saber cómo recibir a los huéspedes y comprender cómo tratarlos puede llegar a ser un fino arte en sí mismo, pero, como dice el Rebe Najmán, no debemos hacer de este "arte" una fuente de preocupación y nerviosismo.

La grandeza de la hospitalidad está ejemplificada por el patriarca Avraham. El Talmud y el Midrash están repletos de enseñanzas sobre esta mitzvá y también el Rebe Najmán remarcó su importancia. Cierta vez, el Rebe estaba hablando con su hija Sara respecto del gran valor de la hospitalidad, animándola a adquirir esta cualidad. "Si es así," preguntó ella con cierta preocupación, "¿es realmente posible cumplir con esta mitzvá de manera apropiada?" Y le contestó el Rebe: "Mira. ¡Llega un invitado! ¡Tú sacas otro pan! ¡Otro mantel!" *(Aveneha Barzel p.21 #2).*

El Rebe Najmán comprendía la necesidad de practicar la hospitalidad de la misma manera en que sugería que hiciésemos todo lo demás: con simpleza ante todo. Es importante hacer sentir cómodo al visitante. Si se exagera, es posible que el huésped llegue a sentir que es una carga extra para sus anfitriones. Hágalo de manera simple, esa es la enseñanza del Rebe. Haga lo mejor que pueda con aquello que tenga y no trate de impresionar yendo más allá de sus propios recursos.

También Reb Noson sentía de esta manera. Muchos de sus seguidores solían ir a pasar la festividad de Shavuot con él, en Breslov. Cierta vez, un poco antes de Shavuot, una mujer se acercó a Reb Noson pidiéndole que orase para poder tener un hijo. Le respondió Reb Noson: "Para ésto, deberás ser hospitalaria con mis seguidores." Y agregó: "Esto significa otro trozo de jalá. ¡Otro poco de agua en la sopa!" (Y agregó ella: "¡Pescado y carne también!") *(Rabí Eliahu Jaim Rosen).*

Reb Noson confesó que no logró comprender nada del "*Libro*

Quemado" cuando el Rebe Najmán se lo dictó. Lo único que recordaba era que el Rebe hablaba sobre la grandeza de preparar la cama para un huésped (*Rabí Eliahu Jaim Rosen; Siaj Sarfei Kodesh* 1-699). (Las lecciones del *Libro Quemado* eran aún más importantes que las del *Likutey Moharan*. Este libro fué quemado por indicación del mismo Rebe Najmán, en el año 1808, cuando el Rebe estaba ya enfermo (ver *Until The Mashiach*, pg.294).

Recibir Tzadikim y Rabinos en nuestro hogar es una de las manifestaciones esenciales de la hospitalidad. Esto fortalece nuestra fe y trae bondad al mundo. También nos proteje de llegar a ser un oponente de los verdaderos Tzadikim (*Likutey Moharan* I,28).

Cuando el Rebe Najmán estaba en Lemberg (1807-1808; ver *Until The Mashiach*, pg.151-158), tuvo ocasión de comer en la casa de un hombre muy hospitalario. Más tarde comentó el Rebe: "Sentía envidia de este hombre. Se sentaba a la mesa como un 'Rebe con sus seguidores'. Pero la diferencia estaba en que al irse los seguidores del Rebe, son ellos los que le dejan dinero a su maestro. En cambio este hombre no necesitaba recibir. Por el contrario, ¡era él quien les daba dinero a todos aquellos que comían a su mesa!" (*Aveneha Barzel* pg.26 #18)

La hospitalidad también incluye recibir al Shabat y a las Festividades. Enseña el Rebe Najmán: "Recibe las festividades con gran alegría y felicidad. Hónralos lo más que puedas" (*Likutey Moharan* I, 30:5). Enseñó el Rebe, en la misma tónica, que la mejor manera de honrar al Shabat es mediante la comida. Aunque uno se abstenga o coma poco durante la semana, debe honrar el Shabat con comidas festivas (*Likutey Moharan* I, 277). Y también festivo deberá ser su estado de ánimo (*Likutey Moharan* II,17).

Agregó Reb Noson: Recibiendo y honrando al Shabat con alegría, merecerás unirte al Tzadik y lograr el verdadero arrepentimiento (*Likutey Halajot, Shabat* 7:69).

* * *

14

GANANDOSE EL SUSTENTO

"Ama a Dios con todo tu corazón, con toda tu alma y con todas tus fuerzas" (Deuteronomio 6:5). Enseña el Rebe Najmán: El que conduce sus negocios de manera honesta y con fe, cumple con la mitzvá de amar a Dios con todas sus fuerzas (Likutey Moharan I, 210).

Se cuenta que Reb Iaacov, el Maguid de Dubno, visitó al Rabí Eliahu, el Gaón de Vilna. El Gaón le pidió a Reb Iaacov que le "diera musar" (reprensión ética). "¡Reb Eliahu!" comenzó Reb Iaacov, "Tú crees que eres piadoso. Pero pasas todo tu día encerrado en tu habitación, sumergido en tus estudios. ¡Ve fuera, a la calle, dedícate a los negocios y entonces sí podrás comprobar si aún sigues siendo tan recto!"

Para la mayoría de la gente, ganarse el sustento es la actividad que más tiempo les consume durante sus vidas. Salen temprano, en la mañana, trabajan todo el día y a menudo traen parte del trabajo a sus hogares (normalmente en sus pensamientos). Y ésto si es que viven dentro de sus posibilidades y hacen todo de acuerdo a la ley, la halajá.

En ningún otro ámbito las tentaciones son tan poderosas como en todo aquello relacionado con el dinero. La mayoría de los pecados llevan muy poco tiempo para materializarse. Pero las transgreciones relacionadas con el dinero suelen consumir el tiempo completo de la persona y amenazar su estabilidad emocional e intelectual. La avaricia lleva hacia una horda completa de tentaciones, que van desde el franco desfalco hasta los más sutiles sobreprecios y engaños. "¡Es un poco nada más!"; "¡Nunca se va a dar cuenta y por otro lado, también él me engañó a mí!," etc. More Heter es el término utilizado por el Talmud para referirse a esta justificación deshonesta.

Todas nuestras actividades comerciales deben ser llevadas a cabo con honestidad e integridad. La Torá advierte respecto a la absoluta necesidad de guardar las balanzas, las pesas y las medidas en su valor exacto. Está absolutamente prohibido mentir, engañar y robar. Por sobre todas las cosas, es deber mantener la propia palabra aunque ésto conlleve una pérdida. Nuestros Sabios enseñan que faltar a nuestra palabra es equivalente a la idolatría (Sanhedrín 92a). Enseña el Rebe Najmán: Conduce tus negocios honestamente y con fe. De ésta manera le darás vitalidad a tu alma, renovarás tu fe y obtendrás las mismas rectificaciones que se lograban en el Santo Templo mediante los sacrificios diarios y las ofrendas de incienso (Likutey Moharan I, 35:7,8).

* * *

QUE CLASE DE TRABAJO

El Rebe Najmán deseaba que sus seguidores tuviesen una fuente de ingresos. [Hay algunos que utilizan todo su tiempo en la plegaria y el estudio. Esto requiere una tremenda fe y confianza en que Dios proveerá el sustento.] Dijo el Rebe: Es mejor tener una fuente de ingresos y poner tus energías en diversas devociones, que tener que trabajar en la devoción del bitajón (confianza) y sufrir ansiedad respecto a tu situación económica (Tzaddik #501). Es fácil mantener la fe en que Dios proveerá de aquello que usted necesite a través de su trabajo. Podrá entonces concentrarse en la plegaria y en el estudio de la Torá sin preocuparse respecto de dónde le llegará el próximo billete. De esta manera, sea lo que fuere en lo que trabaje o negocie, usted ha puesto en ello su esfuerzo. Sea cual fuere el éxito que Dios le tenga preparado, usted ya ha fabricado el "recipiente," el medio, mediante el cual podrá recibir las bendiciones del Cielo.

En tiempos del Rebe Najmán las posibilidades de vida eran muy limitadas, y en especial para un Judío piadoso. En el mundo de hoy, las oportunidades son prácticamente innumerables. Veamos algunas de las enseñanzas del Rebe Najmán respecto al trabajo, tratando de comprender dónde es necesario concentrar los esfuerzos en este mundo contemporáneo.

La enseñanza. El Rebe Najmán no deseaba que sus seguidores fueran *melamdim* (maestros religiosos). Decía: Nuestros Sabios enseñaron que toda persona tiene su momento de éxito (Avot 4:3). Si alguien se dedica a los negocios, cuando le llega su momento estará en posición de recolectar un gran beneficio. Pero no sucede lo mismo con un maestro asalariado. A lo más que puede aspirar es a una posible bonificación, "una sabrosa torta," o algo similar (Tzaddik #465). Dijo también el Rebe: Si cometes un error en los negocios, siempre podrás corregirlo y es posible que el cliente te lo perdone. Pero si fallas con la educación o haces que tus alumnos pierdan el tiempo, puede que nunca te perdonen (Rabbi Nachman's Wisdom #240). (Opinan los *Tosafot* que un maestro está siempre sujeto a ser despedido sin previo aviso si su enseñanza no es la adecuada y hace perder el tiempo de sus alumnos; Bava Metzia 109b, s.v. v'sapar; Bava Batra 21b, s.v. u'makrei).

¡En verdad ésta es una notable afirmación! El Rebe insistió tanto en la honestidad, la integridad, el temor al Cielo, el estudio de la Torá y la plegaria. Y si no son sus seguidores ¿quién entonces podrá enseñar a los jóvenes?

Comparemos primero la profesión de maestro tal cual era en la época del Rebe Najmán y como es hoy en día. En tiempos del Rebe no existían las escuelas para niños tal cual las conocemos nosotros. Si la comunidad Judía era lo suficientemente grande, solían contratar a un maestro para sus hijos. Esta contratación se hacía en general sobre la base de un semestre. Muchas veces era necesario enseñar a grupos de diferentes edades, lo que hacía bastante difícil la tarea. Si vivían en un pequeño pueblo o ciudad, los padres o un grupo de padres, contrataban entonces al maestro para sus hijos. Este maestro podía provenir del mismo poblado, pero la mayoría de las veces debía ser traído de algún lugar cercano (o incluso desde lejos). Este *melamed* debía dejar su propio hogar y mudarse sin su esposa e hijos. Aunque no era algo muy deseable, no había mucha posibilidad de elección. Por supuesto que ésto ya no es así en nuestros días; ahora tenemos escuelas, transportes y todas las comodidades como para desarrollar una institución educacional sofisticada.

Enseña también el Rebe Najmán: Cuando te encuentres entre no

Judíos, cuídate de no caer de tu nivel espiritual. Nosotros vivimos en un mundo muy bajo, en el más bajo de todo lo existente, donde inclusive los ángeles carecen de la fuerza necesaria para sobreponerse a las tentaciones físicas. El Judío posee más fuerza que los ángeles y puede superar todos los obstáculos. Pero cuanto más lejos estemos de nuestra fuente espiritual, más difícil será mantener el control sobre nosotros mismos (*Likutey Moharan* I, 244).

Comparado con las condiciones actuales, trabajar lejos de casa, como lo hacían los maestros de hace doscientos años se parece más a la vida de un viajante de comercio que a la de un maestro. Los vendedores que suelen pasar mucho tiempo fuera de su casa, están sujetos a toda clase de tentaciones y se encuentran en un constante peligro espiritual, aparte de las dificultades que ésto genera en su vida familiar. Por otro lado, trabajar cerca del hogar tiene un positivo efecto sobre *shalom bait* (paz en el hogar) y sobre *Shmirat haBrit* (guardar el Pacto). Hoy en día, los maestros pueden trabajar cerca de sus hogares, dentro de un sistema educacional estructurado y en condiciones laborales que benefician al estudiante. Por supuesto que puede haber variantes y circunstancias diversas, pero en general, es muy probable que el Rebe Najmán viera de manera positiva la enseñanza religiosa de hoy en día.

Pero la segunda objeción del Rebe, respecto a la pérdida del tiempo del niño, es un tópico aún relevante y de extrema importancia. El objetivo de la educación religiosa es inculcar en el niño el temor al Cielo y el amor por la Torá y el Judaísmo. Si un maestro no puede lograrlo, entonces, obviamente no puede ser un *melamed*. Se lo ha contratado y se le paga un salario para inculcar fe y Torá en el corazón de sus alumnos. Si no lo hace, es un ladrón; está robando a los niños, a sus padres e incluso a la escuela. Y lo que es mucho peor, está impidiendo que sus alumnos adquieran el verdadero Judaísmo. Comentan nuestros Sabios al respecto: Hacer que otra persona cometa un pecado es peor que matarla. Al matarla se la priva de este mundo. Haciendo que cometa un pecado se la priva del Mundo que viene (*BaMidbar Raba* 21:4).

El Rebe Najmán se expresó de manera muy crítica respecto a la enseñanza de temas seculares, afirmando que ello aleja a la persona de la fe. Estos temas no deben ser enseñados en absoluto, ni tampoco estudiados. Esta advertencia no incluye aquellos temas que no tienen relación alguna con la fe, como las matemáticas, etc.

De todo lo anterior podemos deducir cual sería el consejo del Rebe Najmán respecto a la elección de una fuente de ingresos. Elija un negocio, una profesión o una tarea que le permitan estar cerca de su hogar. Y si es posible, en un entorno que lo beneficie en su crecimiento espiritual y asegúrese al menos que la atmósfera de su lugar de trabajo no sea incompatible con el Judaísmo.

La ciudad o los suburbios. Dijo el Rebe Najmán: Respecto a ganarse el sustento, lo más apropiado es residir en una ciudad. Enseñaron nuestros Sabios que todo tiene su lugar de éxito (Avot 4:3). Las mejores oportunidades para los negocios suelen presentarse en las ciudades (Tzaddik #465). También dijo el Rebe que no era de su agrado que un jasid viviera en un pequeño pueblo (Tzaddik #591), pues muy pronto se volvería orgulloso, viéndose a sí mismo más piadoso que el resto de los pobladores.

En vista de las actuales posibilidades de transporte y comunicación, y del fácil acceso a los grandes centros, se debería buscar una comunidad que le ofrezca a uno mismo como a la familia aquellas facilidades requeridas para el crecimiento religioso. Esto incluye posibilidades para el estudio de la Torá, escuelas religiosas y facilidades tales como la mikve para la pureza familiar y sinagogas.

En cuanto al orgullo, si se es propenso a caer en ello, cosa que desafortunadamente es muy fácil que suceda, tendrá que evitar vivir en una comunidad que lo promueva. Esto se aplica tanto si uno es más rico o más inteligente o capaz de ejercer poder sobre los demás. Es deber de cada uno comportarse con humildad, sobre todo al dedicarse a los negocios. Se debe tener en mente que Aquél que le otorga la riqueza y el poder puede también quitárselo y muy fácilmente.

Comentó el Jofetz Jaim que es debido a la debilidad espiritual de las generaciones presentes, que Dios nos proveyó de diferentes medios de transporte, desconocidos en épocas anteriores. Estos artefactos, que sobre todo ahorran tiempo, nos fueron dados para permitirnos dedicarle más tiempo al estudio de la Torá. El carro y el caballo, además de ofrecer un viaje incómodo, hacían que el viajero lo recordase durante varios días después. En contraste, las modernas formas de transporte nos dejan descansados y con mucho más tiempo que el que hubiéramos tenido años atrás.

¡Dígale ésto a alguien que debe viajar todas las mañanas y todas las tardes por las autopista que comunican con los grandes centros urbanos! Con los atascamientos de tránsito, las bocinas y la polución atmosférica, hágale creer a alguien que los modernos medios de transporte son una mejora para la humanidad. Pero, si se piensa en ello, se verá que el Jofetz Jaim tenía razón. Hoy vivimos en la época del "Walkman" y de los reproductores en los automóviles. Es también la época en que miles y miles de horas de cassettes con lecciones de Torá son producidos y están accesibles para todos. Podemos viajar "de costa a costa" y aprender en cada minuto del día. Existen grabaciones sobre el Tanáj, la Mishná, el Talmud, la Historia Judía, Etica, etc. También existen cantidad de cintas sobre las enseñanzas del Rebe Najmán y todas ellas accesibles en Hebreo, Inglés, Idish y otros idiomas. Así que también tenemos la oportunidad de utilizar nuestro tiempo para obtener una ganancia eterna, aún viajando en automóvil, autobús, tren o avión.

Viajando. Cierta vez, un seguidor del Rebe le expresó su ansiedad respecto a realizar un viaje. Le preocupaba que este viaje, que lo mantendría alejado de su hogar durante mucho tiempo, tuviese consecuencias negativas en su crecimiento espiritual. El Rebe Najmán le contestó: "Si tienes la oportunidad de viajar, no hay motivo para que te quedes en casa y te rehúses obstinadamente a hacerlo. Cada persona está destinada a estar en un lugar determinado en un momento determinado. Sea donde fuese que viaje un Judío, allí mismo cumple con alguna rectificación. Bendice, recita una plegaria, realiza alguna mitzvá. Sólo cuídate de no cometer un pecado. Entonces, sea donde fuere que vayas, harás una rectificación" (*Rabbi Nachman's Wisdom #85*).

En el mundo de hoy, mucha gente viaja por motivos de negocios, a veces al extranjero y durante semanas. Depende de la persona hacer de ello algo espiritual, aunque se encuentre lejos de su hogar. Como dijo el Rebe Najmán: "¡Dios dirige el mundo ahora mucho mejor que antes!" (*Rabbi Nachman's Wisdom* #307). Todo aquél que haya viajado en los últimos años sabe cuanto más fácil es hoy en día adherir al Judaísmo cuando se está lejos de casa. Es posible conseguir comida kosher en casi todos lados, en forma de alimentos congelados y envasados (aunque no lo apetitosos que uno desearía). Es posible adquirir calendarios con las horas de salida y puesta del sol en la mayoría de los lugares, permitiendo al viajero saber cuándo orar y cuándo comenzar el Shabat. Y como todo viajero sabe, hay dos cosas que es posible encontrar hasta en los rincones más alejados del mundo: Coca Cola y un corazón Judío.

Pedir prestado. Enseña el Rebe Najmán: La persona que no ansía el dinero, que vive con lo que tiene, utilizando sus propios recursos y sin pedir prestado para ampliar sus aventuras comerciales, cumple con la mitzvá de (Deuteronomio 6:5) "Amarás a Dios con todas tus fuerzas/posesiones" (*Rabbi Nachman's Wisdom* #289).

¿Pedir prestado o no pedir prestado? Ese es el dilema. En este mundo del compre-ahora-pague-después, de las tarjetas de crédito y del dinero plástico, el dilema es demasiado real para casi todos nosotros. Y de hecho no es uno de fácil respuesta. ¿Qué es lo que quiso significar exactamente el Rebe Najmán al decir que era necesario vivir con los propios recursos? ¿Y por qué hay que evitar pedir un préstamo para ampliar un negocio y en cambio sólo usar el propio dinero? ¿No hay lugar para un pequeño préstamo si es necesario? ¿O sólo podemos adquirir aquello que necesitamos, inclusive la leche y el pan cotidianos, sólo si tenemos dinero en efectivo? ¿Es que sólo podemos desarrollar nuestros negocios cuando tenemos el suficiente dinero para hacerlo? Para los seguidores del Rebe Najmán, ¿está prohibido todo préstamo? Enseña el Rebe: Todo aquél que quiera arrepentirse, deberá evitar estar en deuda (*The Aleph-Bet Book, Repentance* A:46). A primera vista ésto parece aclarar definitivamente la opinión del Rebe respecto a los préstamos.

Pero vemos que Reb Noson, el discípulo más cercano del Rebe

Najmán y el que más comprendía las enseñanzas del Rebe, tomó uno que otro préstamo a lo largo de su vida (ver *Iemey Moharnat*, 17b). También mi Rosh Yeshiva, Reb Eliahu Jaim Rosen, pidió dinero prestado para poder comenzar a construir la Yeshiva de Breslov en Jerusalem. Cuando se le preguntó cómo era posible que tomara esa actitud, en vista de la fuerte advertencia del Rebe Najmán en contra de ello, contestó: "Mi maestro, Reb Avraham Jazán, dijo que cuando se trata de cumplir con una mitzvá, ¡hay que lanzarse de lleno!"

Dado que debemos entender las enseñanzas del Rebe más allá del aspecto exterior en la cual se nos presentan, veamos si es posible encontrar alguna guía que nos permita utilizar este consejo del Rebe Najmán en nuestra vida diaria. Considerando lo que dice el Rebe: "Aquél que no ansía el dinero... dentro de los propios recursos... no tomar prestado para expandir...," podemos extraer varias conclusiones. Primero y fundamentalmente, lo que el Rebe está rechazando es la avaricia: ese deseo insaciable de riqueza o ganancia. Esto no es en absoluto una negación de las necesidades de la vida. Todos necesitamos dinero. El problema radica en que todos *queremos* además otras cosas "extras". Viviendo dentro de los propios recursos demuestra un control sobre el ansia de dinero. Pedir prestado para poder sobrevivir, cosa bastante poco común en éstos días, no es el tema sobre el cual advirtió el Rebe. Pero otra cosa es tomar préstamos para adquirir lo superfluo o para aumentar la posibilidad de expandir un negocio y los ingresos. El Rebe objetaba esta actitud de satisfacer los deseos de tener más y mejores posesiones materiales, pasando más allá de las propias posibilidades, o tomando préstamos para expandirse rápidamente.

En este sentido, tomar prestado para expandir un negocio o realizar alguna inversión (o inclusive arreglar la casa), se vuelve una carga financiera tan pesada, que el tiempo se transforma en un pedirle prestado a Juan para poder pagarle a Pedro y por lo tanto, debe evitarse absolutamente. El tiempo de una persona es demasiado importante como para malgastarse en un "juego de manos." Y por supuesto que está totalmente prohibido tomar préstamos con interés. La gente que cae en esta trampa raramente sale indemne.

Sin embargo, esta fuerte advertencia del Rebe Najmán en contra de tomar prestado no parece aplicarse a la necesidad de dinero a corto plazo; como cuando nos demoramos en cobrar nuestro salario o cuando surgen gastos inesperados. Otra cosa es saber que se tiene con qué devolver lo pedido. Incluso podría pedir prestado dinero si considera que existen buenas perspectivas de inversión, pues aunque ésto lo lleve a "ajustarse el cinturón," podrá hacerle frente cuando tenga que reembolsarlo.

Aún así, enseña el Rebe Najmán: Disminuye tus gastos. Es mejor estar satisfecho con un mínimo que estar endeudado. Es mejor estar en deuda con uno mismo (un traje nuevo, un nuevo automóvil, etc.) que estar en deuda con otro (*Rabbi Nachman's Wisdom* #122).

* * *

TRES COSAS PARA RECORDAR

Es muy ventajoso tener una profesión o un negocio propio. Pero ésto trae aparejado también una cantidad de obligaciones. Ser el jefe implica pagar los salarios a tiempo. Ser dueño de un negocio significa preocuparse de lo que se cobra'en relación a la calidad del producto que se vende. Trabajar para otra persona requiere realizar un trabajo honesto y merecer realmente el salario cobrado. Existen numerosas responsabilidades dictadas por la Torá y relacionadas con estas áreas.

Hay tres puntos que deben estar siempre presentes en la mente de un Jasid de Breslov:

1) Dijo el Rebe Najmán: "*Meh darf zein zeier u'gehit mit yenem's a kopke*" (Uno debe ser muy cuidadoso con el dinero del prójimo; *Rabí Najmán Burstein*). El respeto por la propiedad y los bienes de otra persona es algo recurrente en todas las enseñanzas del Rebe.

2) *Hitbodedut*. Dijo el Rebe, respecto a sus advertencias sobre no trabajar de maestro (en su época): "Si van a dedicarse a los negocios y no van a practicar el *hitbodedut*, es mejor entonces que se dediquen a ser *melamdim*. Un hombre de negocios sin *hitbodedut* puede transgredir muy fácilmente en sus tratos financieros" (*Siaj Sarfei Kodesh* 1-702). Es de fundamental importancia orar a Dios, pidiéndole Su guía en los negocios

e inversiones y Su protección contra los malos hábitos al tratar con el dinero de otra persona, etc.

Enseña el Rebe Najmán: Cuando te encuentres de pronto con un pensamiento de arrepentimiento, vuélvete a Dios en ese mismo instante. A veces esos pensamientos son enviados a una persona en un lugar determinado, por lo tanto es necesario detenerse allí y dedicar unos momentos de plegaria e *hitbodedut*. Esperar a estar en un lugar más "apropiado," como una sinagoga o un cuarto privado, puede ser demasiado tarde (*Likutey Moharan* II,124).

Reb Efraim (el hijo de Reb Naftalí), era joyero. Cierta vez, un Jasid de Breslov lo encontró en su puesto de venta, en una convención en Kiev, con su rostro bañado en lágrimas. "¿Qué sucede?" le preguntó el Jasid, a lo cual respondió Reb Efraim: "¿Es éste el propósito de mi vida? ¿Para ésto nací?" "¿Por qué no vas entonces a la sinagoga y oras allí?" insistió el Jasid. "No serviría," contestó Reb Efraim, "El Rebe Najmán enseñó que sea donde fuere que uno reciba un pensamiento de arrepentimiento, aún en medio del mercado, allí mismo debe volver a Dios y orarle a El. Es posible que al llegar a la sinagoga, ese pensamiemnto ya se haya ido" (*Aveneha Barzel* pg.67 #43).

3) Disponga de tiempo durante el día para el estudio de la Torá. De hecho, el Rebe Najmán enseñó que cierta clase de robo era muy loable: "¡Roba *tiempo* para el estudio, inclusive en medio de un día muy atareado!" (*Likutey Moharan* I, 284).

Es deber de toda persona dedicada a alguna clase de transacción financiera estudiar y conocer las leyes de la Torá pertinentes al asunto. Dijo el Rebe Najmán: "Es imposible conducir los negocios de manera honesta y con fe, sin un conocimiento de las leyes de la Torá sobre estos asuntos" (*Likutey Moharan* I, 35:6). En la cuarta sección del *Shuljan Aruj*, denominada *Joshen Mishpat*, podrán encontrarse las leyes concernientes al comercio, la propiedad, las relaciones laborales, etc. Las leyes sobre los intereses y las inversiones se encuentran en la sección *Yore Dea* (159-177). Estas leyes son bastante detalladas y difíciles, por lo que es recomendable comenzar a estudiar las bases en el *Kitzur Shuljan Aruj*

(Código de Leyes Judías). Con ésto como fundamento, podrá agregar conocimientos tomando otras fuentes más detalladas.

* * *

QUE COSAS HACER Y CUALES NO

Hay cantidad de cosas que se pueden hacer y otras que no se pueden hacer en la búsqueda del sustento. La lista puede llegar a ser interminable. Aquí presentamos algunas de ellas, juntamente con las opiniones del Rebe Najmán al respecto.

No se preocupe. Enseña el Rebe Najmán: La ansiedad y la preocupación respecto al sustento drenan la fuerza de la persona (The Aleph-Bet Book, Money, A:60). Más que ayudar a su paz mental, las preocupaciónes y ansiedades sólo sirven para minar sus fuerzas. En lugar de mejorar su habilidad para ganarse el sustento, sus temores y preocupaciones de hecho le quitan la capacidad de lograrlo. Pero hay algo mejor. Siempre puede estar alegre. Enseña el Rebe Najmán: Sólo triunfa aquél que está siempre alegre (The Aleph-Bet Book, Joy, B:1).

Un amigo de la infancia de Reb Noson habitaba en Mohilev. Este hombre sufrió una quiebra en sus negocios, producto de una desmesurada expansión. Sin las leyes de quiebra de hoy en día, no tuvo otra opción que escapar de su hogar. Decidió entonces recurrir a un pariente adinerado que vivía en una ciudad lejana, esperando lo ayudase a salir de sus aprietos.

En camino, el hombre pasó por Breslov. Recordó a Reb Noson, su viejo amigo y decidió hacerle una visita. Cuando comenzaron a hablar, el hombre abrió su corazón delante de Reb Noson, confesándole el grave problema financiero por el que estaba pasando. Escuchándolo, le dijo Reb Noson: "De seguro que estás en problemas, pero tu decisión no es la correcta. Cuando llegues a la casa de tu pariente, tu rostro delatará tu problema. Por lo tanto es posible que su recibimiento no sea del todo cordial, por no pensar algo peor y dudo que te otorgue más de uno o dos días de hospitalidad. ¿Y qué harás entonces? Serás un extraño en esa ciudad. ¿A quién recurrirás entonces?

"Escucha mi consejo y ¡'huye' directamente hacia Dios! Retorna a

Mohilev. Pero en lugar de ir a tu casa vete directamente a la Casa de Estudios. Todos saben en tu pueblo que no eres un ladrón. Allí te respetan como hombre de negocios y saben que has trabajado duro pero que te ha sobrevenido una época difícil. Cuando tu familia descubra que has vuelto, correrán hacia ti con demandas y gritos, pero tú mantente en silencio. No contestes. Sólo corre hacia la Torá y la plegaria. Si sigues este consejo verás que en pocos días Dios te ayudará a arreglar tus problemas."

Las palabras de Reb Noson, expresadas con verdadero sentimiento y preocupación por su amigo, entraron en el corazón de este hombre. Retornó entonces a Mohilev y se dirigió directamente a la Casa de Estudios. Comenzó a estudiar Torá y a orar, manteniéndose silencioso frente a la oposición. Unos pocos días después, la gente del pueblo se reunió para considerar este asunto. Sus amigos y conocidos, comprendiendo que todo se debía a un momento difícil, decidieron prestarle el dinero que necesitaba para rehacer su negocio y ponerse nuevamente de pie.

El amigo de Reb Noson comenzó entonces a dividir su tiempo entre la Torá y las plegarias y el trabajo. Fue bendecido y su nuevo negocio creció de manera tal que pudo devolver el préstamo y pagar el resto de sus deudas. Más tarde, le escribió a Reb Noson una carta agradeciéndole calurosamente su visión y consejo (*Aveneha Barzel*, pg. 82).

Es esencial encontrar un tiempo durante el día para el estudio de la Torá y la plegaria. Y también es importante la alegría. Ambos producen un remanso de seguridad, un santuario en tiempos difíciles. A veces y en verdad bastante a menudo, debemos enfrentar Lunes Sombríos, Jueves Negros, etc. Pero si tenemos nuestro tiempo y lugar de refugio preparados, si las herramientas necesarias para "dar vuelta una pérdida" están listas y en su lugar, estaremos mejor equipados para absorber las dificultades y retornar mucho antes.

Manténgase dentro de la ley. Tal como hemos mencionado, es muy importante al realizar nuestros negocios, que los enmarquemos estrictamente dentro de todas las leyes de la Torá.¿Pero qué hacer respecto a las leyes seculares? ¿Qué hacer respecto a la "ley del país"? El Rebe Najmán se oponía con dureza a contravenir estas leyes. Decía: Mantente firme en la fe y en la confianza de que Dios te ayudará y bajo ninguna circunstancia violes ninguna ley, ni de la Torá ni del gobierno. Tales prácticas pueden parecer buenas, pero sus ventajas son de corto alcance (*Siaj Sarfei Kodesh* 1-135). Sólo respetando la ley se alcanza el éxito.

No pierda su dinero. El Rebe Najmán advertía seriamente respecto a la necesidad de cuidar nuestro dinero y nuestros bienes. Decía: Un hombre le quita tiempo al estudio de la Torá y a la plegaria, luchando para poder ganar algo de dinero. ¡Y luego no lo cuida! El honesto dinero Judío debe ser cuidado y guardado como los ojos de la cara. El Rebe Najmán no simpatizaba con aquellos que eran descuidados con su dinero (*Rabbi Nachman's Wisdom* #281). Esto también se aplica a gastar o invertir nuestro dinero de manera poco prudente.

Enseña el Rebe Najmán: El dinero, en su raíz, proviene del mismo lugar que el alma. Es la *JoMaH* (pared) de una persona y su protección. Es deber de la persona mantener esa pared íntegra. Pero existe un rasgo del carácter que es innato del hombre y que crece junto con él. Este es la *JeiMaH* (ira). La persona debe controlar su ira y evitar que destruya su pared. Y si se encoleriza de pronto respecto de algo, debe comprender que está por recibir una bendición de riqueza. La situación que lo irrita es sólo una prueba. Deberá pues redoblar sus esfuerzos para controlar su ira (*Likutey Moharan* I, 68). Por lo tanto, una de las mejores soluciones para protejer nuestro dinero y posesiones es controlar la ira. De esta manera, la persona puede cuidar lo que posee y esperar más bendiciones.

Tener fe. Sobre todo, tenga fe. Tenga fe y confíe en que Dios le enviará todo aquello que se supone que usted necesita. "Los negocios se basan en la fe" (*Likutey Moharan* I, 35:7). En el mundo de hoy, altamente competitivo, es un hecho único encontrar a una persona que de regreso a casa aún mantenga intacta su fe. Y más extraordinario aún, un *jidush* aún más grande, lo constituye aquella persona que recuerda la fe en medio de un día de transacciones comerciales, en medio del calor de los negocios.

Afirma el Talmud: En Rosh HaShaná, Dios decreta el monto exacto que una persona ganará durante ese año (Beitza 16a). Este decreto se oficializa en la noche de Shemini Atzeret, cuando uno recita la plegaria de *Emet V'Emuna* (luego del Shema; Siaj Sarfei Kodesh 1-55). Nada podrá cambiar esta cantidad, ni más trabajo ni mayor dedicación. Si usted piensa que le rinde más trabajar durante más horas, recuerde que es muy fácil para Dios "otorgarle" una cantidad correspondiente de ganancias o de pérdidas. Pues también dice el Talmud: Así como en Rosh HaShaná se determinan las ganancias, de la misma manera se decretan las pérdidas. Si es digno de ello, sus "pérdidas" estarán constituidas por su diezmo y su caridad. [De lo contrario, sus pérdidas saldrán directamente de su ingreso] (Bava Batra 10a). Por lo tanto, cuánto mejor es tener fe y utilizar su tiempo "libre" en la plegaria y el estudio, cuyos resultados están garantizados, antes que afanarse detrás de ganancias dudosas.

Por otro lado, "la plegaria puede cambiar un decreto" (Rosh HaShaná 17b). Si usted desea aumentar sus ingresos de manera honesta, dedíquele entonces tiempo a la plegaria, recite los Salmos y hable con Dios durante el *hitbodedut*. Dígale a El que necesita más dinero. Explíquele sus motivos. Argumente. Ruegue. La plegaria contínua tiene el poder de cambiar cualquier decreto de pobreza y mejorar su fortuna.

También el estudio de la Torá tiene el poder de traer riquezas (Shabat 63a). El Rebe Najmán contó una historia sobre dos amigos de la infancia. Luego que se casaron y comenzaron cada uno con su negocio, uno triunfó, al tiempo que el otro sufría una constante pobreza. La buena fortuna de uno molestaba al otro, sobre todo porque éste último había sido testigo de un grave pecado cometido por su amigo. "¿Por qué le debe ir siempre tan bien? ¡Yo mismo vi que cometía un pecado!" Y siempre se sentía mal, quejándose de lo que creía era una injusticia de parte de Dios. Finalmente recibió una respuesta mientras soñaba. "Desde el día en que ambos comenzaron los negocios, tu amigo le dedicó siempre un tiempo a la Torá, tomando el compromiso de estudiar una determinada cantidad cada día. Y sucediera lo que sucediese él mantuvo su propósito. Pero tú no te dedicas a la Torá. Por lo tanto, es tu compañero quien merece las riquezas, pese a su gran pecado. Pues 'aunque el pecado puede anular una mitzvá, no puede anular la Torá'"

(Sota 21a). Y a ésto agregó el Rebe que "Ve'ain Avera M'jabe Tora" (el pecado no puede extinguir la Torá) es un acrónimo de MAoVT, dinero (Likutey Moharan I, 204; Rabbi Nachman's Wisdom #137). De manera que el estudio diligente y constante de la Torá no disminuye sus ganancias, sino que por el contrario, las aumenta y asegura sus ingresos. (La caridad es la mejor protección y seguro para los propios negocios, como explicaremos más adelante en el capítulo titulado "La Caridad.")

*

En síntesis, dedíquese a los negocios, aprenda una profesión, trabaje para lograr un ingreso seguro. Pero no se olvide que el tiempo de la persona en este mundo es limitado. Y hay mucho más trabajo para hacer que el necesario para satisfacer nuestras necesidades físicas y materiales.

Enseñan nuestros Sabios: Mientras el niño se encuentra en el vientre de su madre, se le enseña toda la Torá (Nida 30b). Pregunta el Zohar: "¿Por qué los recién nacidos no pueden ver?" La respuesta es que en el vientre se les enseña la Torá y se les muestra las magníficas luces y tesoros que los esperan en el Mundo que Viene. Pero al llegar a este mundo, estas luces les son ocultadas... Aquél que no busca la Torá está "enceguecido" para la búsqueda del Mundo que Viene, mientras que para aquél que busca la vida de la Torá, Dios dice (Génesis 1:3) "¡Que haya luz!" Buscar la Torá abre nuestros ojos a las delicias del Mundo que Viene (Tikuney Zohar 70, pg. 137).

Enseña el Talmud: Tan grande como parece el mundo, no es más que 1/3200 partes de la Torá (Eruvin 21a). Por lo tanto, la Torá es muchísimas veces más grande en tamaño que toda la tierra. Pregunta el Rebe Najmán: Si la Torá es tan grande y amplia ¿por qué la gente no la puede ver? Y responde: Esto se puede comparar con una gran montaña delante de nuestra vista. Si una persona coloca delante de sus ojos una pequeña moneda, ésta le impedirá ver la montaña (Likutey Moharan I, 133). El mensaje es muy claro: No se deje enceguecer por las "monedas" del sustento.

* * *

¡SI LO QUIERES, PAGA POR ELLO!

Enseña el Rebe Najmán: Paga por la mitzvá. Toda mitzvá que una persona realiza sin gastos, es considerada [también] como una buena acción. Pero pagar por una mitzvá, gastando dinero para poder realizarla correctamente y tan bien como sea posible, quiebra nuestra ansia por el dinero y es considerada como un puro acto de fe (*Likutey Moharan* I, 23:5). Compramos un sillón caro para nuestra sala de estar. Las camas son de primera calidad y la máquina de lavar la ropa está garantizada. Nuestra vestimenta es cómoda pero elegante. ¿Y qué hay de nuestros Tefilín y Mezuzot? ¿Cuánto estamos dispuestos a gastar en una hermosa suká o en los matzót especiales para Peisaj? ¿Y cuánto queremos pagar para que nuestros hijos obtengan la mejor educación posible de Torá? Tal como no es necesario sobrepasarse cuando se adquieren muebles o vestimentas, tampoco hay que pagar demás por una mitzvá (*Bava Kama* 9b). Aun así, el Rebe Najmán nos dice que no debemos evitar pagar por una mitzvá o buscar una manera más barata de hacerla.

Cierta vez estaba Reb Noson considerando la posibilidad de adquirir un hermoso etrog y se lo llevó al Rebe para pedir su aprobación. El Rebe Najmán lo examinó cuidadosamente, pero no pareció muy impresionado por él. Por último el Rebe dió su frío consentimiento y Reb Noson salió a comprarlo. Al volver, Reb Noson encontró al Rebe en una actitud completamente diferente, pues ahora expresaba satisfacción y admiración por ese etrog, alabando su hermosura. Cuando Reb Noson le preguntó por qué no había demostrado ninguna emoción antes, el Rebe le respondió: "Es en verdad un etrog impresionante. Pero si yo hubiese demostrado algún entusiasmo frente a él, eso se hubiera transparentado en tu rostro al negociar con el vendedor. Y de hecho él hubiera elevado su precio. Ocultando mis sentimientos, pudiste obtener un hermoso etrog sin pagar de más" (*Tradición oral*). Las mitzvot son nuestras verdaderas posesiones. El dinero que gastamos en ellas es un dinero bien gastado.

* * *

15

CARIDAD

Enseñan nuestros Sabios: Si ves que tus medios de subsistencia son escasos, ¡Practica la caridad! Y más aún si tus ingresos son suficientes. Esto puede compararse a dos ovejas que intentan cruzar un río, una de ellas esquilada y la otra con toda la lana. La oveja esquilada no tiene problemas en hacerlo. Pero la lana de la otra absorbe el agua rápidamente, hasta que el sobrepeso la hunde y se ahoga (Gitin 7a).

Es interesante. Usted ve cómo sus ingresos están disminuyendo. Siente que su presupuesto se estrecha por todos lados. ¿Qué debe hacer entonces? ¡Dé más! Sí, dé lo poco que tiene, tome algo y entréguelo. Como caridad. Adelante, tenga menos que lo que aún posee. De esa manera podrá "cruzar el río," y algo más. También *prometieron* nuestros Sabios: ¡Házlo, practica la caridad y no tendrás más problemas con tus ingresos!

Pronto veremos cómo la manera más segura de ganarse el sustento es practicando la caridad. El Talmud, el Midrash, el Zohar y virtualemte todas las Sagradas Escrituras, se expresan profusamente sobre la grandeza y el poder de la caridad. A todo lo largo de las obras del Rebe Najmán y de los escritos de Reb Noson podemos encontrar enseñanzas respecto al valor de esta gran mitzvá. Estas ideas y consejos han sido compiladas de forma concisa sobre todo en los libros *Advice* y *The Aleph-Bet Book*. Aquí intentaremos presentar algunas de las enseñanzas más importantes de Breslov sobre el tema de la caridad y ofrecer algunas sugerencias sobre cómo lograr que la práctica de esta mitzvá sea más efectiva.

*

ABRIENDO LAS PUERTAS

"Patoaj tiftaj et iadja, Abrir, abrirás tu mano..." (Deuteronomio 15:8).¿Por qué el versículo usa la redundancia: *"Patoaj Tiftaj"*?

Enseña el Rebe Najmán: Todos los comienzos son difíciles. Todas las devociones y el arrepentimiento... frente a todas y cada una de las tareas que comenzamos debemos encontrar numerosas dificultades y obstáculos. Tal como una mujer al dar a luz debe pasar por los dolores de parto antes de traer su hijo al mundo, de la misma manera debemos sufrir los "dolores de parto" antes de darle nacimiento y crear todo aquello que queramos. Y lo más difícil es el *petaj* (la abertura), el comienzo. La caridad es llamada *petaj.* Es la *primera* abertura, la que ensancha todas las grietas y abre todas las puertas. Por lo tanto, el versículo dice: *"Patoaj, tiftaj,* Abrir, abrirás,"* pues la caridad abre todas las puertas y crea todas las oportunidades (*Likutey Moharan* II, 4:2).

De hecho, la caridad es en sí misma, muy difícil de comenzar a practicar. El versículo enseña que la caridad requiere también una puerta abierta, de manera que podamos comenzar a dar. Si está en nuestra naturaleza ser compasivos, enfrentaremos muy poca resistencia dentro nuestro al donar para caridad. Pero si está en nuestra naturaleza el ser tacaños y mezquinos, si existen algunos rasgos de crueldad en nuestra personalidad, deberemos transformar esa crueldad en compasión y forzar la abertura de la caridad dentro nuestro (*Likutey Moharan* II, 4:1).

El poder de la caridad es fenomenal. Puede abrir las puertas del anhelo y del deseo constante de servir a Dios. Mediante la caridad podemos traer sobre nosotros un influjo de la bondad Divina, de manera que no tengamos que luchar más por nuestro sustento. Una bendición de bondad descenderá, trayendo abundancia para todos (*Likutey Moharan* II, 4:9).

Esto nos enseña que la caridad puede quebrar y abrir todas las barreras, incluyendo los obstáculos y las dificultades que solemos encontrar al intentar ganarnos el sustento. Esto no significa que debamos entregar todo nuestro dinero a una causa digna con la esperanza de ser recompensados con esta inmensa bondad y abundancia. De hecho, el Talmud prohibe donar para caridad más del veinte porciento de los bienes [existen algunas excepciones. Ver más adelante] (Ketubot 50a). Pero a través de la enseñanza del Rebe Najmán podemos llegar a apreciar el valor que posee la caridad en la persona que busca una posibilidad de alcanzar una vida próspera. Dar es en realidad recibir.

* * *

LA RECTIFICACION DE LOS NEGOCIOS

Cada área de nuestras vidas conlleva una conducta apropiada. Pero la fragilidad humana nos hace fallar en algún aspecto de nuestro comportamiento. Nadie puede atravesar la vida sin cometer alguna falta, alguna vez. Pero aún así, siempre existe la posibilidad de la rectificación. Podemos corregir aquello que hicimos mal y remediar la situación. Y lo mismo se aplica a la "conducta" impropia tanto en el pensamiento como en la personalidad. También existen maneras de corregir estas cosas.

Por ejemplo, ¿qué sucede cuando herimos los sentimientos de alguna persona? Siempre podremos pedir perdón. Esta es una rectificación. O ¿qué sucede si pedimos algo prestado y lo perdemos? Podemos pagar por ello. Esto remedia la situación. Si nos comportamos mal, podemos ser amables. Si nos encolerizamos, podemos mantenernos calmos. Y si tenemos pensamientos negativos e impropios podemos también trabajar sobre ello; cada rasgo negativo tiene su rectificación.

Lo mismo sucede cuando la persona no se ha comportado honestamente en sus negocios. Puede devolver el dinero que ha cobrado de más o integrar los fondos que no asentó. Pero, ¿qué sucede cuando se ha estado cometiendo esta misma falta durante mucho tiempo, cuando ya no se sabe a quién ni cuánto se está debiendo? ¿Qué sucede si se es honesto en los negocios, pero se está atrapado en el ansia de dinero? ¿Si siente que nunca es suficiente y siempre desea más? ¿Cómo podrá corregir estas faltas? ¿Existe alguna manera de rectificar el pasado y mejorar el futuro? La respuesta es afirmativa: Es posible utilizar el Remedio General.

Enseña el Rebe Najmán: La caridad constituye el Remedio General para los negocios. Ten presente a cada instante en cada aspecto de tu trato comercial, en todo aquello que dices y haces durante tu trabajo o negocio, que el deseo que te guíe sea obtener dinero para donarlo como caridad. Este es el Remedio General que rectifica a los negocios en su raíz. De esta manera es posible rectificar todas las áreas específicas en donde puedes haber fallado en tu conducta comercial.

*

Ganarse el sustento debe fundamentarse sobre la fe. Esto significa creer que, sea lo que fuere que Dios nos dé, eso es lo que podremos obtener. ¡Y ésto no es fácil! De hecho, es muy difícil alcanzar este nivel de la fe. Mucho de lo que nos sucede durante la vida parece ir en contra de ésto; especialmente cuando la persona piensa que todos sus esfuerzos y sólo sus esfuerzos, son los que le garantizan ganarse el sustento. Pero esta actitud muestra una falla en la manera como buscamos nuestro sustento y nos dedicamos a los negocios. Y es señal de una gran falta de fe.

Como nos dice el Rebe Najmán, la caridad es el Remedio General. Si recordamos que una parte de nuestras ganancias irán para caridad, entonces, cada acción en el momento de hacer negocios será una reafirmación de nuestra fe. ¿Qué muestra más grande de fe, que tomar lo que es nuestro, nuestro dinero ganado duramente y darlo a otros, sólo porque Dios nos ordenó hacerlo? Esta es la rectificación general de todo lo que hagamos en nuestros negocios, pues cada pensamiento, cada palabra y cada acción estará calculada sobre la base de un solo objetivo: la caridad que se beneficiará de aquello que podamos lograr.

Es por ésto que dice el Rebe Najmán: La caridad ayuda a la persona a quebrar su ansia de dinero (Likutey Moharan I, 13:1).

Hay algo que debe quedar absolutamente claro: está totalmente prohibido pensar que, dado que parte de los beneficios irán para caridad, está permitido engañar y robar en los negocios. La enseñanza del Rebe Najmán relativa al Remedio General para los negocios se aplica a la persona que ha cometido errores en el pasado, equivocadamente o no y quien en el momento presente desea rectificar sus faltas. De ninguna manera está sugiriendo que una persona puede cometer un pecado, a sabiendas que la caridad que pueda dar más tarde será una rectificación de su mala conducta.

* * *

LOS GUARDIANES DE LA RIQUEZA

"No habrá pobres entre ustedes" (Deuteronomio 15:4). "No cesarán los pobres de entre ustedes..." (Deuteronomio 15:11). Nuestros Sabios comentan respecto a esta contradicción: Cuando los Judíos se apeguen a la Torá habrá abundancia y bendiciones. Cuando no lo hagan, habrá pobreza (*Sifri, Reih; Rashi, ad.loc.*). ¿Y qué sucede con las bendiciones y la abundancia del Cielo cuando los Judíos no se apegan a la Torá? Ella va a las naciones. Y los Judíos sólo reciben los restos (*Zohar* II:152b).

Escribe Reb Noson: De hecho, cada persona posee su propio "canal" de *shefa* (bendiciones), de manera que si esta *shefa* descendiera en relación con las mitzvot que realiza cada Judío, todo Judío piadoso posería muchas riquezas. Pero estamos en el exilio y los canales de *shefa* están mezclados y confundidos, incluso entre los mismos Judíos. Y como resultado de estos entrecruzamientos mucha gente rica recibe las bendiciones de abundancia a través de los canales que en realidad pertenecen a otros.

Por lo tanto, explica Reb Noson, la Torá nos advierte sobre la necesidad de dar caridad. La gente que ha sido bendecida con una buena fortuna tiene, por así decir, el compromiso de actuar como guardianes del Dinero de Dios. La persona próspera que comprende que ha sido bendecida para ocuparse de velar por las necesidades de los pobres, debe sentirse feliz de cumplir con la mitzvá de la caridad. Desgraciadamente hay algunos que creen que la riqueza es de ellos, que la han "ganado." No aceptan la idea de haber sido bendecidos por Dios. De manera que estas personas se transforman en los opresores de los pobres y no sólo no dan caridad, sino que hasta llegan a quitarles su mismo sustento.

Pero dando caridad rectificamos estos canales que encauzan la abundancia. "Retornando" de esta manera la *shefa* del pobre. Y al hacerlo, abrimos más canales, trayendo entonces también abundancia y bendiciones sobre nosotros mismos y sobre los demás, hasta que, finalmente, toda la *shefa* volverá a los Judíos (*Likutey Halajot, Pikadon* 5:35).

*

Se cuenta una historia sobre un próspero jasid que fue a visitar al Maguid de Mezritch, anunciándole que había decidido ayunar y mortificar su cuerpo. El Maguid lo tomó por las solapas de su abrigo y le dijo: "¡Debes comer pescado y carne todos los días!" Luego que este jasid se fuera, sus discípulos le preguntaron: "¿Y qué hay de terrible en que este hombre rico se niegue los placeres del cuerpo?" Contestó el Maguid: "Si come carne y pescado, podrá comprender que es necesario dar al menos un poco de pan a los pobres. Pero si él mismo come sólo pan duro, ¿Qué quedará entonces para los pobres?" (*Rabí Eliahu Jaim Rosen*).

* * *

GRANDEZA DE LA CARIDAD

Es posible encontrar en las lecciones y conversaciones del Rebe Najmán cantidad de referencias sobre la eficacia de la caridad. Aquí presentamos algunas de esas enseñanzas relativas a la importancia de la caridad y su especial influencia sobre nuestra vida cotidiana.

Enseña el Rebe Najmán:

Dando caridad se revela la grandeza de Dios al mundo (*Likutey Moharan* I, 25:4).

La diferencia entre el hombre y la bestia radica en el poder de la palabra. La caridad crea el poder de la palabra (*Likutey Moharan* I, 225).

Dar caridad genera todas las bendiciones y engendra el conocimiento (*Likutey Moharan* I, 31:1,2).

Sé generoso y te elevarás en el mundo (*The Aleph-Bet Book, Charity* A:28).

La caridad con el pobre, en la Tierra de Israel, trae prosperidad (*The Aleph-Bet Book, Charity* A:17).

Practica la caridad y serás bendecido con hijos (*The Aleph-Bet Book, Charity* A:32).

La caridad salva del pecado (*Likutey Moharan* I, 116). Salva de la peor de las impurezas (*Likutey Moharan* I, 242).

La caridad trae la paz (*Likutey Moharan* I, 57:7).

La caridad ayuda a cuidar el Pacto. Desacralizar el Pacto implica alimentar aquello que está prohibido, a las fuerzas del mal. La caridad rectifica ésto, dando el sustento donde es necesario. Por lo tanto se debe tener cuidado de hacer caridad en los lugares apropiados. De otra manera incluso hasta nuestra caridad puede llegar a alimentar los lugares indignos (*Likutey Moharan* I, 264).

La caridad suaviza los decretos severos (*The Aleph-Bet Book, Charity* B:6).

La caridad acelera la Redención Final (*The Aleph-Bet Book, Charity* A:2).

* * *

CARIDAD Y GLORIA

Enseña el Rebe Najmán: Uno debe elevar la Gloria de Dios de entre los orgullosos. Esta gente arrogante "captura" la Gloria de Dios y la utiliza para ellos mismos, de manera que personas indignas llegan a ser "líderes" de las comunidades Judías. Y ésto rebaja aún más la Gloria de Dios y la gloria del mismo pueblo Judío. Este descenso es comparado a la muerte, pero la caridad "salva de la muerte" (Proverbios 10:2). Dar caridad refuerza el alma y revela la sabiduría sobre la tierra. Esto eleva la Gloria de Dios y trae Bondad a la Creación (*Likutey Moharan* I, 67:4-8).

La caridad es mucho más que una mitzvá; también posee un enorme poder para suavizar los decretos más severos. Puede traer la paz. Y también eleva la Gloria de Dios de manera que El es reconocido en toda la tierra.

Pero dado que la filantropía se halla muy cerca de la gloria y del honor, ella puede estar generada por una amplia gama de motivaciones. Algunos dan para cumplir con la mitzvá, mientras que otros lo hacen por compasión hacia los pobres. También se da porque hay alguien a la puerta "y no siento que debiera darle la espalda," o porque un socio me pidió una contribución, etc. Y también están aquellos que dan por el honor que reciben con ello. Sus nombres figuran "entre luces" y son el comentario del pueblo. "¡Qué persona tan caritativa! Qué gran filántropo..."

Dar caridad por la caridad misma es, sin lugar a dudas, el nivel más alto. Y muy pocos lo alcanzan. Al igual que la plegaria concentrada y el estudio profundo de Torá, éste es uno de los objetivos al que todos aspiran. También son dignos de elogio aquellos que dan caridad por razones compasivas, pues ellos son el pilar y sostén de aquellos que realmente necesitan ayuda. Pero ¿qué sucede con aquellos que buscan honor a través de sus actos? ¿Qué puede decirse de su caridad?

Existen diferentes opiniones en el *Shuljan Aruj* (Yore Dea 249:13) respecto a asociar el nombre de la persona con aquella mitzvá que ejecuta, tal como la donación de un rollo de la Torá o una ventana en la Sinagoga. Algunos son de la opinión que los actos de bondad y las contribuciones deben quedar en el anonimato. Otros afirman que es permisible y que incluso debe ser propiciado. Aun así, dar solamente por el propio honor parece cuestionar la validez del acto mismo, pues de hecho, tal persona se está dando a sí misma, da para recibir.

También enseñan nuestros Sabios: La persona debe siempre poner todo su corazón en el cumplimiento de las mitzvot. ¡Si Boaz hubiese sabido que la Torá diría que él le entregó seis medidas de centeno a Rut, de seguro le hubiera dado ovejas gordas! En el pasado, cuando alguno realizaba una mitzvá, ésto quedaba registrado en la Torá por medio de un profeta. Pero ¿quién registra hoy las mitzvot de cada persona? Elías el profeta es quién lo hace y Dios y Mashíaj son los testigos (Rut Raba 5:6).

Nuestros Sabios aconsejan que cada persona debe hacer lo mejor que pueda, aunque ésto no quede registrado para las generaciones posteriores. El Midrash nos dice que no debemos pensar que nuestras acciones caritativas puedan pasar desapercibidas o puedan ser olvidadas, pues el Tribunal Celestial tiene como secretario nada menos que al profeta Elías, siendo Dios y Mashíaj los testigos.

Preguntamos nuevamente: ¿Qué sucede entonces con aquellas personas que buscan su propio honor al cumplir con esta mitzvá? ¿Qué puede decirse de su acto de caridad? Se dice que la caridad es única entre las mitzvot pues no importa cual sea la intención del donante, buena, mala u horrenda, aún así él es recompensado por su acción. Y ¿por qué? No importa cual sea su intención, siempre es una ayuda para los pobres. Pero aún así haríamos bien en escuchar a nuestro corazón en lugar de escuchar nuestro ego. "Qué importa si soy premiado con mi nombre a la entrada de una sala, en un edificio, en un libro, etc. Mi intención fue dar caridad. Eso es lo que cuenta. Y es posible que otros se inspiren en mi acto." De esta manera nuestra mitzvá es mucho mayor. Como dicen nuestros Sabios: Hacer que otros den es más grande que dar uno mismo (Bava Batra 9a; The Aleph-Bet Book, Charity A:15). Y de esta manera mucha más gente llega a cumplir con la mitzvá de la caridad.

Por lo tanto, enseña el Rebe Najmán: Uno debe buscar aumentar el Honor de Dios y disminuir el propio (Likutey Moharan I, 6:1). Lo más importante al dar caridad debe ser tener la intención de elevar el Honor de Dios y de difundir Su Gloria por el mundo.

* * *

¿CUANTO DAR?

Las leyes sobre la caridad se encuentran expuestas en el *Shuljan Aruj, Yore Dea 247-259*. Estas incluyen el monto máximo para dar, a quién se le debe dar, las prioridades, etc. Nuestras obligaciones están relacionadas con nuestro ingreso, tomando en cuenta las variantes que un contador suele considerar, tales como: salario o negocio, ganancias o pérdidas, impuestos, inversiones, pensiones, etc. Es necesario, a menudo, consultar con un Rabino competente respecto a este asunto. Pero el monto generalmente aceptado y aprobado por la mayoría de las autoridadees es el *maaser* (diez por ciento). Enseña el Talmud: La persona no está obligada a dar más del *jomesh* (veinte por ciento), no sea que ella misma caiga en la indigencia y necesite también de la caridad (Ketubot 50a). Pero incluso este monto es negociable (ver Yore Dea 249:1).

Enseña el Rebe Najmán: Dando el veinte por ciento de tu ingreso a la caridad cumples con la mitzvá de (Deuteronomio 6:5): "Ama a Dios con todo lo que posees" (Rabbi Nachman's Wisdom #299).

Uno *puede* dar más. Y de hecho no son los pobres los que van a objetarlo. Es difícil imaginar cómo alguien con unos millones y un buen salario puede sentirse "amenazado" por la pobreza si llega a dar más del veinte por ciento. El Rebe Najmán dijo que la caridad posee dos facetas: La persona que no tiene demasiado pero que es muy generosa debe dar en relación a su generosidad; mientras que la persona a quien Dios ha otorgado riquezas pero que no es particularmente generosa debe dar en relación a la riqueza con que Dios la ha bendecido (The Aleph-Bet Book, Charity A:65).

Reb Dov de Tcherin, un negociante, era seguidor del Rebe Najmán. El Rebe le indicó que su deber era dar a los pobres el *jomesh*, el veinte por ciento de sus ingresos. Reb Dov cumplió con esta mitzvá toda su vida. Antes de morir se le escuchó decir: "¡Con mi *jomesh*, no tengo ningún miedo del [juicio del] Tribunal Celestial! Saldré [meritorio]" (Kojavey Or pg.24 #19).

Enseña el Rebe Najmán: Dando el *maaser* serás salvado de tus enemigos (Likutey Moharan I, 221).

Ya se ha hecho notar que si *toda* nuestra gente diera el diez por ciento, ¡a ningún pobre le faltaría y ninguna organización estaría falta de fondos para construir o mantener sus instituciones!

* * *

¿CUANDO?

"Dar, le darás [al pobre] y no te sentirás mal por hacerlo" (Deuteronomio 15:10).

Es bueno separar el monto destinado para la caridad ni bien se recibe el sueldo. De esta manera se "kasheriza" el dinero que uno posee sabiendo que la porción de los pobres ya ha sido separada. El equilibrio depende de usted (Rabí Zvi Aryeh Rosenfeld). Alguna gente llega a depositar el dinero de *tzedaka* en una cuenta separada, dedicada solamente a esa actividad.

Reb Eliahu Jaim Rosen solía parafrasear el versículo anterior: "Da aquello que ya has (separado) y así no te sentirás mal por dar." Habiendo separado el dinero, no sentirá el golpe cuando le pidan una contribución.

*

Enseña El Rebe Najmán: Uno debe dar caridad todos los días, antes de orar (Oraj Jaim 92:10; Likutey Moharan I, 2:4).

"Cuando comiences algo, da caridad" (ver más arriba, "Abriendo las Puertas"). Sea cual fuere el objetivo que persiga, estudio de la Torá, plegaria, otras mitzvot, un viaje, negocios o lo que fuere, preceda el acto dando caridad (*Likutey Moharan* II, 4:2).

Enseña el Rebe Najmán: Antes que una enfermedad aflija a una persona, se hace el voto de no abandonarlo hasta una fecha determinada, en un momento determinado y sólo mediante determinado medicamento y persona (*Avoda Zara* 55a). Si es así, ¿qué necesidad hay de llamar al médico? ¿Para qué preocuparse si los medicamentos no tendrán efecto hasta cierto momento y fecha? Pero la caridad tiene el poder de anular un voto. Ella suaviza y mitiga los decretos duros. Por lo tanto, dando caridad al enfermarse, es posible suavizar el decreto de enfermedad que cayó sobre nosotros. Entonces, cualquier médico o medicina podrán ayudarnos en la curación, incluso antes del tiempo decretado para su fin (*Likutey Moharan* II,3; *The Aleph-Bet Book, Sweetening Judgment* A:1).

* * *

PRIORIDADES

Toda comunidad Judía debe disponer de un fondo de caridad para atender a las necesidades de los pobres y carentes. Algunas comunidades tienen un solo fondo, otras tienen también un comedor popular. Estas organizaciones solían estar en manos de los *gabai tzedaka* (supervisores de la caridad) quienes eran responsables frente a la comunidad (*Yore Dea* 256). Esta era la costumbre en las comunidades Judías Sefarditas y Ashkenazíes, prósperas o no. El fondo proveía de comida, vestimenta y refugio, a los enfermos, a los ancianos, etc. (las prioridades están detalladas en el *Yore Dea 251)*. La mayoría de las Sinagogas de hoy en día poseen también un fondo similar, utilizado para cubrir las necesidades de sus miembros y otras actividades caritativas.

Prioridad. Una importante palabra respecto a la *caridad*. En verdad, *la* palabra más importante. Pregúntele a cualquier grupo de persona respecto a sus prioridades y recibirá variadas respuestas: mantener a los ancianos, alimentar a los desvalidos, cuidar a los enfermos, ayudar a las víctimas de los terremotos, apoyar la investigación médica... Esta sección ofrece una guía de aquello que el Rebe Najmán indica como prioridades de la caridad y de cómo han cumplido con su sugerencia los Jasidim de Breslov a lo largo de las generaciones.

*

Haciendo rendir la contribución. Enseña el Rebe Najmán: Dice el Rey Salomón en sus Proverbios (19:4): "La riqueza aumenta los amigos." La palabra "riqueza" alude a la caridad y en particular a aquella que se da a los verdaderos Tzadikim. Y es ella la que "aumenta los amigos." ¿Por qué? Es muy simple, cuando uno da caridad a alguien, se crea una atmósfera de armonía y amistad entre uno mismo y esa persona. Obviamente, cuanto más se dé a un mayor número de personas, más buena voluntad se genera. Por lo tanto, cuando se da caridad a estos Tzadikim, cuyas almas incluyen las almas de muchos Judíos y seguidores, ello es como dar caridad a muchísima gente. Esto crea un círculo más amplio de amistad y genera una atmósfera más grande de armonía y tranquilidad. Es por esta razón que lo mejor es dar caridad a los verdaderos Tzadikim (*Likutey Moharan I, 17:5*).

Cuando se trata de dar caridad debemos intentar hacerlo allí donde produzca el mayor bien. Esto no significa que haya que abstenerse de darla en otra parte. Significa que debemos sopesar nuestras prioridades y determinar dónde será más beneficiosa nuestra donación. Si al darle a un individuo, sólo mantiene a ese individuo, mientras que la misma cantidad de dinero donada a una institución sostendrá a una mayor cantidad de personas, entonces, indudablemente, esta segunda debe ser la opción. Esto puede ser considerado como la "rentabilidad" de nuestra caridad, consiguiendo "más" por la misma cantidad de dinero.

El mismo Tzadik es conocido como "muchos," pues enseña a los demás y los guía a través de la vida. Ellos dependen de él. A veces esta dependencia es también material y financiera, pero en general, se lo busca esperando ayuda espiritual, alimento del alma. Dando al Tzadik también estamos dando a todos los que de él dependen. De esta manera permitimos que el Tzadik pueda atender a la necesidades de aquellos que recurren a él. Y por lo tanto, en esencia, estamos dando a mucha gente. (Esto no nos excusa de ayudar a cualquier individuo pobre. No debemos pensar que por dar a un lugar, aunque la caridad sea más importante, estamos exceptuados de ayudar en aquello que puede ser considerado como una caridad menor. Debemos sopesar cuidadosamente nuestras contribuciones y más aún nuestras intenciones.)

El sendero correcto. Enseña el Rebe Najmán: Existen tres elementos necesarios para el arrepentimiento: el primero es ver al Tzadik; el segundo es dar caridad al Tzadik; y el tercero es confesarse y hablar con el Tzadik, pidiéndole que nos muestre el camino para servir a Dios. Ver al Tzadik quiebra nuestras tendencias a la depresión y los malos deseos. Dar caridad al Tzadik quiebra las tendencias a la habladuría, la calumnia y el orgullo. Al hablar con el Tzadik, éste nos dirige por el sendero correcto de manera que podamos rectificar nuestra alma (*Likutey Moharan* I, 4:8).

La caridad ha sido siempre una importante clave para todo aquél que anhela retornar a Dios y arrepentirse. En esta lección (*Likutey Moharan* I, 4:8), el Rebe Najmán enfatiza la importancia de dar caridad al Tzadik, pues ésto permite al donante extraer el mayor beneficio de esta mitzvá. El Rebe compara la caridad dada a un Tzadik con la luz del día. Esta luz permite que el hombre "vea" hacia donde va y le ofrece una dirección en la vida, al tiempo que lo ayuda a quebrar sus rasgos indeseables.

Escribe Reb Najmán de Tcherin: Aun cuando el Tzadik ya no esté con vida, sigue siendo posible cumplir con estos tres elementos necesarios para el arrepentimiento.

A) Ver al Tzadik puede cumplirse al estudiar sus escritos. Pues "los libros del Tzadik poseen [en sus letras y combinaciones de palabras] el rostro y el alma del Tzadik" (*Likutey Moharan* I, 192). (Esto se explica con mayor detalle en el Apéndice A).

B) Dar caridad al Tzadik puede cumplirse haciendo donaciones de cualquiera de las siguientes maneras: a aquellos que dependen del Tzadik; a las sinagogas e instituciones que difunden las enseñanzas del Tzadik;

para la publicación e impresión de las obras del Tzadik. Cualquiera de estas opciones trae la rectificación equivalente a dar caridad al Tzadik (explicada más arriba).

C) Hablar con el Tzadik puede cumplirse viajando a la tumba del Tzadik, orando y pidiéndole al Tzadik que interceda por nosotros de manera que podamos llevar una vida espiritual (esto se explica con mayor detalle en el capítulo "El Tzadik") (*Parparaot LeJojma* 4:5).

*

Enseña el Rebe Najmán que nuestro deber es traer *daat*, verdadero conocimiento, a este mundo. Debemos compartir este conocimiento con los demás, de manera que el Planeta Tierra sea habitado por seres *humanos*. El verdadero conocimiento es el conocimiento de Dios. Aun si fallece, puede la persona dejar este conocimiento en el mundo. Aquél conocimiento de Dios que haya podido obtener podrá transmitirlo a las generaciones siguientes enseñándolo a sus hijos o alumnos. Aunque no sea un maestro, si comparte ese conocimiento con alguien, transformará a esa persona en su "alumno" en virtud del fragmento de conocimiento que le ha impartido (*Likutey Moharan* II, 7:2-4).

El propósito de la Creación es reconocer a Dios. Esto puede lograrse estudiando más sobre los caminos de Dios hasta llegar a cierto grado de Su conocimiento. Esta fue la grandeza de Moshé Rabeinu. Su reconocimiento de Dios alcanzó los niveles más altos, sobrepasando a todos los hombres que hayan caminado sobre la faz de esta tierra. Y fue capaz también de iluminar a los demás con ese conocimiento de Dios, incluyendo a los niños más pequeños. Y ¿qué sucede con nosotros? ¿Podemos alcanzar este conocimiento? Sí. Utilizando las herramientas que nos dejó Moshé Rabeinu: el conocimiento que transmitió a su discípulo Yoshúa. Pues este mismo conocimiento es el que ha sido legado, generación tras generación, hasta el día de hoy.

*

Las siguientes enseñanzas introductorias podrán ayudarnos a

comprender cómo es posible dar caridad al Tzadik inclusive en nuestros días.

Los seguidores del Tzadik. Hemos visto que la transmisión del *daat*, del conocimiento de Dios, es un proceso continuo. Comienza con el Tzadik y continúa a través de las generaciones, mediante los seguidores del Tzadik. Siguiendo el consejo y las enseñanzas del Tzadik, se continúa el proceso de la revelación del conocimiento de Dios al mundo, haciendo de él un lugar más habitable y mejor. Por lo tanto, dar caridad a los seguidores del Tzadik es como darla al mismo Tzadik.

Sinagogas/Instituciones. El mismo razonamiento se aplica a aquellas sinagogas e instituciones que llevan el nombre del Tzadik. En estos lugares, la plegaria y el estudio de la Torá se practican de acuerdo con las enseñanzas del Tzadik. De esta manera se revela el conocimiento de Dios transmitido por el Tzadik a través de sus seguidores. Dar a una institución posee la ventaja adicional de entregar a "muchos." Las Sinagogas y escuelas dan clases y cursos en los que grandes grupos de gente se benefician con las enseñanzas del Tzadik y con su *daat*. Y esto hace que un mayor segmento del mundo se vuelva más "humano."

Publicaciones de obras del Tzadik. Dijo el Rey David: "Su caridad permanece para siempre" (Salmos 112:3). Pregunta el Talmud: "¿Qué caridad es la que permanece para siempre? Aquella del que escribe libros de Torá para los demás" (Ketubot 50a). La caridad de la persona que contribuye a producir enseñanzas de Torá en el mundo, de libros que promueven el conocimiento de Dios y garantizan un medio de transmisión de su conocimiento a las generaciones futuras, esta caridad es la que permanece para siempre.

Publicar las obras del Tzadik es la manera de revelar su *daat* a todo el mundo. No hay duda alguna que la distribución de las enseñanzas del Tzadik en forma de libros es el método más grande y poderoso para alcanzar la mayor cantidad posible de audiencia. Y ésto puede apreciarse en dos aspectos, en el tiempo y en su impacto.

La caridad para con el hambriento es algo muy grande, pero al día siguiente, el pobre hombre volverá a tener hambre. De manera que los fondos destinados a esta acción deben reponerse constantemente. La donación de hoy, se irá mañana. Por otro lado, construir una sinagoga es un tipo de caridad con un alcance mucho mayor y que conlleva una recompensa más grande pues en última instancia ayuda a que un grupo mayor de personas pueda orar y estudiar Torá. Aun así, el impacto de la donación se halla limitado a la gente que asiste a la sinagoga, beneficiando al barrio en el cual fue construída.

Pero en ambos aspectos de tiempo e impacto, el dinero donado para la publicación de un libro llega mucho más lejos que otras formas de caridad. Una vez publicado, el libro puede ser estudiado por cada nueva generación. A lo largo de la historia nuestros enemigos han destruído y quemado gran cantidad de rollos de Torá, de ejemplares del Talmud y de muchos escritos Judíos. Pero habiendo sido publicados, las mismas versiones de esos textos aún sobreviven. Por lo tanto, también hoy tenemos acceso al mismo *daat* de Dios que esos libros revelaron y promovieron cuando fueron escritos por primera vez. Un libro es para siempre. Como enseña el Rebe Najmán: Cada libro de Torá que se publica, cumple un papel muy importante en el mundo (*Likutey Moharan* I, 61:5).

También los libros pueden llegar a cualquier lugar del mundo. Así, el impacto de un libro sagrado implica que el conocimiento de Dios puede alcanzar cualquier rincón del planeta. Un libro puede viajar (o ser enviado) de Aberdeen a Zurich, de Zion hasta Alaska, llevando con él su mensaje y diseminando el conocimiento de Dios por todas partes. Los libros poseen un tremendo poder para acercar a cada parte de la Creación hacia el cumplimiento de su propósito.

Existen numerosas historias relativas a personas que encontraron una publicación de Breslov y fueron motivadas por ello a acercarse a Dios y a mejorar sus vidas. Y de seguro que existen innumerables más que no han sido relatadas; historias sobre gente que nunca hubiera estudiado las enseñanzas del Rebe Najmán o de sus seguidores y que sin embargo, debido al tiempo que dedicaron a la lectura de esa publicación que casualmente llegara a sus manos, pudieron acercarse más al propósito de sus vidas.

De todas estas historias, hay una que es particularmente interesante. Sucedió en Varsovia, en la época en que la Jasidut de Breslov era un importante movimiento en toda Polonia. El Judío en cuestión había sufrido tiempos muy duros. La vida parecía no valer la pena de ser vivida. Deprimido y angustiado, decidió que era momento de poner fin a todo ello. De manera que consiguió algo de veneno para utilizarlo cuando se presentase la primera oportunidad. Al esconder ese veneno, en el último estante de su biblioteca, tropezó con un ejemplar del libro titulado *Meshivat Nefesh — Retorna mi alma*. Tomando el libro, que es una colección de extractos de las enseñanzas del Rebe Najmán sobre cómo combatir la depresión y la falta de esperanza, se despertó su curiosidad y comenzó a leerlo. "No hay situación, por desesperada que parezca, que no pueda transformarse y volverse buena." "Dios ha distribuido el bien en toda la Creación, aun en los lugares más oscuros." Pronto, este Judío estaba devorando página tras página de consejos sobre cómo aprovechar la fuente de alegría y fortaleza espiritual. No es necesario agregar que, luego de ello, no tuvo necesidad del veneno. (*Rabí Itzjak Gelbach*).

*

Enseña el Rebe Najmán: Hay Ancianos de Santidad cuyo conocimiento es el conocimiento de Dios y hay también Ancianos de Impureza cuyo conocimiento es el conocimienmto del ateísmo. Dar caridad somete a los Ancianos de Impureza y reduce la influencia negativa de sus enseñanzas (*Likutey Moharan* II, 4:7-9).

Escribe Reb Noson respecto a la importancia de dar caridad con el fin de difundir las enseñanzas del Tzadik: La caridad dada con el propósito de revelar el conocimiento de Dios, publicando las obras de aquellos Tzadikim que transmiten este conocimiento, tiene el poder de someter a los Ancianos de Impureza, a la raíz misma del ateísmo. Y ésto se debe a que las enseñanzas de Torá reveladas en estas publicaciones tienen el poder de inculcar el conocimiento de Dios y disipar las preguntas y dudas que moran en la mente. Y de esta manera traen al mundo la luz y la santidad de los Ancianos de Santidad.

Además de la Biblia, la Palabra de Dios se transmitió también de manera oral. En su momento y debido a que la gente estaba olvidando esta Torá Oral, se otorgó el permiso para volcarla por escrito. Surgían preguntas a las que nadie podía contestar. Las dudas se multiplicaron sin enseñanzas que pudieran aclararlas. De manera que fue necesaria la publicación de la Torá Oral. No había otra manera de disipar estas dudas y de clarificar las preguntas que surgían y que aún hoy en día surgen. Cada nuevo trabajo, cada publicación adicional, proporciona más claridad, revelando al mundo un mayor conocimiento de Dios.

Afortunado de aquél que contribuye a la publicación de los escritos del Tzadik, dando caridad para ayudar a traerlos al mundo. De esta manera trae el mérito a muchos, ayudando a clarificar las preguntas y las dudas. Su recompensa no tiene límite y de hecho su caridad permanece para siempre, pues trae mérito y claridad no sólo a su generación sino a todas las que le sigan. Y así perpetúa la Torá. ¡Cuán afortunado es él! *(Likutey Halajot, Birjat HaShajar 5:38).*

* * *

DONANDO AL TZADIK

Dijo el Rebe Najmán: *"Zu mir, hot keiner nit derleigt,* nadie ha perdido al contribuir conmigo" *(Siaj Sarfei Kodesh 1-28).* Dijo también el Rebe: "Mi tomar es un dar. Cuando tomo algo de alguien de hecho le estoy dando" *(Rabbi Nachman's Wisdom #150).* Existe una especial bendición cuando se le da al Tzadik: ¡El donante recibe! Aunque ésto es cierto respecto a todo tipo de caridad y todo aquél que da puede ver cómo el dinero encuentra una manera de volver a él, esto es especialmente verdadero cuando se le da al Tzadik.

Y ésto es tomado de manera literal por todos los Jasidim de Breslov, y no sólo respecto a cuestiones de caridad, sino a los gastos que la persona realiza en pro del Rebe Najmán y de sus enseñanzas. Todo aquél que haya hecho el peregrinaje a la tumba del Rebe Najmán en Ucrania, puede testimoniar respecto a los Jasidim de muy bajos recursos que llegan hasta allí, con el solo objetivo de orar junto a la tumba del Tzadik; y de cómo sus gastos le son reembolsados, de una manera u otra.

* * *

UNA MITZVA MAS GRANDE...

Dijo el Rebe Najmán: "*¡Epes tut ihr gur kein mitzvos nit!*, Parece que ustedes no están dedicados a realizar buenos actos." Estos buenos actos a los que se refiere el Rebe Najmán eran los actos de bondad hacia los demás: fomentar y ayudar a recolectar caridad en su bien (*Rabbi Nachman's Wisdom #258*).

Existe un beneficio adicional en la mitzvá de la caridad. Aunque esta parece ser una mitzvá sólo para aquellos que pueden "gastar" en ella, de hecho puede ser cumplida por todos, inclusive de manera cotidiana. Y ¿cómo? Haciendo que otros contribuyan. Enseñaron nuestros Sabios: Más grande que aquél que da caridad es aquél que hace que otros den. Sus obras traen paz (*Bava Batra 9a*). Por lo tanto, incluso la persona de escasos recursos tiene una manera de cumplir con la mitzvá de la caridad; puede recolectar caridad de los demás, para los otros. Su recompensa por recolectar mil dólares es mayor que aquella que puede recibir al darlos. (También una persona que mendiga puede ganarse una gran recompensa, recolectando caridad de los demás. Pero aún así, ésto no la exceptúa de dar caridad ella misma.)

*

EVITAR TOMAR

Tanto nuestros Sabios, como Maimónides y el *Shuljan Aruj*, concuerdan en que se debe hacer todo lo necesario para evitar tener que depender de la caridad. Es mejor trabajar en una tarea degradante que depender de la piedad de los demás (*Pesajim 113b*). El Rebe Najmán es de la misma opinión.

"Debes saber que arriba existe un ángel que posee una cantidad de delegados. Estos ángeles tienen *shofrot* y soplan en ellos buscando constantemente objetos perdidos. Y existen muchos objetos perdidos debido a los pecados." (*Likutey Moharan* II, 88). Dijo entonces el Rebe Najmán: Y ésto se hace muy difícil [si uno tiene que] recibir limosna. Parece ser que la persona que acepta caridad hace mucho daño, haciendo muy difícil la búsqueda de aquello que se ha perdido" (*Rabbi Nachman's Wisdom* #180).

Por lo tanto, debemos hacer lo posible por no caer en una situación en la que debamos depender de la caridad. Pero las circunstancias pueden cambiar. Es posible que una situación financiera difícil se deteriore y que no pueda ser superada. En un momento así, no debemos negarnos a recibir caridad o ayuda financiera. De hecho, está prohibido negarse a recibir ayuda de los demás cuando la situación lo demanda. Pero y en la medida de las posibilidades, debemos intentar ser siempre los benefactores antes que los receptores de la caridad

* * *

CARIDAD PARA ISRAEL

La caridad hacia los pobres de nuestra propia familia tiene prioridad respecto a los extraños y la caridad hacia la propia comunidad tiene prioridad ante otras comunidades u otras causas. Todo esto se halla explicado en el *Shuljan Aruj*. Pero existen también algunos comentarios que sostienen que los pobres de la Tierra Santa tienen prioridad ante todos (ver *Yore Dea* 251:3).

Enseña el Rebe Najmán: La caridad hacia la Tierra de Israel es muy superior a la caridad con la Diáspora. Al contribuir con Eretz Israel la persona se incluye en el "aire" de la Tierra Santa. [Es decir, que el aire a su alrededor se purifica en el sentido que atrae el aire de santidad, cuya fuente y origen es la Tierra Santa.] Esta santidad permite la revelación del mérito de los Patriarcas trayendo bondad al mundo (*Likutey Moharan* I, 37:4).

Noam HaElion (La Delicia Superior) es la fuente de todo lo agradable de este mundo. Todo sentimiento de agrado que podamos experimentar proviene de esta cualidad de Dios. Todos los días una corriente de *Noam HaElion* desciende al mundo. Y ésto produce la rectificación del Intelecto inferior, conocido como el Intelecto de la Diáspora, elevándolo a un nivel superior conocido como Intelecto de la Tierra Santa. Este último Intelecto implica una mayor comprensión y conocimiento de Dios. Pero es necesario un recipiente adecuado para poder tomar de *Noam HaElion*. Al dar caridad a la Tierra Santa se contribuye a la formación de este recipiente (*Likutey Moharan* II, 71).

Escribe Reb Noson: "He escuchado de labios del Rebe que el [mejor] momento para dar caridad a la Tierra Santa es durante el mes de Adar (*Tzaddik* #562). Aunque la gente de la Tierra Santa acepta gustosamente la caridad durante todo el año, el mes de Adar es el más propicio para ello. Uno puede y debe dar también durante el resto del año.

* * *

USTED DECIDE

Causas dignas. Enseña el Rebe Najmán: La gente mala también contribuye con caridad. Pero esa misma caridad engaña al malvado haciendo que sus fondos vayan a caer en manos de aquellos que no los merecen. Esto se debe a que la caridad otorga un gran mérito al donante y se teme que el malvado pueda llegar a utilizar ese mérito para oponerse incluso a los grandes Tzadikim. Por lo tanto, el dinero de los malvados termina en las arcas de causas indignas y en manos de individuos que aparentan ser justos. Y ésto libera a los justos de su maldad (*Likutey Moharan* II, 15).

Nunca antes, en los anales de la historia del Judaísmo, se presentó una situación tan confusa respecto al hecho de dar caridad. Aparte de nuestras obligaciones locales, nos llegan innumerables cartas, llamadas telefónicas y "visitas" buscando compartir con ellos esta mitzvá. Y todos (o casi todos) parecen legítimos: tanto hospitales, como escuelas, gente pobre, ancianos, estudiosos, dementes, viudas, huérfanos, golpeados y sin hogar, víctimas de las tragedias producidas por el hombre y de desastres naturales. Hasta instituciones dedicadas a salvar animales, piedras, árboles...

A fines de 1988, tres ballenas quedaron atrapadas en el hielo, cerca de la costa de Alaska. Tanto los Estados Unidos como la Unión Soviética conjuntamente con fundaciones e individuos particulares juntaron sus fuerzas con las de los medios de comunicación para llevar el problema de las ballenas al interior de nuestros hogares. Se enviaron rompehielos al tiempo que los helicópteros dejaban caer alimentos y los voluntarios corrían a brindar su ayuda. En síntesis, ¡varios millones de dólares y una semana de trabajo fueron gastados en el intento de salvar tres ballenas! Siempre existe alguien dispuesto a enrolarse en una buena causa.

Jeremías, el Profeta, fue denigrado, torturado y arrojado a un pozo por sus enemigos. Estos eran la misma gente que él tratara tan vehementemente de ayudar. Y así oró a Dios: "Cuando den caridad, que ella caiga en manos de los indignos, de manera que no reciban recompensa alguna por sus acciones" (Bava Kama 16b). Cuando una persona contribuye con una causa indigna, no sólo no recibe recompensa por su acto sino que acaba perdiendo su dinero por nada.

Enseña el Rebe Najmán: Dar caridad es como emitir una sentencia. Tomamos el dinero de una persona "pudiente" (que tiene algo para dar) y se la damos a un "pobre" (Likutey Moharan I, 2:4). De manera que la caridad es la verdadera medida de nuestro sentido de justicia. La Torá prohibe la crueldad con los animales. Aquél que los vea sufrir está obligado a calmar su dolor, en la medida de las posibilidades, pero ¿quién en su sano juicio pondría en duda la prioridad de la compasión por los seres humanos? ¿Quién dudaría que el hombre está primero?

Pero ¿cuál es la causa más importante? ¿O la más urgente?, ¿O al menos, la más legítima? "La caridad," enseña el Rebe Najmán, "busca la verdad" (Likutey Moharan I, 251). Por lo tanto, si verdaderamente buscamos ser caritativos, deberemos tomarnos el tiempo y el esfuerzo necesarios como para investigar el verdadero valor de las causas a las que donamos. Buscaremos la verdad.

*

Hermoso gelt. Rabeinu Asher ben R. Yechiel, el *Rosh* (1250-1327) fue uno de los más grandes estudiosos y codificadores del Talmud. Viviendo en la Europa de la oscura Edad Media, debió huir de Alemania debido a falsas acusaciones en su contra, llegando finalmente a ser rabino de Toledo en España. Escribió respecto a los impuestos recolectados en las ciudades con el objeto de buscar la protección contra los enemigos: Aun en tiempos de guerra, cuando las vidas se encuentran amenazadas, los impuestos para la protección de la ciudad se recaudan de acuerdo a la riqueza personal y no como una tasa única. Esto se debe a que las guerras son, en última instancia, una manera de buscar dinero y posesiones y los pudientes deben pagar más para protejer lo suyo (*Bava Batra* 1:22).

Es interesante reparar en la obsesión que siempre han tenido las naciones respecto al dinero y las riquezas de los Judíos. Inclusive hoy en día escuchamos acusaciones del estilo de "Los Judíos controlan ésto... son dueños de aquello... el dinero Judío, etc." ¿Por qué?

Enseña el Rebe Najmán: Las cualidades Divinas se manifiestan en este mundo de muy diversas maneras y formas materiales. Por ejemplo, la cualidad Divina de la gracia y del encanto se manifiesta en forma de dinero. Cuando un Judío da caridad, el encanto de ese dinero comienza a irradiar, manifestándose entonces como algo hermoso. Y es por ésto que ese dinero se vuelve tan deseable. Las naciones desean entonces el dinero de ese Judío. Como enseñaron nuestros Sabios (*Bava Batra* 9a): Los continuos impuestos tomados a los Judíos, por las autoridades de los países en los que habitan pueden ser considerados también como una forma de "caridad." Pero tan pronto como el dinero deja las manos Judías, pierde su gracia y atractivo, pues el brillo interno del dinero (su gracia) se ha ocultado (*Likutey Moharan* I, 25:4).

Esta lección puede aplicarse a lo que sucedía a lo largo de toda la Edad Media, e incluso hasta en los tiempos del Rebe Najmán. Un impuesto tras otro recaía sobre las comunidades Judías de Europa y del Medio Oriente, buscando saciar el apetito de las autoridades locales y de los terratenientes que controlaban las economías de sus regiones y estados. No importaba cuánto dinero se pagara, siempre se pedía más. Y cada decreto implicaba otro nuevo impuesto.

Pero ésto puede aplicarse también a nuestra generación. Hoy en día, en lugar de aplicar impuestos especiales (actitud no muy "democrática"), son muchas las causas que llegan a golpear las puertas de un Judío buscando el "compromiso Judío" y los "fondos Judíos." Y así enseña el Talmud: Si la persona lo merece su caridad irá a una (causa) buena. De lo contrario, tendrá a las naciones golpeando a su puerta (Bava Batra 9a).

Como hemos visto, hoy en día existen muchas causas que apelan a nuestra caridad. Y ésto puede llegar a confundirnos. Pero hemos visto también que si buscamos la verdad, ella misma nos ayudará. Seremos capaces de evaluar con claridad los pro y los contra de cada causa y de dar entonces de acuerdo con una conciencia limpia. Evalúe. "Sopese las ganancias de una mitzvá frente a las pérdidas" (Avot 2:1). Y por sobre todas las cosas, ore. Pídale a Dios que guíe su caridad hacia las causas más importantes.

El Rebe Najmán cita una enseñanza de los Sabios: Dios se asegura de que aquella persona que anhela dar caridad tenga los fondos necesarios como para poder hacerlo, al tiempo que le envía causas dignas para recompensar su bondad (The Aleph-Bet Book, Charity A:19). Pídale a Dios que le otorgue un mayor ingreso de manera que pueda dar un mayor monto para caridad. Y si es escaso su dinero, pida al menos poder dar caridad de manera continua. Y ruegue poder encontrar los lugares adecuados para dar, lugares que aumenten el reconocimiento de Dios en el mundo.

*

Celo. El Rebe Najmán compara la caridad con el celo (Likutey Moharan II, 65). Todos tenemos algo de celo dentro nuestro. Algunos lo canalizan hacia su trabajo y otros hacia sus hogares o "hobbies". Dejemos de lado las pequeñeces, las mezquindades y las disputas y elijamos ser celosos en la caridad.

* * *

16

LAS SIETE VELAS

Enseña el Rebe Najmán: Existe un nivel del intelecto al que se accede luego de numerosas explicaciones e introducciones. Este conocimiento, una vez captado y comprendido por la mente, es denominado Intelecto Inmanente. Existe también un conocimiento más amplio, que se encuentra más allá de nuestra capacidad de aprehensión y que es denominado Intelecto Trascendente. Si se es digno de ello, este nivel del intelecto puede llegar a uno sin necesidad de explicaciones introductorias, sólo mediante un influjo Divino. La única manera de ser digno de este influjo Divino es mediante la santificación de la boca, la nariz, los oídos y los ojos, las siete aberturas de la cabeza que permiten la entrada de ese influjo en la mente. Estas aberturas son conocidas como las Siete Velas. Y corresponden a las siete luces de la Menorá, correspondiendo la Menorá misma a la cabeza, la mente (*Likutey Moharan* I, 21:1-4).

*

ENCENDIENDO LA MENORA

Las Siete Velas, las siete aberturas de la cabeza, son las vías de acceso de la información hacia la mente. Y son también el medio a través del cual le mente "reacciona" e interactúa con el exterior. Si se mantienen santificadas, ellas permitirán el acceso de santidad y Divinidad a la propia mente de la persona, santificándola y permitiéndole avanzar en el conocimiento espiritual, haciéndola digna del conocimiento del Intelecto Trascendente. Pero si son profanadas, eso se reflejará en la mente. En lugar de avanzar espiritualmente, la mente será distraída y confundida por su apego a la materialidad. De manera que la clase de conocimiento que surja de la mente estará relacionado con la clase de conocimiento que haya sido filtrado a su interior. Y ésto se reflejará no sólo en la manera en que el hombre habla (el aspecto de la expresión más obvio y observable) sino también en lo que emane de sus ojos, su nariz e incluso sus oídos.

Aunque ésto parezca algo abstracto y avanzado espiritualmente, posee un aspecto práctico muy claro al cual todos podemos aspirar. Considere por ejemplo los medios de santificar nuestras Siete Velas. Enseña el Rebe Najmán: Puedes santificar tu boca al no emitir palabras falsas; tu nariz mediante el temor al Cielo; tus oídos creyendo en los Tzadikim; y tus ojos cerrándolos al mal (*Likutey Moharan* I, 21:2).

Reb Itzjak Breiter explicó de la siguiente manera el proceso de santificación de las Siete Velas: Santifica tus ojos evitando mirar el mal; santifica tus oídos escuchando las palabras de los sabios; santifica tu nariz tomando el hondo respiro de la paciencia, pase lo que pase, mostrando amor hacia la persona con la cual estabas por enojarte; y santifica tu boca hablando palabras de Torá y plegaria y evitando decir cosas prohibidas (*Seder Halom* 21).

Enseña el Rebe Najmán: La mente es el Capitán del cuerpo; y los órganos del cuerpo son los soldados bajo su mando (*Likutey Moharan* I, 29:7) Agregó además el Rebe : Los pensamientos de una persona están determinados por sus rasgos personales. Los pensamientos que atraviesan la mente de una persona en un momento determinado están directamente relacionados con las características de su personalidad en ese mismo momento (*Likutey Moharan* I, 29:final).

De manera que es la mente la que debiera dirigir al cuerpo y no las emociones del corazón. Pero y tal como nos lo dice el Rebe, el rol de guía que asuma la mente estará condicionado en última instancia por la naturaleza de los "soldados" que comanda. Y en particular por aquellos que interactúan directamente con la mente, las siete aberturas de la cabeza, que son de hecho quienes ejercen la mayor influencia sobre ella. De manera que las Siete Velas son la clave de la mente y de sus pensamientos. Como enseña el Rebe Najmán, ellos son los soldados de la mente, haciendo lo que la mente les ordena, controlando al mismo tiempo, las entradas de información, pudiendo elevar a la persona hacia los niveles más altos de espiritualidad y de conocimiento.

La santificación de las siete aberturas es más poderosa que el simple elevarse a niveles más altos de santidad. Santificar las Siete Velas en este mundo nos permite rectificar cualquier daño que pudieramos haber causado en los Mundos Superiores. Como mensajeros de la cabeza (de la mente), estas Velas impregnan nuestro ser con su santidad, ayudándonos a caminar por la senda de la Divinidad.

*

La boca. Enseña el Rebe Najmán que la santificación de la boca se logra evitando la falsedad y sólo hablando la verdad. Reb Itzjak Breiter aconseja que, además de evitar decir cosas prohibidas, es necesario también hablar palabras de Torá y plegaria. De hecho, sus consejos son idénticos. La Torá es verdad, la plegaria a Dios es verdad y el ofrecer palabras de consuelo y simpatía a quien se encuentra enfermo o preocupado, es también verdad. Ellas son mitzvot y acercan a la persona hacia Dios.

El habla, con sus poderes y potencialidades, es uno de los temas recurrentes de las lecciones del Rebe Najmán. El habla es lo que diferencia al hombre del animal. Utilizada de manera correcta es un medio que puede llevar al hombre a los más altos niveles espirituales (ver "Hitbodedut"). Y no sólo es el medio a través del cual podemos expresar con mayor claridad nuestros sentimientos, sino que es también una herramienta que crea y promueve la paz. Todos estos aspectos del habla también caen en la categoría de verdad y de hablar la verdad.

Por otro lado, hay un hablar falso: la calumnia, el chisme, la burla y todas las otras formas prohibidas del habla. Y aunque puedan no ser falsas en sí mismas, de seguro que llevarán hacia la falsedad. Por ejemplo, el chisme que uno puede comenzar es posible que sea verdadero, pero al difundirse recibe todo tipo de retoques y mejoras. Es muy difícil que la gente repita algo que haya podido escuchar exactamente igual a como lo recibió. Cada persona mejora y aumenta los detalles de acuerdo a su gusto.

Y lo mismo se puede decir de las otras clases de mal uso que se hace del habla, las que de una manera o de otra, terminan en la falsedad.

Debemos comprender la importancia de la verdad y de un hablar verdadero. Dijo el Rebe Najmán que cuando una persona desea unirse al Santo, de manera que sus pensamientos puedan viajar hacia las Cámaras Superiores (del Intelecto Trascendente), debe evitar hablar con falsedad, ni siquiera inadvertidamente (*The Aleph-Bet Book, Truth* A:1). Es necesario entonces, si es que se desea alcanzar estos elevados niveles, buscar siempre la verdad y decir sólo la verdad. La verdad es la "luz de Dios." Por lo tanto, si nos cuidamos de decir todo de manera veraz, nos aseguramos la unión con el Uno que es la verdad.

*

La nariz. El Rebe Najmán equipara el miedo al Cielo con las fosas nasales, como en el versículo (Isaias 11:3): *"V'haRiJo* ([Mashíaj] estará lleno) de temor de Dios..." *Rei'aJ* es el sentido del olfato. De manera que la nariz alude al temor del Cielo. Como hemos visto, Reb Itzjak Breiter interpreta ésto como: Santifica tu nariz tomando el respiro de la paciencia, sin importar lo que suceda, mostrando amor a la persona con la que estabas por enojarte.

Nuevamente, estas interpretaciones son análogas: el temor del Cielo y el respiro de paciencia son una y la misma cosa. La vida constituye una serie de confrontaciones y problemas, muchos de poca monta, pero algunos muy graves. Es imposible eliminar todos los problemas de la vida. Pero aun así, la diferencia estriba en cómo respondemos a estos problemas y dificultades. En cada caso, nuestra respuesta indica siempre cuánto es nuestro temor al Cielo. Comprender y aceptar que todo proviene de Dios, que todo lo que nos sucede es porque El así quiso que sucediese, ésto es el verdadero *yirá* (temor de Dios). Responder frente a los problemas de la vida con esta actitud genera en nosotros la cualidad de la paciencia. Aprendemos a ser indulgentes y a desarrollar una gran tolerancia frente a las lecciones de la condición humana. No importa lo que suceda, comprendemos y somos conscientes de que estamos siendo probados y que debemos resolver el problema que nos enfrenta apoyándonos en nuestra fe en Dios.

Además, mostrar amor y compasión por aquella persona que nos enoja constituye el nivel más alto de "transformar la ira en compasión" (*Likutey Moharan* I, 18:2). Cuando transformamos nuestra cólera en compasión hacemos que los decretos Celestes se suavicen y ello es como si forzácemos a Dios a transformar Su ira en compasión.

Es muy común escuchar a la gente que se encuentra frente a una situación que no les agrada decir que ello "no les *huele* bien." Con nuestro sentido del olfato podemos detectar las fragancias y los malos olores. Y ésto se aplica también al olfato espiritual. La persona que posee temor al Cielo, rechaza el mal pues es capaz de sentir su mal olor cuando se le presenta. Y por otro lado, el mismo temor al Cielo aumenta su capacidad olfativa de manera que puede sentir la pureza, puede respirar la fragancia del bien y el aroma de una situación positiva (*Likutey Moharan* I, 2:final).

*

Los oídos. Enseña el Rebe Najmán que para santificar los oídos es necesario creer en los Tzadikim. Reb Itzjak Breiter traduce ésto como "escuchar las palabras de los sabios" (Proverbios 22:17). Y de hecho, escuchar las palabras de los sabios implica creer en ellos.

Nos conectamos con aquello que queremos escuchar. Y nos desconectamos de aquello que no queremos escuchar. Pero aun así, es muy poco lo que escuchamos en relación a lo que realmente oímos. Y ésto se debe a que escuchar y oír no son la misma cosa. Escuchar es un oír con concentración.

En nuestro caso, escuchar a los sabios implica concentrarse en sus enseñanzas y en sus consejos. Pero incluye un ingrediente más. Escuchar a los Tzadikim requiere aceptar y seguir sus consejos con todo el corazón, es decir, creer en ellos. Sin esta fe, concentrarse y aprender sus lecciones, aunque es mejor que oírlas simplemente, no puede considerarse un verdadero escuchar. Y aunque no podamos cumplir con los consejos de los Tzadikim, el solo hecho de creer en ellos y de "querer" al menos seguir sus consejos, es considerado como escuchar las palabras de los sabios.

En el capítulo dedicado a la fe hemos tratado el tema de la importancia de creer en los Tzadikim. Detallar su importancia llevaría muchas páginas y de hecho aun así no sería suficiente. Solía decir mi Rosh Yeshiva: "El que tiene fe no tiene preguntas. El que no tiene fe no tiene respuestas." Comprender que el Tzadik ha alcanzado el Intelecto Trascendente implica creer que el Tzadik puede transmitirnos ese conocimiento también a nosotros. Y ésto nos llena de esperanza. Siempre podemos buscar la Divinidad, pues sabemos que existe un Tzadik que está dispuesto a compartir su conocimiento de la Divinidad con nosotros; un Tzadik capaz de inculcar el conocimiento de Dios en cada persona, sin importar cuan lejos haya caído o cuanto se halla distanciado de Dios. Nuestros oídos, al abrirse a los Tzadikim y a la fe, nos otorgan esperanza.

Y también debemos abrir nuestros oídos a la Torá. Escuchar las palabras de los sabios puede interpretarse como: Estudiar Torá. Decir las palabras. De esta manera uno escucha *palabras* que fueron una vez expresadas por hombres sabios. Y ésto significa evitar toda clase de conversaciones que incluyan la calumnia, el chisme, etc. Nuestros Sabios advirtieron respecto a lo terrible que es escuchar semejantes palabras de manera pasiva. Creer en nuestros Sabios nos dará el coraje y la ayuda necesarias para evitar esos pecados.

*

Los ojos. ¿Cómo podemos santificar los ojos? El Rebe Najmán nos dice que debemos cerrarlos frente al mal. Hay varias maneras de analizar ésto.

Primero y ante todo y en su aspecto más simple, ésto implica no mirar lo malo o alguna cosa que produzca tentación. El mal puede engañarnos. Debemos poner "cortinas" a nuestros ojos, de manera que "no veamos el mal." Debemos evitar mirar de manera lujuriosa y evitar mirar la transgresión de los demás. Censurar aquello que miramos es uno de los pasos más importantes para el logro de la santidad.

Otra manera de interpretar esta enseñanza del Rebe Najmán es considerándola como una advertencia contra el "mal de ojo." No nos referimos a la implicancia mística del "mal de ojo," sino a su acepción más simple: mirar de manera crítica a nuestros vecinos; envidiando con nuestra mirada todas sus posesiones o su buena fortuna o su salud, etc. Estas "miradas" poseen un efecto muy negativo (Bava Batra 2b; tanto en el que observa como en el que es observado).

Existe una manera más sutil de no mirar a los otros, que implica abstenerse de mirar cómo se comportan los demás. El Rebe Najmán cuenta en su famosa historia de *"El Sofisticado y el Simple"* cómo la mujer del Simple le preguntaba a su marido: "¿Cómo es posible que los otros zapateros ganen tres monedas por par de zapatos y tú sólo una y media?" A lo cual el Simple le contestaba: "¿Y qué me preocupa? ¡Ese es el trabajo de ellos y este es mi trabajo!" El Simple no tiene deseo alguno de observar las acciones de los demás, ni siquiera de manera inofensiva. La curiosidad, incluso despojada de los celos, puede llevarnos a observar de mala manera a nuestro vecino o amigo.

Otra manera de cerrar nuestros ojos al mal es evitar mirar lo malo en los demás. Como indica el Rebe Najmán, juzgar a los otros de manera favorable hace posible que hasta la persona más mala sea colocada del lado del mérito, haciendo que desaparezcan sus malas cualidades (Likutey Moharan I, 282).

*

La cabeza. Enseña el Rebe Najmán: Cuida mucho tu memoria; protégela del olvido. La esencia de la memoria es recordar que existen dos mundos. Inmediatamente después de despertarte por la mañana concéntra tu mente y únela con el Mundo que Viene (Likutey Moharan I, 54:1,2).

La mente es algo maravilloso. Es algo demasiado importante como para desperdiciarla, pero eso es lo que hacemos cuando nos concentramos en este mundo, sin pensar en el Mundo que Viene. Esto se debe a que nos concentramos más de lo necesario en los "desperdicios" de este mundo tan huidizo. No nos engañemos, todos los días debemos enfrentarnos con las cosas del mundo, pero aún así, si siempre recordamos el próximo mundo, el Mundo Futuro, todos nuestros actos mundanos servirán como preparación para el Mundo que Viene. Y a ésto se refiere el Rebe Najmán cuando enseña que debemos cuidar nuestra memoria.

Escribe Reb Noson: Actuar con santidad, purificando los "recipientes de la mente" (Las Siete Velas) es también una manera de cuidar la memoria. Pero la palabra constituye el principal medio de cuidar la memoria. Al expresar palabras de santidad, de Torá, de plegarias y súplicas, unimos nuestra mente a la santidad y nuestras memorias al Mundo que Viene (*Likutey Halajot, Arvit* 4:5,6). Como enseña el Rebe: la fe y la plegaria mejoran nuestras habilidades mentales y el poder de recordar (*Likutey Moharan* I, 7: extractos).

* * *

EL PACTO

Hemos visto que manteniendo en santidad las Siete Velas, perfeccionamos los recipientes mediante los cuales recibimos el Intelecto Trascendente de parte del Tzadik. Pero existe algo que, si lo hacemos, se ubica en sí mismo en el nivel del Tzadik. Esto es aquello que se conoce como Cuidar el *Brit* (el Pacto). A todo lo largo del Talmud y de los Midrashim, encontramos referencias a los Tzadikim y a su grandeza. Pero no encontramos una definición detallada de lo que califica a alguien para ser llamado Tzadik. ¿Cómo definimos al Tzadik? ¿Es acaso alguien versado y conocedor de la Torá? ¿O es quizás alguien que ora con fervor? ¿Es alguien escrupuloso con ciertas mitzvot? ¿O es quizás alguien que cumple con todas las mitzvot?

Pero la Kabalá en cambio describe con precisión quién es un Tzadik. "¿Quién es un Tzadik?" pregunta el Zohar. "Es aquél que cuida el Pacto" (*Zohar* I:59b). En las enseñanzas del Rebe Najmán encontramos una constante referencia a este concepto de *shmirat haBrit* y a sus implicancias aquí y ahora.

*

QUE ES EL PACTO

"Este es Mi pacto entre Yo y tú... debes circuncidar a todo hijo varón" (Génesis 17:10). Dios le dice a Avraham que está estableciendo un pacto con él y con todos sus descendientes. Este pacto es la señal de que Dios será fiel al pueblo Judío y que el pueblo Judío será fiel a Dios. ¿Y cual es este pacto? "Circuncidarás a tu hijo varón."

Enseña el Rebe Najmán: Todos los Judíos son llamados Tzadikim por el hecho de estar circuncidados (Likutey Moharan I, 23; final). Muy grande es el mérito del *Brit Milá* (circuncisión): es suficiente como para permitir que un Judío obtenga la distinción de la santidad y el apodo de Tzadik. El Zohar ilustra ésto de la siguiente manera:

A Ishmael se le practicó el *brit milá*. Cumpliendo el mandamiento de Dios, Avraham circuncidó a su hijo mayor. Como resultado de ello, durante cuatrocientos años estuvo el angel guardián de Ishmael reclamando su recompensa frente al Tribunal Celeste. "¿No es verdad que aquél que tiene el *brit milá* posee una parte en Tu Nombre?," preguntó el ángel. "Si," contestó Dios. "Si es así," preguntó el ángel, "¿Cómo es posible que Ishmael no tenga una porción de santidad equivalente a la de Itzjak, el otro hijo de Avraham?" "La circuncisión de Ishmael no fue realizada por la mitzvá misma," respondió Dios. "Aún así," demandó el ángel, "él fue circuncidado." A ésto le respondió Dios: "Como recompensa, Ishmael tendrá una porción de santidad. Pero así como su *brit milá* no poseyó una significación más profunda, de la misma manera, la porción de santidad que obtenga estará vacía y libre de significado. Su recompensa será la Tierra Santa. Pero sólo podrá poseerla cuando no haya Judíos allí. Y de hecho, su posesión de la Tierra Santa será el mayor escollo para el retorno de los Judíos a su hogar, hasta que se acabe el mérito del *brit milá* de Ishmael" (Zohar II,32a).

Si esta es la recompensa por el *brit milá* cuando no está realizado por mérito a la mitzvá, ¿Cuánto más grande será la recompensa de aquellos que realizan el *brit milá* para cumplir con la voluntad de Dios?

*

SHMIRAT HABRIT, CUIDANDO EL PACTO

El *Brit*, es el pacto que hizo Dios con los Judíos. Si algún rey mortal hiciese un pacto con su pueblo, ¿no lo guardarían y lo honrarían tratando de cumplirlo siempre? Por supuesto que sí o por lo menos harían lo posible para evitar que sea violado. Dios, el Rey de reyes, hizo un pacto. Un Pacto eterno con el pueblo Judío. Dado que hemos pasado por el *brit milá* en nuestra infancia, ¿debemos por lo tanto sentirnos absueltos de nuestra parte en ese pacto, exceptuados en lo concerniente a guardarlo y todo lo que eso implica? Si en el caso de un pacto con un rey mortal éste espera el cumplimiento de nuestro compromiso con él, ¿cuánto más deberá entonces sentirse obligado y comprometido el pueblo Judío a honrar, cumplir y cuidar el eterno Pacto con Dios?

¿Pero cómo se hace para cuidar el Pacto? ¿Qué más se requiere de la persona para mantener ese pacto? ¿En qué otro lugar de la Torá se menciona el hecho de que debemos guardar el Pacto más allá de lo que está referido respecto al pacto que Dios hizo con Avraham?

La señal específica del Pacto de Dios hecho con el Pueblo Judío, el órgano donde se ejecuta el *brit milá*, tiene la especial habilidad de poder iniciar nuevas vidas. Pero la procreación sólo se logra mediante la unión. Enseña el Talmud que existen tres socios en un niño: el padre, que contribuye con las partes blancas del cuerpo (huesos, uñas, etc.); la madre, que contribuye con las partes rojas (piel, carne, etc.); y Dios que insufla la vida en el niño... (Nidá 31a). Los tres socios deben funcionar en conjunto. ¿Y cómo sucede ésto?

El Talmud se refiere al matrimonio con la palabra *KiDuSHin*, del Hebreo *KoDeSH* (santo). Esto nos enseña que el matrimonio, la unión entre marido y mujer, debe ser un acto de santidad. Es entonces que la *Shejiná* (la Divina Presencia), el tercer socio, puede residir entre ellos (Sota 17a). La unión sexual, cuando se realiza en santidad, es una muestra de honor y respeto hacia los poderes de procreación otorgados por Dios. De manera que vivir en el marco de la Torá y adhiriéndose a sus leyes, asegura el cuidado de la señal del Pacto y por lo tanto del mismo Pacto.

(Las leyes relativas a los matrimonios permitidos se encuentran en el

Shuljan Aruj, Even HaEzer 1-17. Las leyes sobre Pureza Familiar en el ciclo menstrual y la inmersión en la *mikve* se encuentran en *ibid. Yore Dea* 183-201. Y las leyes sobre las obligaciones maritales se encuentran en *ibid., Oraj Jaim* 240. Muchas de estas leyes las encontramos también en forma abreviada en obras tales como el *Código de Leyes Judías; Leyes de Nida* por el Rabí Shimón Eider; y en *Las Leyes de Nida: un compendio* por Rabí A. Blumenkrantz.)

Enseña el Rebe Najmán: Mientras uno contraiga matrimonio de acuerdo a las leyes de la Torá y mantenga su unión dentro de los límites de la Torá, es considerado como alguien que cuida el Pacto (*Likutey Moharan* I, 11:7).

Agrega Reb Noson: Tener hijos a quienes se los trata de educar en el reconocimiento de Dios, constituye de por sí una gran rectificación del *Brit*. Uno nunca sabe qué clase de descendencia tendrá; es posible que de su simiente salga un Tzadik, incluso uno muy grande. Aun entre los ancestros del Rabí Shimón bar Yojai existían Judíos muy simples. Pero de ellos surgió este gran Tzadik que reveló al mundo el conocimiento de los niveles más extraordinarios de la Divinidad y de la santidad. Rabí Shimón fue capaz de rectificar a todos sus ancestros y lo que es más, asumió también la responsabilidad de rectificar el mundo entero (*Suka* 45b; *Likutey Halajot, Shabat* 6:23).

Esto que hemos estado tratando puede ser considerado como cuidar el Pacto en su forma más básica. Es bueno notar que existe un nivel mucho más alto del *shmirat habrit*, que corresponde al comportamiento personal dentro de la máxima pureza y con un grado de santidad más estricto que el que prescribe la Torá en general. (Ambos niveles se hallan tratados en *Likutey Moharan* I, 11:5-7 y en la Lección 31:5-6.) Pero existe además un tercer nivel más alto aún. Este es el nivel en el que el Verdadero Tzadik cuida el Pacto. Los tremendos niveles espirituales, la grandeza y el poder del Tzadik Completo serán tratados en el próximo capítulo. Aquí trataremos de centrarnos en el nivel descripto en la enseñanza del Rebe Najmán: Es posible ser un Tzadik sin ser un erudito... aún el Judío más simple puede ser un Tzadik (*Rabbi Nachman's Wisdom* #76).

De manera que cuidar el *Brit*, observando aquellas leyes de la Torá relacionadas con el cuidado de la señal del Pacto, permite que hasta el Judío más simple pueda alcanzar el nivel de Tzadik. Es posible que uno se mantenga escéptico frente a esta afirmación. ¿Sólo ésto se requiere para ser un Tzadik? El Rebe Najmán contesta afirmativamente.

Existen 613 (תרי"ג) mitzvot en la Torá. *Brit* (ברית) tiene el valor numérico de 612. Torá (תורה) posee el valor numérico equivalente a 611 (תרי"א). Esto nos enseña que cuidar el *Brit* equivale a todas las otras 612 mitzvot. Todo intento de cuidar el Pacto y lograr la pureza sexual nos llevará hacia la Torá y la santidad. Y ésto es verdad inclusive si sólo podemos cuidar el Pacto en su nivel más básico, pues de esta manera "pasamos" por todos los otros niveles en nuestro camino hacia la obtención del *Brit*.

*

PEGAM HABRIT, PROFANAR EL PACTO

Enseña el Rebe Najmán que existe un rocío de santidad cuyas gotas descienden al mundo, trayendo abundantes bendiciones y prosperidad. Esto se corresponde con las "gotas," la simiente que emana de la mente de la persona. Si la persona se cuida y mantiene (su mente) en santidad, estas "gotas" traen abundancia al mundo. Pero si la persona profana el Pacto, de la misma manera en que desperdicia su simiente, desperdicia también todas las bendiciones y abundancias, las que caen entonces en el ámbito de lo profano. (Ver una explicación más detallada en Likutey Moharan I, 11:4.)

Como hemos explicado, el nivel básico del *shmirat ha brit* implica la adhesión a las leyes de la Torá relativas al matrimonio y a la Pureza Familiar. Este cuidar del Pacto es un proceso de santificación. La antítesis de esta santidad es el *pegam habrit* (la profanación del Pacto), la impureza sexual, de la cual los siguientes son los casos más comunes: 1) tener relaciones con una mujer que no adhiere a las leyes de las Pureza Familiar; 2) tener relaciones con una mujer con quién la Torá prohibe el matrimonio (por ejemplo: un sacerdote con una mujer divorciada o peor, relaciones con una mujer casada, el incesto, casarse con una mujer no Judía); 3) homosexualidad; 4) masturbación.

Todo ésto profana el Pacto y representa la antítesis del honrar y santificar los poderes de procreación otorgados por Dios. Cada uno implica malgastar la simiente y la transferencia de todas las bendiciones hacia el Otro Lado.

Desafortunadamente, nunca fue fácil alcanzar el verdadero nivel del cuidado del Pacto. El mundo en que vivimos ofrece muchísimas tentaciones; y el hombre se ve sujeto a innumerables peligros mucho antes de llegar siquiera a pensar en el matrimonio. Aun así, cuanto más espere más difícil le será cuidar con pureza la señal del Pacto . Por lo tanto, el Rebe Najmán aconsejaba a sus seguidores el casarse lo más jóvenes posible, antes de ser avasallados por las tentaciones. Enseña el Talmud: Aquél que se casa antes de los veinte años puede ser salvado de los pensamientos lujuriosos (*Kidushin* 29b). Aunque no siempre es posible el matrimonio a esta edad, los padres deben animar a sus hijos para que lo hagan lo antes posible.

Y no es que al casarse se solucionan todos los problemas. Tal como muchos pueden atestiguar, incluso luego del matrimonio, los problemas en el hogar causan todo tipo de dificultades en el *shmirat habrit*. Cierta vez, un grupo de seguidores del Rebe Najmán se hallaba sentado alrededor de su mesa. De pronto el Rebe exclamó: "¡Quién es aquél que tiene la *jutzpa* (atrevimiento) de sentarse a mi mesa con pensamientos impuros!" Cierto seguidor, cuya vida matrimonial había sido una continua lucha durante varios años, admitió que su mente había estado vagando por lugares impuros. Le prometió al Rebe Najmán que tan pronto regresara a su hogar haría las paces con su esposa (*Aveneha Barzel* pg. 28 #27).

*

MANERAS DE CUIDAR Y DE RECTIFICAR EL BRIT

Enseña el Rebe Najmán: Existen maneras de mortificar el cuerpo, disminuyendo así el poder de la lujuria en la persona. Dormir poco es un ejemplo; pero ésto sólo lleva a la destrucción de la mente. Agrega Reb

Noson: Comprendí a partir de la enseñanza del Rebe, que no existe una manera fácil de disminuir la lujuria en uno sin destruir la mente [o el cuerpo] al mismo tiempo. La persona debe intentar fortalecerse y utilizar todos sus poderes interiores para sobreponerse a su lujuria (Likutey Moharan I, 253).

Enseña el Rebe Najmán: Si alcanzas la verdadera alegría, al punto que llegas a bailar de felicidad, entonces Dios Mismo guardará tu Pacto y tu pureza (Likutey Moharan I, 169). La depresión es "la mordida de la Serpiente." Y ella lleva a la profanación del Pacto. La alegría, por otro lado, es la mejor arma contra la depresión y por lo tanto, el mejor método para sobreponerse a la lujuria y cuidar así del Pacto.

El estudio de la Torá es otra manera de guardar el Pacto. Dijo el Rebe Najmán que el estudio de la Torá posee un enorme poder. Puede elevar a la persona desde cualquier abismo al cual haya descendido. Al ser consultado respecto a cierta profanación del Pacto, contestó el Rebe: "¡Torá (la *Sefirá* de Tiferet) está ubicada más arriba que *Brit* (la *Sefirá* de Iesod)!" (Tzaddik #573).

La verdad también proteje la señal del Pacto [de cualquier profanación] (The Aleph-Bet Book, Truth A:24).

Recitar con fervor la Agadá de la Noche de Peisaj rectifica el Pacto (Advice, The Covenant 20).

Inspirar a otros a servir a Dios es una rectificación del Pacto (Likutey Moharan I, 14:final).

Todo aquél que realice actos de bondad y caridad rectifica su señal del Pacto (The Aleph-Bet Book, Charity A:54).

Para rectificar el Pacto es necesario buscar la paz (The Aleph-Bet Book, Immoral Behavior A:30).

Y por supuesto, también son de mucha ayuda la plegaria y el *hitbodedut*. La plegaria cumple un rol mayor en la búsqueda de la pureza y de la rectificación del Pacto. Además, el Rebe Najmán reveló el Remedio General como un medio para combatir la lujuria y rectificar el daño espiritual producido por las transgresiones sexuales. Todos estos temas están tratados con profundidad en el libro titulado *Rabbi Nachman's Tikkun*.

*

QUE SUCEDE SI...

¿Y qué sucede si usted no pudo cuidar el Pacto? ¿Qué sucede si ha sucumbido frente a las tentaciones? Para ésto, el Rebe Najmán reveló su Remedio General. Dijo el Rebe, antes de referirse a los Salmos que componen este *Tikun HaKlali*, "Primero está la mikve. Es necesario que primero te sumerjas en la mikve" (*Rabbi Nachman's Wisdom* #141).

Mikve. La mikve ha ocupado siempre un lugar de importancia en la vida Judía. Su propósito principal hoy en día (como clave de la Pureza Familiar) lo constituye la inmersión de las mujeres luego de su período menstrual. Tradicionalmente, también los hombres se han sumergido en la mikve para obtener pureza y santidad (*Berajot* 2a). El Rebe Najmán aconsejó sumergirse en ella al menos en aquellos días asociados a las festividades (como Rosh Jodesh, Lag B'Omer, Purim, etc; *Rabbi Nachman's Wisdom* #185). Escribe Reb Noson: Antes de la entrega de la Torá en el Monte Sinaí, los Judíos debieron purificarse mediante la inmersión (*Kritut* 9a). Una persona no Judía, antes de convertirse, debe también sumergirse en la mikve (*Yore Dea* 268:1). De aquí podemos observar cómo para entrar a cualquier nivel de santidad, desde el más bajo hasta el más alto, es absolutamente necesaria la inmersión en la mikve (*Likutey Halajot, Mikvaot* 1:4).

En las primeras horas de la madrugada del Shabat Januca en 1844, dos semanas antes del fallecimiento de Reb Noson, se corrió la voz que el edificio que albergaba a la mikve de Breslov se había derrumbado. En un principio se decía que era imposible volver a sumergirse en ella, pero al amanecer pudo observarse que la mikve se mantenía aún intacta y que sólo un ala lejana del edificio había sido destruída. Reb Noson, quien se encontraba bastante enfermo, comentó respecto de la importancia de la inmersión en la mikve. Dijo: "Yo estaba dispuesto, de haber sido necesario, a ir hasta el rio, romper el hielo y sumergirme. No puede soslayarse la importancia de la inmersión en la mikve. Aquél que esté decidido a sumergirse en una mikve, siempre podrá rectificar cualquier cosa."

Y explicó: Podemos ver en el Libro de Ezra que durante el exilio Babilonio, muchos casamientos mixtos se habían producido entre Judíos y no Judíos. Al retornar a la Tierra Santa, quisieron arrepentirse. Los líderes se acercaron a Ezra y le dijeron: "¿No existe acaso alguna *MIKVeH*, alguna esperanza?" (Ezra 10:2). La palabra *tikva* designa generalmente a la esperanza. Pero el versículo utiliza específicamente la palabra *MIKVeH* para enseñar que no importa cuán terrible haya sido la transgresión, siempre existe la esperanza, los tremendos poderes de la mikve que ayudan a la persona a alcanzar el verdadero arrepentimiento (*Kojavey Or*, pg. 80 #37).

Así, el primer paso para la rectificación de cualquier pecado y en especial el de la trasgresión sexual, lo constituye la inmersión en la mikve. El siguiente paso es recitar el *Tikun HaKlali* (el Remedio General).

*

El Remedio General — (*Tikun HaKlali*). Cada pecado tiene su *tikun* específico, una acción determinada que rectifica el daño espiritual causado por ese pecado. ¿Pero qué sucede cuando queremos rectificar muchos pecados o algún pecado con numerosas ramificaciones? ¿Es necesario cumplir con todos los *tikunim* específicos para cada uno de ellos? ¿Es posible hacer algo así? No, no lo es. Y es debido a esta imposibilidad que el Rebe Najmán nos habla de la existencia de un concepto de rectificación general, un remedio general, para todos los pecados (*Likutey Moharan* I, 29:4).

Este remedio general revelado por el Rebe Najmán está relacionado con los Diez Tipos de Canciones de las que está compuesto el Libro de los Salmos (*Pesajim* 117a; *Zohar* III:101a). La canción tiene el poder de separar el bien del mal y de anular el daño espiritual que produce el pecado. Por lo tanto, el Rebe aconsejó recitar diez Salmos del Libro de los Salmos. Y aunque cualquier conjunto de diez Salmos corresponde a los Diez Tipos de Canciones, el Rebe reveló cuáles diez Salmos, específicamente, son los que constituyen el Remedio General:

16, 32, 41, 42, 59, 77, 90, 105, 137, 150.

Específicamente, estos diez Salmos del *Tikun HaKlali*, constituyen el remedio especial frente a la emisión en vano de semen. Y es precisamente porque rectifican este pecado, la profanación de la señal del

Pacto, que sirven también como rectificación *general* de todos los otros pecados. Hemos visto que cuidar el Pacto (el pacto que hizo Dios con el pueblo Judío), requiere de pureza sexual. Hemos visto también que el *shmirat habrit* es equivalente a todas las demás mitzvot. Se deduce de ésto que profanando el Pacto mediante la impureza sexual, se produce una impurificación espiritual mucho mayor que la de cualquier otro pecado individual. El *Pegam haBrit* constituye por lo tanto una transgresión específica con ramificaciones generales. Y es exactamente por ésto que se requiere, para remediarlo, de una rectificación general, de un *tikun haklali*.

Enseña entonces el Rebe Najmán que al recitar estos diez Salmos, es posible rectificar todos los daños causados por la emisión en vano de semen y por todos nuestros pecados, logrando así el verdadero arrepentimiento (*Rabbi Nachman's Wisdom* #141).

*

Debe aclararse que el Rebe Najmán aconsejó el recitado del Remedio general como rectificación de la emisión accidental nocturna y no por la emisión en vano voluntaria (*Rabbi Nachman's Wisdom* #141). No debemos asumir, erróneamente, que el pecado intencional puede ser tomado a la ligera debido a que sabemos de la existencia de este Remedio General. De hecho, enseña el Zohar que no existe arrepentimiento posible frente la emisión voluntaria de semen (*Zohar* I:188a).

Pero, pese a la severidad de la profanación de la señal del Pecto, el Rebe insistió enfáticamente en que no se debe tomar literalmente esta enseñanza del Zohar. Su argumento se basaba en el concepto de que el arrepentimiento ayuda frente a todos los pecados, incluso ante uno tan serio como éste. El verdadero arrepentimiento implica no volver a repetir el pecado; enfrentado a la misma situación, ante la misma tentación, pero sin repetirlo (*Rabbi Nachman's Wisdom* #71). Como dijo el Rebe Najmán: "¡Nunca abandones!" (*Likutey Moharan* II, 78).

Escribe Reb Noson: Existe un "punto" verdaderamente santo dentro de cada Judío. Pero este punto se pierde con la emisión en vano de la simiente, trayendo así el mal y la muerte al mundo (Nida 13a). Pero uno puede arrepentirse. Uno debe recuperar este punto de santidad. Y ésto se logra uniéndose al Tzadik y revelando nuevos niveles del Amor de Dios, a través de nuestro arrepentimiento. Habiendo perdido este punto, la persona no estaría, en rigor de verdad, capacitada ya para el arrepentimiento. Pero, si pese a ello, se arrepiente, produce entonces la revelación de nuevos niveles de Amor (Likutey Halajot, Tefilin, 2:1).

*

Dijo el Rebe Najmán: "Ve y revela este *Tikun HaKlali* a los demás. Puede parecer fácil recitar diez Salmos, pero en la práctica ello será algo muy difícil de cumplir" (Rabbi Nachman's Wisdom #141). Debido a la oposición al Rebe o a la creencia en métodos "superiores" para la rectificación de los pecados de inmoralidad sexual (tales como la automortificación y la vergüenza), o simplemente por una actitud de descreimiento incluso por parte de aquellos que siguen su consejo, el tiempo ha demostrado lo acertado de la afirmación del Rebe.

Dijo también: El recitado de estos diez Salmos constituye un muy grande y maravilloso remedio y rectificación. Es absolutamente original. Desde los tiempos de la Creación, los Tzadikim han estado buscando un remedio para este pecado. Dios ha sido bueno conmigo y me permitió obtener este conocimiento y revelar este remedio al mundo (Rabbi Nachman's Wisdom #141).

* * *

17

EL TZADIK

"El Tzadik es el fundamento del mundo" (Proverbios 10:25).

Ningún libro dedicado a las enseñanzas del Rebe Najmán estaría completo sin un capítulo dedicado al Tzadik. De hecho, de todos los temas tratados en las enseñanzas del Rebe Najmán, el concepto del Tzadik es el más corrientemente citado. Y es también el menos comprendido.

Todas las preguntas al respecto pueden sintetizarse en ésta: "¿Qué papel cumple el Tzadik dentro del Judaísmo? ¿Es acaso un rabí, un codificador o un sabio, es un líder, un intermediario, una figura paternal y un consejero?" En este capítulo trataremos de retratar de la manera más clara posible, la figura del Tzadik, su grandeza, su papel dentro del Judaísmo, lo que significa unirse a él, los beneficios que eso trae y la importancia de orar junto a sus tumbas.

* * *

EN EL MOMENTO DE LA CREACION

"...para diferenciar entre la luz y la oscuridad" (Génesis 1:4). Comenta el Midrash respecto a este versículo de la Creación: "La luz denota las acciones de los justos y la oscuridad las acciones de los malvados (*Bereshit Raba* 1:6).

Al crear este mundo físico en el cual vivimos, Dios implementó la existencia de fuerzas opuestas con el propósito de darle al hombre la posibilidad de elegir libremente entre ellas: la luz frente a la oscuridad, el bien frente al mal, lo correcto frente a lo incorrecto. El propósito de la Creación fue permitir al hombre considerar y definir por y para sí mismo cuál es el camino correcto y cuál es la senda que debe tomar. Muchos tratan de seguir el camino de la verdadera rectitud pero muy pocos son los que lo logran.

Cierta vez, un ateo le preguntó a Rabí Yehoshua ben Korjó: "¿No previó Dios que el hombre sería incapaz de superar la tentación?"

"Si," respondió Rabí Yehoshua, "Por supuesto que lo previó."

"¿Y por qué se entristeció entonces cuando decidió traer el Diluvio sobre el mundo?"

"¿Tu tienes un hijo?" preguntó Rabí Yehoshua al ateo.

"Si," respondió.

"¿Y te alegraste cuando nació?"

"¡Por supuesto!"

"¿Pero no sabías que un día tu hijo debía morir?"

"Si lo sabía."

"¿Y por qué estabas alegre entonces?"

"Nos alegramos en los momentos de alegría y en tiempos de tristeza nos entristecemos."

"¡Bueno!" exclamo Rabí Yehoshua. "En tiempos de alegría Dios se alegra. ¡Y en tiempos de tristeza El se entristece!" (Bereshit Raba 27:4).

Es un hecho generalmente aceptado el que el hombre común no pueda sobreponerse a las atracciones de este mundo. Y de hecho, muy pocos son los que lo logran. Dios sabía que esto sería así. El sabía que la mayoría de los hombres sucumbirían a la tentación, algunos más y otros menos; pero El sabía también que unos pocos *podrían* triunfar en esta batalla y sobreponerse a todas las tentaciones. Estos pocos están representados por el símbolo de la luz. De manera que los momentos en que todo parece oscuro y cuando las fuerzas del mal parecen triunfar, también sirven al propósito de la Creación. Aquellos que son un símbolo de la luz, aquellos que rehusan la seducción, se elevan por sobre ese mal.

Cuando la persona llega a discernir entre la luz y la oscuridad, ella se transforma en una fuerza positiva dentro de la Creación. Se encuentra en el camino que lleva a la verdad, en la senda de la verdadera integridad. Dios creó el mundo debido a este individuo que triunfa y logra superar sus deseos físicos. Este hombre es el Tzadik.

* * *

¿QUIEN ES UN TZADIK? (MERECIENDO EL TITULO)

"Cuando Dios decidió crear el mundo, buscó el consejo de los Tzadikim" (Bereshit Raba 8:7). Uno podría preguntar: "¿Cuáles Tzadikim? ¿Existía algo antes de la Creación? Y aunque las almas existiesen entonces, ¿cómo podrían ser Tzadikim si les faltaba aún pasar por las pruebas de este mundo? ¿No es acaso necesario ejercer la libre elección para poder ganar el título de Tzadik?"

Es posible observar en numerosos pasajes de la Torá que las almas de ciertos Tzadikim estaban determinadas desde mucho antes que llegaran a cumplir su misión especial en la vida. Se le dijo a Jeremías: "Desde antes que fueras creado en el vientre, estabas destinado a ser profeta" (Jeremías 1:5). Dice el versículo de la Creación: "Dios creó haAdam (el Hombre)" (Génesis 2:7). El Midrash nos dice que "el Hombre" se refiere específicamente a Avraham. Pero si el mundo fue creado debido a Avraham, ¿por qué no fue Avraham el primer hombre? La respuesta es que Avraham vino después debido a que si el hombre llegaba a pecar, siempre podría llegar Avraham y rectificar esos pecados (Bereshit Raba 14:6). Y también Moshé estaba preparado para ser el redentor... Y Mordejai para la redención (Bereshit Raba 30:8). Aprendemos también del Talmud que Mashíaj fue creado antes que el mundo (Pesajim 54a, ver Etz Josef).

El Tzadik, el Tzadik Completo, fue elegido para su misión desde antes de comenzar su vida. Se le otorgó la grandeza espiritual necesaria como para descender a este mundo y servir de guía y líder del Pueblo de Dios. Pero aun así, el hombre está dotado con la capacidad de la libre elección para determinar su camino en la vida. Aunque este Tzadik fue destinado a serlo y fue elegido antes de su nacimiento, aun así posee libre albedrío. Pero al someter su materialidad hasta el punto de elevarse por encima de la simple elección entre lo bueno y lo malo, su libertad de elección se sitúa entonces en un plano enteramente diferente, en un nivel de elección mucho más elevado (Likutey Moharan I, 190).

[El Conocimiento Previo de las acciones de los hombres por parte de Dios y la habilidad del hombre para ejercer la Libre Elección son dos conceptos mutuamente excluyentes para nuestra comprensión. Mientras se encuentra investido por lo físico, no hay forma en que el hombre pueda resolver satisfactoriamente esta paradoja intelectual; ver *Rambam, Hiljot Teshuva* 5:5; *Likutey Moharan* I, 21:4).]

Enseña el Ari: Moshé Rabeinu, grande como era en el momento de nacer, no fue creado en el exaltado nivel que logró alcanzar más tarde. Su grandeza fue resultado de sus numerosos actos de bondad (*Shaar HaGuilgulim* #36). Señala el Ari que también otros Tzadikim poseedores de un alma muy elevada al momento de nacer fueron capaces de elevarse durante sus vidas, mucho más arriba que la misma raíz de sus almas. Y como ejemplo menciona a Rabí Akiba y a sus cinco discípulos principales: Rabí Meir, Rabí Yehuda, Rabí Yossi, Rabí Shimón bar Yojái y Rabí Nejunia. Estos cinco discípulos poseían una raíz situada en un lugar del Cielo mucho más elevado que el Mundo de las Almas (es decir, en las cinco *guevurot* del *Daat* de *Zer Anpin*). Se dice de Rabí Shimón bar Yojái que logró ascender al nivel de *Bina*, el mismo nivel alcanzado por Moshé Rabeinu cuando ascendió al Monte Sinaí para recibir las Segundas Tablas de la Ley (*Zohar* III:132b; *Shaar HaKavanot, Drushei Pesaj* #12; ver *Nitzutzei Orot, Zohar* III:287b). De manera que su alma, a través de sus esfuerzos en este mundo, alcanzó un nivel mucho más exaltado que el que tuvo al momento de su nacimiento.

También el Rebe Najmán enfatizó la tremenda importancia del esfuerzo del hombre en su búsqueda de la integridad. Cuando alguien le dijo al Rebe que el nivel por él alcanzado se debía a la grandeza de su alma, el Rebe pareció muy asombrado. "Este es el problema. Ustedes piensan que los Tzadikim obtienen la grandeza sólo debido a que poseen un alma muy grande. ¡Y esto es un error! Yo tuve que trabajar muy duro para esto. Me esforcé mucho para lograr lo que obtuve. Pero ustedes piensan que he podido alcanzar estos niveles debido a que poseo un alma grande y a que soy descendiente del Baal Shem Tov (era su bisnieto). Pero están equivocados. Todo se debe a las devociones y a los esfuerzos que puse en ello" (*Rabbi Nachman's Wisdom* #165).

Podemos ver entonces que la integridad de los Tzadikim está determinada en general por dos factores distintivos. Hay Tzadikim que están destinados a serlo desde el momento de la Creación. Su integridad, que de todas maneras deben establecer a través de sus actos buenos, les es otorgada con la finalidad de permitirles cumplir determinada misión ordenada por Dios. Y también están aquellos individuos que se elevan al nivel de Tzadik superando sus deseos físicos. Estos últimos son los que, de manera literal, se hacen acreedores al título de Tzadik.

La diferencia entre estas dos clases de Tzadikim es similar a la que existe entre un *Kohen* (un sacerdote) y un erudito de la Torá. No podemos elegir ser descendientes de Aarón, ello es un privilegio que nos es otorgado o no, al momento de nacer. Pero no sucede lo mismo respecto al nivel superior de ser un erudito de la Torá, el cual es accesible a cualquier persona siempre que esté dispuesta a poner en ello el necesario esfuerzo y devoción. Y de hecho, la verdadera grandeza de todo Tzadik está en relación directa con sus devociones. De manera que el Ari enseñó que cualquiera puede elevarse al nivel de Moshé Rabeinu (*Shaar HaGilgulim* #1). Y así es como terminó la conversación del Rebe Najmán con el jasid: "Cualquier persona puede alcanzar mis niveles y llegar a ser como yo. Todo depende del esfuerzo que ponga en ello" (*Rabbi Nachman's Wisdom* #165)

* * *

LA GRANDEZA DEL TZADIK

Existe el error ampliamente difundido al considerar el concepto de Tzadik como introducido en el Judaísmo por los fundadores del movimiento jasídico. Si bien es cierto que ciertos aspectos del papel del Tzadik se desarrollaron a partir del Baal Shem Tov y de sus seguidores, aspectos que en general no se presentan en las enseñanzas del Rebe Najmán (dinastías, códigos de vestimenta, etc), el concepto del individuo íntegro y su grandeza ha formado parte constante del Judaísmo y se encuentra a lo largo de todas las escrituras sagradas de nuestro pueblo. Por lo tanto ¿cuál es la grandeza del Tzadik y de los Tzadikim? Respecto a esto enseñaron nuestros Sabios:

El mundo fue creado por el mérito de al menos un Tzadik (*Ioma* 38b).

El mundo entero se sostiene sobre el Tzadik, como está escrito: "El Tzadik es el fundamento del mundo" (*Jaguigá* 12b).

Dios decreta y el Tzadik tiene el poder de anular ese decreto. Pero, el Tzadik decreta y Dios cumple con ese decreto (*Moed Katan* 16b).

En el Futuro los ángeles verán a los Tzadikim y exclamarán: "*¡Kadosh! ¡Santo!*," tal como ahora exclaman frente a Dios (*Bava Batra* 75b).

Si así lo desearan, los Tzadikim podrían crear mundos (*Sanhedrín* 65b).

Tan grande es el mérito de los Tzadikim que son capaces de aplacar a Dios y anular los decretos (*Bereshit Raba* 33:3).

No sólo (los Tzadikim) pueden anular los decretos, sino que luego son bendecidos por ello (*Zohar* I:101b).

Los Tzadikim hacen descender [y revelan] la Divina Presencia de Dios en el mundo (*Shir HaShirim Raba* 5:1).

Todas las bendiciones llegan al mundo por el mérito del Tzadik (*Zohar* I:189a).

Grandes son los Tzadikim pues aunque hayan fallecido, sus méritos permanecen de generación en generación (*Zohar* I:183a).

De no ser por las plegarias de los Tzadikim que han fallecido, el mundo no subsistiría ni un instante (*Zohar* III:71a).

Llevaría un libro entero el citar solamente los pasajes de nuestros Sabios del Talmud, los Midrashim, el Zohar, etc. respecto a la grandeza de los Tzadikim. Las citas anteriores son un mínimo ejemplo para intentar abrir nuestros corazones y nuestras mentes a aquello que en verdad es el Verdadero Tzadik; y sobre lo importante que es intentar comprender esta grandeza.

*

Enseña el Rebe Najmán: El Tzadik es "todo, en los Cielos y en la Tierra" (I Crónicas, 29:11). ¿Quién es el que une los Cielos con la Tierra? ¡El Tzadik! (*Zohar* III:257a). El Tzadik une el Mundo Superior con el Mundo Inferior y todo lo que contienen. Y esto permite la revelación de la Divinidad (*Likutey Moharan* II, 7:7).

El Tzadik es un puente entre lo espiritual y lo físico. Se encuentra por sobre lo físico y sin embargo no es, ni nunca podrá ser, tan espiritual como Dios. ¿Qué es por lo tanto este "puente"? Sólo si se comprende este concepto es posible llegar a entender la verdadera esencia de la grandeza del Tzadik. El Tzadik ha trascendido lo físico y es capaz de saber qué es verdaderamente la espiritualidad. Con su capacidad, puede tomar los aspectos más maravillosos de la Divinidad y traerlos al nivel de comprensión de la persona más simple.

Enseña el Rebe Najmán: La persona debe orar con todas sus fuerzas para poder encontrar a alguien que sea capaz de explicarle la Divinidad. Y eso es muy difícil de encontrar. Es necesario un gran maestro de verdad, capaz de explicar la gran sabiduría de la Divinidad (Likutey Moharan I, 30:2).

En tres momentos diferentes Moshé Rabeinu ascendió al Cielo y estuvo allí durante cuarenta días y cuarenta noches. No comió ni durmió y no tuvo necesidades físicas que atender (Deuteronomio 9). Moshé, un hombre de carne y hueso. Incluso los ángeles estaban celosos de él (Shabat 88b). Y fue capaz de mantener su forma física durante su estadía en el Cielo pues se había elevado completamente por sobre su materialidad. Al respecto comentan nuestros Sabios el siguiente versículo (Deuteronomio 33:1): "Moshé el hombre de Dios." Cuando subió al Cielo era un ser totalmente espiritual (Devarim Raba 11:4).

Es debido a su grandeza que Moshé Rabeinu fue capaz de alcanzar la sabiduría y el conocimiento de Dios. Fue capaz también de encerrar ese conocimiento dentro del "recipiente" de la Torá, de traerlo así al mundo físico y de revelárnoslo. Cuanto más grande es el nivel espiritual de una persona tanto mayor es su acceso a la sabiduría superior y mayor es por lo tanto su habilidad para hacer descender ese conocimiento a este mundo.

Enseña el Rebe Najmán: Vemos que nuestros Sabios eran muy versados respecto a todos los aspectos de este mundo (Likutey Moharan II,58). Pregúntese lo siguiente: Si estos grandes rabinos pasaban su tiempo dedicados al estudio de la Torá, ¿cómo podían comprender tan bien los principios del trabajo en la agricultura, de los textiles, de las finanzas, de los animales y de la horticultura, del diseño y la construcción de diversas herramientas, de astronomía, astrología y de muchas otras tareas y habilidades físicas? La respuesta es que su comprensión estaba basada en sus logros y percepciones espirituales. Conocedores del funcionamiento de los principios espirituales, los comprendían entonces en su reflejo en las formas físicas (ver *Likutey Moharan* II, 58).

Observó Rabí Iojanan ben Zakai, respecto a la construcción de ciertas herramientas y recipientes: "Pobre de mí si lo revelo. Pobre de mí si no lo revelo." (*Keilim* 17:16). Pobre de mí si revelo su funcionamiento pues es posible que gente deshonesta aprenda de estas ideas y engañe a los demás. Pobre de mí si no las enseño pues la gente dirá que los rabinos son ignorantes. Y agrega el *Maharsha*: No digas que le falta sabiduría al Talmud. De comprender su lenguaje, podrás encontrar allí la cura para todas y cada una de las enfermedades... (*Maharsha*, *Guitin* 68b, *l'dama*).

*

El alma de un Judío proviene de los niveles más altos de la Creación (ver *Likutey Moharan* I, 17:2). Es enviada a este bajo mundo para purificarse mediante la santidad, el descubrimiento de su nivel y el camino de retorno a su raíz espiritual. Pero debido a las barreras de materialidad que se le imponen en este mundo, el hombre encuentra casi imposible percibir lo espiritual.

El Tzadik es la excepción. El sí posee una comprensión de lo espiritual. Es capaz de descubrir el nivel y el camino y no sólo el propio, sino también el de los demás. Algunos Tzadikim transmiten su conocimiento a través de sus enseñanzas y otros a través de sus acciones. Observar a los Tzadikim, tanto en sus obras como en sus escritos nos convencerá de su habilidad en ver lo realmente importante. El Tzadik sabe sobre qué concentrar su energía y cómo focalizarla y cómo traer su conocimiento al nivel de comprensión de la gente más simple.

Pero nosotros carecemos del ingrediente necesario para la comprensión de ese conocimiento. Debemos trabajar sobre nosotros mismos y aumentar nuestra fe en que los Tzadikim *han* alcanzado lo espiritual y que pueden traerlo incluso hasta donde nosotros estamos.

*

Reb Najmán Jazán era el discípulo más cercano de Reb Noson y el principal líder de la Jasidut de Breslov luego del fallecimiento de Reb

Noson. Cierta vez se le pidió que hablase respecto de algún milagro ejecutado por el Rebe Najmán.

Con fuerte intensidad en su mirada Reb Najmán Jazán exclamó fervoroso: "¿Un milagro? ¿Ustedes quieren que les cuente algún milagro del Rebe?"

"¡Yo! ¡Yo mismo soy un milagro del Rebe!"

Reb Najmán Jazán sentía que su servicio a Dios era insignificante y sin valor. Se sentía distanciado de Dios e inconsecuente. Pero Dios consideró adecuado acercarlo a Reb Noson quién lo nutrió con una fuerte dosis de la "medicina" del Rebe Najmán. Eventualmente logró elevarse a un gran nivel espiritual, por lo cual llegó a exclamar: "Yo soy un milagro del Rebe Najmán. Qué mayor milagro puede existir que el tomar una persona tan baja como yo y llevarla a servir a Dios" (Rabí Eliahu Jaim Rosen).

* * *

¿LIDER, MAESTRO, INTERMEDIARIO?

Moshé recibió la Torá en el Sinaí y la transmitió a Joshua; Joshua a los Ancianos; los Ancianos a los Profetas; y los Profetas la transmitieron a los hombres de la Gran Asamblea (Avot 1:1). Todo el cuerpo de la Ley Judía, tanto escrita como oral, proviene de Moshé, quien la recibió directamente de Dios. ¿Por qué Dios no la entregó directamente a los Judíos?

Cuenta el Talmud: El Emperador le dijo a Rabí Joshua ben Janania que estaba interesado en ver a Dios. Rabí Yoshua lo llevó fuera de la habitación y le dijo que mirara al sol. "¡Eso no es posible!" exclamo el Emperador, a lo cual respondió Rabí Yoshua: "Si no puedes mirar a un servidor de Dios, ¿cómo puedes esperar mirar a Dios mismo?" (Julin 59b).

Con esto en mente podemos tratar de examinar el papel del Tzadik. En el Judaísmo, el Tzadik es un líder, una luz que guía a sus seguidores. Las personas necesitan de un guía. La gente común se siente por lo general insegura respecto de sus responsabilidades en la vida y sobre cómo llegar a cumplirlas. Y esto es lo que debe aprender del Tzadik. Es por ello que se necesita un verdadero guía, conocedor de la gente y de sus capacidades y con una amplia comprensión respecto de aquello que es necesario para cada individuo.

La Torá es el intrumento de la transmisión de la Infinita Sabiduría de Dios al hombre. ¿Quién puede decir, honestamente, que es lo suficientemente sabio como para comprender por medio de este intermediario aquello que se requiere de él? El Talmud, el Midrash y el Shuljan Aruj enfatizan la importancia de recibir de un maestro, de manera que nuestra comprensión de la Torá sea clara. Por lo tanto, también un maestro o rabino deben de haber recibido de su maestro y así en más, hasta Moshé Rabeinu. Mirar directamente dentro de la Torá y decir "Yo sé y comprendo" es lo mismo que decir "No sé y nunca sabré, pues me considero capaz de mirar directamente a Dios *yo mismo.*" Como enseña el Talmud: Aun aquél que ha estudiado, si no ha recibido de un *Talmid Jajam,* de un maestro calificado, es considerado un ignorante (Berajot 47a). Y también: Cuán tontos son aquellos que se levantan frente a un Rollo de la Torá y no lo hacen frente a un Sabio (Makot 22b). De hecho, sin una guía verdadera, la Torá puede confundir a aquella persona que la estudia.

Esto no significa que no haya algunas excepciones. El Talmud habla respecto de aquellos individuos únicos, que triunfaron en el estudio de la Torá, aunque no siguieron la prescripción dada por nuestros Sabios respecto a estudiar con un maestro (ver Avoda Zara 19a). Pero estos individuos singulares son muy pocos y no siempre aparecen. Uno debe recibir de un maestro al menos aquellos elementos básicos de estudio. Y este maestro tendrá como tarea el velar para que el material enseñado transmita su verdadero significado (Bava Batra 21a,b).

Entonces ¿por qué Dios no entregó todo el cuerpo de la Ley Judía directamente a los Judíos? Pues la luz de la Torá hubiera sido enceguecedora. Siendo nada menos que una extensión de la Infinita Sabiduría de Dios, ella es demasiado grande como para ser recibida directamente por una persona común. Para poder mirar esta luz necesitamos usar "anteojos," necesitamos cubrir nuestros ojos con alguna clase de filtro que procese la luz y la distribuya en cantidades manejables. El Tzadik es este filtro.

De manera que "Moshé recibió la Torá... El la transmitió a Yoshua, y Yoshua la transmitió..." Maimónides, en su introducción al *Yad HaJazaka*, hace un recuento de los líderes de cada generación hasta la redacción del Talmud. El Ravad (Rabí Avraham ben Dior), en el *Seder HaKabala*, compendia los nombres de los líderes de cada generación hasta su propia época (c. 1000). Y todos ellos fueron seguidos por otros líderes. A través de las generaciones, los Tzadikim han guiado a los Judíos, transmitiéndonos su conocimiento de Dios. Ellos nos han enseñado cuáles son nuestras responsabilidades en la vida y cómo podemos cumplirlas. También nos han mostrado cómo volver a Dios y cómo encontrar placer en Su gran luz.

*

El Tzadik es también un intermediario. Es un agente entre Dios y nosotros. Pero, de hecho, *no* es un intermediario en absoluto. Dios prohibió que alguien llegue a pensar que necesita de un intermediario entre el Todopoderoso y él mismo; ni desde su lado y por supuesto que tampoco desde el lado de Dios. Más bien, dado que es una persona que ha conquistado su materialidad en este mundo y que ha entrado al ámbito espiritual, el Tzadik sirve entonces como agente y catalizador trayendo espiritualidad a este mundo. Habiendo alcanzado la sabiduría y la comprensión necesarias como para servir a Dios de manera verdadera y apropiada, el Tzadik sirve a Dios llevando Su voluntad a la humanidad y haciendo que la gente reconozca a Dios en todos los aspectos de sus vidas. El hombre común es incapaz de percibir la voluntad de Dios y por lo tanto debe recurrir a alguien que sí la perciba. Es entonces en *este* sentido que el Tzadik es un intermediario.

"Moshé tomó la tienda... Quienquiera que buscase a Dios debía ir a la Tienda de Reunión..." (Exodo 33:7). Rabeinu Bejaia (1263-1340) preguntaba: ¿No debería decir el versículo: "quienquiera que buscase a *Moshé* debía ir a la Tienda de Reunión"? Vemos que Moshé es llamado en el Nombre de Dios. También Jacob fue llamado en el Nombre de Dios (Génesis 33:20, ver Meguilá 18a). Mashíaj es llamado también en el Nombre de

Dios... Pues quienquiera que esté verdaderamente apegado a algo es llamado con el nombre de esa cosa (Rabeinu Bejaia, Ki Tisa). Esto nos enseña que no es *posible* ir hacia Dios y llegar a ser conscientes de El, sin la ayuda del Tzadik (*Leket Amarim* pg. 145).

Nos dice el Talmud que antes de que Dios entregara la Torá en el Monte Sinaí, se la ofreció a todas las demás naciones de la tierra y que ellos la rechazaron. Pero que en cambio, al ofrecérsela a los Judíos, estos la aceptaron (*Avoda Zara* 2b). Como resultado de lo sucedido en el Sinaí, si alguien desea entrar dentro del ámbito de la Torá, debe primero convertirse al Judaísmo. Sin abrazar el Judaísmo no es posible abrazar la Torá. Y enseña el Rebe Najmán que de la misma manera, no es posible entrar en el ámbito de la Torá y ser un Judío devoto sin estar cerca del Tzadik (*Tzaddik* #299).

Existe otro aspecto del Tzadik en su papel como intermediario. Siendo hijos de Dios y Su pueblo elegido, no tenemos necesidad de intermediarios con El. ¿Pero sabemos acaso lo que debemos hacer? ¿Es posible acaso, saber por nosotros mismos, qué plegarias decir o qué acciones realizar? ¿Y qué sucede cuando, debido a nuestras transgresiones, nos alejamos de Dios? ¿Quién saldrá en nuestra defensa? ¿Quién hablará a favor nuestro? Necesitamos de alguien que no sólo nos muestre cómo corregirnos, sino que sea a la vez nuestro abogado. Enseñan nuestros Sabios: Aquél que tenga un enfermo en su casa debe ir hasta el sabio y pedirle que ore por él (*Bava Batra* 116a). Reb Avraham Jazán explica esto de la siguiente manera: Está absolutamente prohibido considerar al Tzadik como siendo un delegado o apoderado de Dios. Pero acercarse al Tzadik con la finalidad de estar incluído en sus oraciones y para alcanzar un mayor mérito en la propia plegaria, no sólo es algo que está permitido sino que además es algo aprobado y fomentado (*Biur HaLikutim* 10:17). En este sentido, el Tzadik es un interlocutor, un intercesor e incluso alguien capaz de lograr la paz entre el Padre y el hijo.

*

Vemos también que el mismo Tzadik puede encontrarse tan alejado de nuestra comprensión que necesitemos de un intermediario entre él y nosotros. Muchas veces, aquello que el Tzadik dice o hace se encuentra más allá de la comprensión de la gente, siendo entonces necesario recurrir a alguna persona más cercana a él, que nos ayude a comprender aquellos senderos espirituales por los que anda el Tzadik. Así como el Tzadik es un agente que nos guía hacia la comprensión de la voluntad de Dios, éste otro intermediario nos guía hacia una mejor comprensión de la voluntad del Tzadik (la que es, en todos los casos, voluntad de Dios, pues él ha hecho que "la Voluntad de Dios sea su voluntad").

Enseña el Rebe Najmán: El Tzadik es como un sello. Las letras en el sello están grabadas a la inversa y salvo que lo imprimamos sobre papel, nos es casi imposible saber qué es lo que dicen. De la misma manera, nos es imposible comprender los caminos del Tzadik. Pero podemos captar algo de su grandeza a través de sus discípulos, sobre quienes él ha dejado su impronta (*Likutey Moharan* I, 140).

Los Rollos de la Torá, los tefilin y las mezuzot deben ser escritos sobre el cuero de animales kosher (*Shabat* 108a). Escribe Reb Noson: Incluso algo tan material como el cuero de un animal puede ser elevado a los niveles más altos de santidad al escribir sobre él las letras de la Torá (*Likutey Halajot, Tefilin* 5:35; ver *Tefilin: A Chassidic Discourse*, donde este tema se halla tratado en profundidad). El Tzadik ha logrado lo mismo con su cuerpo. El ha tomado el "cuero" y lo ha purificado (*Tzaddik* #234).

Es necesario, por lo tanto, al examinar el papel del Tzadik entender que su nivel espiritual se encuentra mucho más allá de lo que podamos imaginar. Es verdad que todo Judío tiene la posibilidad de alcanzar un nivel en el cual pueda servir a Dios sin consejos ni guías por parte del Tzadik, llegando a ser él mismo un Tzadik. Pero, excepto casos únicos y aislados, esto sucede muy raramente. Necesitamos por lo tanto, de la intermediación del Tzadik.

Desafortunadamente, el término "intermediario" ha sido utilizado demasiado por aquellos que no entienden o que no pueden entender que carecen de la capacidad de comprender al Tzadik. Acusan al Tzadik y ponen en tela de juicio la validez de su papel. De esta manera confunden a la gente alejándola del Tzadik. Y ésto no fue algo que comenzó con la aparición del Tzadik jasídico. También en la época bíblica encontramos que "la gente se burlaba de los mensajeros de Dios" (2 Crónicas, 36:16). Estos "mensajeros" no eran otros que los Tzadikim y los Profetas de esa generación. Tanto entonces como ahora la gente no tenía idea de cuán grandes eran esos líderes. Se sentían capaces de encontrar por sí mismos el camino correcto en el servicio a Dios, siendo ésta la causa de la destrucción del Templo y del exilio.

El concepto de Tzadik es una constante en la historia Judía. Una generación tras otra ha tenido sus gigantes espirituales, hombres capaces de guiar, enseñar y actuar como intermediarios de la gente. Pero así como con el correr de los tiempos ha disminuido nuestra comprensión y percepción de la Torá, de la misma manera ha disminuído nuestra comprensión y apreciación del papel del Tzadik. Debemos por lo tanto, unirnos a los Tzadikim y buscar en ellos la guía para lograr la comprensión de la voluntad de Dios. Aceptando sus consejos, modelando nuestro servicio a Dios a partir del de ellos, podremos acercarnos a Dios a través del Tzadik.

* * *

UNIENDOSE AL TZADIK

Enseñó Reb Itzjak Breiter: La persona debe unirse al Tzadik desde el comienzo mismo de cada día. Debe decidirse a vivir, en ese día, siguiendo el consejo y la dirección del Tzadik (Seder Halom 1).

Habiendo establecido el hecho de que el Tzadik ha logrado comprender la voluntad de Dios y que por lo tanto, conoce la dirección adecuada de cada persona en el mundo, surge la siguiente pregunta: ¿y qué puede hacer por mí? ¿Qué puede significar para mí?

Enseña el Rebe Najmán: Solo mediante el Tzadik es posible adquirir el Temor y el Amor al Cielo. El Tzadik es capaz de revelar la belleza y la gracia existentes en el alma Judía. Esta alma proviene de los lugares más elevados: se encuentra enraizada en las alturas, en el Pensamiento de Dios y procede de la Misma Fuente de la Creación. El Tzadik revela esta belleza, revelando el Temor y el Amor (*Likutey Moharan* I, 17:1,8). Quizás la siguiente parábola del Rebe Najmán ilustre mejor este punto.

Una noche de Mayo, Reb Shmuel de Moscú, un empobrecido Judío, soñó con un gran tesoro oculto debajo de cierto puente sobre el río Danubio, en la ciudad de Viena. Viajó allí de inmediato, esperando encontrar ese tesoro. Pero al llegar vió con angustia que un oficial de la policía estaba parado allí, al costado del puente, impidiéndole acercarse para buscar su tesoro. Viéndolo sospechoso, el policía se le acercó.

"¡Qué buscas aquí!" le gritó mientras se le aproximaba.

Reb Shmuel decidió que lo mejor sería contarle toda la verdad y quizás así, al menos podrían dividir el tesoro entre los dos. "Soñé que aquí debajo había un tesoro," le respondió. "He venido a desenterrarlo."

"¡Ah! ¡Ustedes los Judíos! ¡Los sueños son todo lo que les preocupa!," se burló el oficial. "Yo también tuve un sueño. Hace una o dos semanas, una noche, soñé que había un tesoro en tal y tal lugar, en el jardín de un tal Reb Shmuel de Moscú. ¡Y que crees! ¡Ni siquiera se me ocurre viajar a Moscú!"

El Judío quedó totalmente estupefacto. ¡El oficial se estaba refiriendo a su ciudad, a su casa y a él mismo! Y ambos habían tenido el mismo sueño la misma noche. Reb Shmuel volvió apresuradamente a su casa, buscó en el jardín y encontró el tesoro. "¡Pensar que el tesoro estuvo siempre aquí!" exclamó, "¡Y para encontrarlo debí viajar hasta Viena!"

Agregó el Rebe Najmán: "Esto también se aplica a todos nosotros. Cada persona posee un tesoro oculto dentro de sí, pero para encontrarlo le es necesario viajar hasta el Tzadik. Pues es el Tzadik quien le mostrará dónde buscarlo" (*Rabbi Nachman's Stories* #24).

Cada Judío posee grandiosos tesoros ocultos dentro de sí, con los cuales es capaz de elevarse hasta las alturas más excelsas. Esto explica por qué los Judíos han tenido siempre éxito, en cualquier cosa que hicieren. Los Judíos han triunfado y prosperado, pese a las condiciones adversas de su entorno, en todo aquello que encararon y en todo lugar al que su deambular los llevara. ¿Pero qué son estos tesoros? ¿Es una inteligencia aguda o una memoria icreíble o una gran creatividad, etc? Enseña el Rebe Najmán: Cada persona tiene al menos un rasgo en el que sobresale, un punto en el cual sobrepasa a su compañero (el que puede a su vez, ser superior a él en muchas otras áreas) (*Likutey Moharan* I, 34:4). ¿Cuál es mi rasgo sobresaliente? ¿En qué área soy superior?

Es para conocer esto que uno necesita del consejo apropiado. Y es aquí donde reside la importancia de la unión y cercanía con el Tzadik. No hay nada mejor que la cercanía con el Tzadik para poder encontrar nuestro punto de excelencia, nuestro tesoro oculto.

¿Y cuál es el propósito de esta unión?

Es muy simple. Uniéndose al Tzadik uno se "asegura" que seguirá sus consejos pase lo que pase y con la mejor de nuestras capacidades.

¿Y cómo se logra, si es que puede lograrse?

*

Consíguete un Rav... Enseña el Talmud: Unete a los Atributos Divinos. Tal como El es compasivo, tú también debes serlo. Tal como El es bueno, tú también debes serlo... (*Shabat* 133b).

El lazo que se busca crear con el Tzadik es de carácter espiritual. En este sentido, es equivalente a la unión que cada Judío desea crear entre él mismo y Dios. Obviamente, también eso es algo espiritual. Pero, ¿cómo es posible estar unido espiritualmente con el Santo? Vemos en la enseñanza de nuestros Sabios, que eso se logra siguiendo el "ejemplo" de Dios. Al asumir Sus Atributos formamos un lazo, una conexión y unión entre nosotros y Dios. Siendo compasivos y benévolos nos unimos a El de manera espiritual, transformándonos en algo Divino.

Lo mismo se aplica a la unión con el Tzadik. Siguiendo su ejemplo y sus cualidades, es decir, aceptando sus consejos y siguiéndolos, es posible unirse a él. Haciendo aquello que dice y copiando aquello que hace, podemos llegar a unirnos con él espiritualmente, transformándonos también nosotros en Tzadikim. Como enseña el Rebe Najmán: Aceptar el consejo del Tzadik crea una unión entre el que da y el que recibe. En cierto sentido, es similar a un matrimonio. Mediante la transmisión de su consejo se produce una unión entre el Tzadik y la persona que recibe de él (*Likutey Moharan* I, 7:4).

También enseña el Rebe que la clave para lograr la espiritualidad estriba en escuchar lo que dice el Tzadik, todo aquello que dice, y no desviarse de ello ni un milímetro. Aceptando simplemente sus enseñanzas, tal cual son (*Likutey Moharan* I, 123).

Es posible que usted esté tentado de preguntar "¿Por qué? ¿Por qué no debo antes comprender aquello que hago?" Y la respuesta es muy simple. ¿Acaso sus hijos comprenden la razón de todo aquello que usted les dice que deben hacer? Por supuesto que no. Usted espera que ellos acepten y cumplan. Más tarde habrá tiempo para que pregunten. Es muy probable que al crecer encuentren menos motivos para preguntar. Y de hacerlo, estarán mejor capacitados para comprender lo que usted les responda. Esto mismo sucede con el Tzadik. El posee una percepción mucho más grande respecto a lo que usted realmente necesita hacer en la vida. Más tarde, cuando la unión con el Tzadik se haya fortalecido, usted podrá llegar a comprender.

Ahora podemos entender la Mishná que dice: Consíguete un *Rav* (un rabino) y aléjate de la duda (*Avot* 1:16). Si la persona está unida a su *Rav*, a su líder, podrá entonces obtener la orientación que necesite. Todo lo que debe hacer es preguntar. Pero por otro lado, si usted piensa que ya ha alcanzado las alturas de la sabiduría y que no le hace falta ningún consejo, entonces usted es un *Rav* o está en un serio problema. De manera que:"Consíguete un *Rav*." Consígase un Tzadik a quién pueda recurrir buscando consejo. Y ésto no sólo lo alejará de la duda y de la incertidumbre, sino que al mismo tiempo, ese Tzadik al cual usted se ha unido, podrá guiarlo por la senda correcta para la rectificación y el perfeccionamiento de su alma. ¿Y cómo? El Tzadik conoce la raíz y origen del alma de cada persona y el lugar del Cielo que debe alcanzar, de manera que es él quién puede darle la orientación apropiada. El es capaz de revelar el Temor y el Amor que existen dentro suyo y de revelar la belleza interior y la gracia de su alma, permitiéndole así elevarse hacia su fuente.

Enseña el Rebe Najmán: Aquél que se niega a escuchar las palabras de los sabios, puede volverse loco, literalmente. E incluso la persona más demente, si escucha a la gente cuerda y hace exactamente aquello que le dicen, puede llegar a comportarse de manera normal y ser aceptada como tal (*Rabbi Nachman's Wisdom #67*). Lo mismo puede decirse respecto de aquella persona que no acepta a los Tzadikim como líderes. Es posible que al faltarle su consejo llegue a enloquecer. Y si anda por el camino equivocado y de hecho la mayoría de la gente carece de esta guía y anda entonces inevitablemente por la senda equivocada, entonces todo lo que se intente hacer será incorrecto.

Enseña además el Rebe Najmán: Es imposible comprender siquiera una pequeña parte de las enseñanzas del Tzadik si no se ha rectificado por completo el *Brit*. Es decir que la persona misma debe ser muy pura y santa. [Debe ser un Tzadik por sí.] De lo contrario las enseñanzas del Tzadik pueden llegar a llevarla por el camino equivocado (*Likutey Moharan I, 36:5*). Se pregunta al respecto el *Parparaot LeJojma* si es posible que exista alguien que pueda decir semejante cosa de sí mismo. ¿Quién puede afirmar que es lo suficientemente puro como para comprender las enseñanzas del Tzadik? ¿Quién puede decir con absoluta honestidad que está libre de toda profanación del Pacto? Y si nadie o casi nadie, lo puede afirmar ¿a quién están dirigidas estas enseñanzas entonces? ¿Para qué sirven las enseñanzas del Tzadik si nadie las puede comprender?

La respuesta que ofrece el *Parparaot LeJojma* a esta pregunta es muy larga, pero es similar, básicamente, a lo ya dicho respecto a las enseñanzas de la Torá en general. De manera ideal nuestro objetivo debe ser estudiar Torá por sí misma. ¿Es que ésto significa que si nuestro estudio está mezclado con el deseo de honor u otro motivo anexo, no debemos entonces estudiar la Torá? ¿No nos llevarán estos motivos impuros a caminar por la senda incorrecta? Nuestros Sabios enseñan que pese a ello nuestro deber es estudiar. Y así, eventualmente, llegaremos a estudiar la Torá por sí misma. Pero si la intención es mucho más oscura, como por ejemplo buscar ser un erudito en la Torá para utilizarla como medio para burlarse de los demás y ser arrogante, entonces es mucho mejor no estudiarla en absoluto. Y lo mismo es verdadero respecto a las enseñanzas del Tzadik. La persona que rechaza las enseñanzas del Tzadik como inaceptables se confundirá y llegará incluso a utilizarlas (mal) como medio para rechazar otras facetas de la Torá. Si por otro lado alguien desea acercarse verdaderamente a Dios pero no puede comprender las enseñanzas del Tzadik respecto al modo de lograrlo, será consciente que la culpa recae nada más que sobre él mismo. Aceptará las lecciones del Tzadik como ciertas y correctas y trabajará sobre sí mismo para llegar a rectificar sus faltas personales (*Parparaot LeJojma* 36:2).

Dijo cierta vez Reb Israel Karduner: "Las acciones de una persona se asemejan a los rayos de una rueda. Si el eje de la rueda está bien alineado, entonces los rayos girarán correctamente. Pero si el eje está torcido, los rayos también lo estarán" (*Rabí Eliahu Jaim Rosen*). Unirse al Tzadik permite que su eje esté bien centrado. Entonces, también sus acciones lo estarán.

*

Rabí y discípulo. Como hemos visto, recibir consejos del Tzadik y llegar a unirse con él son la clave para encontrar el verdadero sendero del crecimiento espiritual. El Rebe Najmán considera la visita que uno hace a un Verdadero Tzadik como "algo sobre lo cual depende todo el Judaísmo de la persona" (*Likutey Moharan* I, 66:4). Pero es posible que la persona se pregunte: "¿Qué es lo que yo tengo que ver con un Tzadik tan extraordinario? No busco en realidad cosas tan grandes como para necesitar un maestro de semejante piedad y santidad. Es mejor moverme en mi propio nivel o al menos comenzar alcanzando el nivel de los líderes espirituales locales. Luego, si es que puedo crecer espiritualmente, trataré de buscar un líder más grande. ¿Por qué debo comenzar ahora a buscar un Tzadik tan grande?"

Enseña el Rebe Najmán: La persona no debe conformarse nunca con algo menos que un maestro perfecto. Nunca debe pensar que es suficiente ser como este rabino o aquél maestro, etc. Cuanto más insignificante sea o crea que sea, más grande será el guía que necesite. La persona enferma de una dolencia menor, buscará la terapia de un médico común. Aquella persona aquejada de una enfermedad más seria, buscará consultar también con un especialista en el tema. Pero una persona gravemente enferma sólo querrá consultar con los mejores médicos disponibles. Y lo mismo se aplica a la espiritualidad. Cuanto más alejada esté la persona de Dios y más hundida se encuentre en la materialidad, más grande será su necesidad de un líder que la saque de su enfermedad espiritual y le permita obtener la sabiduría Celestial necesaria para curarse (Likutey Moharan I, 30:2).

Solemos pensar que es suficiente con tener una buena persona como guía espiritual. Pero si evaluáramos con honestidad el nivel de nuestro conocimiento y reconocimiento de Dios, aceptaríamos sin dudar el hecho de que necesitamos de una gran persona para elevarnos de las profundidades a las que nos hemos llevado. Y cuanto más conscientes seamos de esto, más comprenderemos la necesidad de unirnos al líder espiritual más grande que pueda existir, para que él nos cure de nuestra enfermedad espiritual.

El Rebe presenta otra ventaja que se obtiene al seguir a un gran Tzadik: La letra alef (א) está construida por dos puntos, una iud superior y otra inferior, con una vav cruzada entre medio de ellas. El Tzadik, el Rav, puede ser comparado al punto superior, la corona. El discípulo es comparable al punto inferior, la base. Los dos puntos aluden a Moshé y a Yoshúa. "Moshé es como el sol y Yoshúa es como la luna" (Bava Batra 75a). La luna no posee luz propia, sino que refleja aquella que recibe del sol. Entre ambos se extiende el cielo, el firmamento. Esta es la letra vav que funciona como un canal para la transmisión de la luz superior, del sol, hacia la luz inferior, la luna (Likutey Moharan I, 6:5).

Existe una gran distancia entre el Tzadik, el punto superior y el discípulo, el punto inferior. Esta distancia es el ancho del firmamento, un mundo de diferencia. Pero aun así, el discípulo puede reflejar la gran sabiduría de su maestro, al seguir voluntariamente todos sus consejos. Puede ser entonces recipiente de una gran luz y conocimiento. Además, así como la luna toma la luz del sol y luego la refleja hacia el mundo beneficiando a los demás, el seguidor del Tzadik, al tomar sus enseñanzas, contribuirá automáticamente a dar buenos consejos a aquellas personas cercanas a él.

En el cuento denominado "El Hijo del Rabí," el Rebe Najmán relata la historia de un Judío que realizaba cierta mitzvá y que debido a ello adquirió el atributo de la "luz inferior," de la luna. El Tzadik mismo era la "gran luz." De haber podido juntarse, su encuentro hubiera traído al Mashíaj (*Rabbi Nachman's Stories* #8 pg. 154-159). Al igual que el hijo del Rabí en el cuento, en cualquier momento, cualquiera de nosotros es capaz de realizar determinada mitzvá de cierta manera y adquirir así el atributo de la luz inferior. De manera que cualquier Judío, sin importar donde se encuentre, si se une al Tzadik, tiene el poder de acelerar la venida de Mashíaj.

*

Consejo Simple. La gente imagina que los consejos y *tikunim* que pueda dar el Tzadik deben de ser severos y estrictos. Creen que la rectificación sólo puede lograrse mediante una serie de largos períodos de automortificación, ayunos, etc. Pero el Rebe Najmán enseña otra cosa: Cuando Nahman, el general de las tropas Asirias, enfermó de lepra, fue a ver a Elisha, en busca de una cura. Elisha le dijo: "Sumérjete siete veces en el Río Jordán y serás curado." Al principio, Nahman se negaba a escuchar, pensando que lo prescripto era demasiado simple para ser efectivo. Eventualmente, sus servidores lo convencieron de seguir el consejo del Profeta y se curó (2 Reyes, 5).

Y lo mismo vale hoy en día y quizás más aún que antaño. A veces rechazamos el consejo prescripto por el Tzadik sólo porque nos parece demasiado simple. Esperamos maravillas y mortificaciones y lo que encontramos es "agua corriente." Lo más importante es aceptar las enseñanzas del Tzadik con fe y simpleza (*Tzaddik* #492).

* * *

EL TZADIK Y SUS SEGUIDORES

Escribe el santo Ari que las almas de la mayoría de la gente son como hojas en las ramas de las almas más grandes, aquellas de los Tzadikim

(*Shaar HaGilgulim* #38). Por lo tanto, cada Tzadik tiene sus "hojas," las almas de las cuales él es responsable. Cuanto más grande sea el Tzadik más almas estarán a su cuidado. Y el Verdadero Tzadik, el Tzadik de la generación, posee todas las almas debajo de sí. Enseña el Rebe Najmán: Existe un Tzadik que es el soporte del mundo. En él se hallan enraizadas todas las otras almas, incluyendo la de los demás Tzadikim. Algunos son ramas [centrales]. Otros son ramas laterales que salen de esas ramas centrales (*Likutey Moharan* I, 70). Comenta el Ari respecto al siguiente versículo "Seiscientas mil almas están a mis pies" (Números 11:21): que esas seiscientas mil almas Judías formaban parte del alma de Moshé; donde se dice que también Elías el Profeta obtuvo un nivel similar (*Shaar HaPesukim* 2:3; ver *Likutey Tora, B'ha'aloteja*).

Pero todos somos diferentes. ¿Cómo puede el Tzadik llegar a cada individuo, de manera diferente? Y en especial, el Verdadero Tzadik, el Tzadik de la generación, ¿cómo puede reflejar las necesidades particulares de cada persona? La respuesta estriba en que el Tzadik es un hombre que posee innumerables rostros. En la conocida historia del Rebe Najmán titulada "El Señor de la Plegaria," se lo representa como una especie de camaleón, experto, capaz de adaptarse a aquél con el cual está tratando (*Rabbi Nachman's Stories* #12).

Pese a todos los avances de la ciencia y de la tecnología, la humanidad debe avanzar aún considerablemente antes de llegar a someter sus rasgos negativos. Pero el Tzadik es una persona que ya ha logrado elevarse, en todos los aspectos, por sobre sus instintos básicos. Su acercamiento a la vida está exento de la búsqueda de honores o de bienes y de todo tipo de placeres físicos. Se ha despojado de estas necesidades "humanas"; al ver en todo su relación con Dios, puede elevarse por sobre los sentimientos del hombre común.

El Tzadik es también un verdadero representante de su Creador. Su devoción a Dios es tan profunda, que es algo casi imposible de comprender por la gente. El Tzadik ha subyugado y anulado tanto su materialidad que "aunque posee un cuerpo humano, es totalmente diferente" (*Rabbi Nachman's Wisdom* #14). Ha logrado un tipo de cuerpo espiritual (ver *Zohar* III:169b; *Likutey*

Moharan II, 83). Esta "nada" le permite reflejar todos los diversos estados de ánimo y sentimientos de sus seguidores y dirigirse a cada uno de ellos de una manera completamente diferente. Una famosa parábola del Rebe Najmán ilustra el tema:

Cierta vez, un Príncipe creyó que era un pavo. Despojándose de sus vestimentas se sentó bajo la mesa, desnudo, picoteando las migajas que allí encontraba. Todas las tentativas por curarlo habían fallado. Su padre, el Rey, estaba terriblemente entristecido.

Un hombre sabio se ofreció a curarlo y el Rey consintió en ello. El hombre sabio se quitó su vestimenta y se sentó desnudo, bajo la mesa, junto al Príncipe, comenzando a picotear las migajas.

"¿Quién eres?" preguntó el Príncipe. "¿Qué haces aquí?"

"Soy un Pavo," contestó el hombre sabio.

"Yo también soy un pavo," replicó el Príncipe, dándole la bienvenida.

Luego que el Príncipe se acostumbró a su presencia, el hombre sabio hizo una señal convenida para que les arrojaran de arriba un par de camisas. Al ver que el hombre sabio se colocaba la camisa, el Príncipe le preguntó "¿Por qué haces eso?," a lo que el hombre sabio respondió, "Uno puede usar una camisa y seguir siendo un pavo." Siguiendo su ejemplo, el Príncipe también se colocó la camisa.

Un tiempo después, el hombre sabio hizo otra señal a los servidores del Rey y éstos les arrojaron unos pantalones. Nuevamente el Príncipe le preguntó al hombre sabio qué necesidad tenía de ponerse esos pantalones. El Hombre Sabio le respondió: "No por ello dejarás de ser un pavo. Puedes muy bien usar pantalones y seguir siendo un pavo."

El hombre sabio continuó de esta manera hasta que ambos estuvieron completamente vestidos. Entonces hizo otra señal y les bajaron una buena comida, desde arriba de la mesa. Cuando el Príncipe cuestionó este alimento, el hombre sabio le aseguró que de ninguna manera eso le impediría seguir siendo un pavo.

Finalmente el hombre sabio le dijo: "¿Tú crees que un pavo debe sentarse debajo de la mesa? ¡Un pavo también puede sentarse arriba, a la mesa!"

Ambos se sentaron a la mesa. El hombre sabio había convencido al Príncipe que podía vestirse como un ser humano, que podía comer como un ser humano y que incluso podía sentarse entre seres humanos y que aun así podía seguir siendo un pavo. De esta manera, imitando todo lo que hacían los humanos, el Príncipe terminó curándose por completo (*Rabbi Nachman's Stories #24*).

*

El Tzadik puede parecer un persona común, en absoluto diferente de las demás. Pero por otro lado puede aparecer como extraño y diferente. Incluso como un pavo. Puede ser algo distinto para cada individuo. Cuanto más grande sea el Tzadik, mayor será el número de "rostros" que tendrá para guiar a cada seguidor por la senda que le corresponda individualmente. Y cada persona tiene la libertad de percibir al Tzadik como verdaderamente desee, con el respeto debido a un líder o con sorna. Enseña el Rebe Najmán: Los Tzadikim son llamados "los ojos de la comunidad" (*Horiot* 5b). Es a través de los Tzadikim que podemos abrir nuestros ojos y contemplar nuestro verdadero aspecto, la imagen de cómo nos vemos en realidad (*Likutey Moharan* II, 67).

*

Enseña el Talmud: Cuando un ignorante encuentra por primera vez a un hombre íntegro, lo valoriza como al oro. Con el tiempo lo ve como plata. Más tarde piensa que ese hombre íntegro es como cerámica. Cuando la cerámica se quiebra, no puede ser reparada (*Sanhedrin* 52b).

Cuando Reb Noson se encontró por primera vez con el Rebe Najmán, se impresionó sobremanera con sus enseñanzas. Pero comenzó a dudar respecto a la capacidad del Rebe para guiarlo por la senda Judía que su alma estaba buscando. Mientras pensaba esto, el Rebe Najmán le dijo: "Cuando Reb Mejel de Zlotchov encontró por primera vez al Baal Shem Tov, sintió un tremendo respeto por el fundador del Jasidismo. Pero luego comenzó a tener otro tipo de pensamientos. Con cada minuto que pasaba la estatura del Baal Shem Tov disminuía frente a sus ojos. Recordando el dicho Talmúdico Reb Mejel se dijo: "Quizás soy un ignorante." En ese monento, el Baal Shem Tov lo aferró y le dijo: 'Méjele eres un ignorante,' dándole a entender que él [el Baal Shem Tov] conocía exactamente cada uno de sus pensamientos." Reb Noson tenía exactamente esos pensamientos cuando el Rebe le contó esta historia, dándole a entender que él [el Rebe] podía también leer los pensamientos de los demás. Esto hizo que Reb Noson comprendiera el poder del Verdadero Tzadik. El es capaz de llegar hasta la persona, leer su mente y ofrecerle la ayuda que necesita para poder cruzar el umbral de la santidad (*Aveneha Barzel* pg.11 #6).

* * *

ENCONTRAR EL TZADIK QUE UNO DEBE SEGUIR

Ahora que usted reconoce la necesidad de un *Rav*, la pregunta es ¿cómo hacer para encontrarlo? ¿Cómo es posible ubicar al Tzadik que uno debe seguir? Sólo mediante la búsqueda; así como usted buscaría su pareja o un trabajo o una casa apropiada, de la misma manera deberá dedicarle todo su esfuerzo a la búsqueda de su verdadero líder. Aconseja el Rebe Najmán: Es necesario buscar minuciosamente para llegar a encontrar un maestro tan grande... (*Likutey Moharan* I, 30:2).

Esto sólo puede lograrse mediante la búsqueda de aquellas enseñanzas espirituales que calmen la sed de su alma. Aun si encuentra algo que alivie su sed, deberá continuar tratando de extraer lo máximo posible de esas enseñanzas. Si reconoce que eso lo ayuda a crecer espiritualmente, estará bien. De lo contrario deberá volver a buscar. Sólo de esta manera podrá descubrir qué es lo que le falta en el verdadero desarrollo espiritual.

Es necesario orar y pedir a Dios para que nos guíe hacia la verdad, hacia el Verdadero Tzadik. Los medios de esta búsqueda se hallan limitados por el propio conocimiento de cada uno. Sea lo que fuere que uno comprenda sobre la espiritualidad, eso será su guía respecto a saber qué es lo correcto. Pero la plegaria puede llevar a la persona hacia un nivel superior, de hecho, hacia los niveles más altos. Puede elevarla muy por encima de sus capacidades y permitirle así encontrar al Verdadero Tzadik.

Reb Noson ilustra esto en uno de sus discursos. Existe una gran confusión en el mundo respecto a la búsqueda del Tzadik y en especial a la posibilidad de encontrar al Verdadero Tzadik. Ante todo, existen una gran cantidad de falsos líderes que enseñan Torá basados en premisas filosóficas y ateas. Por supuesto que no son líderes en absoluto. (De hecho, dijo el Rebe Najmán respecto a una de estas personas: "Ha hecho que al menos mil personas perdieran su parte en el Mundo que Viene," *Tzaddik #537*). También hay muchos que son íntegros y rectos, incluso Tzadikim de por sí, pero que no son el Verdadero Tzadik. ¿Cómo es posible entonces encontrar al Verdadero Tzadik, al verdadero guía? ¿Quién es y dónde está ese Tzadik que debo encontrar?

Todo Tzadik que nos muestre la manera de acercarnos a Dios y nos enseñe el temor y el amor al Cielo, que base sus enseñanzas en los Sabios, en el Talmud, Midrash, Zohar, Ari, Shuljan Aruj, etc, ese será el Tzadik digno de seguir. ¡Pero esto aún es confuso! Dado que debo encontrar al Tzadik más *grande*, ¿cómo puedo yo llegar a él? ¿Dónde está el Verdadero Tzadik?

Enseña el Talmud: Aquél que se pierda en el desierto y olvide en qué día de la semana se encuentra, deberá contar seis días y considerar el séptimo como Shabat. Deberá guardar todas las leyes del Shabat en ese día, con la excepción del mínimo trabajo requerido para mantenerse con vida. A lo largo de sus "días de semana" deberá considerar cada día como siendo también Shabat. La diferencia entre su Shabat y sus días de semana estriba en que hará el Kidush y la Havdalá en aquél que sea *su* Día de Descanso (*Shabat* 69b).

Reb Noson compara esta ley con nuestro dilema respecto a encontrar el Verdadero Tzadik: El Tzadik es comparado con el Shabat (*Zohar* III:144b). Todo aquél que busque al Verdadero Tzadik y no pueda hallarlo, deberá aceptar a todos los Tzadikim. Pero deberá elegir a un Tzadik como su "Shabat," su líder, hasta que pueda encontrar al Verdadero Tzadik. Mientras tanto debe dedicarse a un mínimo de trabajo y dedicarle la mayor parte de su tiempo a la búsqueda del Tzadik. Y no es fácil. Se lo compara con alguien perdido en el desierto. Pero, en última instancia todo depende de su deseo de buscar. Con un deseo lo suficientemente fuerte, nada podrá detenerlo (*Likutey Halajot, Shabat* 5:13).

* * *

EL PODER DEL TZADIK

Enseña el Rebe Najmán: Todo pensamiento bueno o toda buena acción ejecutada por un Judío, donde fuera que se encuentre, es un "ladrillo" más en la reconstrucción del Santo Templo. Cada ladrillo tiene un propósito diferente. Algunos son parte de los cimientos, algunos de su estructura, etc. Cada mitzvá realizada por un Judío, cada palabra de Torá y cada plegaria, debe ser traída al Tzadik de la generación. Es el Tzadik quien las elevará y ubicará en su lugar correcto. Sólo el Verdadero Tzadik conoce cómo colocar cada una de las partes en su lugar adecuado (*Likutey Moharan* I, 2:6).

Cierta vez preguntó Reb Noson: "¿Quién es más grande, una persona simple que se une al Tzadik o un erudito que no lo hace?" Su respuesta fue: "Examina el capítulo referente a la construcción del Tabernáculo (Exodo 35-40). Si un Judío prominente deseaba contribuir con un arca, una mesa o cualquiera de los otros objetos valiosos para el Tabernáculo y lo hubiera querido consagrar sin antes presentárselo a Moshé, no hubiera sido aceptado. Pero, cuando el más simple de los Judíos realizaba una pequeña contribución para el Tabernáculo, a través de Moshé Rabeinu, eso era considerado como lo más valioso, siendo rápidamente aceptado" (*Aveneha Barzel* pg. 74, #62).

Escribe Reb Noson: La mayor esperanza de Israel radica en su confianza en los grandes Tzadikim. Una persona puede fallar, sus fuerzas pueden desvanecerse, pero el Tzadik posee una enorme fuerza espiritual. Siempre está buscando aquellas chispas de bien que pueda haber en los actos de un Judío. Este bien es tomado inmediatamente por el Tzadik y colocado en su lugar correcto (*Likutey Halajot, Minja* 7:63).

*

Durante nuestra vida. Enseña el Rebe Najmán: El Tzadik tiene el poder de elevar todas las almas, incluyendo aquellas que ni siquiera han avanzado en la dirección de la espiritualidad (*Likutey Moharan* I, 13:2). El puede rectificar y elevar las almas de sus seguidores aunque éstos no hayan completado sus actos, sean negligentes y actúen maliciosamente.

*

...y luego de nuestra muerte. Enseña el Talmud: El Rey David elevó a su hijo Absalom desde los siete niveles de Gehinom hasta el Gan Eden (*Sota* 10b). Dijo el Rebe Najmán: "Yo también puedo hacer ésto. Yo puedo elevar a una persona desde los siete niveles de Gehinom y colocarla en el Gan Eden" (*Tzaddik* #298). Dijo cierta vez: "Es más fácil rectificar las almas de mil personas que han fallecido que rectificar el alma de un solo Tzadik vivo, pues éste aún posee libre albedrío" (*Tzaddik* #94).

Enseña el Rebe Najmán: El Tzadik tiene el poder de intervenir en los juicios del Cielo. Puede salvar a aquella persona que está siendo juzgada, enviándola en alguna misión. Existe en Jerusalem una Sinagoga a la que son llevados todos los muertos del mundo. Tan pronto como alguien muere en este mundo, es traído allí para ser juzgado y determinar adonde deberá ir. Hay gente que muere en Eretz Israel y que es llevada fuera de la Tierra Santa. Hay otros que mueren fuera y que son traídos a Eretz Israel. En esta sinagoga sesiona la corte que ubica a cada persona en el lugar que merece. Existen casos en los cuales el veredicto resultante implica que la persona debe ser destruída y arrojada al Vacío.

Al llegar allí, los muertos son traídos con sus vestimentas. A veces los vestidos de la persona muerta se hallan incompletos: a una puede faltarle una manga, a otra un trozo del borde de su manto, etc. Todo depende de las acciones de esa persona durante su vida (pues las vestimentas que usará después de su muerte se corresponden a cada una de sus acciones). El verdicto y su ubicación dependen de las vestimentas que tenga al ser traída allí.

Cierta vez, cierta persona fue llevada sin vestido alguno, completamente desnuda. El verdicto determinó que debido a que carecía de vestimenta debía ser destruída y arrojada al Vacío, Dios no lo permita.

Pero cierto Tzadik llegó y tomando una de sus propias vestimentas la arrojó sobre esa persona.

La corte le preguntó: "¿Por qué le estás dando uno de tus vestidos?" La corte había reparado en esto pues ¿Por qué debía el muerto recibir un vestido que no era suyo y salvarse así del veredicto? El Tzadik contestó: "Debo enviar a esta persona en una misión para mi servicio y por eso tengo derecho a vestirla con mi propia vestimenta. Ustedes saben que en ciertas ocasiones un noble suele enviar a su servidor a casa de otro noble y que ese servidor se retrasa en el cumplimiento de su encomienda. Su amo le pregunta '¿Por qué no has salido aún a cumplir con mi orden?' El servidor responde: 'Pues no tengo las vestimentas adecuadas como para llegarme al noble en cuestión. El es muy importante y es imposible llegar allí con ropas que no sean respetables.' El amo le dice entonces: 'Rápido. Toma uno de mis vestidos y corre a cumplir con mi orden.'" Y es así como este Tzadik salvó al muerto de su amarga condena al Vacío. El Rebe contó esta historia para demostrar el tremendo poder que tiene el Verdadero Tzadik para salvar a sus seguidores en el Mundo de la Verdad (Tzaddik #228).

Enseña por lo tanto el Rebe Najmán: Es necesario orar mucho para merecer unirse al Verdadero Tzadik. Feliz de aquél que se une a él en este mundo y feliz es su porción, pues después (luego de su muerte) le será extremadamente difícil acercarse al Tzadik (Likutey Moharan II, 78).

*

Escribe Reb Noson: ¿Cual es el significado del versículo (Salmos 16:10): "No me abandonarás en la profundidad (Gehinom), pues no dejarás que Tu jasid vea el abismo (Gehinom)"? Si uno es un jasid piadoso, ¿por qué debería entonces descender a Gehinom? Y si ambas partes del versículo se refieren a la misma persona, ¿por qué la redundancia?

Responde Reb Noson: Aquél que esté unido al Verdadero Tzadik no se quedará en Gehinom. Si debe sufrir un castigo, éste no será para siempre, pues el Tzadik lo sacará de allí. ¿Por qué? Pues, porque "Tú, Dios, no dejarás a Tu jasid, el Tzadik, sufrir Gehinom." Dado que estoy unido al Tzadik, el Tzadik debe venir y sacarme. No puede dejar de hacerlo pues "Tú no deseas que vea Gehinom." Por lo tanto, mi unión con el Tzadik es mi seguro contra Gehinom para después de mi muerte. (*Likutey Halajot, Hashkamat HaBoker* 4:4).

*

Y luego de la desaparición del Tzadik. Los Tzadikim son más grandes luego de su muerte que cuando estaban vivos (*Julin* 7b). El poder y la habilidad que poseen para rectificar las almas es mayor luego que abandonan este mundo. Enseñan nuestros Sabios: Avraham saca a los Judíos de Gehinom (*Eruvin* 19a). Isaac intercedió por los Judíos y los salvó (*Shabat* 89b). Durante el exilio Babilonio, fue Raquel quién forzó a Dios, si así pudiera decirse, a tomar un voto respecto a la Redención de los Judíos (*Petija d'Elija Rabati* 24). Moshé defendió a los Judíos del ataque de Haman (*Ester Raba* 7:18).

En su lecho de muerte, Rabí Iojanan ben Zakai comenzó a llorar. Sus discípulos no podían comprender cómo un hombre tan santo podía llorar en ese momento. "Hay dos senderos delante de mí," les dijo Rabí Iojanan, "uno conduce a Gan Eden y el otro a Gehinom. Y yo no sé por cual me llevarán" (*Berajot* 28a).

Preguntó el Rebe Najmán: "¿Piensan ustedes que Rabí Iojanan realmente temía ser enviado a Gehinom?" Esta es la respuesta: Rabí Iojanan no sabía si había alcanzado el nivel para merecer, en su viaje hacia Gan Eden, entrar a Gehinom y rescatar de allí algunas almas (*Tzaddik* #602). Agrega el *Tikuney Zohar*: El Tzadik entra en Gehinom para rescatar aquellas almas que pensaron arrepentirse pero que no lo hicieron. El Tzadik intercede por ellas (*Tikuney Zohar* 32). Escribe el Ari que los Tzadikim trabajan para corregir, rectificar y elevar las almas de todos aquellos que necesiten rectificación, inclusive luego de que los Tzadikim mismos hayan fallecido (*Shaar HaKavanot, Mizmor Shir L'Iom HaShabat*). Y de hecho, éste es su principal objetivo: velar que toda alma sea rectificada. Agrega el Rebe Najmán: "Cuando llegue Mashíaj, él será quien rectifique a todos" (*Aveneha Barzel* pg. 21 #4).

La noche antes de su fallecimiento, el Rebe Najmán les dijo a sus seguidores: "¿Por qué se preocupan? Yo voy delante de ustedes." Agregó Reb Noson: "Incluso aquellos que no tuvieron el privilegio de conocer al Rebe durante su vida pueden confiar en él, siempre que vayan hasta su santa tumba, depositen toda su confianza en él, aprendan sus santas enseñanzas y se acostumbren a seguir sus consejos" (*Tzaddik* #122).

* * *

LOS NOMBRES DE LOS TZADIKIM

Enseña el Rebe Najmán: Tanto el destino del hombre como su misión en la vida están determinados por el nombre que le dan (*Rabbi Nachman's Wisdom* #95). Enseñó también el Rebe que la esencia de cada persona está definida por alguna combinación de las letras de su nombre (*Rabbi Nachman's Wisdom* #44).

Como hemos visto, el Tzadik posee una misión especial en este mundo y ella está indicada por su nombre. Cuando el Tzadik cumple con su misión, también su nombre incluye sus logros. Escribe Reb Noson al respecto: Incluso la mera mención de los nombres de los Tzadikim eleva sus logros y por lo tanto también sus méritos. Además, mencionar los nombres de los Tzadikim hace que sus méritos también recaigan sobre nosotros (*Likutey Halajot, Netilat Iadaim Li'Seuda* 4:6).

Para facilitar ésto, Reb Noson compiló un libro con la lista de todos los Tzadikim hasta su generación. La tituló *Shemot HaTzadikim*, y todo aquél que quiera atraer sobre sí la santidad de los Tzadikim puede recitar sus nombres.

Enseña el Rebe que la mención de los nombres de los Tzadikim puede producir un cambio en la naturaleza (*The Aleph-Bet Book, Tzaddik* B:20). De hecho, desde los tiempos del Rebe, los Jasidim de Breslov han sido testigos de cómo el recitado de *Shmot HaTzadikim* les ha traído la ayuda de Dios, de las maneras más asombrosas.

* * *

LAS TUMBAS DE LOS TZADIKIM

Existe la muy antigua costumbre Judía de visitar las tumbas de los Tzadikim y de orar allí a Dios por la salvación, por las dificultadas personales y por todo Israel (Oraj Jaim, 581:4). Esto fue lo que hizo Josef cuando fue vendido como esclavo. Al pasar frente a la tumba de Raquel, su madre, se detuvo allí y oró por su caso (Seder HaDorot 2216). Caleb fue a orar a Hebrón, junto a las tumbas de los Patriarcas, para no caer en el complot de los espías, en contra de la entrada a la Tierra Santa (Rashi, Números 13:22). Enseña el Talmud: ¿Por qué fue ocultada la tumba de Moshé? La respuesta es que si su ubicación fuera conocida por los hombres, los Judíos irían allí a orar y así serían redimidos del exilio. (Sota 14a, ver Ein Iacob, Sota #54). De hecho, a todo lo largo del Talmud, del Midrash y del Zohar, encontramos historias similares respecto a la eficacia de visitar las tumbas de los Tzadikim.

¿Y cuál es la razón de orar junto a estas tumbas? El Zohar hace la misma pregunta: Rabí Jizquiá y Rabí Yeisa estaban viajando juntos. Preguntó Rabí Yeisa: "Cuando el mundo necesita lluvia, ¿por qué vamos a orar junto a las tumbas de los Tzadikim?" Y para apoyar su argumento citó el siguiente versículo: "No pidas respuestas a los muertos" (Deuteronomio 18:11). Respondió Rabí Jizquiá: "Si, pero los muertos a que hace referencia el versículo son los verdaderos muertos, los malvados. En cuanto a los Tzadikim, ellos siempre permanecen vivos" (Zohar III:71b).

Enseñan nuestros Sabios: El es el Satán, él es la Mala Inclinación, él es el Angel de la Muerte (Bava Batra 16a). Ellos son uno y el mismo. Quienquiera que siga su Mala Inclinación se une a Satán y gusta por lo tanto el sabor de la muerte. El Tzadik, por otro lado, nada tiene que ver con la Mala Inclinación. El es puro y santo. Debido a esto, los Tzadikim no sufren la muerte, sino que siempre permanecen vivos. Enseñan nuestros Sabios que el Patriarca Jacob no murió (Taanit 5b). Agrega el Zohar: Moshé no murió. ¿Pero cómo puede ser si el versículo afirma claramente: "Y Moshé murió?" (Deuteronomio 34:5). Es verdad, pero su muerte sólo fue tal en relación a nuestra comprensión y nivel de percepción. Desde nuestra perspectiva humana evidentemente él se ha ido pero, de hecho, aún vive. Esto es verdad no sólo de Moshé Rabeinu sino de todos los Tzadikim: ellos no prueban el gusto de la muerte. La muerte [tal como nosotros la conocemos] no tiene ningún efecto sobre aquél que es completamente santo (Zohar II:174a).

Aconseja el Rebe Najmán: Es muy bueno llegarse junto a la tumba del Baal Shem Tov y orar allí. El sitio donde se encuentra enterrado un Tzadik tiene el mismo grado de santidad que la Tierra Santa. Dice el versículo (Salmos 37:29): "Los Tzadikim heredarán la tierra." Esto significa que los Tzadikim merecen que el lugar donde están enterrados tenga el mismo grado de santidad que la Tierra Santa (Likutey Moharan II, 111).

Escribe Reb Noson: El Tzadik es aquél que dedica toda su vida y sus fuerzas al logro de la revelación de Dios y de Su Reino. Por lo tanto, incluso cuando fallece continúa anhelando y buscando cumplir con su objetivo. Pero no hay manera de poder cumplir con ello en los Mundos Superiores. Por lo tanto, el Tzadik espera a que alguien se acerque a orar junto a su tumba. Cuando esta persona pide arrepentirse y volver a Dios, el Tzadik continúa con la obra de su vida: elevar a la gente hacia Dios y revelar aún más Su Reinado (Likutey Halajot, Minja 7:80).

Por lo tanto, es una gran mitzvá buscar la salvación de Dios visitando las tumbas de los Tzadikim. Orar allí permite unirse al Tzadik y alcanzar inclusive algo de su santidad. Estar allí ayuda también a abrir un canal más directo para nuestras plegarias, ellas se elevan más fácilmente hacia el Cielo, dado que el Tzadik tiene ahora más poder que antes.

Escribe Reb Noson: Rabí Shimón bar Yojai fue un extraordinario Tzadik. Fue el primer Tzadik al que se le permitió hablar abiertamente respecto de la sabiduría esotérica que llamamos Kabalá. Su partida de este mundo fue y sigue siendo, una pérdida tremenda. Pero en lugar de declarar su yahrzeit, Lag BaOmer, como un día de tristeza, lo celebramos con alegría. ¿Por qué?

La respuesta, nos dice Reb Noson, estriba en que cuando un Tzadik fallece su poder aumenta considerablemente. Esto es lo que dice el Talmud (Julin 7b): "Los Tzadikim son más grandes luego de su muerte que durante su vida" y eso nos da un buen motivo para celebrar. Dado que Rabí Shimón fue tan importante durante su vida, es lógico que ahora, luego de haber abandonado su cobertura física, haya aumentado el poder de su habilidad para trabajar sobre las rectificaciones a las que se dedicó durante su vida (*Likutey Halajot, Hejsher Keilim* 4:4). ¿No debemos alegrarnos por lo tanto? Hoy en día, casi dos mil años después, el poder de Rabí Shimón para interceder por nosotros y ayudarnos a acercarnos a Dios es más grande aún que cuando vivía. Como dijo el mismo Rabí Shimón: "Yo tengo el poder de corregir el mundo entero; Yo puedo librar al mundo del juicio Celestial" (*Suka* 45b). Y escribe Reb Noson, esto también es verdad respecto de todos los otros Tzadikim.

El Rebe Najmán hizo una promesa frente a dos testigos (Reb Aarón de Breslov y Reb Naftalí). Dijo: "Quienquiera que venga junto a mi tumba, recite los diez salmos del Remedio General y deje algo de caridad en mi mérito, aunque sus pecados sean muchos y muy graves yo haré todo lo que esté en mi poder, aun cruzando el largo y ancho de la creación, para limpiarlo y protegerlo... De sus *peyot* (guedejas) lo sacaré de Gehinom. No importa lo que haya hecho hasta ese momento, pero desde ese día en adelante deberá decidirse a no volver a sus locuras" (*Tzaddik* #122; *Rabbi Nachman's Wisdom* #141). (Al estar junto a la tumba del Rebe Najmán, se debe dar primero unas monedas para caridad y luego recitar los Diez Salmos; *Rabí Yaakov Meir Schechter*).

"¡Pueden confiar en mí!" Insistió el Rebe Najmán (*Tzaddik* #88). Dijo antes de morir: "He terminado... ¡y terminaré!" (*Tzaddik* #126).

* * *

EL TZADIK EN EL MUNDO DE HOY

Para concluir, nos queda aún por ver cómo es considerado el papel del Tzadik por la presente generación de la Jasidut de Breslov. Pero primero trataremos algunos conceptos muy importantes respecto de este tema, desarrollados por Reb Noson en su *Likutey Halajot*.

*

El Tzadik de la generación. Escribe Reb Noson: Durante la Revelación en el Monte Sinaí, todos los Judíos fueron elevados al nivel de la profecía. Esta cualidad profética les otorgó claridad de imaginación, lo que significa que siempre tendrán la habilidad de renovar y aumentar su fe. Fue Moshé

Rabeinu quien tuvo el mérito de elevar a los Judíos hasta este nivel. Y sin su guía no hubieran sido dignos de recibir la Torá, la profecía o la fe... Esto nos enseña que debemos buscar al Verdadero Tzadik siempre, en cada generación. Es él quien posee un aspecto de esta profecía y quien nos ayuda a renovar nuestra fe guiándonos hacia la claridad de la imaginación.

Parece que aquí nos encontramos con una paradoja. Nuestros Sabios dicen que todos los Judíos estuvieron presentes para la Entrega de la Torá: nuestras almas estuvieron allí y todos nosotros alcanzamos el nivel de profecía necesario para tener claridad de imaginación y fe. Si es así, ¿por qué es necesario entonces buscar al Tzadik? Ya en el Sinaí hemos pasado por la purificación y nuestra fe quedó allí consolidada. Esta pregunta es de hecho, similar a esta otra, muy común en verdad: ¿Qué necesidad hay de viajar hasta el Tzadik? Si la Torá que hemos recibido en el Sinaí puede clarificar nuestra fe, ¿para qué viajar entonces hasta el Tzadik? Podemos obtenerlo de los libros de Torá, estudiándolos en nuestros hogares. Pero, ¿no es que el Rebe insistió en la *necesidad* de llegar hasta el Tzadik, dado que sin la unión con él nunca podremos tener una fe pura?

Responde Reb Noson: Las enseñanzas del Rebe Najmán son verdades eternas y son claras para todo aquél que busque la sabiduría. La verdad es que la fe completa es algo que debemos trabajar diariamente. Cada día de la creación y cada día en la vida de la persona es algo absolutamente nuevo y diferente, que nunca antes ha existido. Por lo tanto, en cada nuevo día la Gloria y el Reino de Dios se manifiestan de manera totalmente única y original. Y esto es lo que hace necesario que nuestra búsqueda de Dios sea un proceso continuo y creciente. Es necesario, por lo tanto, cada día, renovar la fe. No es suficiente haber tenido fe ayer, aunque esta fe haya sido una fe pura.

Además, todos fuimos creados con libertad de elección. En otras palabras, mientras estemos con vida enfrentaremos la prueba de la elección entre lo bueno y lo malo. Y dado que cada día es diferente al anterior, la Inclinación al Mal encuentra siempre nuevas maneras y medios para vencernos y destruir nuestra confianza en Dios. Esto significa que debemos superar constantemente las nuevas pruebas y obstáculos capaces de distanciarnos de Dios y de minar nuestra fe. Y para esto, para lograr superar estas pruebas y obstrucciones sin precedentes y para mantenernos firmes en nuestra fe, no es suficiente haber recibido la Torá ni el estudio personal de sus enseñanzas. Sólo el Verdadero Tzadik de nuestra generación puede darnos las enseñanzas de Torá y las interpretaciones necesarias como para enfrentar y derrotar las nuevas dudas e incertidumbres que aparecen con cada día. Sólo mediante el Tzadik podremos alcanzar *nuevas* revelaciones de Torá y de fe.

Esto puede comprenderse mejor a la luz de lo sucedido con el pecado del Becerro de Oro. Los Judíos habían sido redimidos milagrosamente de Egipto, fueron testigos de un milagro tras otro tanto al cruzar el Mar Rojo como en el desierto, culminando con la Revelación de Dios Mismo en el Monte Sinaí. Fueron purificados de sus poluciones y se los cubrió con la profecía. Y cuarenta días después, ¡he aquí que fabrican un ídolo! Debemos hacernos la siguiente pregunta: ¿Hay algo más poderoso que la habilidad del hombre para ejercer la libre elección? ¡Imaginemos cuán fuerte debe haber sido la Inclinación al Mal si fue capaz de descarriar a un pueblo que había sido testigo de tantos milagros!

Enseña el Talmud que Satán empujó a los Judíos hacia el Becerro de Oro engañándolos, mostrándoles que Moshé había muerto (Shabat 89a). Arrastrados por el pánico que les causó el pensar que habían perdido al Tzadik de la generación, se vieron a sí mismos sin guía y se apuraron a realizar un ídolo que los guiara y protegiese. Pero tan pronto como reapareció, Moshé destruyó el ídolo y más tarde trajo las Segundas Tablas. De esta manera, pudo devolver la fe a los corazones del pueblo Judío. La lección es clara: debemos fortalecernos constantemente con una fe renovada, inspirada por el poder del Tzadik.

Continúa Reb Noson: Así como fue para los Judíos en el desierto, es hoy también para nosotros: La fe en los Tzadikim es el campo de batalla más importante entre Satán y el Pueblo Judío. En cada época, la Mala Inclinación renueva sus ataques y en especial contra el Verdadero Tzadik de esa generación. En general, ésto se produce a través de la oposición al Verdadero Tzadik, encabezadas comúnmente por los individuos más prominentes de las comunidades Judías. De esta manera, Satán espera ocultar y aislar al Tzadik de la generación, de la misma manera en que convenció a los Judíos del desierto que su Tzadik Verdadero, Moshé, había muerto.

Y esto ha sido demostrado históricamente. Cierto Tzadik aparece en una generación y es cuestionado, reprobado y criticado. Años más tarde, en general mucho tiempo después de la desaparición de ese Tzadik y de sus críticos, la gente mira hacia el pasado y ve que realmente él era un Tzadik y que sus enseñanzas eran también nuevas revelaciones de Torá y de fe. Pero de seguro que no dirán lo mismo del Tzadik de su propia generación. Este será ridiculizado, tal como lo fuera el Tzadik de las generaciones anteriores. Por supuesto que más tarde, cuando haya desaparecido de la presente generación, también él será aceptado. Pero en ese momento, la presente generación tendrá dudas respecto al Tzadik de su propia época, etc.

¿Quién no reconoce hoy en día al Ari como al Kabalista más grande de los tiempos modernos y el Verdadero Tzadik de su generación? Pero en su época también él debió enfrentar una gran oposición. Sus contemporáneos se negaban a aceptar que en ese tiempo y época pudiera aparecer un Tzadik con un nivel tan impresionante de profecía, santidad y comprensión de las enseñanzas esotéricas de la Kabalá. Años más tarde, cuando apareció un nuevo Tzadik, Satán dejó de intentar ocultar la grandeza del Ari y éste fue aceptado por todos. Lo mismo sucedió con el Baal Shem Tov. Siendo una luminaria tan extraordinaria, sufrió una fuerte oposición e interminables persecuciones. Sus oponentes habían aceptado ya las grandes cualidades del Ari pero no podían aceptar al Tzadik de su propia generación, al Baal Shem Tov. Años más tarde también él fue reconocido como un Verdadero Tzadik.

Dado que el Verdadero Tzadik enfrenta una constante oposición, su luz, desafortunadamente, se mantiene oculta del mundo. Su intento por revelar la verdad en medio de la oscuridad es una batalla constante. Nuestros intentos por reconocer, aceptar y unirnos al Verdadero Tzadik constituyen también una batalla constante. Toda clase de barreras se presentan, en forma de disidencias y cuestionamientos, tratando de impedir conectarnos con él y poder así renovar nuestra fe. Por lo tanto, no nos queda otra elección que buscar la verdad constantemente. Debemos buscar e indagar, una y otra vez, pues allí donde está la verdad, allí mismo se encuentra el Verdadero Tzadik (*Likutey Halajot, Birjat HaReiaj* 4:31-33).

*

En otra parte Reb Noson trata con más detalle el tema del error que cometieron los Judíos al acercarse a Aarón para que les hiciera el Becerro de Oro. Le dijeron (Exodo 32:1): "Haznos un dios para que nos guíe. Pues el hombre Moshé, aquél que nos sacó de Egipto, no sabemos qué ha sido de él." Escribe Reb Noson: Todos ustedes, que desean estudiar la Torá con un ojo de verdad, vean cómo el error de los Judíos consistió en no buscar a Moshé Rabeinu. Consideraron la idea de que él había desaparecido y como resultado terminaron cometiendo la idolatría.

Esto es lo que significa (Deuteronomio 31:29): "Yo sé que luego de mi muerte, ustedes se corromperán..." ¿Pero no hemos visto ya que el Tzadik nunca muere? (ver más arriba). La respuesta es que el Tzadik muere desde nuestro punto de vista, *nosotros* sentimos que el Tzadik no está más... Mientras estemos unidos al Tzadik podremos beneficiarnos de él y de sus enseñanzas. Pero, cuando el Tzadik deja de formar parte de nuestra realidad, entonces *nos* corrompemos.

De manera que nuestra búsqueda del Verdadero Tzadik debe ser un proceso continuo y una meta constante. Incluso luego del fallecimiento del Tzadik, siempre queda un individuo y a veces varios, que recibieron las enseñanzas del Tzadik y están calificados para transmitirlas a los demás. No hay generación huérfana. El Tzadik deja sus bendiciones, sus enseñanzas, en este mundo y ellas pueden encontrarse en sus seguidores (*Likutey Halajot, Shlujin* 5:10-12).

*

Buscando la verdad. Decía siempre el Rebe Najmán: Busca la verdad.

Escudriña y encuéntrala. Elévate por encima de tu *nitzajon*, de tu deseo de victoria. Elévate por sobre la tontera del orgullo y la cólera. Simplemente ora a Dios pidiéndole que te abra los ojos. El mismo Reb Noson, a lo largo de su *Likutey Halajot*, expresó la importancia de buscar siempre la verdad, al Verdadero Tzadik. Como hemos visto, esta es una búsqueda continua y perpetua, en la cual debemos ser persistentes e incansables.

Alguien le preguntó a Reb Moshé Breslover: "Usted habla siempre del Verdadero Tzadik. ¿Dónde puedo encontrarlo?"

Respondió Reb Moshé: "Aparentemente el Faraón vió con más claridad que tú. Cuando Josef predijo que habría Siete Años de Plenitud y Siete Años de Hambruna, le aconsejó al Faraón que designara a un hombre sabio para controlar el almacenamiento de la cosecha durante los siete años de bonanza. El Faraón contestó que si Josef era lo suficientemente inteligente como para prever la necesidad de buscar a un hombre sabio, evidentemente él mismo debía ser ese hombre.

"Lo mismo en nuestro caso," concluyó Reb Moshé. "El Rebe Najmán habló siempre respecto del Verdadero Tzadik. ¡El debía saber muy bien de qué se trataba!" (Rabí Najmán Burstein).

Reb Noson buscó sinceramente al Verdadero Tzadik. Y encontró al Rebe Najmán, siguiéndolo entonces hasta el final. Entregó su vida al Rebe Najmán y a sus enseñanzas. Pero pese a todo ésto, solía repetir una y otra vez: "Busca la verdad, siempre." ¿A quién le está hablando Reb Noson? ¿A quién le está diciendo que debe continuar buscando al Verdadero Tzadik? No puede ser que esto esté dirigido a los Jasidim de Breslov, pues ellos estudian las enseñanzas del Rebe Najmán. Y tampoco puede ser que esté dirigido a los que no pertenecen a Breslov, pues ellos no leen su *Likutey Halajot* y ni siquiera se enteran de su consejo. ¿A quién le habla entonces Reb Noson? La respuesta es que siempre hay una parte dentro nuestro que tiene preguntas y muchos cuestionamientos, especialmente ahora que el Rebe Najmán no está presente en un cuerpo y no puede respondernos. Por lo tanto, la búsqueda de la verdad se convierte en una búsqueda constante, incluso para aquellos que piensan haberla enccntrado. Incluso para aquellos que han encontrado las enseñanzas de Breslov y están convencidos de que finalmente han llegado a la verdad, su búsqueda debe continuar, la búsqueda de la verdad *real*.

Cada Jasid de Breslov dirá, definitivamente, que el Verdadero Tzadik de hoy en día es el Rebe Najmán. De hecho, todo grupo jasídico dice lo mismo de su propio *Rebe*. Es posible incluso que cada estudiante de Yeshiva sienta lo mismo de su Rosh Yeshiva o de la principal autoridad rabínica. Pero es nuestro propósito, en este libro, explicar el punto de vista de Breslov.

Escribe Reb Noson: ¿Por qué vemos que aquellos que buscan la verdad son a menudo despreciados? Pues la verdad es algo pisoteado. La causa principal del retraso de la venida de Mashíaj es la lucha y la oposición hacia los Verdaderos Tzadikim (*Likutey Halajot, Netilat Iadaim LiSeuda* 6:74).

La verdad, en última instancia, hablará por sí misma, dándose a conocer a aquellos que la buscan con sinceridad. Por lo tanto, dejemos que cada uno busque su propia verdad, pues si nuestro objetivo es la verdad real, la *émeser émes*, pronto nos daremos cuenta que no nos queda otra salida más que orar fervorosamente por ella. Le pediremos a Dios que podamos encontrar la verdad real y en virtud de ésto, Dios nos conducirá hacia ella.

*

El punto de vista de Breslov. Dijo el Rebe Najmán: "Como todos sabemos, Rabí Shimón bar Yojai fue una figura única. Desde la época de Rabí Shimón (Siglo II) hasta los tiempos del Ari (1534-1572), el mundo estuvo quieto. (En otras palabras, no hubo nuevas revelaciones de Torá comparables a las de Rabí Shimón.) Entonces llegó el Ari y reveló nuevas y originales enseñanzas. Desde la época del Ari hasta los tiempos del Baal Shem Tov (1700-1760), el mundo estuvo quieto nuevamente. Entonces vino el Baal Shem Tov, una figura absolutamente única y reveló enseñanzas completamente novedosas. Luego, nuevamente, desde la época del Baal Shem Tov hasta el presente, el mundo estuvo quieto otra vez. Pero ahora, yo estoy comenzando a revelar elevadas y extraordinarias enseñanzas, absolutamente nuevas y originales" (*Tzaddik* #279). Agregó el

Rebe: "Y desde mí hasta el Mashíaj, no aparecerán otras figuras originales"
(Rabí Eliahu Jaim Rosen).

En la mente de cada Jasid de Breslov, el Rebe Najmán es el Verdadero Tzadik y no sólo de su generación, sino que también lo será hasta la llegada del Mashíaj. Sus enseñanzas son universales, cubriendo todas las gamas del Judaísmo. Ellas mantienen su frescura y capacidad inspiradora; dando esperanzas y ánimo, seguridad y motivación a todos y a cada uno, en todos los caminos de la vida. Dijo el Rebe Najmán: "No vine al mundo para mí. Sino para acercar las almas Judías a Dios. Pero sólo puedo ayudar a alguien que se acerque a mí y me diga qué es lo que necesita" (Tzaddik #307).

Pregúntele a cualquiera que haya sido tocado por las enseñanzas del Rebe Najmán, qué es lo que le llegó a inspirar y su respuesta será, invariablemente: "El Rebe Najmán me habla directamente a mí." Un Jasid de Breslov de nuestros días lo resume así: "Encuentro absolutamente asombroso que las palabras de alguien que viviera a finales del Siglo XVIII y comienzos del XIX, en Europa Oriental, sea capaz, dos siglos más tarde, de referirse directamente a una persona como yo, producto de la civilización occidental del Siglo XX." O, como remarcó cierta vez Reb Avraham Sternhartz: "Tengo la prueba de que el Rebe Najmán fue una persona realmente sabia y notable. El era un hombre joven. Sin embargo puede referirse y aconsejar aún a la gente de edad."

Abra cualquier libro de enseñanzas del Rebe Najmán y encontrará allí consejos para infinidad de situaciones. Da la sensación que el Rebe siempre tiene algo para decir sobre aquello que le está sucediendo a uno en ese momento. Vuelva a revisar ese material un tiempo después, cuando otras sean sus preocupaciones y encontrará nuevos consejos y guías, aplicables específicamente a la nueva situación por la que está atravesando. Esto es algo difícil de explicar a alguien que nunca ha experimentado al Rebe Najmán ni ha tenido la suerte de estudiar sus trabajos. Sus enseñanzas constituyen un torrente inagotable de vida y vitalidad. Sólo debemos acercarnos a ellas para beneficiarnos de sus increíbles recursos.

Sólo es necesario observar a nuestro alrededor para ver el creciente interés en el Rebe Najmán y en sus enseñanzas. ¿Quién de todos los grandes líderes y Tzadikim del pasado ha previsto las presentes generaciones y preparado tanto material para consejo y apoyo, fortaleciendo a la gente, cualquiera sea su situación? (*Rabí Moshé Kramer*).

Dijo el Rebe Najmán: "Soy un río que limpia de todas las impurezas" (*Tzaddik* #332). Todo aquél que haya seguido el consejo del Rebe Najmán y haya hablado a Dios en el *hitbodedut* conoce la maravillosa sensación de abrir su corazón y expresar sus sentimientos más profundos. Sabe que, sin importar donde se encuentre, Dios está siempre con él, esperando su arrepentimiento y retorno. Y que no importa cuán mal estén las cosas en su vida, cuando llegue el momento de dejar este mundo, siempre podrá confiar en la fuerza y en el poder del Verdadero Tzadik, para apelar en su favor frente a la Corte Celestial. Y que al final, el Verdadero Tzadik, el Rebe Najmán, rectificará y limpiará su alma.

"Sí, el Rebe Najmán me habla directamente a mí."

Y esté seguro que así como usted siente una afinidad con el Rebe Najmán y sus enseñanzas, también el Rebe Najmán siente lo mismo hacia usted. Como dijo cierta vez Reb Noson: "Quienquiera que se una al Rebe, no será abandonado por él hasta que haya sido completamente rectificado" (*Siaj Sarfei Kodesh* 1-713).

*

Hoy en día. "Una pregunta más respecto de la Jasidut de Breslov. Si debemos unirnos al Tzadik Verdadero y buscar su consejo y guía espiritual, ¿a quién se puede recurrir?"

Esta es una pregunta que se plantea comúnmente a los Jasidim de Breslov. Y es una muy buena pregunta. Aunque el Rebe Najmán está aquí espiritualmente, desafortunadamente no lo está en un cuerpo. ¿Qué hace un Jasid de Breslov cuando tiene una pregunta o un problema y necesita una guía?

Reb Noson menciona el hecho de que en cada época existe el Tzadik de la generación. Luego del fallecimiento del Rebe Najmán (1810), la

Jasidut de Breslov se dividió, pero la mayoría de los jasidim siguió a Reb Noson, buscando su guía y consejo. Luego del fallecimiento de Reb Noson (1844), Reb Najmán Jazán (m. 1884), el discípulo más cercano de Reb Noson pasó a ser el líder para la mayoría de los jasidim. Más tarde, Reb Najmán de Tcherin (m.1894), autoridad indiscutida en cuestiones de halajá y reconocido genio de la Torá, fue también consejero y guía para muchos de ellos. Hasta ese momento, el centro de la Jasidut de Breslov había sido la misma ciudad de Breslov o la ciudad de Umán. En ambos lugares era muy fácil acceder a los líderes de Breslov y a su consejo. Al crecer el movimiento, también aumentó la necesidad de más líderes conocedores de la Torá y de las enseñanzas del Rebe Najmán, de luminarias que pudiesen difundir este tesoro a las generaciones futuras.

La siguiente generación de líderes provino de aquellos Jasidim de Breslov que recibieron la tradición y que poseían un gran conocimiento de las enseñanzas del Rebe Najmán, siendo capaces de aconsejar y dirigir la práctica. De esa época son las figuras prominentes de Reb Itzjak Breiter (1886-1943?), Reb Avraham Jazán (1849-1918) y Reb Avraham Sternhartz (1862-1955), para nombrar unos pocos de ellos. Y actualmente tenemos la fortuna de contar con varios líderes, cada uno de ellos un Tzadik en sí mismo, quienes recibieron la tradición de los anteriores. De esta manera, aún hoy día continúa la cadena de la tradición y guía originales.

En cuanto a la pregunta de por qué la Jasidut de Breslov (luego del fallecimiento del Rebe) siempre tuvo varios líderes y no sólo uno, (¡¿Por qué nunca hubo otro Rebe?!), volvemos a lo que dijimos anteriormente respecto al Señor de la Plegaria: él era capaz de aparecer de manera diferente para cada individuo. En el mundo de hoy, los Jasidim de Breslov provienen y andan por los lugares más disímiles de la vida. El Rebe Najmán era capaz de sentarse junto a las grandes Tzadikim y eruditos de la Torá de su generación, tales como los seguidores del Maguid de Mezritch y las principales autoridades rabínicas; también podía sentarse con Reb Noson y Reb Naftalí y otros de su círculo interno; podía sentarse entre la gente simple que llegaba pidiendo su consejo y bendición; y podía también sentarse con los aristócratas más importantes, incluyendo a los líderes del movimiento de la *Haskalá* en Ucrania. No existe hoy en día una persona capaz de abarcar un rango tan extenso como lo hacía el Rebe Najmán. De manera que quienquiera que se una a los seguidores del Rebe Najmán, sea cual fuere su medio familiar o nivel (o carencia) de educación religiosa, siempre podrá relacionarse con alguien de quien recibir, es decir, el Rebe mismo. Como dijo Reb Noson: "Hay algunos pocos que han recibido las enseñanzas del Tzadik y que están calificados para transmitirla" (*Likutey Halajot, Shlujin* 5:12).

De manera que para aquellos que preguntan si no sería mejor que existiese un "comando unificado" de Breslov, la respuesta es: "Sí, ¡pero!" Nuestra debilidad es nuestra fortaleza. Otros grupos, tanto jasidim como misnagdim, poseen su estructura y jerarquía. Esto es algo muy beneficioso, pero no todos pueden unírseles y no todos pueden relacionarse con ellos. Pero Breslov, por otro lado, dado que no está rígidamente estructurado, es mucho más abierto. Todos pueden encontrar su lugar. Pero aún así, la búsqueda de "*el*" líder, del Verdadero Tzadik, es algo que debe continuar.

*

Cierta vez, refiriéndose a los logros del Baal Shem Tov y de otros Tzadikim, dijo el Rebe Najmán: Ellos lograron mejorar el mundo. Pero luego de su desaparición se diluyeron los efectos de su trabajo. Yo desearía que lo "mío" continuara. Mis seguidores deberán formar más seguidores; y éstos seguidores otros más... (*Tzaddik* #373).

La verdad que el Baal Shem Tov vino a revelar al mundo ha perdido mucho de su efectividad, debido a los cambios en su forma original. Hay que notar que el Rebe Najmán dice "formar seguidores...," seguidores y no líderes. Los grandes Tzadikim conocen el poder de sus tremendos niveles de espiritualidad y qué es lo que puede lograrse si se siguen sus enseñanzas de manera correcta. Pero cuando los seguidores corrigen y tratan de encajar al "Rebe" dentro de sus propias ideas y perspectivas, el efecto de la enseñanza original comienza a distorsionarse no llegando a alcanzar entonces su intención primigenia. Aquí es donde difiere mucho la Jasidut de Breslov de otros grupos jasídicos. Nunca se han cambiado o distorsionado las enseñanzas del Rebe Najmán. No existen líderes en Breslov, sólo seguidores del Rebe (Rabí Najmán Burstein).

Como dijo el mismo Rebe: "Mi fuego permanecerá encendido hasta la llegada de Mashíaj" (Tzaddik #126).

* * *

Dijo el Rebe Najmán: De hecho, la principal lucha de la persona durante toda su vida es alcanzar el objetivo último. En esta vida, debido a la densidad física del cuerpo y a los demás obstáculos, es imposible disfrutar realmente del verdadero significado o sentimiento de estar cerca del Tzadik.

Por lo tanto, lo principal es buscar el objetivo último. Entonces, al dejar este mundo, luego de vivir una larga y plena vida, comprenderás aquello que habías escuchado. Y más aún, pues existirán también las alegrías espirituales que cada uno haya podido alcanzar. Feliz de aquél que se mantenga fuerte en la fe en Dios y en el Verdadero Tzadik, cumpliendo con sus enseñanzas. Nunca será avergonzado en este mundo ni en el Mundo que Viene (Tzaddik #227).

* * *

18

ROSH HASHANA

"¡Mi propia esencia es Rosh HaShaná!" (*Tzaddik* #403).

Todo aquél que conozca algo de las enseñanzas del Rebe Najmán, sabe de la suprema importancia que esta festividad posee dentro de los círculos de Breslov. En Rosh HaShaná y desde todas partes del mundo, llegan los jasidim al lugar donde está el Rebe Najmán, para pasar con él el comienzo de cada año. Y esta práctica ha continuado incluso hasta después de su muerte. Los Jasidim de Breslov acuden a Umán para orar allí junto a la tumba del Rebe Najmán en la víspera de Rosh HaShaná y participar del *kibutz* de ese día, de la reunión de sus seguidores.

Al difundirse la Jasidut de Breslov por toda Polonia, era costumbre de los jasidim cruzar la frontera, hacia Rusia, antes de Rosh HaShaná. Incluso algunos de los que vivían en Israel, a comienzos del siglo, solían realizar el largo y arduo viaje hacia Umán. Al cerrarse la frontera Rusa, con el advenimiento de la Revolución Bolchevique, comenzaron a organizarse otros *kibutzim* , allí donde se juntaran los jasidim. El primero fue en Lublin, en la Yeshiva de Jajmei Lublin, encabezada por Rabí Meir Shapiro. Esto continuó hasta que la Alemania Nazi exterminó a la Judería Polaca. Fue entonces que otros dos *kibutzim* se establecieron en la Tierra Santa: uno en Jerusalem y otro en Merón, en el sitio donde se encuentra la tumba de Rabí Shimon bar Yojai. Luego de la Segunda Guerra Mundial, un tercer *kibutz* se organizó en Nueva York, para todos aquellos jasidim que llegaron al "Nuevo Mundo."

No cabe en la mente de un jasid de Breslov el pensar la posibilidad de no poder estar presente en el *kibutz* de Rosh HaShaná. Y las razones de ello, aunque numerosas, realmente se reducen a una sola: fe en el Tzadik y en sus enseñanzas. El mismo Rebe lo expresó de la siguiente manera: "Mi Rosh HaShaná es más grande que cualquier otra cosa... ¡Nadie debe faltar! ¡Mi propia esencia es Rosh HaShaná!" (*Tzaddik #403*).

* * *

QUE ES ROSH HASHANA

La cabeza. El año es una estructura completa. *Posee una cabeza, un corazón, brazos, piernas, etc. Los miembros individuales corresponden a los doce meses. Por ejemplo: el primer día del año es la cabeza, rosh, del año.* Y tal como la cabeza dirige al cuerpo, de la misma manera el Rosh HaShaná de una persona determinará el desarrollo del resto del año. Enseñaron nuestros Sabios: En Rosh HaShaná se decreta lo que sucederá al final del año (*Rosh HaShaná* 8b). Aquello que sucede al final del mes de Elul, el último mes del calendario Judío, ya estuvo decretado en su "cabeza," en el mismo comienzo del año.

Rosh HaShaná no corresponde a una de las tres festividades. Es llamado también el Día del Juicio. Nuestra salud, riquezas y de hecho nuestras vidas mismas, están en juego. Es en cierto sentido una repetición de la Creación. Para poder crear algo nuevo, es necesario que exista el sentido del juicio. ¿Debemos seguir? ¿Tendremos éxito? Y Rosh HaShaná no es diferente. Requiere de parte de Dios una nueva creación: un Año Nuevo. El año que viene aún no llega a ser y necesita ser traído a la existencia. Una Creación.

Así como la construcción de un edificio requiere de planos, de la misma manera, la construcción del año necesita de un plan específico. Tal como el arquitecto diseña los planos para la construcción, de la misma manera Dios, el arquitecto del año, prepara sus planos y los diseña en Rosh HaShaná.

Escribe Reb Noson: escuché al Rebe Najmán decir que tenía una enseñanza respecto a Rosh HaShaná y a la importancia de viajar y estar con el Tzadik para Rosh HaShaná. Existen tres *roshim* (tres cabezas) que se unen en ese momento: el Tzadik es el *Rosh Bnei Israel* (la "cabeza" de los Judíos); *Rosh Ha Shana* es la "cabeza" del año; y cada uno de los Judíos viene con su *rosh* (su "cabeza") para estar con el Tzadik en Rosh HaShaná (*Likutey Moharan* II, 94).

De manera que Rosh HaShaná no es meramente el primer día del calendario Judío. Constituye en realidad el diseño del año entero. Aparte de sus muchas otras consideraciones al respecto, el Rebe Najmán le otorga una importancia primordial a Rosh HaShaná pues es su deseo que grabemos en nosotros el significado de "cabeza," de aquello que podemos lograr si tratamos de comenzar el año correctamente y tener nuestras "cabezas," nuestros pensamientos, en el lugar correcto.

Enseña por lo tanto el Rebe Najmán: Debemos ser *inteligentes* en Rosh HaShaná y tener sólo pensamientos buenos y positivos: que Dios será bueno con nosotros y nos otorgará un buen año. Y dado que Rosh HaShaná está asociado con el pensamiento más que con la palabra, también aconsejó ser muy cuidadosos y hablar lo menos posible en Rosh HaShaná (*Rabbi Nachman's Wisdom #21*).

*

El shofar. Rosh HaShaná está intrínsecamente asociado con el sonido del cuerno de carnero. Tanto el Talmud como los Midrashim, el Zohar y los escritos posteriores, ofrecen numerosas explicaciones respecto a esta conexión. Y las enseñanzas del Rebe Najmán no son una excepción. En una de sus lecciones, el Rebe enseña que el sonido del shofar suaviza la severidad de los juicios de Dios (*Likutey Moharan I, 42*). En otro lugar, comenta sobre las interpretaciones ofrecidas en las sagradas escrituras respecto a que el sonido del shofar pretende despertar al hombre de su sueño espiritual y evitar que pase su vida dormido. El Rebe demuestra cómo esto se relaciona con los conceptos del comenzar nuevamente y de la concepción de un hijo; ambos conectados con el Año Nuevo (*Likutey Moharan I, 60:9*).

El Rebe Najmán relaciona también el sonido del shofar con el sonido del trueno. Todo aquél que escuche el sonido del shofar en Rosh HaShaná, ejecutado por un hombre de verdadera piedad, puede estar seguro que no temerá a los truenos durante todo ese año. Esto se debe a que ese sonido del shofar es en sí mismo un aspecto del trueno, e instila verdadero temor, el temor al Cielo, en el corazón de la persona. Cuando su corazón siente ese trueno, es llevado entonces hacia la alegría (*Likutey Moharan* I, 5:3). Por lo tanto, cuando incluimos el sonido del shofar ejecutado por una persona piadosa dentro del diseño de nuestro año, podemos esperar para ese año, sentir temor del Cielo y un corazón alegre.

* * *

ROSH HASHANA CON EL TZADIK

Enseña el Rebe Najmán: La gente va hacia el Tzadik en Rosh HaShaná. Y la razón es la siguiente: En Rosh HaShaná son proclamados los decretos para todo el año. Por lo tanto, este es el momento apropiado para mitigar y "endulzar" cualquiera de ellos. Esto debe realizarse en su misma fuente, en el Pensamiento de Arriba y sólo puede lograrse purificando nuestros propios pensamientos. Pero, sea como fuere, la única manera de lograr esa pureza de pensamiento es a través del Tzadik. De manera que viajamos para estar con el Tzadik en Rosh HaShaná, para poder purificar nuestras mentes, cosa que trae bondad y compasión para todo el año (*Likutey Moharan* I, 211).

En Rosh HaShaná toda la Creación pasa delante de Dios y es sometida a juicio (*Rosh HaShaná* 16a). Somos juzgados por cada uno de los actos cometidos, por cada palabra y por cada pensamiento. Si en verdad creemos esto, sabemos que tenemos un buen motivo para preocuparnos. Rabí Levi Itzjak de Berditchov solía decir: "Cuando llega el mes de Elul, siento [el temor] en mis espaldas" (*Rabí Eliahu Jaim Rosen*).

¿Y qué hacemos entonces? Arrepentirnos. Pero si las cosas están tan mal como pensamos, ¿qué posibilidad tenemos? La hoja del débito tiene algunas páginas de largo, muchas quizás. Y el crédito, en el mejor de los casos, no es muy grande. ¿Existe acaso la posibilidad de arrepentirse de todo?

Enseña el Rebe Najmán: Cada juicio, cada decreto, es una restricción, que tiene su propia y específica manera de ser mitigada. Esto se debe a que un decreto sólo puede ser suavizado en su fuente y la fuente de todo juicio se halla limitada a una parte específica de la Sabiduría Superior. Aquél que desee separar cada uno de los juicios y transformarlo en compasión y bondad debe elevarse hasta cada una de sus fuentes, individualmente.

Pero existe un *Sejel HaKolel* (una Sabiduría Abarcadora de Todo) que sobrepasa a las Sabidurías individuales. Aquél que puede alcanzar este *Sejel HaKolel* es capaz de suavizar todos los decretos, pues todos ellos, individualmente, emanan de esta Sabiduría Abarcadora. Y es por esto que la gente viaja para estar con el Tzadik para Rosh HaShaná. Cada persona llega con su propia y personal restricción, con su propio bien y mal. Y dado que el Tzadik puede elevarse hasta la más alta de las fuentes, él es la encarnación del *Sejel HaKolel*. Es capaz de tomar y suavizar cada restricción, cada juicio y decreto (*Likutey Moharan I, 61:6-7*).

Rosh HaShaná es un día de juicio, un día en que los decretos rigurosos pueden ser proclamados contra una persona o su familia, Dios no lo permita. Pero ese día contiene también, en sí mismo, el antídoto contra el juicio estricto. Por lo tanto, aun si la persona no pudo ser ni comportarse como hubiera debido durante todo el año, tiene ahora la posibilidad y una buena posibilidad en verdad, de arrepentirse y comenzar de nuevo. El Año Nuevo brinda la oportunidad de volver a comenzar, de manera que aunque la hoja del débito sea larga, será más fácil alcanzar la aparentemente imposible tarea de arreglarlo todo, viajando para estar con el Tzadik. Como un "abogado de primer nivel," él es capaz de apelar por nosotros, elevándose incluso hasta la Sabiduría Abarcadora, en pro de suavizar cualquier decreto.

* * *

PREPARANDOSE PARA ROSH HASHANA

Es posible que usted esté pensando que siendo Rosh HaShaná algo tan grande e importante requiera de una tremenda preparación. Y en verdad está en lo cierto. Durante el último mes del año Judío, el mes de Elul, todos los Judíos comienzan a anticipar el Día del Juicio. De una manera u otra, todos comenzamos a prepararnos para el Año Nuevo. Algunos adquieren los lugares en la sinagoga, muchos comienzan a preparar la comida de la Fiesta y algunos hasta llegan a considerar la posibilidad de arrepentirse. Aumentan su estudio de la Torá y "ajustan sus cuentas," rogando perdón por aquello que hubieran soslayado. "Muchos recitan Salmos" (Likutey Moharan II, 73) y ponen un esfuerzo extra en sus plegarias. Jana Tzirel, la hija de Reb Noson, dijo cierta vez: "Ahora que viene Elul y todos comienzan a pensar en arrepentirse, recuerden que Elul trae sus propios obstáculos y problemas" (Rabí Michel Dorfman).

*

El estudio. El Rebe Najmán sugirió a algunos de sus discípulos la lectura de todo el *TaNaJ* (la Biblia) durante los días de Elul y los Diez Días de Arrepentimiento, hasta Hoshana Raba [el último de los días intermediarios de Sukot, día final del juicio] (Rabbi Nachman's Wisdom #251; Zohar II:142a).

Indicó también el Rebe Najmán la necesidad de recitar luego del servicio regular, durante el mes de Elul, el *Tikuney Zohar* así como plegarias y peticiones. Todos los esfuerzos puestos en estas devociones son muy valorados en lo Alto y se los transforma en algo muy grande y elevado (Rabbi Nachman's Wisdom #294).

Dijo Reb Noson: "El sólo hecho de recitar las enseñanzas del Rebe Najmán, el *Likutey Moharan*, *Sefer HaMidot*, *Sipurey Maasiot* y sus *Sijot*, constituye una tremenda *segula* (potente remedio), similar al recitado del *Zohar* y de los *Tikunim*." Y agregó: "Es una gran mitzvá recitarlos en el mes de Elul [y en los Días Terribles]. Ayuda tremendamente [a purificar el alma, preparándola para los Días del Juicio]" (Kojavey Or, pg. 77 #26-27).

Diversas costumbres existían en Umán entre aquellos que estudiaban los trabajos del Rebe Najmán durante Elul. Algunos comenzaban en Rosh Jodesh Elul mientras que otros lo hacían en el Shabat anterior a Elul, cuando se anunciaba la Luna Nueva. Otros comenzaban el día quince de Av (Rabí Eliahu Jaim Rosen).

*

Purificándose. Enseña el Rebe Najmán: Elul connota cuidar el Pacto, *shemirat haBrit* (Likutey Moharan II, 87). Es por ello que debemos hacer todo lo posible para limpiarnos y aumentar nuestro nivel de santidad durante el mes de Elul. Existe una doble ventaja en trabajar sobre el *shemirat haBrit* durante este mes. Primero, el mes mismo, pues dado que es el mes del arrepentimiento posee una tendencia intrínseca a ayudarnos en nuestra lucha. Y segundo, pues los avances espirituales que logremos durante el mes de Elul nos prepararán para Rosh HaShaná, el Día del Juicio.

Las meditaciones Kabalistas correspondientes al mes de Elul se centran en la extrema necesidad de limpiarnos de la arrogancia, el orgullo y la soberbia (ver *Likutey Moharan* II, 82). Por lo tanto, los mismos días (de Elul) proveen de una ayuda extra para aquella persona que desee subyugar y hasta eliminar de su personalidad estos rasgos negativos.

Enseña también el Rebe Najmán: Además de trabajar en disminuir tu orgullo, trabaja desarrollando la humildad. Esto debe ser llevado hasta el punto en que puedas escuchar que te avergüenzan y no responder a ello. Ese silencio te limpiará y te traerá al verdadero arrepentimiento, inclusive hasta los más altos niveles del arrepentimiento (*Likutey Moharan* I, 6:1).

Respecto a la purificación mediante el arrepentimiento, aconsejó el Rebe: Si la persona merece sentir verdaderamente el dolor y la angustia de sus pecados y se arrepiente y lamenta esos actos, también sus descendientes sentirán algo del arrepentimiento. El mejor momento para ello es durante el mes de Elul (*Likutey Moharan* I, 141).

Enseñó además el Rebe Najmán que el día anterior a Rosh HaShaná es el momento apropiado para la presentación de un *pidion*, cuando uno da caridad al Tzadik con la esperanza de redimirse a los ojos del Cielo y limpiar su alma (*Rabbi Nachman's Wisdom* #214). Hoy en día, los Jasidim de Breslov le entregan este dinero de redención a algún anciano de la comunidad, durante Erev Rosh HaShaná.

Las plegarias y devociones de los Jasidim de Breslov, previas a Rosh HaShaná estaban tan cargadas de fervor que ésto llevó al Rebe a comentar: "Otros Tzadikim querrían para sí mismos un Rosh HaShaná tan bueno como nuestro Erev Rosh HaShaná" (*Imrot Tehorot*).

* * *

EL ROSH HASHANA DEL REBE NAJMAN

Los siguientes son algunos ejemplos de los dichos del Rebe Najmán y de los jasidim sobre la importancia y el gran valor del Rosh HaShaná del Rebe:

"Mi Rosh HaShaná es algo completamente nuevo. Dios me otorgó el regalo de conocer qué es Rosh HaShaná" (Tzaddik #406).

"Todo aquél que tiene el privilegio de estar con el Rebe en Rosh HaShaná está destinado a ser muy feliz" (Tzaddik #403).

Había gente incapaz de lograr su rectificación durante todo el año. Incluso el Rebe mismo no podía darles su tikun. Pero sí podía ayudarlos en Rosh HaShaná. El dijo que en Rosh HaShaná era capaz de realizar ciertos tikunim a los cuales no tenía acceso durante el resto del año (Tzaddik #406).

"Lo que otros Tzadikim trabajan para lograr desde Rosh HaShaná hasta Hoshana Raba, yo lo logro en la primera noche del Año Nuevo" (Siaj Sarfei Kodesh 1-75). En la primer noche de Rosh HaShaná, el Rebe Najmán se quedaba parado en silenciosa devekut (unión con Dios) durante cuatro horas, mientras recitaba la Plegaria de Amida. Sus seguidores terminaban de orar sin él y se iban a sus casas a cenar. Luego volvían para sentarse junto al Rebe durante su comida (Siaj Sarfei Kodesh 1-304).

Escribe Reb Noson: Existen cantidad de obstáculos que deben ser superados para poder llegar a estar con el Rebe Najmán en Rosh HaShaná. Y ellos deben de ser enfrentados. Hubo momentos en que la gente llegaba para estar con el Rebe un tiempo antes de Rosh HaShaná, quejándose de sus muchas dificultades y obstáculos. El Rebe les aconsejaba entonces que se quedasen en sus hogares. Pero la verdad es que si la persona quiere rectificar su alma, debe entonces hacer cualquier esfuerzo para estar con el Rebe para Rosh HaShaná. El Tzadik no puede pedirle a una persona que haga algo que involucra un enorme sacrificio, aunque sea eso lo que desea que esa persona haga y rompa así todas las barreras. Por lo tanto, la persona que quiera hacer lo correcto hará todo el esfuerzo necesario para superar los obstáculos y contarse entre los seguidores del

Rebe Najmán para Rosh HaShaná. Y ésto se aplica a todas las generaciones (Tzaddik #406).

Al rechazar la sugerencia de un jasid que pensaba que era preferible ver al Rebe en otra época del año, cuando hubiese menos gente a su alrededor, dijo el Rebe Najmán: "Así comas o no comas; duermas o no; ores o no [con la concentración apropiada]; sólo asegúrate de estar conmigo para Rosh HaShaná" (Tzaddik #404).

Durante un tiempo el Rebe Najmán le prescribió a cada uno de sus seguidores una lista de ayunos que debían realizar en vista del arrepentimiento y la rectificación. Luego abolió esta práctica diciendo: "El que no venga a estar conmigo para Rosh HaShaná no debe ayunar. Y el que viene, de hecho que no tiene necesidad de ayunar" (Tzaddik #491).

Cierto Rosh HaShaná en Umán, tiempo después del fallecimiento del Rebe Najmán, se produjo un enorme entusiasmo y fervor durante las plegarias. Dijo Reb Noson: "Yo creo que el Rebe está aquí con nosotros ahora. Y si el Rebe está aquí con nosotros, también lo están los Siete Pastores (Avraham, Itzjak, Jacob, Moshé, Aarón, Josef y David)." Aquellos que fueron testigos de estas palabras dichas por Reb Noson lo describieron como si verdaderamente estuviese viendo a estos Tzadikim en ese mismo momento (Siaj Sarfei Kodesh 1-590).

*

Dijo Reb Noson: "Aunque el camino a Umán estuviese pavimentado con cuchillos, iría arrastrándome hasta allí, sólo para poder estar con el Rebe Najmán para Rosh HaShaná" (Tovot Zijronot pg.137).

Reb Aba Shojet y su hijo, Reb Shmuel, salieron en su viaje desde Tcherin para poder pasar Rosh HaShaná 5570 (1790) con el Rebe Najmán en Breslov. Como regalo para el Rebe, Reb Aba había comprado una hermosa copa de plata. En el camino fueron alcanzados por una tremenda e inusual tormenta y no pudieron encontrar un cochero que quisiese llevarlos con ese temporal. Pronto comprendieron que estaban en peligro de no poder alcanzar Breslov a tiempo para la festividad. Finalmente encontraron un cochero dispuesto a llevarlos, pero éste puso su precio. Aunque se le pedía que pagara una suma exorbitante, Reb Aba aceptó la oferta. ¿Cómo podía dejar de estar con el Rebe para Rosh HaShaná? Pero para su desconsuelo, pronto descubrieron que los caminos estaban demasiado enfangados haciendo el viaje extremadamente dificultoso. Era casi el mediodía del día anterior a Rosh HaShaná cuando llegaron a Heisin (a 30 km de Breslov) y ya se vislumbraba la terrible posibilidad de que tuviesen que pasar la festividad en algún lugar del camino. Reb Aba presionó al cochero, un Judío simple, a que apurase el coche. Luego de hacer chasquear su látigo una o dos veces el cochero gritó a sus caballos: "¡Nu, kinderlaj, Tzum Rebben!; hijos míos, pronto, rápido. Adonde el Rebe." De inmediato, los caballos comenzaron a correr cada vez más rápido y Reb Aba y su hijo llegaron a Breslov durante la Plegaria de Minja. Ni siquiera tuvieron tiempo de saludar al Rebe Najmán antes de la festividad.

Más tarde, esa noche, con todos los jasidim reunidos alrededor del Rebe para el tish (la cena), le dijo el Rebe Najmán a Reb Aba: "¡Aba! Cuéntanos sobre tu viaje." Reb Aba contó sobre las dificultades que él y su hijo habían tenido que superar a lo largo del camino y admitió que no le quedó más alternativa que pagarle al cochero con la copa de plata que traía de regalo para el Rebe. "¿Cómo puedo hacer para alabarlos por semejante viaje?" le dijo el Rebe Najmán a Reb Aba. "En cuanto a la copa, le sacaré a Satán por ello sus ojos y dientes. En cuanto a tí, Aba, no hay recompensa suficiente en este mundo. Y tú, Reb Shmuel, ¡Tú ganaste la sopa!" Tiempo después de Rosh HaShaná, Reb Aba falleció. Su hijo, Reb Shmuel, se dedicó a los negocios y pronto llegó a ser muy rico. Todos comprendieron entonces el significado de las palabras del Rebe Najmán a Reb Aba y a Reb Shmuel en el tish de Rosh HaShaná (Aveneha Barzel pg.48 #76; Siaj Sarfei Kodesh 1-198).

Siempre existieron obstáculos para pasar el Rosh HaShaná con el kibutz del Rebe. Y siempre tienen una forma de presentarse como salidos de ningún lugar y no menos de las mismas familias de los jasidim. Las esposas siempre se han opuesto a que sus maridos estén fuera durante las festividades. Dijo Reb Noson al respecto: "Es uno de los milagros de

Dios que Iom Kipur venga inmediatamente después de Rosh HaShaná. ¡De esta manera los miembros de la familia están obligados a perdonarse mutuamente!" (*Rabí Eliahu Jaim Rosen; Siaj Sarfei Kodesh* 1-665). En cuanto a las dificultades financieras que produce inevitablemente un largo viaje como éste, dijo el Rebe: "He tomado sobre mí el ocuparme de los gastos de todos aquellos que vienen hacia mi en Rosh HaShaná" (*Siaj Sarfei Kodesh* 1-27).

*

Reb Avraham Sternhartz, quien lideró a la congregación como *baal tefilá* en Umán durante cincuenta años (y por veinte más en Jerusalem) escribe lo siguiente: El despertar y el entusiasmo que nos sobrevenían en Erev Rosh HaShaná dejaron, en todos aquellos que tuvimos el mérito de estar allí, una impresión inolvidable. Quién puede olvidar cuando recitábamos *Zajor Brit Selijot* y luego las Plegarias de la Mañana; cuando durante el día, derramábamos nuestras súplicas, desde lo más profundo de nuestros corazones, parados allí, junto a la tumba del Rebe Najmán; cuando hacíamos los preparativos para Rosh Hashana, comenzando con la Plegaria de la Tarde, dos horas antes de la llegada de la festividad; y finalmente, las fervorosas oraciones durante las plegarias de Rosh Hashana. Aun hoy, nuestros oídos vibran y nuestros corazones se exaltan con esos hermosos recuerdos. Tan poderosa fue esa experiencia que muchos llegaron a ser Jasidim de Breslov debido a la gran impresión que ello les produjo (*Imrot Tehorot* pg.95).

Desde los tiempos del Rebe Najmán hasta nuestros días, los Jasidim de Breslov se han reunido siempre para Rosh HaShaná. Es un momento para renovar los lazos, para alegrarse por haber pasado el año y esperar el que tenemos delante. Pero también es mucho más que eso. Rosh HaShaná es el momento en que se unifican todos nuestros sentimientos interiores y anhelos que expresáramos a lo largo del año durante el *hitbodedut*. En este día especial, todos nuestros anhelos surgen desde dentro nuestro y se manifiestan en la plegaria y en la súplica, pidiéndole a Dios que nos otorgue sólo bondad y prosperidad en el año entrante.

¿Y qué es lo que nos motiva a tener semejante inspiración y fervor? Para el Jasid de Breslov que viene a la reunión del Rebe Najmán, esto se debe al reconocimiento y comprensión de que esos son en verdad los *Días Terribles*. Al acercarse Rosh HaShaná, su temor y trepidación por la importancia del juicio que será emitido se une con su fe en que el Rebe será su mejor "abogado defensor," el mejor que uno pudiera encontrar. Llega así al *kibutz* con una mezcla de temor y alegría, con reverencia por el día y con satisfacción de haber sido capaz de compartir su suerte con todos aquellos que se unieron al *kibutz* del Rebe Najmán. Todo aquél que haya pasado un Rosh HaShaná con los Jasidim de Breslov nunca podrá olvidarlo.

* * *

EL ROSH HASHANA DE BRESLOV HOY

Cuando le pidieron a Reb Eliahu Jaim Rosen que describiese qué es ser un Jasid de Breslov, éste respondió tal como lo hiciera Rabeinu Tam cuando le preguntaron cómo era ser un Judío (*Sefer Halashar*): "¿Quieres que te diga cómo se siente ser un Jasid de Breslov? ¡Es imposible! ¿Puedes acaso describir el sabor de los huevos revueltos? Podemos hablar sobre ello e incluso describir la experiencia, pero será imposible transmitir su sabor." Y lo mismo es verdad respecto al Rosh HaShaná del Rebe ¡La única manera de sentirlo es probándolo uno mismo!

A lo largo de las generaciones, todos aquellos que se unieron al *kibutz* de Rosh HaShaná han tenido el mismo sentimiento de temor y reverencia que llenara el corazón de los jasidim en la época del Rebe. Y esto, pese al hecho de que la mayoría de la Jasidut de Breslov fue destruida durante el Holocausto y a que desde mediados de 1940 fue imposible viajar a la Rusia Soviética y participar del *kibutz*. Durante los últimos cuarenta años, con el constante aumento de los seguidores del Rebe Najmán, se establecieron tres reuniones anuales: en Tierra Santa en las localidades de Meron y Jerusalem y en Norte América en Brooklyn, Nueva York. En cada uno de estos lugares se dispone de hospedaje y alimentación, aún para los que llegan en el último minuto.

Desde el año 1989 se ha consolidado la reunión anual de Rosh HaShaná en la misma ciudad de Umán (que ahora pertenece a la República de Ucrania). El área que rodea la tumba del Rebe Najmán ha sido extendida y cubierta, para acomodar la gran cantidad de Jasidim que allí concurren. Se ha construido una gran sinagoga y se ha renovado un complejo fabril para ubicar los comedores y cocinas. Se ha construido una gran mikve y otra más pequeña, ambas con agua caliente.

En el último *kibutz* del año 1994, se alquilaron los departamentos del complejo habitacional que rodea la zona donde se encuentra la tumba del Rebe Najmán para albergar con comodidad a todos los participantes de la reunión.

Puede parecer algo extraño que la gente deba dejar Eretz Israel y viajar a Ucrania para pasar allí la festividad. Esto puede parecer lógico viniendo desde Norte América, Inglaterra, Francia, Sud América y todos los otros lugares de la diáspora a donde ha llegado la Jasidut de Breslov. Pero ¿dejar la Tierra Santa? Como respuesta remitimos al lector al capítulo titulado *EL TZADIK*. Enseñó el Rebe Najmán que la santidad de las tumbas de los Tzadikim es idéntica a la santidad de la Tierra de Israel. Por lo tanto, "aquellos que viajan a visitar las tumbas de los Tzadikim de hecho viajan desde la Tierra Santa hacia una Tierra Santa" (*Rabí Shmuel Shapiro*).

Es nuestra ferviente plegaria y esperanza que el retorno anual de los Jasidim de Breslov a Umán continúe y se acreciente para *Zjor Brit Slijot* y el *kibutz* junto a la tumba del Rebe Najmán. Como dijo el Rebe: "El mundo entero depende de mi Rosh HaShaná" (*Tzaddik #405*).

*

Enseñan nuestros Sabios: Durante Rosh HaShaná tres libros son abiertos: uno para los totalmente malvados, uno para los Tzadikim y otro para los intermedios. Los Tzadikim son inscriptos para el bien, inmediatamente; los malvados para el mal y aquellos intermedios se les da un tiempo para arrepentirse, hasta Iom Kipur (Rosh HaShaná 16b).

Escribe Reb Noson: Aquellos que están unidos a los Tzadikim son inscriptos junto con ellos (Likutey Halajot, Nezikin 5:17). Podamos merecer este año y todos los años, ser inscriptos en el Libro de los Justos, Amén.

* * *

19

ERETZ ISRAEL — LA TIERRA SANTA

Escribe Reb Itzjak Breiter: Anhela, ora y haz el esfuerzo todos los días de tu vida, para poder llegar a vivir en la Tierra Santa o, al menos, llegar a caminar cuatro pasos allí. De esta manera, alcanzarás la paciencia y serás capaz de avanzar de nivel en nivel, logrando una santidad completa. Esta es la más grande victoria que una persona pueda lograr en este mundo (*Seder Halom #*27).

Enseñan nuestros Sabios: Quienquiera camine cuatro pasos en Eretz Israel tendrá una porción en el Mundo que Viene (*Ketubot* 111a). Habiendo pasado los años de su infancia entre los líderes del movimiento Jasídico, particularmente con aquellos que fueron parte de la primera *aliá* en el año 1787, nc le era ajeno al Rebe Najmán el lugar de privilegio que Eretz Israel debía tener en el corazón y en la mente de todo Judío. De seguro que sabía que Moshé Rabeinu había orado quinientas cincuenta plegarias para merecer entrar a la Tierra y que conocía también las numerosas enseñanzas talmúdicas relativas a su importancia. Y era además bien consciente del hecho de que su bisabuelo, el Baal Shem Tov, casi sacrificó su vida para poder caminar esos preciados cuatro pasos en la Tierra Santa.

*

Dice el Rebe Najmán al final de una de sus lecciones particularmente compleja y esotérica: Cuando uno llega a Eretz Israel es llamado "poderoso guerrero" (*Likutey Moharan* I, 20, final).

Y dijo el Rebe antes de comenzar esa lección: "Aquél que desee llegar a ser un Judío, lo que significa elevarse de nivel en nivel, sólo podrá lograrlo a través de la Tierra de Israel. Al ganar la batalla y llegar a la Tierra Santa, es entonces llamado guerrero poderoso." El Rebe continuó luego con la lección. Al finalizar, le preguntó Reb Noson: "¿Qué quiso significar cuando dijo que la Tierra de Israel es tan grande que ella constituye la mayor victoria?" Contestó el Rebe: "¡Quiero decir esta Israel, con estas casas y estos apartamentos!" El quería que cada Judío que deseara ser un verdadero Judío, fuera a Eretz Israel. Aun enfrentando dificultades y barreras aparentemente infranqueables, uno debe hacer todos los esfuerzos posibles para poder llegar hasta allí.

Luego el Rebe Najmán habló sobre los tremendos obstáculos y grandes peligros que él mismo debió enfrentar durante su propio peregrinaje a la Tierra Santa (Tzaddik #141).

* * *

El peregrinaje del Rebe Najmán a Tierra Santa tuvo lugar en el año 1798, en plena campaña Napoleónica en el Medio Oriente. Su retorno, en el año 1799, estuvo plagado de peligros aún mayores que los que debiera enfrentar en su viaje de ida. Todos sus viajes y trabajos están narrados en los libros: *Rabbi Nachman's Wisdom* (pg.33-97), *Tzaddik* (#26-47) y *Until The Mashiach* (pg.24-55). Aquí ofreceremos algunos episodios del viaje del Rebe Najmán, para mostrar qué es lo que significa sacrificarse por el cumplimiento de una mitzvá.

*

LA PEREGRINACION DEL REBE NAJMAN

En un principio, toda su familia intentó disuadirlo de realizar ese viaje. A lo que el Rebe contestó: "La mayor parte de mí ya se encuentra allí. Y lo menor debe seguir a lo mayor" (Rabbi Nachman's Wisdom pg.36). El Rebe Najmán emprendió su viaje, junto con uno de sus seguidores, desde Medvedevka en Lag BaOmer (4 de Mayo de 1798). Viajó por tierra y por mar, llegando a Odessa, un puerto sobre el Mar Negro. Desde allí zarpó hacia Estambul, unos días después de Shavuot.

En Estambul fue confundido por dos emisarios de la Tierra Santa, quienes creyendo que era otra persona lo humillaron y maltrataron. Llegando incluso a pedirle al agente naviero que no le permitiera viajar en ningún barco. (Naturalmente que cuando el agente descubrió quién era en verdad, lo ayudó sin dudar.)

En esa época la única opción para llegar a Israel era viajar a través de Turquía, Siria y el Líbano. Pero el Rebe quería viajar por mar, pues esto acortaba el viaje en gran medida. Sabiendo que Turquía se había aliado con Inglaterra declarando la guerra a Francia, la comunidad Judía se negaba a que los Judíos navegasen desde Estambul. Sólo por respeto a las demandas de un rabí Jerosolimitano, permitieron finalmente el despacho de una nave.

Zarparon en el comienzo del mes de Septiembre, unos diez días antes de Rosh HaShaná. Durante la travesía una violenta tormenta amenazó hundir su nave y unos días después se les terminó la reserva de agua, poniendo en peligro a todos los pasajeros. El sufrimiento duró tres días hasta que un fuerte viento los arrastró al puerto de Jaffo, un Domingo, 9 de Septiembre, el día 28 del mes de Elul. El Rebe Najmán, tan cerca y aún tan lejos de su meta, fue obligado a permanecer a bordo pues los turcos sospechaban que era un espía francés. Esa noche, el barco levó anclas y navegó hasta el puerto de Jaifa. El lunes por la mañana, el 29 de Elul, Erev Rosh HaShaná de 5559, el Rebe Najmán logró cumplir con su ansiado anhelo de caminar cuatro pasos en la Tierra Santa. Dijo el Rebe: "Tan pronto como caminé esos cuatro pasos, alcancé mi meta" (*Rabbi Nachman's Wisdom* pg.54).

Extremadamente alegre y feliz, el Rebe pasó Rosh HaShaná, Iom Kipur y Sukot en Jaifa. Luego de las festividades, decidió regresar, pero su asistente insistió en que habiendo llegado tan lejos deberían al menos ir a Tiberias, lugar al que llegaron luego de Sukot.

En Tiberias se encontraron con los principales líderes Jasídicos, quedándose allí durante la mayor parte del invierno (hasta después de Purim, en Marzo de 1799). En ese interín realizó un viaje ocasional a Safed y Meron, visitando las tumbas de los Tzadikim. Durante su estadía, la ciudad de Tiberias estuvo acosada por el veedor oficial de la ciudad, por el ejército Turco y por severas epidemias. También tenía planes para llegar hasta Jerusalem, pero le fue imposible cumplirlos.

Al caer el puerto de Jafo en manos de Napoleón, se hizo casi imposible abandonar Tierra Santa. No obstante, el Rebe decidió partir rápidamente, ya que el ejército Francés estaba avanzando hacia el puerto de Aco y parecía que pronto controlaría toda la costa. Volviendo a Aco reservó pasajes en un barco neutral. Pero debido a la confusión y al caos reinante en ese momento el Rebe y su ayudante abordaron accidentalmente una barca que los llevó hasta una nave de guerra Turca anclada en Jaifa.

El barco zarpó a la mañana siguiente, sin darles tiempo para adquirir provisiones para el viaje de retorno. Navegaron entonces hasta la isla de Antalia, cerca de la costa Turca, donde anclaron. En esa época existía en el lugar una ley que obligaba a sacrificar a todo Judío que cayera en ese puerto. Durante tres días y ante el grave peligro, los dos viajeros se mantuvieron escondidos en su camarote sin salir.

De pronto una súbita tormenta rompió las sogas de amarre y arrastró a la nave mar adentro, durante toda la noche. A la mañana se pudo observar que habían sido llevados nuevamente al puero de Aco. Esa tarde, una nueva tormenta arrastró a la nave hacia el mar y durante varios días y noches fueron castigados por las olas y la tempestad. De pronto una brecha se abrió en el casco de la nave, la que comenzó a hacer agua. Por primera vez en su vida, el Rebe Najmán oró pidiendo ayuda sobre los méritos de sus ancestros, el Baal Shem Tov, el Rabí Najmán Horodenker y de su abuela, Adil. La brecha fue hallada y cerrada. El Rebe Najmán, entonces, recitó los Salmos con gran alegría.

La festividad de Pesaj estaba cercana y se encontraban sin provisiones. El día anterior a Pesaj el barco ancló frente al puerto de Rodas. El capitán tenía pensado vender tanto al Rebe como a su ayudante en el mercado local de esclavos. Cuando los líderes de la comunidad Judía de Rodas se enteraron de la situación, hicieron arreglos como para hacerles llegar vino y matzot y para que pudiesen conducir el Seder, redimiendo más tarde al Rebe Najmán y a su ayudante de manos del capitán Turco.

El Rebe entró a Rodas durante Pesaj. Luego de la festividad, viajó hasta Estambul y desde allí cruzó hacia lo que hoy en día es Rumania. Durante la travesía de regreso debió enfrentar la plaga, la prisión, las tentaciones y otras miserias. Finalmente llegó a su hogar luego de Shavuot, en el mes de Junio de 1799.

*

Durante toda su vida el Rebe Najmán agradeció a Dios por haberle dado la fuerza y el coraje necesarios como para realizar esa peregrinación a Eretz Israel. Muchas de sus enseñanzas tratan el tema de la santidad de la Tierra, animando a sus seguidores a realizar cualquier esfuerzo para llegar allí. Dijo: "Yo marqué el camino. Ahora, mis seguidores podrán hacer esta ruta enfrentando menos obstáculos" (*Tzaddik* #141).

* * *

LA GRANDEZA DE ERETZ ISRAEL

Enseña el Rebe Najmán: La Torá es la esencia de la vida. Separarse de la Torá es como separarse de la vida misma. Siendo así, ¿cómo es posible que alguien se desentienda de la Torá, aunque sólo sea por un instante? Pero también es algo imposible estar unido a la Torá durante las veinticuatro horas del día, sin interrupción alguna. Existen necesidades físicas que deben ser atendidas. Y ¿qué sucede con aquellos que están imposibilitados de estudiar la Torá? ¿De dónde pueden extraer su vida?

Y lo que es más, ¿qué sucede respecto del mundo en general? Antes de la Revelación en el Sinaí, ¿qué era lo que sustentaba al mundo? ¿De dónde extraía su vida el mundo antes de la entrega de la Torá? En verdad, esa vida provenía de la Eterna Bondad de Dios. Era esta Bondad la que sostenía al mundo antes de la Revelación... Y el "sendero de Eretz Israel" es equivalente a la Eterna Bondad de Dios. Ella tiene el poder de mantener la vida, aunque uno se encuentre lejos de la Torá (*Likutey Moharan* II, 78).

Enseña el Rebe Najmán: La Tierra de Israel se mantiene gracias a la directa Providencia de Dios. Esta Providencia trae santidad y sabiduría hacia la Tierra. Dicen por lo tanto nuestros Sabios: El aire de la Tierra Santa hace sabio al hombre (*Bava Batra* 158a). Esta sabiduría proviene del placer que encuentra Dios en las almas Judías (*Likutey Moharan* II, 40).

De estas dos enseñanzas podemos vislumbrar la grandeza sin igual de la Tierra Santa. Sus poderes son enormes y se manifiestan inclusive en nuestras vidas cotidianas. Eretz Israel trae vida. Eretz Israel otorga sabiduría. ¡Literalmente! Y no sólo a nosotros, sino a todo el mundo por igual.

Enseña también el Rebe Najmán: La verdadera fe, la plegaria, los milagros y Eretz Israel constituyen un solo y mismo concepto (*Likutey Moharan* I, 7:1). Cada uno de estos conceptos se halla interconectado y fortalece a los demás. La fe nos motiva a la plegaria. Creemos que hay a quién orar y que nuestras plegarias serán respondidas. Y al orar, pidiéndole ayuda a Dios cuando nos encontramos necesitados, ocurren milagros. Tal es el poder de la plegaria, que puede llegar a atraer a lo sobrenatural. Y éste es el concepto de la Tierra Santa, que desafía a los fenómenos naturales.

Eretz Israel puede hacer que las mujeres estériles sean bendecidas con hijos (*Likutey Moharan* I, 48).

Eretz Israel es llamada la Tierra de la Vida. Toda la prosperidad del mundo proviene de allí (*Likutey Moharan* I, 47).

En Eretz Israel es posible adquirir la cualidad de *erej apaim* (gran paciencia), pues la Tierra Santa tiene el poder de ayudar a doblegar el rasgo de la ira. Por lo tanto, pídele a Dios que te dé el anhelo y el deseo de estar allí. También pídele que implante el deseo de Eretz Israel en el corazón de todos (*Likutey Moharan* I, 155).

* * *

TIERRA DE LECHE Y MIEL

"Pues Dios os está llevando a una buena tierra, una tierra de ríos fluyentes, de fuentes y de arroyos subterráneos, surgentes en valles y montañas. Es una tierra de trigo, cebada, uvas, higos y granadas; una tierra de olivas y de dátiles mieleros. Una tierra que no carece de nada..." (Deuteronomio 8:7-9).

La Torá, el Talmud, los Midrashim, el Zohar y virtualmente todos los libros de nuestras sagradas escrituras exaltan la belleza y las maravillas de Eretz Israel. Naturalmente, uno está tentado de preguntar: "¿Dónde se encuentran todas estas maravillas? ¿Dónde está esa tierra de leche y miel?

¿Dónde están los frutos que conquistaron naciones?" (ver *Bereshit Raba* 98:12).
Y estas preguntas parecen totalmente legítimas.

Dijo Rabí Ioshua ben Levi: "¡Eretz! ¡Eretz! ¡Recoje tus frutas! ¿A quién se las estás dando? ¿A los árabes que la han ocupado a causa de nuestros pecados?" (*Ketubot* 112a). El Talmud se extasía en el tamaño y el sabor de las frutas producidas en la Tierra de Israel. "Una sola uva llenaba treinta barriles de vino, la miel surgía de los dátiles hasta que la gente se hundía en ella..." (*Ketubot* 111b). ¿En dónde está toda esa fruta ahora? Como nos dice el Rabí Ioshua, la Tierra de Israel es leal a sus verdaderos dueños. Cuando los Judíos habitan en la tierra, ella aumenta su producción. De lo contrario, ella se seca y agosta. De hecho, en nuestra generación, hemos merecido contemplar esto con nuestros propios ojos. Cuando los Judíos comenzaron a volver a Eretz Israel y a trabajar la tierra, la Tierra Santa comenzó a entregar sus frutos.

Pero ¿qué quiere significar la enseñanza talmúdica cuando describe la calidad y el tamaño fantásticos de sus frutas? ¿Dónde están esas frutas? Los Judíos han trabajado duro. ¿Dónde están esas frutas bendecidas? La pregunta se vuelve más enfática aún a la luz de la enseñanza del Rebe Najmán (mencionada más arriba), respecto a que toda la prosperidad del mundo proviene de la Tierra Santa.

Para contestar a esta pregunta debemos considerar otra enseñanza del Rebe Najmán relativa a Eretz Israel: El motivo que impulse el asentarse [y construir] en la Tierra Santa debe ser de índole espiritual. La intención deber ser el acercarse a Dios. Todo aquél que viaje allí con este objetivo de seguro saldrá beneficiado. Por el sólo hecho de poner un pie en la tierra se unirá con la Tierra Santa y será transformado por su carácter sagrado. Por otro lado, si la motivación de la persona no está relacionada con el acercamienmto a Dios, es entonces que dice el versículo (Levítico 18:28), "...la Tierra te vomitará, tal como vomitó a las naciones que estuvieron antes de ti" (*Likutey Moharan* I, 129).

Los Judíos entraron en la Tierra Santa por motivos espirituales, logrando así elevados niveles espirituales. Es posible que pecaran y que hubieran sido castigados por ello, pero, ante todo, se desarrollaron espiritualmente hasta llegar a ser dignos de la construcción del Santo Templo. Sin embargo, luego de unos cientos de años fueron exiliados. Retornaron luego del milagro de Purim, pero fueron expulsados una vez más. Y con ellos desapareció el sabor y el valor de sus frutos, pues su espiritualidad se hundió en profundos abismos (Sota 48a).

Aunque hoy en día los Judíos están nuevamente viviendo en la Tierra Santa, la santidad de la tierra permanece oculta. Debemos aún recorrer un largo trecho, en el mejoramiento de nuestros logros espirituales y sólo entonces podremos esperar que la Tierra mejore sus frutos.

Enseña el Rebe Najmán: Dios retribuye al hombre "medida por medida" (Sanedrín 90a). Y en ningún otro lugar esta retribución es más precisa que en la Tierra de Israel. Siendo ésta, en realidad, Su Bondad. Si sabemos que Dios nos retribuye de acuerdo a nuestras acciones, entonces, pensando respecto de las situaciones que Dios nos envía podemos aprender a mejorar nuestro comportamiento (Likutey Moharan I, 187).

No es fácil vivir en la Tierra Santa. Pero ello produce un sentimiento extremadamente gratificante, un sentimiento al cual deben aspirar todos los Judíos y el cual deben buscar y anhelar. Debemos comprender también que por el momento nos encontramos sólo en los umbrales de la revelación de la santidad de Eretz Israel. Si nos aferramos a nuestros deseos espirituales y trabajamos seriamente buscando involucrarnos con la Tierra y con lo que ella significa, con su valor espiritual, mereceremos entonces ser testigos de las grandes transformaciones físicas que le esperan a Eretz Israel. Como enseña el Talmud: En el futuro (cuando venga Mashíaj), la Tierra de Israel producirá hogazas de pan listas para ser comidas y vestidos de seda listos para ser usados. Hasta los árboles estériles darán frutos (Ketubot 111b).

Enseña por lo tanto el Rebe: La santidad de la Tierra de Israel es el epítome de la santidad, abarcando todos los otros niveles de la santidad. Es allí donde podemos liberarnos de nuestra visión materialista que insiste en que todo lo que sucede tiene una causa natural. Podemos llegar a comprender cómo todo sucede por la Mano de Dios (Likutey Moharan I, 234).

* * *

EL EXILIO DE ERETZ ISRAEL

"Levanta las banderas para reunir a nuestros exiliados y reúnenos desde los cuatro rincones de la tierra..." (Plegaria de Amidá).

Escribe Reb Noson, explicando este pasaje que recitamos tres veces por día: Sea donde fuere que haya sido exiliado un Judío, Dios considera como si todos los Judíos hubieran sido exiliados allí. En virtud de la presencia Judía, las "chispas de santidad" que existen en ese lugar son recogidas y rectificadas. Tal rectificación, a su vez, ayuda al Retorno de los Exilios. Es por esto que los Judíos se hallan dispersos por el mundo entero, para poder reunir estas chispas de santidad.

Pregunta entonces Reb Noson: Si la misión de los exiliados es rectificar y reunir todo el bien que se halla disperso en los parajes más distantes, lógicamente serían los justos los únicos que deberíamos encontrar habitando allí. Aquellos cuyas obras produjeran esas rectificaciones. Pero no es así en realidad. Por el contrario, vemos que la mayoría de los Judíos que viven o viajan a lugares remotos alejados de toda comunidad Judía son en general aquellos no observantes de la Torá y de las mitzvot. ¿Cómo puede esta gente, que parece ella misma necesitar una gran rectificación, realizar una rectificación de las chispas de santidad? ¿Cómo pueden producir el Retorno de los Exiliados?

Enseña Reb Noson que la respuesta puede encontrarse en el mismo exilio. Si los Judíos, cuando estaban en la Tierra Santa, no eran observantes, ¿cómo puede esperarse que lo sean ahora, en la Diáspora? Si no mantuvimos nuestro pacto con Dios en el lugar que resume el objetivo de nuestra existencia espiritual, ¿cuanto menos ahora que estamos sujetos a la influencia de las naciones? Pero dice la Torá: "Los mandaré al exilio, entre las naciones... Desde allí buscarán a Dios..." (Deuteronomio 4:27-29). *Desde allí*, desde el exilio, buscarán. ¿Cómo es ésto? ¿Desde el exilio buscaremos a Dios y no desde la Tierra Santa?

Mientras estuvieron en la Tierra Santa, los Judíos se sentían muy cerca de Dios. De hecho, sentían que Lo habían encontrado. Como resultado de ello, abandonaron Su búsqueda, muriendo su anhelo de espiritualidad. De haber estado en la Diáspora ésto no hubiera sido tan malo, pero debido a que se encontraban en la Tierra de la santidad, en el "palacio del Rey," cada pensamiento impropio y cada acto negativo fue considerado como una gran falta. Y cada falta traía una mayor falta, como en "Una transgresión trae otra" (Avot 4:2). Y eventualmente fue ésto lo que condujo al exilio.

Pero no todo está perdido. Por el contrario, ahora que los Judíos están en el exilio, ahora que nos encontramos lejos de la santidad de la Tierra Santa, precisamente ahora podemos comenzar a sentir cuán distantes estamos de Dios. Es ahora que podemos levantarnos y alentarnos a sentir nuestro Judaísmo, nuestra Torá, nuestra fe. Es ahora que podemos comenzar a buscar la ayuda de Dios, pues es precisamente aquí, en el exilio, donde cada pequeño pensamiento, palabra o acción es extremadamente preciosa a los ojos de Dios (Likutey Halajot, Birjat HaReiaj 4:45).

Así, de las palabras de Reb Noson podemos comprender como cada movimiento ascendente de la persona en la escala del mérito, es en sí un aspecto del Retorno de los Exilios. Al estar en el exilio y al anhelar Eretz Israel, elevamos las chispas de santidad y es como si trajésemos esas chispas, (¡y a nosotros mismos también!) de retorno a la Tierra Santa.

*

Vemos que eReTz es como la palabra RaTZon, deseo. Por lo tanto, Eretz Israel significa ¡Yo quiero ser un Judío! (Rabí Jacob Gedalia Tefilinsky).

* * *

BRESLOV EN LA TIERRA SANTA

Hemos visto que muchos Jasidim de Breslov realizaron grandes esfuerzos para llegar al menos una vez a Eretz Israel. Algunos buscaron asentarse y vivir allí, aún en los primeros días del ishuv, cuando la vida era extremadamente difícil. En esa época, la mayoría de los que llegaban como parte de la aliá Jasídica se asentaban en Tiberias y en Safed.

Luego de la muerte del Rebe Najmán, Reb Shimón, quien fuera el asistente personal del Rebe, se mudó a Safed. Está enterrado en el cementerio de Safed, cerca del Ari. También Reb Itzjak, el hijo de Reb Noson, se instaló a vivir allí y está enterrado cerca del Rabí Josef Caro, el autor del *Shuljan Aruj*. Otros seguidores de Reb Noson se asentaron también en Safed y en Tiberias, uno de los más notables fue Reb Noson ben Iehuda Ruven, compilador del *Kuntres HaTzeirufim*. En los comienzos del siglo veinte, una comunidad de Breslov comenzó a organizarse en el Galil, dirigida por el notable jasid Reb Israel Karduner.

Reb Avraham Jazan fue un fogoso jasid, poseedor de un gran conocimiento y una gran profundidad de alma. Su padre, Reb Najmán Jazan le dijo: "La Diáspora no es capaz de contener tu santidad. *Antloif* (corre) a Eretz Israel" *(Rabí Eliahu Jaim Rosen)*. En el año 1894, Reb Avraham se mudó a Jerusalem. Durante su viaje anual a Umán, para la festividad de Rosh HaShaná, urgía a los demás a seguir su ejemplo y asentarse en la Tierra Santa. Más tarde, en los años 20 y 30, hubo un pequeño éxodo de Jasidim de Breslov desde Europa Oriental, la mayoría de los cuales se asentaron en B'nei Brak. La siguiente década fue testigo de la casi total destrucción de la Jasidut de Breslov en Europa. La mayoría de aquellos que vivían en Polonia y en Rusia fueron asesinados durante el Holocausto y la dictadura Stalinista. Con el tiempo, los pocos sobrevivientes llegaron a instalarse en la Tierra Santa.

La Jasidut de Breslov de Jerusalem se centró en la Ciudad Vieja con algunos grupos viviendo en Mea Sharim, Shjunat Kneset y Shaarei Jesed. Luego de la Guerra de Independencia de Israel, los jasidim de la Ciudad Vieja fueron reubicados en Katamon. A comienzo de los años 50, Reb Eliahu Jaim Rosen comenzó a construir la Yeshivá de Breslov "Or HaNeelam" (La Luz Oculta, en referencia al Rebe Najmán), donde hoy en día se halla la principal sinagoga de Breslov de Jerusalem.

Al crecer las comunidades, los jasidim se dispersaron un poco por todas partes, de modo que es posible hoy en día encontrar sinagogas de Breslov en diferentes zonas de Jerusalem, B'nei Brak, Safed, Emanuel y otros lugares de Eretz Israel.

Aquellos Jasidim de Breslov que aún no han tenido la oportunidad de mudarse a Tierra Santa, esperan siempre el momento en que este anhelo se haga realidad. Forma parte constante de sus pensamientos y de su *hitbodedut* (además de ser una de las bendiciones agregadas en la

Amida). En el interín, hacen el esfuerzo de visitar Eretz Israel la mayor cantidad de veces posible. Tales visitas son consideradas como oportunidades para "recargar sus baterías espirituales."

Rabí Zvi Aryeh Rosenfeld, quien viviera la mayor parte de su vida en Brooklyn, se enorgullecía de decir que "un Judío debe tener siempre su pasaporte al día y dispuesto. Uno nunca sabe cuando se presentará la oportunidad de viajar a Israel. Qué tonto sería tener la posibilidad de volar a Israel y no poder hacerlo debido a un pasaporte vencido." (El mismo razonamiento se aplica hoy respecto al viaje a Umán, donde se encuentra la tumba del Rebe Najmán. Ahora que la República de Ucrania permite esta peregrinación, es importante estar listos para el viaje pudiendo presentar el pasaporte cuando así se requiera, para gestionar las visas, etc.)

* * *

LA TIERRA SANTA HOY

Es necesario comprender que así como la Santidad y la Gloria de Dios se hallan ocultas mientras dure el exilio, de la misma manera la santidad, la belleza y la gloria de la Tierra de Israel no podrán brillar en todo su esplendor sino a la llegada de Mashíaj. Durante cinco años, Reb Eliahu Jaim Rosen luchó por abandonar el "paraíso" de Stalin y asentarse en la Tierra Santa. Durante ese período sufrió una epidemia de tifus, la hambruna del año 1933 y la prisión con una sentencia de muerte pendiente sobre su cabeza. Milagrosamente obtuvo el visado de salida desde Moscú al tiempo que tenía prohibido moverse de la ciudad de Umán. Con el permiso otorgado el hombre que luego sería mi Rosh Yeshiva se dirigió directamente hacia Israel.

Reb Eliahu Jaim arribó al puerto de Jaifa en Erev Shavuot. Cuan feliz estaba de poder al fin caminar en Eretz Israel, en especial luego de haber estado casi a punto de perder su vida más de una vez, debido a su determinación de mantenerse fiel a Dios pese a la brutal insistencia del Comunismo respecto al ateísmo. Imaginó que al desembarcar encontraría a los Judíos viviendo una feliz vida Judía en la Tierra Santa. Pero quedó apabullado por el Judaísmo o falta de Judaísmo, que allí encontró. "¿Es ésta Noemí?" (Rut 1:19; naom implica algo agradable y hermoso). "¿Por ésto me sacrifiqué tanto? ¿Fue por ésto que arriesgué mi vida y trabajé tan duro para abandonar Rusia y poder criar a mis hijos como Judíos?" Al día siguiente de Shavuot, Reb Eliahu Jaim dejó Jaifa y se dirigió a Jerusalem. La visión de la Ciudad Santa le agradó tanto que exclamó: "*¡Esta es Noemí!*" Esto era lo que había estado buscando.

La belleza física de la Tierra es algo reconocido por todos. Todo aquél que la conociera durante los primeros años de la década del 60 puede atestiguar respecto a la gran mejora en el aspecto de *gashmiut* (comodidades físicas) que han tenido lugar en Israel con el correr de los años. De ser un país de colonizadores empobrecidos, hoy es posible, con una buena cuenta bancaria, poseer todas las comodidades modernas al igual que en las sociedades técnicamente más avanzadas. Pero, para encontrar la *rujaniut*, la belleza espiritual de la Tierra, debemos buscar aún con mucho ahínco. Existe, pero debe ser hallada.

Es posible que la persona descienda del avión, en Israel, esperando ser invadida por una corriente de espiritualidad. Pero el Rebe Najmán enseña otra cosa: "De la manera como la Torá exalta la virtud de Eretz Israel, podríamos concluir que la Tierra Santa no forma parte, en absoluto, del mundo físico." Pero, dice el Rebe Najmán, ésto no es así. "La Tierra Santa, grande como es en verdad, se encuentra y forma parte de la realidad física [un país del planeta Tierra, como todos los demás países del globo]. Aun así, el nivel de su grandeza espiritual se encuentra más allá de todo lo imaginable. Su santidad es el epítome de toda la santidad" (*Likutey Moharan* II, 116).

Por lo tanto, no debemos desanimarnos ni sentirnos defraudados si al visitar la Tierra Santa no logramos encontrar la santidad que estábamos buscando. Descender del avión en Tel Aviv no es como caminar por el espacio exterior. Encontraremos lo mismo que suele encontrarse en todas las ciudades del mundo. Quizás no debiera ser así, pero lo es. Lo que debemos hacer, es buscar los "puntos buenos." De la misma manera como juzgamos a la gente, así debemos buscar los puntos buenos de la Tierra

Santa. Como escribió el Rey David: "Contempla el bien de Jerusalem, todos los días de tu vida" (Salmos 128:5).

Esperemos y roguemos merecer ver el bien de Israel, tanto de la Nación como de la Tierra. Trate de hacer una peregrinación. Trate de asentarse allí. "No hay obstáculo que pueda oponerse a la voluntad de una persona" (Zohar II, 162b). Aunque hoy no pueda ni siquiera visitar Eretz Israel, podrá igualmente tenerlo en mente. Piense respecto de la Tierra Santa. Reflexione sobre ella. ¿Quién sabe? Puede incluso desarrollar una imagen mental de la Tierra Santa, y llevarla siempre con usted. Como dijo cierta vez el Rebe Najmán: "Mi lugar, mi único lugar está en Eretz Israel. Adonde vaya, siempre estoy yendo hacia Eretz Israel" (Tzaddik #53).

* * *

20

USTED TAMBIEN PUEDE

Bereshit. En el comienzo. El mundo fue creado para Israel, que es llamado *reishit*, primero (*VaYikra Raba* 36:4).

En todas sus enseñanzas y conversaciones, el Rebe Najmán trata el tema de la grandeza del alma Judía. Su origen se halla en el mismo comienzo de la Creación, anterior a todo. De hecho, es en sí, la *raison d'être* de la misma Creación (*Likutey Moharan* I, 17:1).

Es posible que usted se sienta algo confundido ante todo esto. ¿Es realmente mi alma algo tan grande? ¿*Yo*? ¿Es posible que todos esos elevados niveles que describe el Rebe Najmán sean realmente para mí?

La respuesta es simple: ¡*Sí!*

"Tu también puedes alcanzar los niveles más altos." Enseña el Rebe Najmán que el hombre es comparable a un elefante asustado delante de un ratón (*Likutey Moharan, Shir Iedidut*). Tiembla y se estremece, con un miedo mortal. ¿De qué? De un ratón. ¿Parece ridículo? Si, pero describe al hombre. Un ser poderoso, pero temeroso de utilizar su propia fuerza, su increíble e inherente fuerza espiritual. Si pudiéramos alcanzar los niveles más altos, experimentando así la verdadera espiritualidad, encontraríamos difícil pensar en vivir cualquier otra clase de vida.

Por otro lado, sucede a veces que sentimos sobre nosotros un diluvio de Judaísmo que nos sobrepasa. Sentimos que hay tanto por hacer y debido a que no nos vemos capaces o que no tenemos deseos de hacer todo, preferimos no hacer nada en absoluto. El Judaísmo es muy exigente. Y la espiritualidad lo es más aún. "¿Quién me garantiza que si empiezo, seré capaz de continuar? Quizás deseo comenzar. Pero hay tanto por hacer, tanto por recorrer. Nunca lo podré lograr." De manera que abandonamos incluso antes de comenzar. O intentamos algo y luego dejamos (Rabbi Nachman's Wisdom #27).

El Rebe Najmán compara semejante torbellino con un caldero lleno de agua. Los sedimentos e impurezas se encuentran en el fondo, quietos. Para purificar este agua, debemos hervirla. Al comenzar a bullir, las impurezas flotan hacia la superficie y allí pueden ser espumadas. Lo mismo sucede con nosotros. Tanto al entrar en el ámbito del Judaísmo, como al profundizar el nivel en el que nos encontramos, llevamos con nosotros estas impurezas. Es necesario darse el tiempo para llegar a purificarnos y extraer nuestras impurezas. Este proceso conlleva un período de agitación y confusión. Y si no abandonamos llegaremos a limpiarnos perfecta, positiva y absolutamente (Rabbi Nachman's Wisdom #79).

*

Dijo Reb Noson: Encuentro más fácil explicar y comentar las partes más difíciles del "Maharam Schiff" (un complejo comentario sobre el Talmud, por Rabí Meir Schiff, 1605-1641), que hacer un comentario sobre una persona. La esencia de la persona es su corazón quebrantado, y ¿quién es capaz de conocer el corazón quebrantado del otro? (Siaj Sarfei Kodesh 1-623).

Además, mientras estamos vivos tenemos la capacidad de la libre elección, y esta capacidad se manifiesta constantemente de las maneras más disímiles. ¿Hago esta mitzvá? ¿Qué pensará de mí la familia? ¿Qué dirán mis amigos? ¿Y mi jefe?

A lo largo de su Likutey Halajot, Reb Noson trata, una y otra vez, los problemas de indecisión que la gente suele enfrentar. No debemos sentirnos abrumados por lo que vemos escrito en todas las sagradas escrituras. Tenemos la tendencia de decir: "¿Cómo puedo siquiera llegar a pensar en hacer todas estas devociones? ¡La Mikve todos los días! ¡Hitbodedut durante una hora! ¡Estudio regular de la Torá! ¡Simplicidad! ¡Verdad! ¡Alegría constante! ¿Cuándo podré alcanzar semejantes niveles? Dudo incluso el que pueda llegar al más bajo de ellos. ¿Para qué hablarme respecto de todos ellos?"

Enseña el Rebe Najmán: Tal como la persona debe luchar para alcanzar el nivel más alto, al mismo tiempo debe evitar caer inclusive del nivel más bajo (*Siaj Sarfei Kodesh* 1-70). Escribe Reb Noson que cada palabra dicha por nuestros Sabios y Tzadikim, cada sentencia y pasaje que nos han transmitido, de generación en generación, están dirigidos directamente a cada uno de nosotros. En ellas *podemos* encontrarnos, si tratamos con ahinco.

Así sea que estemos abocados a lograr los más altos niveles o que nos sintamos demasiado insignificantes como para imaginarnos en los niveles más bajos, debemos siempre fortalecernos con la fe. La fe significa creer que cada palabra de la Torá, cada palabra de ánimo dicha por los Tzadikim, está de hecho, dirigida a nosotros.

Cuando Reb Noson conoció al Rebe, éste le dio para estudiar el libro *Shevajey HaAri*, un texto que describe la grandeza del gran kabalista, el Ari y de su principal discípulo, Rabí Jaim Vital. Cuando Reb Noson le devolvió el libro, el Rebe le preguntó cuál aspecto del texto le había parecido más interesante. Reb Noson le contestó: "La humildad de Rabí Jaim Vital."

El Rabí Jaim era muy humilde, pero cada vez que se encontraba con su maestro éste, el Ari, lo elogiaba profusamente. Rabí Jaim se sentía avergonzado, considerándose indigno de tal elogio. Al mencionarle esto al Ari, el gran kabalista de Safed le respondió: "Antes de la llegada de Mashíaj, es posible con muy poco esfuerzo alcanzar incluso el elevado nivel espiritual de Rabí Akiva." El Rebe Najmán le dijo a Reb Noson: "¡Eso era exactamente lo que quería que notaras!" (*Aveneha Barzel* pg. 19). De aquí podemos ver que hoy en día, inclusive con una fracción del esfuerzo requerido por las generaciones anteriores, es posible alcanzar verdaderas alturas espirituales. Todo lo que necesitamos es considerar seriamente las palabras de los Tzadikim y poner nuestro mejor empeño.

Y si ésto también le parece demasiado, haga entonces lo que pueda. Recuerde, cada pensamiento de bien, cada palabra o acto bueno, son tomados por los Tzadikim y transformados en las "estructuras de santidad" construidas a partir de nuestras mitzvot. Y esto es verdad sin importar quien sea usted ni cual sea la característica de la mitzvá. Si trata, si le dedica un mínimo de esfuerzo, mientras realice un acto bueno, ello constituye un ladrillo en el edificio espiritual que se contruye mediante nuestras mitzvot. Cada mitzvá, cada pensamiento bueno, recorre un largo camino hacia la construcción de esta estructura, y cuando la estructura se complete, entonces, vendrá Mashíaj.

Escribe Reb Noson: Aunque la persona se halle distante de Dios, El santo igualmente lo ilumina con Su luz, atrayéndolo más cerca. Y ¿qué sucede si la persona permanece "cerca" sólo por unos días y luego cae? Respecto a esos valiosos días, su alejamiento posterior es irrelevante. Ellos quedan como algo precioso a los ojos de Dios. Dice el versículo (Isaías 33:24, ver Rashi): "El habitante no dirá 'estoy enfermo'; pues la gente que allí more tendrá perdonados sus pecados." El habitante es uno que llega incluso por un corto período. Aun él puede alcanzar la misericordia y el perdón de sus pecados (*Likutey Halajot, Arvit* 4:34).

De manera que si usted se siente insignificante, aléjese de ese sentimiento. Si siente que no puede hacerlo todo, sepa entonces que aquello que logre hacer, cuenta y que es muy importante. No abandone lo poco que pueda hacer. Si su deseo es real, llegará un tiempo en que podrá hacer algo más. Enseñan nuestros Sabios: La Torá solo pide de la persona aquello que ella es capaz de hacer (*Avoda Zara* 3a; *Zohar* III:104a).

Enseña el Rebe Najmán: "¡La desesperación no existe!" *¡Kain iush iz gohr nit far handen!* ¡No existe tal cosa como abandonar! ¡Nunca abandones! (*Likutey Moharan* II, 78). De manera que ¡No abandone! Simplemente haga lo mejor que pueda. Haga lo que pueda. Lo que sea y donde le sea posible.

Pídale a Dios que lo guíe por el sendero correcto. Enseñan nuestros Sabios: Cada mitzvá que realiza una persona llega al Todopoderoso, engalanada con su belleza espiritual y declara: "Yo provengo de tal y tal. ¡Tal y tal persona me realizó!" Esta mitzvá trae paz arriba y paz abajo (*Sota* 3b; *Zohar* III:118a).

*

Se le planteó la siguiente pregunta a Reb Noson: Visto que, pese a todos los esfuerzos de los muy grandes Tzadikim de las generaciones pasadas, Mashíaj aún no ha llegado, ¿cómo podemos *nosotros* esperar traerlo, dado que somos espiritualmente mucho más débiles que ellos? Reb Noson respondió a esta paradoja con una parábola:

Había una vez una ciudad muy bien fortificada. Se hallaba rodeada por una gruesa muralla de piedra que parecía ser impenetrable. Muchos de los reyes del mundo habían intentado conquistarla pero habían fallado. Sus ejércitos habían sido liquidados mucho antes de poder siquiera producir una mella en la pared.

Finalmente llegó un rey que decidió tomar esa ciudad tan bien fortificada. Luego de inspeccionar las murallas, envió a sus guerreros más poderosos a atacar la ciudad y demolerla. Este grupo golpeó y golpeó en la pared pero no pudo quebrarla. Pronto estos guerreros cayeron. El rey envió entonces una segunda oleada de poderosos soldados y luego una tercera, y una cuarta. Al poco tiempo, todo su ejército había sido aniquilado, y la muralla no había caído. Pero el rey no abandonó. Una vez más recorrió el perímetro de la ciudad, inspeccionando la muralla.

Entonces le preguntaron al rey: "¿Cómo piensa conquistar la ciudad ahora que sus guerreros más poderosos han muerto?"

El rey sabio sonrió: "Si miran con atención verán que aunque los guerreros no pudieron hundir la muralla, lograron en cambio quebrarla. Ya no es fuerte e impenetrable como antes. Ahora podré demolerla enviando a los más débiles y a los heridos, incluso a las mujeres y niños."

Entonces, el rey envió a la batalla a los débiles soldados que le quedaban y ellos pudieron demoler la "impenetrable" muralla y conquistar la ciudad.

Concluyó Reb Noson: ¿Quién capturó la ciudad? ¿Los viejos y enfermos? ¿Cómo podían siquiera aventurarse a la batalla si los guerreros más poderosos habían sido destruidos en su totalidad? ¡Aunque hubiesen peleado durante miles de años, nunca podrían haber demolido esa muralla! Ganaron la batalla gracias a la fuerza de los primeros y más poderosos guerreros.

Y esto también es verdad respecto a nosotros. Somos débiles y estamos cansados y vacíos de grandeza espiritual. Pero los primeros Tzadikim, Moshé Rabeinu, Rabí Shimon bar Iojai, el Ari, el Baal Shem Tov, el Rebe Najmán y de hecho todos los Tzadikim, aunque no lograron traer el Mashíaj, pudieron en cambio quebrar la muralla de los obstáculos que se alza en el camino. Ahora, incluso nosotros podemos encarar el asalto final y traer a Mashíaj (Maasiot U'Meshalim pg. 36-37).

Quiera Dios otorgarnos el mérito de estudiar y cumplir la Torá y unirnos a los verdaderos Tzadikim, siguiendo sus consejos. De hacerlo, mereceremos ver la Venida del Mashíaj, el Retorno de los Exiliados y la Reconstrucción del Santo Templo. Pronto y en nuestros días, Amén.

* * *

APENDICE A

APPENDICE A

APENDICE A:

GUIA PARA EL ESTUDIO DE LA TORA

Considerando el importante rol de la Torá en la vida de un Judío, la siguiente "Guía para el Estudio de la Torá" se ofrece como una propuesta de programa general de estudios para principiantes y para aquellas personas de nivel intermedio. Hemos visto el gran énfasis que el Rebe Najmán le daba al estudio de la Torá y su deseo de que "visitásemos" todos los escritos sagrados. Como mencionamos, el Rebe destacó la necesidad de un conocimiento general y extensivo de la Torá y recomendó un *seder limud* (un método de estudio) que diera como resultado un conocimiento amplio, antes que un desarrollo de proezas analíticas (ver Capítulo 7).

Hay tópicos de la Torá que se aplican a todos y en todo momento. Otros corresponden a determinados períodos y algunos se aplican en muy raras ocasiones. Esto, conjuntamente con la preferencia expresada por el Rebe Najmán respecto a un *seder limud* amplio y abarcador, nos ha llevado a preparar esta guía con un carácter general. Cada individuo deberá considerar su tiempo y enfatizar aquellas áreas que más lo beneficien. El *seder limud* puede y debe ser planificado conjuntamente con nuestro rabí o compañero de estudios.

Los temas a tratar son: la Biblia (Torá, Profetas y Hagiógrafos), con Rashi; el *Shuljan Aruj*; la Mishná; el Talmud; ética-Musar y Jasidut. Primero explicaremos la importancia de estos tópicos y luego la de aquellas ramas de la Torá tales como el Midrash y la Kabalá, cuya importancia está fuera de cuestión, pero cuyo estudio requiere de una mayor habilidad. Respecto a los textos de Breslov, en el Apéndice B ofrecemos una guía para su estudio. Debe señalarse que el programa de estudios aquí presentado responde al punto de vista estrictamente personal del autor y se fundamenta en las enseñanzas del Rebe Najmán. Es posible que parezca especialmente orientado hacia el *baal teshuva*, pero de hecho es un método equilibrado, apropiado para un espectro más amplio de antecedentes e intereses.

JUMASH. También conocido como Torá (Pentateuco), el *Jumash* es la primera de las tres secciones en las que se divide la Biblia y es la base de todo el cuerpo de enseñanzas que generalmente denominanos la Torá. Constituye también el primer libro de la historia Judía (y del mundo).

Como *"la"* fuente de todas las ramas del conocimiento de la Torá, es absolutamente vital estar familiarizado con él. Toda ley de la Torá y toda costumbre Judía posee, incuestionablemente, su raíz en una enseñanza bíblica. El *Jumash* contiene las fuentes y referencias para todos los temas legales de la Mishná y del Talmud, para todas las homilías del Midrash, de las revelaciones del Zohar y de las profundas percepciones de la Kabalá y de la Jasidut. Sin una clara comprensión de los versículos del *Jumash* es imposible comprender siquiera una sola página de estas enseñanzas. La Torá se divide en porciones semanales (*Parashiot*) distribuidas a lo largo de todo el año. Es deber de la persona estudiar la lectura semanal correspondiente, juntamente con los comentarios de Rashi (*Oraj Jaim* 285:2).

Gracias a los comentarios que poseemos hoy en día y en especial a los de Rashi, es posible acercarnos a un capítulo de la Biblia y obtener casi todas las enseñanzas talmúdicas y midráshicas necesarias para nuestra comprensión de ese pasasje. Rashi nos ofrece, de una manera clara y suscinta, la información básica e histórica más importante relacionada con los eventos descriptos en el *Jumash*, presentando también algunas de las interpretaciones talmúdicas de esos pasajes, en relación a sus implicancias halájicas.

Dijo el Rebe Najmán: Rashi es como el hermano de la Torá. Los niños estudian el *Jumash* con Rashi. Y también los adolescentes y los jóvenes... todo Israel. Cada Judío estudia la Ley Escrita y la Ley Oral con los comentarios de Rashi. A partir de ésto podemos comenzar a apreciar la grandeza única de Rashi (*Rabbi Nachman's Wisdom* #223).

Agregó Reb Noson: Todo aquél que saltea los comentarios de Rashi y estudia los comentarios de la Torá basados en ideas filosóficas, se separa de la vida y se desarraiga de Dios y de la Torá (*Likutey Halajot, Tefilah* 4:7). Por lo tanto, si queremos avanzar en nuestros estudios de la Torá, el *Jumash* será de vital importancia. Pero necesita de las interpretaciones basadas en los comentarios tradicionales, aquellas cuyo objetivo es acercarnos a Dios.

TaNaJ (TaNaKh). Aunque este acróstico designa a la **T**orá (los Cinco Libros), los **N**evi'im (los Profetas) y a los **K**etuvim (los Hagiógrafos), el término es usado comúnmente para designar sólo a las dos últimas secciones. Y no cabe duda que de todas las diferentes áreas del estudio de la Torá la menos estudiada es problemente el *Tanáj*. Y ésto pese al hecho que nuestros Sabios dijeran: Los niños deberán ser educados en las Sagradas Escrituras (ver *Avot* 5:21), refiriéndose a los Profetas y los Hagiógrafos, además de los Cinco Libros de Moshé.

Somos una nación santa. Tenemos una larga historia de la que podemos sentirnos orgullosos. Enseña el Talmud que cada Judío debe hacerse la siguiente pregunta: "¿Cuándo serán mis actos comparables a los de mis antepasados?" *(Tana de Bei Eliahu Raba 25)*. Si éste es el caso, ¿no es entonces absolutamente necesario el conocimiento de nuestra herencia? ¿No debemos aprender de los hechos y los errores de nuestros ancestros? Debemos reconocer y seguir los pasos de *nuestros* héroes, el Rey David, Samuel, Elías, Boaz, el Rey Hezequías, Isaías, Mordejai, Ester, Daniel, etc.

Y ésto no significa que el estudio del *Tanáj* deba ser encarado, Dios no lo permita, con el objetivo de obtener un mero conocimiento histórico o para el desarrollo de un culto a sus héroes. El *Tanáj* es una rama esencial de la Torá y como tal, requiere de un estudio serio y dedicado. Pero tampoco puede negarse que nuestro pasado juega un papel muy importante en el Judaísmo contemporáneo y que mucho tiene para enseñarnos respecto a nuestro presente. Como dicen, "La historia es el mejor maestro." Sólo mediante el conocimiento de la historia de nuestros antepasados, de sus méritos y de su fortaleza y del legado que nos dejaron, seremos capaces de continuar hacia adelante como una Nación.

Dijo el Rebe Najmán: "Mi libro de Musar es el *Tanáj*" (*Sijot V'Sipurim* pg.113 #21). El Rebe se refería a otro de los beneficios derivados del estudio del *Tanáj*, a la fe. Leyendo y comprometiéndonos con todo lo que sucedió a nuestros antepasados, nos imbuímos de fe y confianza en el Unico. Ello nos anima y nos da fuerzas como para "soportar" las pruebas y tribulaciones que nos afligen; al tiempo que aumenta nuestra esperanza en la salvación prometida por nuestros profetas y justos líderes. Poco antes de morir, Reb Noson pidió a alguien que le acercara *kol tov* (lo mejor). Al preguntarle qué quería significar con *kol tov*, Reb Noson respondió: "el *Tanáj*."

Estudiando sólo dos capítulos por día del *Tanáj*, en orden consecutivo, o un capítulo de los Profetas y uno de los Hagiógrafos, es posible completar todo el *Tanáj* en un año (*Iesod V'Shoresh Ha'Avoda*). El *Tanáj* debe ser estudiado con Rashi. Existen también otros comentarios como el *Metzudat David* y el *Metzudad Zion*. Estos explican el significado simple de los versículos y sus palabras más difíciles. Sea cual fuere el comentario que escoja, asegúrese que se fundamente en las fuentes tradicionales y en las enseñanzas de nuestros Sabios.

El Rebe Najmán advirtió respecto del estudio de la Biblia mediante comentarios basados en ideas filosóficas. Tales obras confunden la mente y nos llenan de falsas ideas. Sus enseñanzas van en contra de todo lo que hemos recibido del Talmud, del santo Zohar, del Ari y del Baal Shem Tov (ver *Tzaddik* #407).

SHULJAN ARUJ, LOS CODIGOS. Enseñan nuestros Sabios: Quienquiera estudia Leyes de la Torá cada día, le está asegurada la vida en el Mundo que Viene (*Nida* 73a). En tiempos de nuestros Sabios, los Códigos de la Ley Judía incluían la Mishná y el Talmud. Hoy en día se agrega también el *Shuljan Aruj* ("Código de Leyes Judías"). El *Shuljan Aruj* (literalmente "La Mesa Servida") describe la vida religiosa de todo Judío, día tras día, y en todos sus ámbitos, de donde surge la suprema importancia que debemos otorgarle a su estudio. El Rebe aconsejó a sus seguidores el estudio del *Código de Leyes Judías*, con sus comentarios, por sobre cualquier otra área de la Torá (*Rabbi Nachman's Wisdom* #29). Enseñó también que el *Shuljan Aruj* constituye, de hecho, la "delicia del Mundo que Viene" (*Likutey Moharan* II, 2:2).

Numerosas lecciones del *Likutey Moharan* tratan el tema del estudio de los Códigos y de las importantes razones para ello. Al transgredir, la persona produce, con ese acto, una mezcla entre lo bueno y lo malo. (Era buena pero ahora ha permitido el mal dentro de sí.) Estudiar los Códigos implica aprender respecto de las diferentes opiniones, clarificándolas en nuestra mente y llegando así a la correcta solución halájica. Esto equivale a separar el bien del mal. Por lo tanto, la persona que estudia el *Shuljan Aruj* experimenta la misma clarificación y separación en sí misma: guardando lo bueno que ya posee y desechando lo malo de sí (*Likutey Moharan* I, 8:6).

Otra razón más que aporta el Rebe Najmán, respecto a la necesidad del estudio de los Códigos está relacionada con algo denominado la controversia santa. Esto se corresponde con las diferencias de opiniones entre los Rabíes. Sus argumentos y disputas se centran en las sendas de la Torá y cómo revelarlas al mundo. La fuente del conflicto dentro de la persona, la inclinación al mal, tiene su origen y emana de esta controversia santa. Por lo tanto, al rectificar las "diferencias," también los argumentos y la lucha interior de la persona llegan a solucionarse, encontrando y clarificando la senda correcta y adecuada, estudiando y clarificando la Ley Judía (*Likutey Moharan* I, 62:2).

Enseña por lo tanto el Rebe Najmán: Todo Judío tiene la obligación de estudiar los Códigos, todos los días de su vida. Uno debe tratar de estudiar los Códigos, de manera completa y en orden, desde el principio hasta el final, incluyendo aquellas leyes relacionadas con los aspectos financieros, del matrimonio, etc. Lo mínimo que se debe hacer es estudiar aquellas leyes que tienen una aplicación directa en nuestra vida, tales como las del Shabat, los tefilin, la plegaria, la pureza familiar, la kashrut, etc. Aunque nos encontremos en una situación difícil y con muy poco tiempo disponible, debemos tratar de estudiar al menos un párrafo de los Códigos, aunque no sea en su forma ordenada. Nunca deje pasar un día sin estudiar al menos una ley (*Rabbi Nachman's Wisdom #29*). Pero es necesario tener en mente que ese párrafo estudiado sea uno aceptado definitivamente por la ley (y no una disputa halájica inconclusa) (*Kojavey Or* pg.73).

Debemos enfatizar que aquello que la Mishná y el Talmud eran para las generaciones anteriores, lo es hoy el *Shuljan Aruj* para nosotros. La Mishná es una compilación de todas las leyes enseñadas en esa época. El Talmud (la *Guemará*) contiene las explicaciones y razonamientos que fundamentan esas leyes. El *Shuljan Aruj*, compilado por Rabí Iosef Caro, con comentarios del Rabí Moshé Isserles, está compuesto por todas las leyes de aplicación actual, derivadas de la Mishná y del Talmud.

Dijo el Rebe Najmán que es necesario estudiar del "gran" *Shuljan Aruj*, el conjunto completo de los Códigos: el *Oraj Jaim* (comprende las leyes diarias, del Shabat y de las Festividades); *Iore Dea* (leyes personales de kashrut, pureza familiar, votos, duelo, etc.); *Even HaEzer* (leyes del matrimonio y del divorcio); *Joshen Mishpat* (leyes monetarias, financieras, daños, etc.). Estas deben ser estudiadas conjuntamente con sus comentarios y codificadores (tales como: *Maguen Abraham, TaZ, SHaJ, S'MA, Bet Shmuel, Ba'er Hetev*, etc.) Si no se posee semejante habilidad de estudio, se debe entonces estudiar del "pequeño" *Shuljan Aruj* (los Códigos conjuntamente con el *Ba'er Hetev*. El *Ba'er Hetev* es una síntesis de los comentarios más importantes sobre el *Shuljan Aruj*).

El tratado *Mishna Brura* es un excelente trabajo sobre halajá que trata y explica todo con gran claridad y detalle. Pero no es una obra de fácil acceso para el principiante.

Reb Noson apreciaba mucho el tratado halájico titulado *Jaiey Adam* ("La vida del Hombre"). Decía que su autor, el Rabí Abraham Danzig de Vilna, poseía una aguda habilidad para clarificar y precisar la ley (*Siaj Sarfei Kodesh* 1-522). (Esta obra trata los temas del *Oraj Jaim* de manera condensada, incluyendo las leyes relacionadas con la semana, el Shabat y las Festividades, conjuntamente con algunos agregados del *Iore Dea*. Una obra similar, el *Jojmat Adam*, del mismo autor, es una versión condensada del *Iore Dea*.) El Rabí Zvi Aryeh Rosenfeld indicó que deben también incluirse en nuestro estudios las glosas del *Jaiei Adam*, conocidas como *Tosefot Jaim* ("Vida adicional"), pues esto aumenta el alcance halájico del texto.

El "pequeño" *Shuljan Aruj* al que se refería el Rebe Najmán se asocia hoy en día con el estudio del *Kitzur Shuljan Aruj*, obra del Rabí Shlomo Ganzfried y traducido al español como *Código de Leyes Judías*. Dado que el *Kitzur Shuljan Aruj* se consigue en un formato relativamente pequeño, muchos Jasidim de Breslov suelen llevarlo consigo, dentro de la bolsa del talet. De esta manera pueden estudiar de él luego de la plegaria de la mañana, mientras llevan aún los tefilin de Rabeinu Tam.

Existe además una razón obvia y simple para estudiar el *Shuljan Aruj*: ¿De qué otra manera sabríamos aquello que debemos hacer? Sin conocimiento no podemos saber cuales son nuestras obligaciones y cómo debemos cumplirlas. Aquél que tenga fácil acceso a su rabí o a una autoridad halájica puede llegar a suponer que ello le permite ignorar la Torá y sus requerimientos. Pero no es así en absoluto. Está prohibido elegir ser ignorante. Por otro lado, ningún rabino está accesible las veinticuatro horas del día, los trescientos sesenta y cinco días del año. Considere el siguiente ejemplo. Dice el *Shuljan Aruj*: "Es necesario conocer muy bien las leyes relativas a los medicamentos y a las curaciones durante el Shabat. Pues, de surgir una emergencia, es necesario actuar de manera inmediata y no perder un tiempo precioso intentando encontrar a su rabí. El tiempo que demande consultarlo puede poner en peligro la vida de la otra persona. Esto está prohibido" (*Oraj Jaim* #328:2; *Mishná Berura* 328:6). Y este mismo razonamiento puede aplicarse a todas las leyes. Cada uno de nosotros debe tratar de conocer la mayor cantidad posible de Leyes Judías. Y esto es necesario para no pasarnos la vida preguntando "¿Puedo hacer esto?"; "¿Podré hacer eso otro?"; "¿Está permitido?" Además, al estudiar los Códigos tendremos al menos una idea de aquello que desconocemos y sabremos también qué preguntas hacer a la persona que sí sabe.

Es necesaria también una advertencia respecto a "tomarse la ley en sus manos." Podemos suponer que estamos actuando dentro de los requerimientos de la halajá cuando la ley es clara y no tenemos ninguna clase de dudas sobre nuestra comprensión de ella. Pero, bajo ninguna circunstancia debemos tomar una decisión halájica cuando tengamos dudas respecto a qué autoridad debe seguirse y menos aún si no comprendemos o no conocemos la ley. Un rabino calificado es aquél que ha estudiado el Talmud, los Codificadores y todos los comentarios pertinentes. Es él entonces quién está capacitado para dar una opinión. Si dudamos, *debemos* recurrir a él en busca de una respuesta.

Ante la pregunta: "¿cual es la costumbre de Breslov respecto a tal y tal caso?" la respuesta es: "Busque en el *Shuljan Aruj*. Sea lo que fuere que allí esté indicado, eso es lo que hacía el Rebe." Pero existen situaciones en las que los Codificadores ofrecen distintas opiniones. Lo mejor es que cada persona continúe con las tradiciones de su familia. Los Judíos de origen Sefaradí deben continuar con sus costumbres Sefaradíes; aquellos de origen Ashquenazí deben mantener sus propias costumbres, etc. No es común que se requiera una actitud específica de Breslov. Y ante la duda, consulte a su rabino.

MISHNA. La Mishná es el fundamento de la Ley Oral; es la base del Talmud. Es también la fuente de las reglamentaciones que aparecen en el *Shuljan Aruj*. Enseñaron nuestros Sabios: El estudio del Talmud se encuentra por sobre todas las cosas. Si ese es el caso, ¿por qué se enseña que es necesario conocer más la Mishná que el Talmud? El énfasis puesto sobre el estudio de la Mishná apunta al hecho de que los alumnos estaban (y aún lo están) más atraídos por la calistenia mental, dedicando toda su atención a la agudeza de las preguntas y respuestas. Como resultado, las mismas leyes básicas comenzaron a ser olvidadas (*Bava Metzia* 33a,b). La Mishná y el Talmud son básicamente una y la misma cosa: La Mishná es la ley y el Talmud es la discusión y clarificación de esa ley. Se presentan juntos y se complementan la una con el otro.

Pero existen dos tipos diferentes de estudio. La Mishná es una serie de leyes, aplicables al tratado en cuestión. El Talmud, por otro lado, presenta una amplia gama de discusiones respecto de la ley de la Mishná, enfrentándose a veces a las afirmaciones de la Mishná y ofreciendo puntos de vista diferentes y hasta opuestos a aquellos tratados en la Mishná. A menudo estas cuestiones surgen luego de largas tiradas del Talmud que parecen en su comienzo no tener relación alguna con el tema tratado. De hecho, es muy probable que sea debido a esto que nuestros Sabios aconsejaron conocer bien la Mishná antes de adentrarse en el profundo y complejo ámbito del Talmud (ver *Avot* 5:21). Y ésta es también la opinón de muchos de los Codificadores.

El autor del libro *Shnei Lujot HaBrit* (*Mesijta Shavuot*), afirma que hoy en día, dado que poseemos comentarios a la Mishná que presentan el mismo razonamiento del Talmud, tales como *Bartenura, Rambam* y otros, debemos hacer de la Mishná nuestra más importante área de estudio. De esta manera podemos estudiar las leyes, su origen y el razonamiento detrás de ellas, tal como se hallan discutidas en el Talmud. Estos comentarios clarifican la ley, destacando la opinión a seguir. En nuestra presente generación tenemos los comentarios del *Tiferet Israel* y las *Mishnaiot Mevuarot (K'hati)*, invalorables herramientas para comprender la Mishná.

Es especialmente beneficioso, para alguien lo suficientemente joven, "frum-de-nacimiento" o "baalei teshuva," y que haya finalizado la escuela y aún no se haya casado y/o que tenga la habilidad de pasar largas horas estudiando, utilizar su tiempo en el estudio de la Mishná. Primero, esto introduce al estudiante dentro de muchas áreas de la Torá, como las leyes de pureza e impureza, permitido y prohibido, kosher y no kosher, que pueden ser desconocidas para él. Segundo, pues la Mishná está escrita en Hebreo y el Talmud en Arameo, y el estudiante puede encontrar difícil estudiar ambos textos, en diferentes idiomas, al mismo tiempo. Es mejor concentrarse en sólo uno de ellos al tiempo que se aprende su lenguaje (y el Hebreo es más fácil de captar que el Arameo). Tercero y quizás lo más importante, ésto le permitirá estudiar con rapidez, pues la Mishná es mucho más fácil de comprender que el Talmud. Esto le permitirá aumentar considerablemente su conocimiento en un tiempo relativamente corto; estudiando un capítulo por día es posible terminar la Mishná en menos de un año y medio. Al familiarizarse con el sistema lógico empleado en la Mishná, es posible aumentar la velocidad de aprendizaje, estudiando dos o más capítulos por día. ¡Y esto le permitirá terminar toda la Mishná en menos de un año! (Diez y ocho capítulos por día permiten completarla en un mes). Entonces sí estará preparado para entrar al Talmud.

TALMUD. Al Talmud se lo conoce también como "el vino de la Torá." Punto focal de toda la ley y la tradición Judía, el Talmud es, quizás, el estudio más importante que se pueda realizar. Nuestros Sabios dicen que en el Talmud se incluye todo: la Biblia, la Mishná y el Talmud (*Sanedrín* 24a). Pero no todos poseen los suficientes fundamentos como para estudiarlo, como es el caso de los *baalei teshuva*, quienes comienzan a estudiar a una edad avanzada, compartiendo ese estudio con las actividades de supervivencia. Muchos piensan que deben dedicarse a un estudio riguroso del Talmud, incluso a expensas de su estudio del *Shuljan Aruj*.

Reb Najmán de Tulchin, el discípulo más cercano de Reb Noson, quedó huérfano siendo muy niño y no tuvo oportunidad de estudiar Torá en su juventud. Cierta vez, Reb Najmán viajaba junto a Reb Noson, quien le comentaba respecto a la importancia del estudio de la Torá. Al llegar a la primera posada, Reb Najmán tomó un volumen de la *Guemará* y comenzó a estudiar. Le dijo entonces Reb Noson: "Ahora te comportas como lo que se conoce con el nombre de estudiante *turbulento*. [Un estudiante turbulento es aquél que se dedica a estudios superiores a su verdadero nivel; ver *Likutey Moharan* I, 100.] Dijo el Baal Shem Tov que su venida al mundo tenía como objetivo eliminar al estudiante *turbulento*. Es mejor que comiences con el *Jumash*, la *Mishná*, el *Ein Jacob*, el *Midrash*, etc." Reb Noson comprendió que si Reb Najmán comenzaba a estudiar el Talmud a esa altura de su vida podía llegar a ser un *lamdan*, pero nunca llegaría a alcanzar el nivel de Tzadik. Por lo tanto, le sugirió que comenzara con los estudios más fáciles. Con el tiempo Reb Najmán llegó a convertirse en un gran Tzadik (*Aveneha Barzel* pg.66).

Vemos entonces que de acuerdo con los consejos de Reb Noson, es mejor comenzar con lo básico, estudiando las áreas más "fáciles" del Judaísmo, adquiriendo así un conocimiento más amplio de la Torá, de sus ideas y de sus ideales y construyendo una firme base de Torá. "Querer es poder," de manera que más adelante, si uno lo desea, podrá disponer del tiempo necesario para dedicarse al estudio concentrado del Talmud. (También el Rabí Moshé Jagiz, autor de *Mishnat Jajamim* y de *Leket HaKemaj* es de esta misma opinión.) Y esto es válido aún hoy día (1994). Existen numerosas clases de *daf haiomi* (estudio diario de una página del Talmud) y muchas lecciones sobre el Talmud grabadas en cassettes en diversos idiomas. Es muy importante y necesario el estudio de todo el Talmud. Todo hombre fue creado a la imagen de Dios. Y como dice el Rebe Najmán: "La imagen Divina no puede brillar hasta que no se estudie y complete todo el Talmud" (*Siaj Sarfei Kodesh* 1-73).

También enseñó el Rebe: Vemos que en las primeras generaciones el estudio de la Torá tenía el poder de detener al Angel de la Muerte (ver *Shabat* 30b; *Moed Katan* 28a).¡Y hoy en día, la gente muere incluso en medio de sus estudios! Esto está relacionado con la fuerza maligna conocida como *Lilit* (לילית), la que posee el mismo valor numérico que Talmud (תלמוד), es decir 480. El estudio correcto de la Torá protege a la persona. Pero si este estudio es encarado con una motivación impropia y en especial el estudio del Talmud, entonces de hecho se le está dando más fuerza al Otro Lado (*Likutey Moharan* I, 214).

Para aquellos que están capacitados, es decir para el estudiante talmúdico avanzado, "es una obligación estudiar el Talmud con Rashi y Tosafot, todos los días; esto es algo tan importante como colocarse los tefilin" (*Jida, Iore Dea* 245). Para aquellos que comienzan o que se hallan en un nivel intermedio, el Maharal de Praga recomendó el estudio del Talmud poniendo el énfasis en la comprensión de las leyes que resultan del debate talmúdico y no sobre los *pilpulim* (*Netivot Olam, Netiv HaToras* 5). El Rebe Najmán quería que estudiásemos el Talmud conjuntamente con los comentarios y Codificadores, de manera que pudiéramos comprender el razonamiento que se encuentra detrás de la ley y clarificar así la manera adecuada de practicarla. Reb Noson le escribió a su hijo: "Me pone muy contento que estés estudiando el Tratado Shabat conjuntamente con las Leyes del Shabat en el *Shuljan Aruj*. Si pudieras trabajar, con tu compañero de estudios, la ley particular y pertinente a cada página del Talmud, ello sería aún mejor" (*Alim Litrufa* #6).

ETICA DEL MUSAR Y JASIDUT. La guía ética es una de las áreas más importantes del estudio de la Torá. Sin la moral, la Torá no tiene sentido. Enseña el Talmud: La Torá puede ser comparada con la puerta interior y el Temor al Cielo con la puerta exterior. Sin pasar por la puerta exterior del Temor, ¿cómo podrá pasarse la puerta interior de la Torá? (*Shabat* 31a). Debemos dedicarnos a alcanzar el Temor al Cielo. Y esto puede lograrse estudiando aquellos textos de Torá que tratan sobre los valores morales y el comportamieto ético. Estas obras ayudan a que la persona comprenda la importancia de estos valores y de ser un "mentsch."

El Rebe Najmán le prescribió a sus seguidores el estudio del libro *Mesilat Iesharim* (*Sijot VeSipurim*, Manuscrito del Rav de Tcherin pg. 167). El mismo Rebe estudiaba el *Reishit Jojma*. Dijo también que el estudio del *Ein Jacob*, que es una compilación de los pasajes homiléticos del Talmud, imbuía de Temor al Cielo.

El *Reishit Jojma* trata sobre la eliminación de los rasgos negativos y de la rectificación y construcción de los rasgos positivos. Estudia en detalle las recompensas y los castigos correspondientes a muchas de las mitzvot y transgresiones. Dijo Reb Noson, previendo que pudiéramos sentirnos demasiado aturdidos ante la severidad de ciertos castigos, y cayéramos víctimas de la depresión: "No fue intención del autor del *Reishit Jojma* el que te deprimieras al estudiar su obra. Si no puedes estudiar *musar* sin deprimirte, entonces estudia alguna otra cosa" (*Siaj Sarfei Kodesh* 1-601).

Hoy en día existe una gran cantidad de textos de *musar* y jasidut. Cada uno posee un acercamiento específico y una guía para ayudarnos a desarrollar el Temor al Cielo. Pero mi rabí me enseñó que "¡si realmente quieres conocer y experimentar el Temor al Cielo, estudia entonces las obras del Rebe Najmán!" (*Rabí Zvi Aryeh Rosenfeld*). No es que con esto se intente, Dios no lo permita, minimizar el valor de los otros trabajos. Su idea era imbuirnos del sentimiento de importancia y grandeza que poseen las enseñanzas del Rebe Najmán. Las palabras del Rebe van directo al corazón, tocando nuestros sentimientos más profundos y despertándonos hacia una conciencia de Dios, de una manera inigualable.

Dijo cierta vez el Rebe Najmán: "¿Me han escuchado alguna vez enseñarles algo sin musar?" Escribe Reb Noson: "En ese momento nos sentimos algo perplejos por su afirmación. Siempre nos pareció que cada una de sus palabras era una guía religiosa y moral. Todas sus palabras eran, literalmente, como carbones ardientes capaces de encender el corazón de la persona en una fogosa inspiración. Quienquiera que lo escuchase hablar se sentía inmediatamente llevado a servir a Dios. Aun hoy, quienquiera que estudie sinceramente las enseñanzas del Rebe Najmán se sentirá encendido con el quemante deseo de acercarse a Dios" (Rabbi Nachman's Wisdom #124).

Reb Noson solía escribirle a su hijo, Reb Itzjak de Tulchin, animándolo a estudiar las obras del Rebe Najmán: "Estúdialas una y otra vez, pues en ellas está todo. Busca profundamente en cada una de ellas y envejece sobre ellas, sin abandonarlas, pues no hay nada más grande" (ver Avot 5:22).

Enseñan nuestros Sabios que al recitar las palabras de Torá la persona debe imaginar al autor de las mismas tal como si estuviese parado enfrente de él (Ierushalmi, Shekalim 2:8). Enseña el Rebe Najmán: Cada obra del Tzadik refleja [en sus letras y en las combinaciones de sus palabras] el rostro y el alma de ese Tzadik (Likutey Moharan I, 192). Por lo tanto, aún hoy es posible contemplar directamente al rostro del Rebe Najmán estudiando sus obras y aprovechar así de su santidad.

Dijo el Rebe Najmán: "Vale la pena esforzarse y trabajar para evitar tener un solo pensamiento malo, pues esto hará que te salves de un castigo extra en Gehinom" (Rabí Eliahu Jaim Rosen; ver Rabbi Nachman's Wisdom #236). Mi Rosh Yeshivá aplicaba estas palabras a las enseñanzas del Rebe Najmán. "Estudiando las obras del Rebe," decía, "uno se asegura de estar a salvo de muchos malos pensamientos e incluso de ganar otros buenos al igual que buenos deseos."

Hay un dicho entre los Jasidim de Breslov respecto a la enseñanza talmúdica que dice que quienquiera que estudie una ley del Código de Leyes Judías por día le está asegurado un lugar en el Mundo que Viene. Dicen que esto también se aplica al estudio del Likutey Halajot. Esta obra de Reb Noson, su magnum opus, interpreta todo el conjunto de los Códigos bajo el aspecto de la práctica, conformando una completa guía para el individuo. Unico por su estilo y características, este clásico en ocho volúmenes nos enseña cómo relacionar cada aspecto de la Torá con cada momento de la vida. Sólo es necesario abrir un volumen, en la página que fuere, para comprobar cómo las palabras de Reb Noson se dirigen directamente a nosotros. No existe una persona, lugar o cosa en este mundo que no sea tratada por Reb Noson. Sus enseñanzas llevan al lector hacia niveles de alegría y de felicidad, de plegaria y de arrepentimiento, ocultos para él hasta ese momento. Afortunado aquél que pasa sus días en el estudio del *Likutey Halajot*.

* * *

Otras áreas de estudio

MIDRASH Y EIN JACOB. El Midrash es una colección de homilías y analogías que se centran en la explicación de la historia completa de la Torá y en el significado subyacente a cada versículo de la Biblia. Como tal, es un tesoro de musar, de ética y de guía moral. Similar al Midrash, el *Ein Jacob* es una colección de *musar* y de historias tomadas del Talmud. Existen numerosos comentarios al Midrash y al *Ein Jacob* , muchos de los cuales subrayan la dirección y el conocimiento de Torá que una persona puede extraer de ellos como guía en su vida diaria. Su estudio es muy importante también pues ambos poseen un tremendo poder para imbuir el Temor al Cielo en aquellos que los estudian. Existen traducciones a varios idiomas.

ZOHAR Y KABALA. Enseñó el Rebe Najmán: El estudio del Zohar es muy beneficioso para el alma. Estudiando el Zohar es posible adquirir entusiasmo por todo el estudio sagrado. El mismo lenguaje utilizado por el Zohar puede llegar a motivar a la persona a servir a Dios (*Rabbi Nachman's Wisdom* #108).

También el estudio de la Kabalá es extremadamente benéfico, tanto para la persona que se dedica a ello como para el mundo en su totalidad. Ello le permite al hombre obtener una visión microscópica de la grandeza de Dios y de la grandeza de la Torá y del alma Judía. Rabí Jaim Vital escribe que una hora de estudio de Kabalá equivale a más de un mes de estudio básico de la Torá (*Etz Jaim, Introducción*). Dice el Zohar: Estudiar Kabalá, las profundidades de la Torá, acelera la llegada de Mashíaj. Aquellos que no se dedican al estudio de la Kabalá, hacen que la Torá sea vista como "seca" (estéril), trayendo pobreza, guerra y destrucción al mundo (*Tikuney Zohar*, 30). Enseña el Zohar en otra parte que quienquiera estudie la Torá y no estudie Kabalá hubiera sido mejor no haber sido creado. Tal persona es responsable del alargamiento del exilio. Pero aquél que se arrepiente y estudia la

Kabalá, los misterios y secretos de la Torá, trae bendiciones y abundancia al mundo (*Tikuney Zohar*, #43).

Moshé Rabeinu se le apareció a Rabí Shimón bar Iojai y le dijo: "Tus enseñanzas, el Santo Zohar, están enraizadas en el Arbol de la Vida (como opuesto al estudio de la Mishná y de los Códigos cuyas raíces se encuentran en el Arbol del Conocimiento). Y gracias a ellas, los Judíos merecen salir del exilio" (*Zohar* III:124b).

Aunque el Rebe habló de manera muy elogiosa respecto del Zohar y tal como hemos visto más arriba, sobre la grandeza e importancia del estudio de la Kabalá, no todos son dignos de leer el Santo Zohar, y ni hablar de su estudio en profundidad. De acuerdo al Rabí Moshé Kordovero (renombrado kabalista conocido como el *RaMaK* y autor del *Pardes Rimonim*), tres son los requisitos necesarios para estudiar la Kabalá: 1)estar casado [de manera de poder estudiar en pureza], 2) conocer los Códigos en profundidad y 3) poseer Temor al Cielo (*Or Ne'erav*, Introducción; ver *Iore Dea* 246:4; *Shaj* 246:6). Si la persona es digna de ello, la Kabalá la elevará y le permitirá alcanzar una increible comprensión de la grandeza de Dios y de la inmensidad espiritual que existe aún en este mundo. De lo contrario, deberá mantenerse alejado del estudio de la Kabalá, para evitar contaminarse aún más.

Cierta vez, una persona visitó al Rebe Najmán. Este hombre era conocido por su irascibilidad y su carácter abusivo para con los demás. "No guarda el pacto," dijo el Rebe. Más tarde, al enterarse que estudiaba Kabalá, dijo el Rebe: "¡Esta persona no está capacitada para estudiar Kabalá!" (*Rabbi Nachman's Wisdom* #249). Dijo además el Rebe Najmán: "Kabalá (קבלה) posee la misma guemátria que *no'ef* (נואף), inmoral. Aquél que no sea digno, aunque la estudie, es considerado inmoral. Es necesario orar a Dios pidiéndole ser guiado por el camino correcto" (*Tzaddik* #526).

Todo aquél que haya estudiado *Jasidut* en obras tales como el *Toldot Jacob Yosef, Meor VaShemesh, Tanya, Kedushat Levi*, sabe cuán profusamente se cita en ellos al Zohar y a la Kabalá. ¿Deberá entonces la persona alejarse también de estos textos? ¡Por supuesto que no! Los Codificadores, *Beit Josef, RaMa, Maguen Avraham, TaZ, ShaJ, Mishná Brura* y demás, todos toman citas del Zohar y de los escritos del Ari. Al igual que otros autores de obras sobre la Torá Revelada. Las advertencias respecto al estudio de la Kabalá por parte de aquellos que no son dignos, se dirigen al estudio directo y analítico de un texto básico de la Kabalá. Pero no se aplican a los cortos pasajes citados en otras obras (*Rabí Zvi Aryeh Rosenfeld*).

Es necesario, por lo tanto, diferenciar aquí entre el estudio básico de la Kabalá, directamente de las obras del Ari y la terminología de la Kabalá citada frecuentemente en los textos Jasídicos y en especial en los escritos del Rebe Najmán. Es necesario comprender que el estudio de la Persona Divina, del Tetragrámaton y de las numerosas intenciones místicas de la Torá no son aptas para los principiantes y de hecho no lo pueden ser. Por su misma naturaleza, estos conceptos presuponen en el estudiante un gran conocimiento de todas las otras ramas de la Torá. De lo contrario no le será posible comprenderlos correctamente.

En otro sentido, la Kabalá constituye la profundidad y la belleza interior de la Torá, su misma alma. Es lo que le permite a la persona "sentir" un gran apego a Dios, descubriendo y sabiendo que Dios está en todos lados. Y es aquí donde el estudio de la Jasidut es extremadamente beneficioso, pues la Jasidut revela el "alma de la Torá" y la transmite de forma accesible y aplicable a cada Judío. Y esto es especialmente cierto del *Likutey Moharan* del Rebe Najmán y más aún del *Likutey Halajot* de Reb Noson. Ambas obras presentan las enseñanzas kabalistas en términos simples y accesibles, mostrando su aplicación directa en la vida diaria.

*

"Es necesario, por sobre todas las cosas, que la persona aprenda de sus estudios la manera de acercarse a Dios. Debe 'extraer' de ellos el consejo apropiado respecto al trato consigo mismo y con sus colegas, con su familia y con todos los demás. Y esto sólo puede lograrse mediante la fe en los Tzadikim" (*Likutey Moharan* I, 61:1). La fe en los Tzadikim y en las enseñanzas de Torá por ellos reveladas, nos permitirán apreciar verdaderamente la real belleza de la Torá y el importante lugar que ella ocupa en nuestras vidas.

* * *

APENDICE B

APENDICE B:

LOS TEXTOS DE BRESLOV

El siguiente es un listado de los libros de Breslov que incluye los escritos del Rebe Najmán, los de Reb Noson y los de otros Jasidim de Breslov hasta la presente generación. Se divide en seis secciones: los escritos del Rebe Najmán; los escritos de Reb Noson; del Rav de Tcherin; de Reb Avraham b'Reb Najmán Jazán; de Reb Alter de Teplik; y otras obras (incluyendo música y cassettes).

Este apéndice intenta ser una guía introductoria a las publicaciones de Breslov, incluyendo una breve historia de cada obra, su contenido y su ubicación dentro de la Jasidut de Breslov. Si bien "todo libro es importante" (*Likutey Moharan* I, 61:5), sólo trataremos aquellos textos más comunmente utilizados y que corresponden al cuerpo principal de las enseñanzas de Breslov. Cuando un texto posea una traducción a otros idiomas su nombre aparecerá entre paréntesis junto al original Hebreo. Aquella persona que desee una información suplementaria sobre esta bibliografía y otras obras de Breslov puede recurrir al *Nevey Tzaddikim* por Reb Noson Zvi Koenig; *Until The Mashiach* (pg.287-295) Bibliografía; *Rabbi Nachman's Stories*, Bibliografía. *Bajo la Mesa*, pg. 367 Fuentes y otras Lecturas.

Al final de este apéndice presentamos una guía y orden de estudio de las enseñanzas de Breslov, dirigida al principiante que desee trabajar en ello.

* * *

Obras del Rebe Najmán

Likutey Moharan — Antología de *MoHaRaN* (Moreinu HaRav Rabeinu Najmán). Este es el *magnum opus* del Rebe Najmán, compuesto por dos volúmenes. La Parte I contiene 286 lecciones y la Parte II contiene 125 lecciones. Algunos de sus discursos fueron registrados por el mismo Rebe Najmán y están indicados con la frase *lashon Rabeinu*, pero la mayoría fueron recopilados por Reb Noson. Luego de escuchar la lección, Reb Noson la asentaba por escrito, de memoria y más tarde (casi siempre) la revisaba con el mismo Rebe Najmán. El *Likutey Moharan* es el libro más estudiado en Breslov y contiene los discursos más importantes del Rebe Najmán. Las lecciones suelen comenzar con la cita de un versículo Bíblico o una enseñanza de nuestros Sabios, la que luego es hilvanada dentro de un hermoso tapiz de ideas y pensamientos, exhortando siempre al lector a anhelar y buscar los elevados niveles enseñados por el Rebe. Pero la obra es en sí bastante difícil de estudiar. Aun los alumnos avanzados encuentran difícil seguir el paso del Rebe a través de cada lección. Y esto no permite presentar un comentario simple sobre cada una de ellas. Es necesario poseer un amplio conocimiento de la Biblia, del Talmud, del Zohar y de la Kabalá para poder entrar en este increíble palacio de sublimes enseñanzas. Pero aun en el nivel del principiante hay mucho que se puede aprender en estas lecciones.

Entre los años 1960 y 1961, Rabí Zvi Aryeh Rosenfeld comenzó a utilizar cintas magnéticas para registrar una traducción del *Likutey Moharan*. Estas lecciones fueron transcriptas a cassettes los cuales pueden aún adquirirse. El Breslov Research Institute está llevando a cabo un proyecto de traducción al Inglés, conjuntamente con un extenso aparato explicativo. Al presente se llevan publicados cinco volúmenes de los doce que completan la obra.

Sippurey Ma'asiot — *(Rabbi Nachman's Stories)*. Estas son las trece historias místicas relatadas por el Rebe Najmán. Originalmente transcriptas por Reb Noson en *Yidish* (lengua en la cual fueron relatadas por el Rebe) el libro fue publicado con los cuentos traducidos al Hebreo en la parte superior de la página y su versión en Yidish debajo. Aclara Reb Noson que cualquier comentario que pueda ofrecerse no es más que una gota en el océano comparado con lo que en verdad contiene cada una de estas historias. En el mejor de los casos, tal comentario sólo logra abrir el corazón del lector ofreciéndole un atisbo de los luminosos secretos de Torá que ellas contienen.

En 1983 se publicó una traducción al Inglés realizada por Rabí Aryeh Kaplan, con una gran cantidad de notas basadas en las obras tradicionales de Breslov. Fue esta la primera compilación de todos los comentarios escritos referidos a estas historias. Existen traducciones al Francés (*Les Contes*) y al Ruso, sin comentarios.

Sefer HaMidot — *(The Aleph-Bet Book)*. El *Sefer HaMidot* es una colección de aforismos sobre los distintos rasgos (buenos y malos) y sobre todos los aspectos de la vida espiritual del Judío. Está dispuesto en orden alfabético y temático y se divide en dos partes. La Parte A fue escrita por el Rebe Najmán durante su juventud, como guía y fortalecimiento en su lucha por alcanzar la santidad. La Parte B es similar a la Parte A tanto en su forma como en su estructura y sus aforismos cubren en general el mismo campo temático que la primera sección. Esta segunda parte fue escrita más tarde y dijo el Rebe Najmán que sus ideas estaban fundadas sobre una comprensión mucho más profunda de las fuentes.

El Rebe Najmán nunca reveló la exacta fuente de referencia de estos aforismos. Pero indicó que aquél que estudiase con cuidado el material sería capaz de descubrirlas en los versículos Bíblicos y en las enseñanzas Rabínicas. Esto hizo que Reb Noson incluyera un considerable número de referencias en la segunda impresión del texto, en el año 1821, diez años después de la primera edición. Para la séptima edición (1873-74) el Rav de Tcherin preparó una lista completa de referencias, las que han sido publicadas en todas las ediciones posteriores, conjuntamente con aquellas presentadas por Reb Noson. En 1907-08 se publicó una nueva edición conteniendo otras fuentes recopiladas por Rebe Tzadok HaCohen de Lublin.

Una nueva edición en Hebreo, con más referencias aún fue publicada en 1984. Estas notas citan cada una de las referencias anteriores en su totalidad, demostrando cómo el aforismo puede comprenderse a partir de su fuente. Existen traducciones al Inglés y al Francés (*Le Livre Du Aleph-Bet*).

Tikun HaKlali — (*Rabbi Nachman's Tikkun*). El Rebe Najmán mencionó por primera vez el tema del Remedio General en el año 1805, aunque sólo más tarde, en el año 1809-10, reveló cuales eran los diez salmos que lo componían. La primera edición del *Tikun HaKlali* como un libro independiente fue completada en el año 1820-21 e impresa en la casa de Reb Noson, por iniciativa de su hijo Reb Shajne. Además de los Diez Salmos se incluyeron en ese volumen una introducción, la lección del *Likutey Moharan* I:205, relacionada con el tema y una plegaria compuesta por Reb Noson para ser recitada luego de la lectura los Salmos. Las ediciones posteriores llevaron como material adicional la lección del *Likutey Moharan* II:92 y una sección de *Sijot HaRan* #141 (la historia de cómo fue revelado el *Tikun HaKlali*), con el agregado de comentarios y traducciones de los Diez Salmos y otras plegarias.

Existen versiones al Inglés y al Francés (*Le Tikoun de Rebbe Nachman*) con traducciones de los Diez Salmos, transliteraciones del Hebreo y traducciones del material introductorio conjuntamente con una explicación general del tema.

*

Escritos de Reb Noson

Hemos dividido las obras de Reb Noson en dos secciones: aquellas referidas al Rebe Najmán y sus obras y aquellas que contienen sus propios pensamientos originales.

Parte I: Sobre el Rebe Najmán

Shevajey v'Sijot HaRan — (*Rabbi Nachman's Wisdom*). El *Shevajey HaRan* es un relato de los logros espirituales del Rebe Najmán. Incluye el *Masa'ot Halam* referido al peregrinaje del Rebe a Tierra Santa durante los años 1798-99. *Sijot HaRan* es una recopilación de conversaciones y enseñanzas que abarcan desde los simples consejos diarios hasta los más esotéricos misterios kabalistas. En el año 1973 se publicó una importante traducción al Inglés incluyendo amplias referencias y algunas notas explicativas. Este trabajo, realizado por Rabí Aryeh Kaplan y editado por Rabí Zvi Aryeh Rosenfeld fue publicado con el título de "Rabbi Nachman's Wisdom." Existe una traducción de *Sijot HaRan* al Francés (*La Sagesse de Rebbe Nachman*), y en preparación una versión al español (*Sabiduría y Enseñanzas del Rabí Najmán de Breslov*).

Jaiei Moharan — (*Tzaddik*). Este libro se divide en tres secciones. La primera, *Jaiei Moharan*, incluye el relato de cómo fueron reveladas las lecciones del Rebe Najmán conjuntamente con los eventos asociados con ellas; las fechas de muchas de ellas y otro material relevante; relatos de los sueños y visiones del Rebe Najmán conjuntamente con otras experiencias místicas; un detalle de su vida incluyendo los acontecimientos e incidentes más importantes de esa época. La segunda parte describe los logros espirituales del Rebe Najmán y la tercera contiene conversaciones y enseñanzas adicionales referidas a una variedad de temas, similar a la colección de conversaciones de *Rabbi Nachman's Wisdom*. Este libro fue preparado por Reb Noson con la finalidad de mostrar la vitalidad única del Rebe Najmán, "un hombre que estaba verdaderamente vivo" según las palabras de Reb Noson y con la intención de preservar la mayor cantidad posible de conversaciones. Fue escrito en el año 1824 pero debido a la controversia y antagonismos que en esa época sufriera Reb Noson sólo circuló de manera privada entre sus seguidores. Fue publicado más tarde, en el año 1874, por el Rav de Tcherin. Existe una importante traducción al Inglés (*Tzaddik*), realizada por Avraham Greenbaum en el año 1987 y que incluye notas explicativas y referencias.

Likutey Etzot — (*Advice*) y **Kitzur Likutey Moharan**. En 1805 el Rebe

Najmán le pidió a Reb Noson que reuniera los aspectos prácticos y los consejos contenidos en el *Likutey Moharan* y los presentase de una forma concisa. El resultado fue el *Kitzur Likutey Moharan*. Al mostrarle al Rebe Najmán el fruto de su labor, el Rebe dijo de ello que era "*a shein tzetel* (lindo trabajo)." Más tarde, en el año 1826, Reb Noson comenzó a recopilar el resto de los consejos hallados en las enseñanzas del Rebe Najmán. Estos fueron agrupados de acuerdo al tema que trataran y el conjunto se conoció como *Likutey Etzot* (Antología de Consejos). Ambas obras han sido presentadas conjuntamente, pero de hecho son dos textos independientes.

El *Likutey Etzot* es un texto único pues posee la cualidad de llegar directamente al corazón del tema tratado en las lecciones del Rebe Najmán. Por muy complejo que parezca el *Likutey Moharan*, es posible hallar en esta obra la esencia de cada discurso, expuesta de una manera simple, permitiéndole al lector utilizar y aplicar directamente el consejo en su vida.

Likutey Etzot fue traducido al Inglés por Avraham Greenbaum con el título de *Advice* (1983). Existe también una traducción al Francés titulada *Conseils*.

*

Parte II: Las Obras de Reb Noson

Likutey Halajot. Esta "Colección de Leyes" es el *magnum opus* de Reb Noson. Es un monumental trabajo en ocho volúmenes basado en el pensamiento de Breslov y siguiendo el orden temático del *Shuljan Aruj*. Con el *Likutey Moharan* como base, Reb Noson estudia los aspectos internos de la halajá desde un punto de vista ético. Subraya muchos de los conceptos más importantes de las enseñanzas del Rebe Najmán y de manera única y original demuestra su aplicación práctica y su conexión con todos los aspectos de la vida Judía.

Es conocido el hecho de abrir un volumen del *Likutey Halajot* de manera azarosa y encontrar que Reb Noson nos habla directamente a nosotros respecto al tema que más nos importa en ese momento. No existe nada igual en toda nuestra literatura sagrada. Sus discursos son fáciles de seguir requiriendo sólo un conocimiento fluído del idioma Hebreo. Aunque debido a su forma y estructura es muy difícil traducirlo directamente a otros idiomas, partes del *Likutey Halajot* han aparecido traducidas al Inglés en *Tefilin, Garden of the Souls, Azamra, Ayeh, Tsohar* y *Mayim*.

Likutey Tefilot — (The Fiftieth Gate). En respuesta al consejo del Rebe Najmán respecto a "transformar la Torá en plegaria," Reb Noson compuso los dos volúmenes del *Likutey Tefilot,* "Colección de Plegarias." Estas oraciones toman como base el *Likutey Moharan* y con las palabras de la plegaria expresan de manera sistemática las ideas y conceptos de cada lección (explicando así cada una de ellas). Esas mismas plegarias con su sinceridad y simpleza permiten al mismo tiempo, que el lector pueda también, mediante ellas, derramar su corazón ante Dios. El primer volumen contiene 152 plegarias y el segundo 58 plegarias.

En muchas de las ediciones recientes se han agregado las plegarias adicionales del *Tefilot v'Tajanunim,* "Plegarias y Súplicas" compuestas por el Rav de Tcherin sobre algunos de los puntos no tratados por Reb Noson y sobre otras lecciones y conversaciones.

El *Likutey Tefilot* es el libro básico para cualquiera que desee experimentar lo que significa una auténtica plegaria. Aunque nadie puede esperar duplicar o siquiera acercarse a la elocuencia del Hebreo poético utilizado por Reb Noson, existe al presente un proyecto de traducción al Inglés. Este trabajo, realizado por Avraham Greenbaum tiene el título de *The Fiftieth Gate* y lleva publicado hasta el momento los dos primeros volúmenes que incluyen las plegarias 1 a 40.

Iemey Moharnat — "The Days of MoHaRNat" (un acronímico de Moreinu HaRav Reb Noson) es una autobigrafía de Reb Noson. Está dividida en dos partes: la primera trata de su vida desde su nacimiento en el año 1780 hasta el año 1835; la segunda registra su peregrinaje a Tierra Santa en el año 1822. Significativamente, los primeros veintidós años de su vida (su nacimiento, su educación, su casamiento, etc.) son registrados en la primera página del libro, dando a entender que su verdadera vida comenzó luego que encontrara al Rebe. Este importante texto autobiográfico revela todos sus viajes, los obstáculos que tuvo que enfrentar y sus más íntimos sentimientos.

Alim Litrufa — Las "Hojas de Curación," o "Las Cartas de Reb Noson (*Eternally yours*)." La mayoría de estas cartas fueron escritas a su hijo, Reb Itzjak, quién vivía en la vecina ciudad de Tulchin, pero también contiene algunas dirigidas a sus contemporáneos y seguidores. Pese al hecho de haber sido escritas a determinados individuos en particular, el entusiasmo y el fortalecimiento espiritual que de ellas emana puede aplicarse a todos y cada uno. Reb Noson suele hacer referencia en ellas a las ideas que le enseñara el Rebe Najmán, de manera que es posible estudiar esta obra como una síntesis de muchas de las enseñanzas del Rebe. Grande es también su importancia biográfica e histórica, abarcando el período que media entre los años 1822 y 1844, momento del fallecimiento de Reb Noson.

Estos dos libros, el *Iemey Moharnat* y *Alim Letrufa*, conjuntamente con una cantidad de obras menores han sido utilizados en la biografía de Reb Noson realizada por Jaim Kramer titulada *Through Fire and Water*. La personalidad de Reb Noson es, indudablemente, una de las más coloridas de la Jasidut de Breslov.

Existe una traducción al Inglés de *Alim Letrufa* titulada *Eternally Yours*, que al presente lleva publicado tres volúmenes.

Shemot HaTzaddikim. Este trabajo incluye la lista de los nombres de la mayoría de los Tzadikim del Tanaj, Talmud, Midrash y Zohar, incluyendo a los *Gaonim, Rishonim* y *Ajaronim* hasta los tiempos de Reb Noson. Fue compilada por Reb Noson en el año 1821 poco antes de su salida para Tierra Santa. Y de hecho, Reb Noson sintió que fue el mérito de este trabajo lo que le permitió llegar a Eretz Israel.

Su versión Hebrea se halla impresa en el libro *Rabbi Nachman's Tikkun*, luego de los Diez Salmos y conjuntamente con una explicación de la grandeza y la importancia de recitar los nombres de los Tzadikim.

Hasta la llegada de Mashíaj. Rabbi Nachman's Wisdom, Tzaddik y *Iemei Moharnat* constituyen la base de la mayor parte de lo que sabemos sobre la vida del Rebe Najmán. Tomando datos de estas y otras numerosas fuentes de Breslov, Rabí Aryeh Kaplan compiló una cronología de la vida del Rebe que lleva por título *Until the Mashíaj*. Aparte de la información biográfica respecto del Rebe Najmán, este trabajo incluye una descripción histórica de la Judería de Europa Oriental hasta los días del Rebe. Posee también varios apéndices sobre los líderes Jasídicos del tiempo del Rebe, la historia de las ciudades asociadas a su vida y pequeños esbozos de sus seguidores y de su familia, incluyendo un árbol familiar. Es *la* fuente para aquél que busque datos históricos sobre el Rebe Najmán. (Nota: esta obra no es un trabajo de Reb Noson, aunque se fundamenta básicamente en sus escritos, sin los cuales no sabríamos casi nada respecto al Rebe Najmán. Es por ello que lo incluímos entre sus trabajos.)

*

Reb Najmán Goldstein de Tcherin

Conocido afectuosamente por los Jasidim de Breslov como el Rav de Tcherin, Reb Najmán Goldstein fue un *gaon* (un genio de la Torá). Sus escritos han contribuído en mucho a la comprensión de las enseñanzas del Rebe Najmán, mostrando su profundidad y belleza. Entre sus obras (unos veinte tomos) se incluyen:

Parparaot LeJojma. Este es un comentario indispensable para la comprensión de muchos de los complejos conceptos y estructuras de los discursos del *Likutey Moharan*,

Ieraj HaEitanim. Este trabajo relaciona *cada* lección del *Likutey Moharan* con Rosh HaShaná, Iom Kipur y Sukot.

Zimrat HaAretz. Aquí el Rav de Techerin relaciona *cada* lección del *Likutey Moharan* con la Tierra de Israel.

Iekara DeShabata. En este trabajo relaciona *cada* lección del *Likutey Moharan* con el Shabat.

Najat HaShuljan. Este tomo muestra la conexión que existe entre numerosos capítulos del *Shuljan Aruj* y la primera lección de *Likutey Moharan*.

Rimzey Maasiot. Este es un comentario del *Sippurey Ma'asiot*.

Likutey Etzot HaMeshulash. Esta es una versión ampliada del *Likutey Etzot* (*Advice*) con material adicional tomado de las enseñanzas del Rebe Najmán, con el agregado de una recopilación de enseñanzas de Reb Noson extraídas del *Likutey Halajot*.

Entre sus otros trabajos se incluye la búsqueda de las fuentes del *Aleph-Bet Book* en la Bíblia, el Talmud y los Midrashim; además de un comentario sobre *Los Cuentos del Rabí Najmán*. Muchas de las traducciones al Inglés fueron posibles gracias a su capacidad en abrir muchas de las "puertas cerradas" de las enseñanzas de Breslov.

*

Reb Avraham b'Reb Najmán Jazan

Reb Avraham era hijo de Reb Najmán Jazan, el discípulo más cercano de Reb Noson. Aunque produjo una abundante cantidad de trabajos basados en las enseñanzas del Rebe, pocos han sobrevivido y los que existen se encuentran incompletos.

Biur HaLikutim. Este es un profundo comentario del *Likutey Moharan* y presupone de parte del lector un gran conocimiento de los trabajos del Rebe. Sólo una pequeña parte de este trabajo fue publicado en vida de su autor. Reb Shmuel Horowitz (m.1973) realizó una primera edición en el año 1935. Recientemente Reb Mordejai Frank editó y comentó este trabajo en una versión totalmente corregida (1989).

Kojavey Or y Sijot v'Sipurim. Como persona de confianza de su padre, el líder más importante de la Jasidut de Breslov en ese momento, Reb Avraham tuvo un acceso directo a las historias y tradiciones de Breslov. Y toda esa información quedó plasmada en este trabajo, compilación de anécdotas,ideas e historias referidas a la infancia de Reb Noson y a su primer encuentro con el Rebe Najmán. Contiene además abundantes relatos de los otros seguidores del Rebe.

*

Reb Alter Tepliker

Reb Moshe Ieoshua Bezhilianski de Teplik, más popularmente conocido como Reb Alter de Teplik, compuso y compiló cerca de diez obras. Las más conocidas son las cuatro siguientes:

Meshivat Nefesh — (*Restore My Soul*). Es una colección de textos tomados del *Likutey Moharan, Likutey Halajot* y otros escritos de Breslov, centralizados sobre el tema de la fuerza interior del hombre y su constante posibilidad de retornar a Dios, aun en los momentos más oscuros. Esta pequeña obra es fundamental para todo aquél que desee descubrir su propia fuerza y utizarla para superar sus hábitos y deseos y retornar a Dios. La traducción al Inglés (*Restore My Soul*) fue realizada por Avraham Greenbaum. (Hay una traducción al Francés titulada *Courage*).

Hishtafkhut HaNefesh — (*Outpouring of the Soul*). Esta es una colección de dichos y enseñanzas centrados en el *hitbodedut* y la meditación, tomados del *Likutey Moharan, Likutey Halajot* y otros trabajos de Breslov. Fue la primera compilación exhaustiva sobre el tema del *hitbodedut* y es de lectura obligatoria para todo aquél que desee seguir la senda de la meditación indicada por el Rebe Najmán. La traducción al Inglés fue realizada por Rabí Aryeh Kaplan e incluye un estudio sobre el papel que ha tenido la meditación en la historia del Judaísmo. Existe también una traducción al Francés con el título de *Hitbodedut, La Porte du Ciel.*

Mai HaNajal. Este es un comentario sobre el *Likutey Moharan*, donde Reb Alter clarifica muchos puntos difíciles. Ha sido muy útil para la traducción al Inglés de los discursos del Rebe.

Haggada Or Zoreiaj — (*The Breslov Haggadah* — *La Hagadá de Breslov*). Es una colección de enseñanzas tomadas del *Likutey Moharan, Likutey Halajot* y otras fuentes de Breslov que sirve y se utiliza como comentario a la tradicional Hagadá de Peisaj. Una edición expandida de esta obra original de Reb Alter ha sido realizada en Hebreo, al igual que su versión al Inglés. La edición Inglesa viene acompañada con la historia del Exodo tomada del Midrash; anécdotas sobre Peisaj tomadas de la literatura Jasídica y enseñanzas sobre Peisaj, el Sefirat HaOmer y Shavuot. También se ha publicado una traducción al Francés.

*

Otros Trabajos

Existen además muchas otras obras de la biblioteca de Breslov que incluyen pensamientos originales de Torá explicando las enseñanzas del Rebe Najmán, colecciones de correspondencia entre los Jasidim de Breslov y algún material bibliográfico. Las obras que describimos a continuación fueron en su origen historias, conversaciones y enseñanzas orales transmitidas por los más importantes Jasidim de Breslov de la última generación, puestas ahora por escrito.

Seder Halom. Este pequeño pero poderoso tratado compilado por Reb Itzjak Breiter (m.1943 en Treblinka) ha conformado la base del presente libro. Reb Itzjak muestra aquí cómo es posible que una persona, aplicando las enseñanzas del Rebe Najmán, pueda obtener lo máximo de cada día. Su título en Ingles es "A day in the life of a Breslover Chassid" y se halla impreso como agregado a *Seven Pillars of Faith* y en *Questions and Answers about Breslov*.

Seven Pillars of Faith (*Siete Pilares de la Fe*). También compilado por Reb Itzjak Breiter conjuntamente con otros importantes Jasidim de Breslov de Polonia. Este texto comprende los siete aspectos más importantes de la fe tal como se desprenden de las enseñanzas del Rebe Najmán. Existe publicada una traducción al Inglés realizada por Avraham Greenbaum.

Ma'asiot U'Meshalim. Estas son las parábolas relatadas por el Rebe Najmán y registradas por Reb Naftalí, uno de los discípulos del Rebe. Han sido traducidas al Inglés y aparecen como una sección separada al final de *Rabbi Nachman's Stories*.

Aveneha Barzel, Sipurim Niflaim. Este trabajo es una colección de historias y anécdotas referidas al Rebe Najmán, a Reb Noson, a Reb Najmán Jazan y a otros Jasidim de Breslov. Fue compliado por Reb Shmuel Horowitz (m.1973) durante la visita que hiciera a Rusia en 1933. Durante varios meses Reb Shmuel registró todas estas historias tal como le fueron relatadas por los discípulos de Reb Avraham Jazan. Estos discípulos eran Reb Eliahu Jaim Rosen (1898-1984),

Reb Levi Itzjak Bender (1897-1989), Reb Moshe Glidman (m. 1946), Reb Moshe Shmuel y Reb Iojanan Galant (m. 1978).

Tovot Zijronot e Imrot Tehorot. Ambas obras fueron compuestas por Reb Avraham Sternhartz (1862-1955). *Tovot Zijronot* contiene historias relativas a la manera en que fueron reveladas algunas de las lecciones del *Likutey Moharan* conjuntamente con anécdotas sobre Reb Noson, las que fueron transcriptas por Reb Gedalaia Koenig a partir del dictado de Reb Avraham. *Imrot Tehorot* es un ensayo sobre la grandeza de estar para Rosh HaShaná con el Rebe Najmán en Umán o, cuando ello no es posible, en Merón, junto a la tumba de Rabí Shimon bar Iojai.

Siaj Sarfei Kodesh. Este trabajo es una colección de historias, anécdotas y conversaciones de y sobre el Rebe Najmán, Reb Noson y otros Jasidim de Breslov. Fueron transcriptas por Reb Avraham Weitzhandler en conversaciones con Reb Levi Itzjak Bender. Los dos primeros volúmenes están dedicados al Rebe Najmán y a Reb Noson y fueron publicados en el año 1988 por Agudat Mesej HaNajal. Al presente se encuentran en preparación los volúmenes siguientes referidos a otros Jasidim de Breslov.

Questions and Answers about Breslov. Compilado por Avraham Greenbaum, este librito responde a muchas de las preguntas más comunes relativas al Rebe Najmán y a las enseñanzas de la Jasidut de Breslov.

Bajo la Mesa. de Avraham Greenbaum. Este es un manual de consejos basados en las enseñanzas del Rebe Najmán, con técnicas de fácil aplicación respecto al desarrollo del yo superior.

Esther. de Rabí Ioshua Sarrett, es un comentario sobre el libro de Ester basado en los pensamientos del Rebe Najmán y de sus seguidores.

¡Umán, Umán, Rosh HaShaná! Este librito explica el significado de la peregrinación anual a la tumba del Rebe Najmán en Umán, Ucrania, para Rosh HaShaná.

The Sweetest Hour. Este texto es una introducción basada en fuentes Talmúdicas, Halájicas, Kabalistas y Jasídicas explicando el propósito y significado del Tikun Jatzot. Incluye la primera traducción completa al inglés de este servicio.

The Empty Chair. Es una antología de pensamientos del Rebe Najmán, editado por Moshe Mykoff.

*

Música y Cassettes. Benzion Solomon ha transcripto y publicado en forma de libro la música tradicional de la Jasidut de Breslov. Estos libros incluyen la transliteración al alfabeto latino y la traducción al Inglés de las palabras Hebreas de las canciones Jasídicas. El primer volumen está dedicado a las melodías del Viernes y el segundo a la mañana y la tarde del Shabat. En este momento se encuentran en preparación otros volúmenes. Existen además, cassettes con grabaciones de canciones para el Shabat y melodías tradicionales de Breslov.

Cintas para Estudio. Muchos de los más importantes Jasidim de Breslov han grabado sus lecciones y clases, tanto en Hebreo como en Idish, Inglés y Francés. Los temas generales, todos basados en las enseñanzas del Rebe Najmán, incluyen: *TaNaJ*, los Salmos, las leyendas Talmúdicas, halajá y una amplia variedad de temas contemporáneos. Las enseñanzas de Breslov incluyen grabaciones con lecciones sobre el *Likutey Moharan, Rabbi Nachman's Wisdom, Meshivat HaNefesh* y un amplio espectro de conversaciones.

* * *

Sugerencias para un plan de estudio

(Este esquema de estudios se presenta en la edición Inglesa de *Crossing the Narrow Bridge* y hace referencia a la bibliografía existente en idioma Inglés. Hemos creído conveniente citarlo, pensando en su utilidad para el lector con conocimientos del idioma inglés.)

La siguiente secuencia de estudios está *sugerida* como un acercamiento a los trabajos de la Jasidut de Breslov. Hemos preparado tres diferentes esquemas, basados en el conocimiento por parte del lector del Judaísmo en general y en la habilidad para comprender los textos en Hebreo. Los tres tienen en común el recitado de las plegarias del *Likutey Tefilot* dado que ellas tienen el poder de abrir el camino para todo el resto.

A. Para aquellos sin (o con poco) conocimiento del Judaísmo:

1) Bajo la Mesa.
2) Rabbi Nachman's Wisdom (Sabiduría y Enseñanzas del Rabí Najmán de Breslov)
3) Advice
4) Through Fire and Water
5) Until The Mashiach
6) Outpouring of the Soul; Restore My Soul

7) Azamra; Tsohar
8) Rabbi Nachman's Stories
9) The Breslov Haggadah
10) Esther
11) Eternally Yours
12) The Aleph-Bet Book
13) Mayim; Ayeh?
14) Tzaddik
15) Rabbi Nachman's Tikkun

*

B. Para aquellos con algún conocimiento previo:
1) Rabbi Nachman's Wisdom (Sabiduría y Enseñanzas del Rabí Najmán de Breslov)
2) Advice
3) Outpouring of the Soul; Restore My Soul
4) Rabbi Nachman's Stories
5) Azamra; Tsohar; Mayim; Ayeh?; Tefilin; Garden of the Souls
6) Likutey Moharan; Tzaddik; The Aleph-Bet Book
7) Rabbi Nachman's Tikun
8) Through Fire and Water
9) Until the Mashiach

*

C. Para aquellos con (algún) conocimiento del Hebreo:
1) Rabbi Nachman's Wisdom (Sabiduría y Enseñanzas del Rabí Najmán de Breslov)
2) Advice
3) Outpouring of the Soul; Restore My Soul
4) Rabbi Nachman's Stories; Iemey Moharnat
5) Likutey Moharan; The Aleph-Bet Book (la versión Hebrea con las fuentes)
6) Tzaddik; Kitzur Likutey Moharan; Alim Litrufa
7) Rabbi Nachman's Tikkun
8) Until the Mashiach
9) Likutey Halajot

*

Enseñaron nuestros Sabios: "Feliz de aquél que llega aquí [al Cielo] con sus estudios en su mano" (Pesajim 50a). Cuando acaben nuestros días en esta tierra deberemos comparecer ante la Corte Celestial. Todo el "equipaje" que tendremos estará constituido por la Torá que hayamos estudiado y por las buenas obras que hayamos ejecutado durante nuestras vidas. Dijo Reb Noson: "El estudio mencionado se aplica de hecho a las obras del Rebe Najmán" (*Tradición oral*). Feliz de aquél que "empaque" las enseñanzas del Rebe Najmán en este su viaje final.

* * *

APENDICE C

APPENDICE C

APENDICE C:

BIOGRAFIAS DE BRESLOV

Este libro es una colección de las ideas y enseñanzas de la Jasidut de Breslov que abarca desde el Rebe Najmán hasta la presente generación. Aquí presentamos unas breves reseñas biográficas de algunas de las más grandes luminarias del movimiento, la "cadena de la tradición", cuyas vidas y enseñanzas nos han servido de base para el presente libro. Las biografías se hallan dispuestas en orden alfabético de acuerdo a la cronología de la generación en la cual vivieron.

*

Rebe Najmán

El Rebe Najmán nació en Medzeboz, un Shabat, el Rosh Jodesh Nisan, 5532 (4 de Abril de 1772). Su padre fue Reb Simja, hijo de Reb Najmán Hodorenker, quien fuera uno de los discípulos más importantes del Baal Shem Tov. Su madre Feiga, era hija de Adil, la hija del Baal Shem Tov. Tuvo dos hermanos, Reb Iejiel y Reb Israel Met y una hermana, Perel. Sus tíos, hermanos de Feiga, fueron Reb Moshé Jaim Efraim, autor del *Deguel Majane Efraim* y Reb Baruj de Medzeboz, ambos figuras prominentes del Jasidismo.

El Rebe Najmán nació en un momento en el que el movimiento Jasídico comenzaba a debilitarse. Una semana después de su nacimiento fue promulgado un jerem de excomunión contra el Jasidismo y medio año más tarde falleció el Maguid de Mezritch, sucesor del Baal Shem Tov.

El Rebe creció en Medzeboz y se casó, como era costumbre, a los trece años, con Sashia, la hija de Reb Efraim de Ossatin. El día de su casamiento atrajo a su primer discípulo, Reb Shimon. Aunque de mayor edad que el Rebe, Reb Shimon afirmaba con orgullo: "¡Dejé a los viejos *gute Yiden* (buenos Judíos; un eufemismo por Tzadik), y me uní a un *yunger man* (un hombre joven)!"

El Rebe tuvo ocho hijos, seis mujeres y dos varones. De estos sólo le sobrevivieron cuatro mujeres. Ellas fueron: Adil, la mayor, Sara, Miriam y Jaiá.

Miriam se instaló en Eretz Israel en 1809, donde falleció sin dejar descendencia. Adil, Sara y Jaiá tuvieron hijos (un árbol genealógico completo puede encontrarse en *Until The Mashiach*). El Rebe no tuvo descendencia de su segunda esposa, con quien se casó luego del fallecimiento de Sashia quien murió víctima de la tuberculosis.

El Rebe Najmán vivió en Ossatin, en la casa de su suegro, durante cinco años. De allí se mudó a Medvedevka donde comenzó a atraer una cantidad de seguidores, algunos de los cuales llegaron a ser sus discípulos más cercanos: Rev Dov, Reb Shmuel Isaac, Reb Iudel, Reb Aarón el Rav y Reb Iekutiel, el Maguid de Terjovitza.

Fue desde Medvedevka que el Rebe Najmán salió en su peregrinaje a la Tierra Santa, en el año 1789. En el año 1800, luego del casamiento de su hija Adil, el Rebe se trasladó a Zlatipolia. Allí se enfrentó con numerosas dificultades y antagonismos por parte de Reb Aryeh Leib, el "Zeide de Shpola", quien llegó a ser el enemigo más encarnizado del Rebe. Dos amargos años de enfrentamientos y oposición hicieron que el Rebe Najmán se mudara a Breslov, en el verano de 1802.

Si bien el traslado del Rebe fue una huída necesaria frente a la controversia, también significó el nacimiento de la Jasidut de Breslov. No lejos del pueblo de Breslov, en la ciudad de Nemirov, vivía un joven que llegaría ser el discípulo más cercano del Rebe Najmán y el responsable de la supervivencia de sus enseñanzas. Era Reb Noson. Pese a provenir de un ambiente familiar de Mitnagdim, Reb Noson se sentía atraído e impresionado por la devoción Jasídica y trató por todos los medios de encontrar un lugar en él. Si bien Medvedevka y Zlatipolia estaban muy lejos de su ciudad, en cambio Breslov se hallaba "a la vuelta de la esquina." Reb Noson, junto con su amigo Reb Naftalí visitaron de inmediato al Rebe Najmán. Tan impresionados quedaron por su devoción y enseñanzas que pronto se unieron a sus seguidores y en poco tiempo llegaron a ser sus discípulos más cercanos.

En la primavera del año 1803 se casó Sara, la hija del Rebe Najmán. Y en el año 1805 lo hizo su otra hija Miriam. (Jaiá se casó luego de la muerte del Rebe.) Durante esos años y excepto por algunos meses que solía pasar visitando los pueblos de Medvedevka, Tcherin y Terjovitza, el Rebe permanecía en Breslov.

En el invierno de 1807 el Rebe partió en un viaje a Novoritch, Dubno, Brody y Zaslov. En Zaslov, donde el Rebe pasó la festividad de Shavuot (Junio), falleció su esposa. Antes de Rosh HaShaná (Septiembre de 1807) se volvió a casar, esta vez con la hija de Reb Iejesquel Trajtenburg de Brody. Poco tiempo después el Rebe contrajo tuberculosis, enfermedad de la que moriría tres años después.

En 1808 el Rebe realizó un viaje a Lemberg (Lvov) donde buscó algún tratamiento para su enfermedad. Durante ese año y mientras estaba en Lemberg, se publicó el primer volumen de sus enseñanzas más importantes, el *Likutey Moharan*. Para ese entonces ya había comenzado a relatar sus famosos cuentos y revelado también su *Sefer HaMidot* (*The Aleph-Bet Book*).

A su regreso de Lemberg el Rebe pasó dos años en Breslov. Durante este período reveló el Remedio General y muchas inspiradas enseñanzas. La tuberculosis continuaba minando su cuerpo y cada vez estaba más débil y frágil. Comprendiendo que su muerte estaba cercana, comenzó a hacer los preparativos para trasladarse a Umán, el lugar que había elegido para morir. También había considerado la posibilidad de trasladarse a Eretz Israel pero temió que le faltaran las fuerzas para encarar un viaje tan difícil. También quería que sus seguidores tuviesen un fácil acceso a su tumba, algo que se hubiera visto dificultado de ser enterrado en Tierra Santa. Por lo tanto eligió la ciudad de Umán, donde había tenido lugar una gran masacre de 20.000 Judíos perpetrada por Iván Gunta y los Jaidamacos en el año 1768. Dijo el Rebe: "Hay muchos *kedoshim* (mártires santos) enterrados en Umán y será bueno estar entre ellos" (*Tzaddik* #114).

En la primavera del año 1810, luego de Peisaj, un gran fuego se desató en Breslov destruyendo la casa del Rebe. Un día después, llegaron noticias de que las negociaciones para el viaje del Rebe a Umán habían concluido y que había una casa disponible para él en esa ciudad. Escuchando estas noticias el rostro del Tzadik enrojeció. Sabía que había llegado la hora de su muerte.

El Rebe Najmán llegó a Umán el 9 de Mayo de 1810. Durante su estadía en esa ciudad, habló mucho respecto a la rectificación de las almas, tanto de aquellas cercanas a él como de otras. Fue aquí donde expresó su famosa frase: "¡Nunca desesperes!" y exhortó a sus seguidores a reunirse para Rosh HaShaná. Falleció el cuarto día de Sukot, el 18 de Tishri de 5571 (16 de Octubre de 1810) y fue enterrado al día siguiente. Su tumba permaneció siendo un santuario, visitado por los Jasidim de Breslov y por muchos otros, provenientes de todo el mundo, hasta el día de hoy.

En el libro *Until The Mashiach* puede encontrarse una cronología completa de la vida del Rebe conjuntamente con informaciones biográficas provenientes de *Rabbi Nachman's Wisdom* y *Tzaddik*. Dijo el Rebe Najmán: "Siempre se nos conocerá como los Jasidim de BReSLoV, cuyas letras son las mismas que *LeV BaSaR* (corazón de carne)" (*Tzaddik* #339). Aunque el Rebe falleció hace aproximadamente doscientos años, su llama brilla con fulgor y continúa trayendo luz y alegría a miles y miles de personas. El mismo Rebe dijo: "Mi fuego arderá hasta la venida de Mashíaj" (*Tzaddik* #126). Que sea pronto y en nuestros días. Amén.

* * *

Reb Noson

Reb Noson Sternhartz nació en Nemirov el 15 de Shvat del año 5540 (22 de Enero de 1780). A los trece años se casó con Ester Shaindel, hija del prominente Rabí Dovid Zvi Orbach, renombrado erudito halájico de Polonia y Ucrania. Reb Noson tenía veintidós años cuando el Rebe Najmán se trasladó a Breslov y pronto llegó a ser su discípulo más conspicuo. Fue también escribiente del Rebe, registrando por escrito todas sus conversaciones y enseñanzas. El mismo Rebe Najmán dijo: "De no ser por Reb Noson ni una página de mis escritos hubiera quedado" (ver *Tzaddik* #367).

Luego del fallecimiento del Rebe Najmán, Reb Noson se mudó a Breslov (1811). Publicó todos los escritos del Rebe Najmán y escribió sus propios y originales discursos y enseñanzas, algunos de los cuales fueron publicados durante su vida. Viajó también por toda la Ucrania, visitando a los seguidores del Rebe Najmán y difundiendo sus enseñanzas. En el año 1822 realizó una peregrinación a la Tierra Santa, un viaje que rivalizó en muchos aspectos con el del Rebe Najmán tanto en aventura como en suspenso. Durante esos años los negocios de Reb Neftalí Hertz anduvieron muy mal reduciendo a Reb Noson a un estado de pobreza. Comentó Reb Noson, respecto a esa época, que cuando comenzó a comer con vajilla de madera no le sentía ningún gusto a la comida. Alrededor del año 1830 y debido al constante aumento de aquellos que llegaban a Umán para pasar allí Rosh HaShaná, Reb Noson inició la construcción de una gran sinagoga de Breslov (hasta ese momento habían estado alquilando un lugar en la ciudad para la reunión del *kibutz*).

A finales del año 1834, Rabí Moshe Zvi de Savran, conocido como el Rebe de Savran, desató una dura y fanática oposición a Reb Noson y a los Jasidim de Breslov. Esta oposición llegó incluso a acusar a Reb Noson ante las autoridades, llevándolo a la cárcel. Al ser liberado, Reb Noson huyó de ciudad en ciudad por toda la Ucrania, retornando a Breslov en la primavera de 1835. Poco tiempo después fue expulsado de Breslov y se lo obligó bajo apercibimiento judicial a permanecer en su ciudad natal. Aunque obtuvo un permiso para viajar a Umán para Rosh HaShaná y para otras ocasiones especiales, de hecho estaba virtualmente prisionero en Nemirov. Su confinamiento también lo dejó a merced de sus enemigos quienes no perdían oportunidad para atormentarlo. Con la súbita muerte del Savraner ocurrida en el año 1838, la oposición a Reb Noson se diluyó y pudo éste entonces retornar a Breslov a finales de ese año.

Reb Noson tuvo cinco hijos y una hija, todos los cuales llegaron a sobrevivirlo. Reb Sajne (n.1802) y Reb Itzjak (n.1808) nacieron en vida del Rebe Najmán. La única hija de Reb Noson, Jana Tzirel (n.1820) y su tercer hijo Reb Dovid Zvi (n.1822) fueron también fruto de su primera mujer, Ester Shaindel (m.1826). Reb Noson se casó entonces con Dishel, quien le dió dos hijos, Reb Najmán (n.1827) y Reb Iosef Iona (n.1829).

Pese a su gran sufrimiento en el plano personal, tanto por su pobreza como por la oposición que debió enfrentar, Reb Noson fue el único responsable de la formación del movimiento de Breslov dándole la vibrante forma que hoy tiene. Y ello pese al hecho de que no existe un rebe "vivo." A la mañana del día en que moriría, el 10 de Tevet de 5605 (20 de Diciembre de 1844), Reb Noson pidió que le leyeran las dos primeras historias de los Cuentos del Rebe Najmán. La segunda historia termina con las siguientes palabras: "¡...volvamos a casa!" Al escuchar estar palabras Reb Noson asintió con su cabeza como diciendo: "Si, es el momento de que vuelva a casa." Falleció más tarde, ese día, en su hogar de Breslov, un momento antes del comienzo del Shabat. Reb Naftalí, amigo de la infancia de Reb Noson, vivía en ese momento en Umán. A la mañana siguiente comentó que estaba seguro que "Reb Noson había fallecido la noche anterior." Cuando se le preguntó como lo supo respondió: "Tuve un sueño en el que vi a Reb Noson. Estaba corriendo. Le pregunté: '¿Reb Noson, adonde corres?', '¿Yo?' me contestó. '¡Derecho al Rebe!'" (*Tradición oral*).

* * *

Los Seguidores del Rebe

De sus muchos discípulos, había un grupo más íntimo, seis gigantes entre los muchos. Ellos son conocidos en los círculos de Breslov, conjuntamente con el mismo Rebe Najmán, como el Candelabro. Ellos eran: Reb Shimon, Reb Shmuel Isaac, Reb Iudel, Reb Aarón, Reb Noson y Reb Naftalí. En el libro *Until*

The *Mashiach* es posible encontrar una breve biografía de cada uno de ellos, pg.296-320.

* * *

B. La Segunda Generación

Jazán, Reb Najmán [de Tulchin] (1813-1884). El abuelo de Reb Najmán fue uno de los seguidores del Rebe Najmán. Nacido luego de la muerte del Rebe, Reb Najmán lleva su nombre en su honor. Huérfano desde muy niño, creció en casa de su tío, donde conoció a Reb Noson durante el viaje de éste a Tierra Santa, en el año 1822. Tan grande fue la impresión que éste le produjo al niño que el joven Najmán decidió estar cerca de él por toda la vida. Y de hecho llegó a ser su más cercano discípulo y líder del movimiento de Breslov.

El nombre de familia Jazán proviene del hecho de que Reb Najmán fue el *jazán* (líder de canto) para la plegaria de Musaf de Rosh HaShaná. Sus súplicas eran tan intensas que aquellos que las escuchaban sentían como si al recitar las plegarias hubiese estado "parado en el aire". Su gran fervor sólo era comparable a su gran modestia. Aunque era líder de los Jasidim de Breslov, no consideraba que servir a los demás fuese algo por debajo de su dignidad. Luego de orar sus plegarias diarias con gran devoción, solía tomar los baldes y acarrear agua para las necesidades de la sinagoga.

Reb Najmán publicó el primer volumen del libro de su mentor, el *Likutey Halajot*, en vida de Reb Noson. Más tarde editó y publicó los siete volúmenes restantes. Reb Najmán vivió diez y ocho años en Tulchin y luego del fallecimiento de Reb Noson se trasladó a Breslov, para continuar así con su obra. Luego de vivir diez y ocho años en Breslov, se trasladó a Umán donde vivió otros diez y ocho años. Fue este cambio lo que motivó la centralización del movimiento de Breslov en la ciudad de Umán. Pese a su grandeza, era extremadamente modesto y humilde, sirviendo de *shamash* en la Sinagoga de Breslov en Umán.

Goldstein, Reb Najmán [de Tcherin] (n.?-1894). Conocido afectuosamente como el Rav de Tcherin, Reb Najmán fue el hijo de Reb Zvi Aryeh de Breslov. El padre de su padre, Reb Aarón, fue el Rabino principal de Breslov en la época del Rebe Najmán. El Rebe comentó que había invocado sus méritos ancestrales para traer a Breslov a Reb Aarón, cuya claridad en cuestiones halájicas era inigualable. Erudito desde muy joven, Reb Najmán, evitaba encontrarse con Reb Noson. Cierta vez Reb Noson lo llamó y le dijo: "Tú sabes, es posible que el Rebe Najmán utilizase sus méritos ancestrales y trajera a tu padre a Breslov sólo por ti."

Luego del fallecimiento de Reb Noson, Reb Najmán lamentó haberse distanciado de él y se interesó profundamente con sus obras. Publicó el *Likutey Etzot HaMeshulash*, la versión expandida de *Likutey Etzot (Advice)* junto con las enseñanzas del *Likutey Halajot* referidas a los mismos temas que aparecen en la primera versión. Fue también el primero en comenzar a escribir un comentario sobre las obras del Rebe Najmán, haciendo algo más accesibles para el hombre común estos complejos temas. El nivel de su erudición personal no tiene igual.

Conocido como el *matmid* (diligente estudioso de la Torá) solía permanecer despierto durante toda la noche, inmerso en sus estudios. Como Rabí de Tcherin solía recibir invitaciones para asistir a los casamientos locales a los que no siempre asistía. Cierta vez, su asistente decidió no pasarle la invitación pensando que de todas maneras el Rav no iría. Al descubrirlo, Reb Najmán se disgustó mucho. "Cuando recibo una invitación para un casamiento yo sé que no voy a poder dormir en toda la noche (siempre dormía hasta la medianoche y luego se levantaba para estudiar Torá hasta la mañana). De manera que aunque no vaya a la boda me quedo toda la noche estudiando. ¡Al no pasarme la invitación me 'quitaste' una noche entera de Torá!"

Luego de escribir su comentario *Iekara DeShabata*, explicando la santidad del Shabat tal como se percibe en cada una de las lecciones del *Likutey Moharan*, Reb Najmán dijo que no podía volver a dormir en el Shabat. Dijo: "Aquél que guarda el Shabat es conocido como *shomer Shabat* (*shomer* significa cuidador, guardián). ¡Todos saben que le está prohibido a un guardián quedarse dormido durante su trabajo! ¿¡Cómo puedo entonces dormir en Shabat?!"

Compañero más joven de Reb Najmán Jazán, el Rav de Tcherin era muy respetado y honrado por los Jasidim de Breslov. Fue él, conjuntamente con Reb Avraham Ber, el nieto del Rebe Najmán, el responsable de nombrar a Reb Avraham Sternhartz como líder de la plegaria para Rosh HaShaná. Pero no esperaba ni permitía ninguna clase de deferencia hacia su persona cuando viajaba a Umán para Rosh HaShaná. "En Umán todos somos iguales", decía. "Cuando salgo para ir al *kibutz* de Rosh HaShaná dejo detrás mi posición rabínica y mi autoridad."

Escribió en total unos veinte libros, muchos de los cuales se perdieron y sólo alcanzaron a ser conocidos en su forma manuscrita, por los Jasidim de Breslov. De las obras más importantes que nos quedan se pueden citar *Parparaot LeJojma*, sobre el *Likutey Moharan*, el *Rimzey Ma'asiot* sobre los Cuentos del

Rebe Najmán y las fuentes y referencias del *Sefer HaMidot*. También compiló una colección de enseñanzas en dos volúmenes sobre el Baal Shem Tov y sus discípulos titulada *Leshon Jasidim* y *Derej Jasidim*.

Lubarski, Reb Moshe [Breslover]. Cierta vez una mujer, desesperada, se acercó a Reb Noson pidiéndole que la bendijera con un hijo. Sus dos hijos, Reb Moshe y Reb Zanvil Lubarski son frutos de la bendición de Reb Noson. Reb Moshe fue uno de los seguidores más cercanos de Reb Noson y una figura muy importante en Breslov. El Rav de Tcherin envió a Reb Israel Karduner para que estudiase con él. Al enviarlo le dijo: " Reb Moshe creció junto a Reb Noson. El sembrará las enseñanzas de Reb Noson en tí."

La fe de Reb Moshe en Reb Noson no tiene igual. Cierta vez en que le robaron, en lugar de buscar al ladrón, Reb Moshe entró en la casa de estudios, tomó el *Likutey Halajot* de Reb Noson y estudió las leyes y discursos relacionados con el robo. Poco tiempo después todas sus pertenencias le fueron devueltas. Luego de su casamiento, Reb Moshe se mudó a Tcherin donde solía conversar sobre las enseñanzas del Rebe con Reb Avraham Ber, el nieto del Rebe Najmán y otro de los seguidores de Reb Noson. Cierta vez Reb Dov, seguidor del Rebe y suegro de Reb Avraham Ber le pidió a Reb Moshe que hablase con él. Reb Moshe quedó pasmado y le dijo: "¿Qué puedo decirle a usted respecto a servir a Dios? ¡Usted conoció al Rebe!" Reb Dov le contestó: "¡Créeme! Tu aprendiste más sobre el Rebe Najmán a través de Reb Noson que yo del Rebe mismo."

Reb Efraim b'Reb [hijo de] Naftali (n. 1800?-1833). Aunque el padre de Reb Efraim (Reb Naftali) fue uno de los discípulos más cercanos del Rebe Najmán, éste lo envió a estudiar Jasidut con Reb Noson. Cercano seguidor de Reb Noson, con quien pasaba mucho de su tiempo, Reb Efraim escribió dos libros estructurados a partir de los trabajos de su mentor. El primero, *Likutey Even*, sigue el estilo del *Likutey Halajot*, explicando los Códigos a través de las enseñanzas del Rebe Najmán. El segundo, *Tefilot HaBoker*, está compuesto de plegarias basadas en las enseñanzas de Reb Noson. Era muy modesto y sus dos obras fueron publicadas sin su nombre. Reb Efraim fue gran amigo de su contemporáneo Reb Itzjak Sternhartz y ambos eran tenidos en muy alta estima por Reb Noson.

Sternhartz, Reb Itzjak (1808-1871). Reb Itzjak era el segundo hijo de Reb Noson. Después de su casamiento, se asentó en Tulchin (a unas nueve millas de Breslov adonde su padre se había mudado luego del fallecimiento del Rebe

Najmán). Reb Itzjak era muy respetado y honrado, en especial por las autoridades locales quienes lo pusieron a cargo de la oficina postal (la que en esos días también servía como banco oficial). Dijo Reb Noson: "No tuve tiempo para escribir todas esas cartas a mi hijo. Ellas fueron escritas por el ardiente deseo de Reb Itzjak por escuchar palabras de ánimo de mi parte." Estas cartas conforman el libro *Alim Litrufa*, al final del cual se encuentran también las cartas que el mismo Reb Itzjak mandara. Reb Itzjak se trasladó a la Tierra Santa en el verano de 1868 y falleció en Safed unos años más tarde. Está enterrado junto a la tumba de Rabí Iosef Karo, autor del *Shuljan Aruj*.

* * *

C. La Tercera Generación

Breiter, Reb Itzjak (1886-1943?). Reb Itzjak nació en Polonia setenta y seis años después del fallecimiento del Rebe Najmán y creció sin siquiera escuchar hablar de la Jasidut de Breslov. Un día, mientras estaba estudiando en la Yeshivá de Rabí Tzadok en Lublin se encontró con un ejemplar del *Likutey Moharan*. Se enfrascó en el estudio de la lección #64 del Volumen I y sintió que ésta le abría mundos de pensamiento y de fe totalmente nuevos para él. Escondió el libro pensando poder encontrarlo fácilmente al día siguiente y mucho se entristeció al volver y no encontrarlo más.

Unas semanas después Reb Itzjak encontró un ejemplar del *Parparaot LeJojma*, el comentario del Rav de Tcherin sobre el *Likutey Moharan*. Utilizó la información que contenía para contactarse con los Jasidim de Breslov en Rusia y el siguiente Rosh HaShaná viajó por primera vez a Umán. Y así, Reb Itzjak se transformó en el factor fundamental en la difusión de las enseñanzas de Breslov en Polonia, de manera que en los comienzos de la Segunda Guerra Mundial, ya existían allí miles de Jasidim de Breslov. En el año 1917, cuando se cerró la frontera entre la Rusia Soviética y Polonia, luego de la Revolución Bolchevique, Reb Itzjak estableció un *kibutz* para Rosh HaShaná en Lublin. Reb Itzjak, reconocido Jasid del Gueto de Varsovia, fue enviado en uno de los transportes a Treblinka, donde fue asesinado por los criminales nazis.

Jazán, Reb Avraham (ben R. Najmán) (1849-1917). En su juventud, Reb Avraham demostró una increible tenacidad en sus devociones. Solía dejar su casa inmediatamente después del Shabat, llevando sólo una bolsa de pan y un paquete de libros, desapareciendo en el bosque durante toda la semana. Allí estudiaba y meditaba sin ser molestado. Es posible apreciar su profundidad en las páginas de su libro *Biur HaLikutim* donde analiza minuciosamente las lecciones del Rebe Najmán, punto por punto, buceando en sus profundidades. Aun así dijo Reb Avraham respecto a las conversaciones del Rebe: "Espero que diez mil años después de la Resurrección pueda ser digno de comprender al menos una de las afirmaciones del Rebe Najmán, tal como él mismo las comprendía en este mundo."

Un año después del fallecimiento de Reb Najmán Jazán (1884), Reb Avraham comenzó a registrar muchas de las tradiciones e historias de Breslov que recibiera de su padre. Esto formó la base del *Kojavey Or* (cinco secciones), *Sijot VeSipurim* y otros libros. Alrededor del año 1894 Reb Avraham se mudó a Jerusalem, aunque volvía a Umán cada año para pasar allí Rosh HaShaná. Y así continuó hasta el comienzo de la Primera Guerra Mundial cuando quedó atrapado en Rusia, donde debió permanecer hasta su muerte en Januka del año 1917. Entre sus discípulos se encontraban Reb Eliau Jaim Rosen y Reb Levi Itzjak Bender, hombres clave para el desarrollo de la Jasidut de Breslov en Jerusalem.

Halperin, Reb Israel [de Kardun] (m.1920). Reb Israel nació en Polonia siendo reconocido como un prodigio. Leyendo el *Tikun HaKlali* se sintió arrebatado por la Jasidut de Breslov y se mudó a Ucrania, donde estudió con Reb Moshe Breslover. Al final del cuento *La Araña y la Mosca* (*Rabbi Nachman's Stories* #7), el Rebe menciona a una persona hermosa. Al ver a Reb Israel, el Rav de Tcherin dijo que eso aludía a él. A finales de siglo Reb Israel se trasladó a la Tierra Santa, pasando por Meron, Safed y Tiberíades. La dulzura de sus plegarias era legendaria y mucha gente se sintió atraída hacia la Jasidut de Breslov luego de escuchar sus devociones. También le pertenecen muchas de las melodías del repertorio de Breslov. Quizás la más conocida de sus afirmaciones sea: "Hay alguien [el Rebe Najmán] que dijo hace cien años: '¡Nunca abandonen!' y aún hoy día escuchamos su voz." Perdió toda su familia durante una plaga en Tiberíades, donde él mismo está enterrado.

Sternhartz (Kojav Lev), Rev Avraham (1862-1955). Reb Avraham fue bisnieto de Reb Noson y nieto del Rav de Tcherin. Huérfano desde muy niño, fue criado por su abuelo quien influyó profundamente sobre él. Aún siendo niño, Reb Avraham demostró gran diligencia en el estudio de la Torá, un rasgo bien conocido en su abuelo. Luego de las plegarias de la mañana solía recluirse en el altillo donde estudiaba el *Likutey Moharan*, sin interrupción, hasta que aprendía de memoria la lección del día. Se casó a la edad de diez y seis años, luego de completar todo el Talmud. Fue escriba en Tcherin y a los diez y nueve años fue aceptado como Rav en Kremenchug. A los veinte y dos años fue nombrado director de plegaria para el *kibutz* de Rosh HaShaná, cargo que mantuvo a lo largo de setenta años, después incluso de su traslado a Tierra Santa.

Reb Avraham llegó a la Ciudad Vieja de Jerusalem en el año 1936 y fue recibido y reconocido como la mayor autoridad de Breslov de esa generación. En 1940 estableció el *kibutz* de Rosh HaShaná en Meron. Exiliado de la Ciudad Vieja durante la Guerra de la Independencia, en el año 1948, fue reubicado en Katamon conjuntamente con muchos otros Jasidim de Breslov. Entre sus discípulos se encontraban los líderes más importantes de Breslov de las últimas décadas, incluyendo a : Reb Moshe y Reb Najmán Burstein, Reb Michel Dorfman, Reb Shmuel Horowitz (m.1973), Reb Gedalaia Aarón Koenig, Reb Zvi Aryeh Lippel (1903-1979), Reb Zvi Aryeh Rosenfeld, Reb Shmuel Shapiro y Reb Iaakov Meir Shechter.

Se decía de Reb Avraham que era el *Likutey Moharan* viviente. Con sólo mirarlo era posible observar cómo cada una de sus acciones estaba fundada sobre una enseñanza del Rebe Najmán. Al dar una lección sobre el *Likutey Moharan*, solía comenzar leyendo del texto para luego derivar al material complementario por espacio de una o dos horas volviendo a retomar, al final, exactamente en la misma palabra en que había dejado. Y lo más asombroso era que todo esto lo hacía de memoria sin haber siquiera mirado la página escrita. Y continuó haciéndolo de esta manera hasta su fallecimiento a la edad de noventa y tres años y medio.

Tepliker, Reb Alter (m.1919). Conocido afectuosamente como Reb Alter, su verdadero nombre era Reb Moshe Ieoshua Bezhilianski. Figura importante de Breslov en Umán (Teplik está cerca de Umán) a fines del siglo pasado, era cuñado de Reb Avraham Jazán. Fue asesinado durante el levantamienrto cosaco en Ucrania en el año 1919. Su muerte se produjo en la sinagoga mientras estaba sentado junto a un rollo de la Torá. Fue Reb Alter quien inició la publicación de las enseñanzas de Breslov en un formato más popular basado en temas individuales, tales como *Hishtafkut HaNefesh*, sobre el *hitbodedut* y *Meshivat HaNefesh* sobre la fuerza interior, etc. (En el Apéndice B puede consultarse la lista de sus obras).

* * *

D. La Cuarta Generación

Bender, Reb Levi Itzjak (1897-1989). Llegado a Umán en el año 1915,

Reb Levi Itzjak fue uno de los discípulos más cercanos de Reb Avraham Jazán. Aunque dos años después falleciera su mentor y la Primera Guerra Mundial llegara a su fin, Reb Levi Itzjak permaneció viviendo durante los veinte años siguientes en lo que era en ese momento el centro de la Jasidut de Breslov. Sus cualidades no pasaron desapercibidas y pronto, a la edad de treinta años, fue nombrado líder de la Plegaria de la Mañana durante Rosh HaShaná en Umán. A comienzos del verano de 1936, él y Reb Eliahu Jaim Rosen fueron hechos prisioneros, acusados de ser "elementos subversivos." Liberado con condena provisional, Reb Levi Itzjak huyó, de ciudad en ciudad sin quedarse en lugar alguno. Pasó los años de la Segunda Guerra Mundial en Siberia luego de lo cual emigró a Polonia. Finalmente, en el año 1949, pudo llegar a la Tierra Santa. Reb Levi Itzjak fue, hasta su fallecimiento, la cabeza de la sinagoga de Breslov en Jerusalem. Muchos Jasidim de Breslov lo aceptaron como su guía espiritual y en especial los *baaley teshuva* quienes en gran número se unieron a los seguidores del Rebe durante las dos últimas décadas.

Legendario era el plan de estudios de Reb Levi Itzjak. Cumplió al pie de la letra las enseñanzas del Rebe Najmán respecto a completar la mayor cantidad de textos sagrados cada año (ver Capítulo 7). Asombrosa era también su diligencia en la práctica del *Jatzot* y del *hitbodedut*. Durante veinticinco años, nunca dejó pasar una noche de *Jatzot*. Aun así, al preguntársele "¿cual es su logro más preciado, aquél que presentará ante el Tribunal Celestial?", Reb Levi Itzjak respondió de manera simple, según la costumbre de Breslov: "Viví treinta años en Rusia...¡Y aún creo en Dios!"

Rosen, Reb Eliau Jaim (1899-1984). Fue el fundador y rector de la Yeshivá de Breslov en Jerusalem. Nació en Poltosk, Polonia y quedó huérfano desde muy niño. A los cinco años fue enviado a estudiar Torá, lejos de su hogar. Sobresaliendo en sus estudios, y con sólo doce años de edad, fue admitido en la famosa Yeshivá de Lomzer. Allí encontró el *Tikun HaKlali* y un Jasid de Breslov lo convenció de viajar a Umán. Al llegar a Umán en el año 1914 quedó profundamente impresionado por los seguidores del Rebe Najmán, que aunque Jasidim, se apegaban estrictamente a la *halajá* tal como se presentaba en el *Shuljan Aruj*, sin aquello conocido como las "variantes" jasídicas.

Estando en Umán escuchó el dicho del Rebe que decía: "La más difícil devoción espiritual es mucho más fácil que la más simple acción física." Sin comprenderlo, buscó a Reb Avraham Jazán para que se lo explicase. El entonces líder de los Jasidim de Breslov le respondió simplemente: "El *Hitbodedut* es la más grande devoción que uno pueda realizar. Y lo único que requiere es que hablemos con nuestra boca. ¡Hasta ganar un poco de dinero requiere más esfuerzo!" Desde ese momento Reb Eliau Jaim permaneció en Umán bajo la tutela de Reb Avraham Jazán.

Residente en Umán por veintidos años, Reb Eliau Jaim fue esencial para la supervivencia de muchos de los Jasidim de Breslov de esa ciudad y de los alrededores durante la hambruna que arrasó Ucrania en el año 1933. Organizó embarques de alimentos desde Moscú, enviando los cargamentos a Umán. También apeló por ayuda al Comité de Distribución Conjunto y fue esto último lo que hizo que la NKVD (predecesora de la KGB) lo arrestara en Noviembre de 1935, al ser acusado, junto con Reb Levi Itzjak Bender, de establecer contacto con organizaciones extranjeras. Fueron encarcelados y "juzgados" y amenazados con la pena capital. Pero Dios estaba con ellos y un oficial Judío del Ministerio de Justicia de Kiev fue el encargado de su caso. Simpatizando con los Jasidim de Breslov lo único que hizo fue amonestarlos y enviarlos de vuelta a su hogar, bajo "arresto ciudadano" prohibiéndoles abandonar Umán.

Pese a ello, Reb Eliau Jaim volvió inmediatamente a Moscú. En el año 1931, antes aún de la hambruna, Reb Eliau Jaim había solicitado emigrar a Israel, de manera que al retornar encontró aprobada su visa de salida. Inmediatamente viajó a Jerusalem, llegando allí en el verano de 1936. Se ubicó en Mea Sharim, barrio de la "nueva Jerusalem", estableciendo la Yeshivá de Breslov en la Ciudad Vieja, en el año 1937. A comienzos de 1953, Reb Eliau Jaim comenzó la construcción de lo que hoy es el *Shul* y la Yeshivá de Breslov, ubicados en la calle Mea Sharim de Jerusalem. Y esto le valió la burla de muchos, incluyendo la de algunos Jasidim de Breslov. "¿Para quién construyes un *shul* tan grande?" le preguntaban. (En ese entonces sólo había cerca de ciento cincuenta Jasidim de Breslov en Israel.) Hoy en día, cerca de cuarenta años después, es posible comprender su visión. Pese a su tamaño, la sinagoga no es lo suficientemente grande como para albergar al creciente número de Jasidim de Breslov de nuestra generación.

Reb Eliau Jaim era el puerto indicado para aquél que tuviera un corazón quebrantado. Todo aquél que llegara con una carga en su corazón salía, después de conversar con él, preguntándose por qué se había preocupado tanto. No es que los problemas desaparecieran de pronto, sino que permanecían y eran reales, pero mediante la incisiva mente de Reb Eliau Jaim quedaban intensivamente analizados en sus presiones y angustias y liberados de todos los factores superfluos. De manera que la persona sólo tenía que tratar con el núcleo central del problema a través del cual era entonces posible superarlo. Solía decir con una sonrisa: "La Torá tiene Cinco Libros. El *Shuljan Aruj* está compuesto por cuatro volúmenes. Y ¿qué le sucedió al quinto? Este corresponde al sentido común, a saber dónde y cómo aplicar tu conocimiento."

La alegría y la fuerza interior de Reb Eliau Jaim estaban siempre presentes. Su nivel de *ieshuv hadaat* (calma y serenidad) no tenía igual. Habiendo sufrido de tifus y de otras enfermedades durante su juventud, su cuerpo se encontraba debilitado en los últimos años de su vida. Aun así, como verdadero Jasid de Breslov que era, nunca dejó de recitar el *Jatzot* y de practicar el *hitbodedut*. Cuando se le preguntó de donde extraía la fuerza para semejante devoción respondía: "Si cuando joven te acostumbras a ello, luego se transforma en algo automático." Nos decía una y otra vez que nada debíamos hacer sin el *hitbodedut*. La mayor parte de su último año la pasó postrado en cama. Y solía decir: "¿Qué podría hacer si no tuviera el consejo del Rebe Najmán respecto al *hitbodedut*?"

Rosenfeld, Reb Israel Abba (1882-1947). Reb Israel Abba nació en una familia de Breslov y pasó la mayor parte de su vida en Kremenchug, en Ucrania. Con la masacre de su familia durante la Revolución Bolchevique, viajó hacia el oeste, a través de Polonia, llegando a los Estados Unidos en el año 1924. Aunque casi no existía un *minian* de Breslov en Nueva York, ayudó a establecer sesiones semanales de estudio de las enseñanzas del Rebe Najmán. Fue también muy activo en la recolección de fondos para la comunidad de Breslov en Israel.

Spector, Reb Eljanan (m. 1985). Descendiente del Jozé de Lublin, Reb Eljanan fue un niño prodigio siendo ordenado Rabí muy temprano en su vida. Aun así, no deseaba ni el honor ni las prerrogativas que le hubiesen correspondido por su posición y vasto conocimiento. Y vasto era en verdad. Se decía que conocía de memoria todo el Talmud, el Midrash, el Zohar y muchos otros escritos. Más tarde, cuando se trasladó a Eretz Israel, rechazó la posibilidad de una posición rabínica y se mantuvo como escriba. Prefería guardar su gran conocimiento.

Pero había momentos en que, en medio de una conversación, Reb Eljanan podía ser tomado "fuera de guardia". Y en esas raras ocasiones él se abría y uno podía tener la suerte de atisbar cuán profunda era realmente la fuente de conocimiento de Reb Eljanan. Tal era su humildad que uno podía ver en su rostro el temor y la vergüenza que sentía frente a Dios. En los círculos de Breslov, Reb Eljanan era reconocido como una autoridad halájica y muy apreciadas eran sus ideas y su profunda comprensión de las enseñanzas del Rebe. Algunas de sus ideas originales sobre las enseñanzas del Rebe Najmán han sido publicadas, aunque la mayoría permanecen como manuscritos.

* * *

E. La Quinta Generación

Koenig, Reb Gedalaia Aarón (1921-1980). Nacido en Jerusalem, Reb Gedalaia fue atraído desde muy joven hacia el Rebe Najmán, gracias a las enseñanzas de Reb Avraham Sternhartz. Con la destrucción de la Ciudad Vieja, en la guerra de 1948, se trasladó, junto con su mentor a lo que hoy es Katamon. Además de sus esfuerzos por mantener el *kibutz* de Rosh HaShaná en Meron y de escribir el *Jaiei HaNefesh* (un tratado en respuesta al *Nefesh HaJaim* del prominente discípulo del Gaon de Vilna, Rabí Jaim Volozhin), Reb Gedalaia era conocido por su habilidad para hablarle al alma buscadora de muchos de los jóvenes de hoy. Pero, pese a todo ésto, consideró que su misión en esta vida era establecer una comunidad jasídica en Safed. Y literalmente entregó su vida a esta causa.

Rosenfeld, Reb Zvi Aryeh Benzion (1922-1978). Descendientes de una familia de Breslov, los Rosenfeld provienen de Reb Aarón, el Rev de Breslov y de Reb Shmuel Itzjak, el Rev de Tcherin, ambos prominentes discípulos del Rebe Najmán. Reb Zvi Aryeh nació en Gydinia, Polonia, en 1922. A los seis meses de edad fue atacado de difteria y su padre, Reb Israel Abba, recurrió al Jofetz Jaim pidiéndole a este sabio que cambiase el nombre del niño (cambio que suele hacerse cuando la persona se halla seriamente enferma). De manera que se le agregó el nombre de Benzion.

En 1924, su familia emigró a los Estados Unidos. Creciendo en Brownsville, barrio de Brooklyn, Reb Zvi Aryeh asistió a la escuela Rabí Jaim Berlin y a la Yeshivá Torá Vodaat High School. Luego estudió con el mundialmente famoso Rabí Avraham Yafen, en la Yeshivá Beis Iosef de Navardik. A los veintitrés años, luego de completar todo el Talmud por segunda vez, junto con sus muchos otros estudios, Reb Zvi Aryeh fue ordenado rabino.

Asumiendo la responsabilidad que tuviera su padre, respecto a las obligaciones caritativas y luego del fallecimiento de éste en 1947, Reb Zvi Aryeh comenzó una relación epistolar con Reb Abraham Sternhartz en Jerusalem. En 1949 hizo el primero de sus más de cincuenta viajes a la Tierra Santa, encontrándose entonces con Reb Avraham quien le inculcó el ardiente deseo de difundir las enseñanzas del Rebe Najmán en Norte América. Y ésta fue la misión de su vida. Por treinta años, Reb Zvi Aryeh fue pionero en el movimiento *baal teshuva* de los Estados Unidos, introduciendo cada vez más gente a las enseñanzas del Rebe Najmán. Tuvo que enfrentarse con enfurecidos familiares, con amenazas a su vida y a su familia, llegando incluso a enfrentar cargos de secuestro (ver *Rabbi Nachman's Stories* #12). Aun así continuó con su tarea, trayendo de retorno, literalmente, a miles de Judíos al Judaísmo y al Rebe Najmán. Entre sus alumnos se encuentran aquellos que abrieron el camino para las peregrinaciones a Umán y muchos otros que continúan activos en diferentes ámbitos del movimiento de Breslov contemporáneo.

Reb Zvi Aryeh amaba compartir su vasto conocimiento del Talmud, Midrash, Zohar, Kabalá y de las enseñanzas del Rebe Najmán volcándolo en clases a las cuales asistían tanto Sefaradim como Azquenazim. Su conocimiento del mundo y sus consejos respecto a los aspectos materiales y financieros de la vida eran precisos y certeros. Pero él mismo llevaba una vida austera, sustentándose él y su familia con el salario de un maestro.

Además del tiempo que le dedicaba a la escuela y a las conferencias sobre el Rebe Najmán, Reb Zvi Aryeh se ocupó de recolectar fondos para la construcción de la Yeshivá de Breslov en Jerusalem. Solicitado por Reb Avraham Sternhartz y apoyado por Reb Eliau Jaim Rosen, llegó a recolectar la mayor parte del dinero necesario para la obra. Luego de finalizada la construcción, siguió recolectando fondos para publicar la obra del Rebe Najmán en idioma Inglés. La primera publicación fue *Rabbi Nachman's Wisdom*, traducida por Rabi Aryeh Kaplan a pedido de Reb Zvi Aryeh. De hecho fue el mismo Reb Zvi Aryeh quien editó el libro.

Recolectó también fondos para las familias pobres de Breslov en Israel. Poseía un inmenso amor por la Tierra Santa y siempre deseó instalarse a vivir allí. Lo único que lo retenía eran los nuevos alumnos que constantemente se acercaban a sus clases, año tras año. Cierta vez decidió que si pasaba un año sin que ningún nuevo alumno se uniera a sus clases, se mudaría a Jerusalem. Afectado por el cancer a la edad de 56 años finalmente se trasladó a Jerusalem en el verano de 1978, dándose unos meses para prepararse a morir.

Aun cuando estuvo postrado en cama y extremadamente débil, sus alumnos se juntaban a su lado y estudiaban el Talmud y el Zohar, mientras Reb Zvi Aryeh seguía el discurso y aclaraba conceptos de vez en cuando. Figura paternal para sus alumnos, muchos de ellos llegaron a Israel por unos días para poder pasar los últimos momentos con él. Mientras le fue posible continuó recitando el *Tikun HaKlali*, a veces ayudado por sus alumnos. Reb Zvi Aryeh dejó un legado que incluye miles de horas de clases grabadas y de conferencias, todas referidas a las enseñanzas del Rebe Najmán y a su relación con todos los aspectos de la Torá.

Shapiro, Reb Shmuel (1913-1989). Nacido en Jerusalem, Reb Shmuel fue uno de los más sobresalientes alumnos de la Yeshivá Etz Jaim, cuyo Rosh Yeshivá era el mundialmente famoso Rabí Isar Zalman Meltzer. Atraído a Breslov por Reb Shmuel Horowitz, se hizo jasid en el año 1934. Al enterarse de ello, dijo su Rosh Yeshivá: "Aquél que lo hizo de Breslov nunca dejará Gehinom." A lo que contestó Reb Shmuel Shapiro: "Efectivamente. ¡Pues nunca entrará allí!"

Conocido como el "Tzadik de Jerusalem", Reb Shmuel mantenía su vista siempre baja y nunca miraba las atracciones físicas de este mundo. Pasaba las noches en el campo abstraído en el *hitbodedut* y luego, durante el día se dedicaba al estudio de la Torá en alguna sinagoga alejada, siempre huyendo de la mirada de la gente. Pasaba el mes de Elul en Meron, junto a la tumba de Rabí Shimón bar Iojái preparándose para Rosh HaShaná. Cierta vez se lo escuchó decir: "Aqui tengo todo lo que necesito. Una sinagoga, una *mikve* y montañas para el *hitbodedut*. Es el Gan Eden en la Tierra". Juntamente con Reb Moshe Burstein y otros Jasidim de Breslov, fue llevado como rehén a Jordania, durante la Guerra de Independencia de Israel.

Su único deseo y que pareció eludirlo durante toda su vida, era visitar la tumba del Rebe Najmán en Umán. En 1970 viajó a los Estados Unidos para obtener un pasaporte especial (sin nacionalidad) de manera de poder apelar a una visa para Rusia. Aun con este "pasaporte blanco" le tomó cerca de tres años obtenerla, pero al final lo logró. No satisfecho con ese viaje, anhelaba pasar Rosh HaShaná allí. Algo que pudo realizar gracias a los cambios sufridos en la política Rusa. De manera que pudo estar en Umán, usando su pasaporte Israelí, para Rosh HaShaná 5749 (1988). Poco tiempo después falleció, habiendo sufrido del Mal de Parkinson durante treinta años.

Tefilinsky, Reb Iaacov Gedalaia (1942-1971). Sobrino de Reb Iaakov Meir Schechter, Reb Iaacov Gedalaia nació en Jerusalem. Estudió en la Yeshivá Slonim y llegó a ser un reconocido estudioso y escriba. Habiendo pasado diez años de su matrimonio sin hijos, realizó un sacrificado peregrinaje a Umán, a la tumba del Rebe Najmán, en el año 1969 (mucho antes de la *glasnost)*. ¡Y exactamente un año después de su peregrinación le nació su única hija! Era legendaria su dedicación al *hitbodedut*, en el campo. Siempre débil y enfermizo, falleció unos meses después del nacimiento de su hija.

* * *

Burstein, Reb Moshe (n.1912). Importante figura de Breslov en Jerusalem,

Reb Moshe nació en Poltosk, Polonia, llegando a Tierra Santa junto con su esposa e hijo, en el año 1935. Se asentó en el barrio Judío de Jerusalem y allí estableció un *minian* diario. Durante la Guerra de Independencia (1948) fue tomado como rehén por los Jordanos conjuntamente con otros ocho Jasidim de Breslov. Luego de su liberación fue reubicado en la sección Katamon de Jerusalem, donde reconstruyó y administró una sinagoga de Breslov. Reb Moshe fue uno de los más cercanos discípulos de Reb Avraham Sternhartz y fue *baal tefila* en el *kibutz* de Meron para Rosh HaShaná durante varios años. Durante cincuenta años anheló ser digno de llegar a la tumba del Rebe Najmán. Durante la primavera de 1988 pudo por fin hacerlo y recitó entonces la bendición de *Shehejianu*.

Burstein, Reb Najmán (n. 1934). Hijo mayor de Reb Moshe Burstein, Reb Najmán es un experto en las melodías tradicionales de los Jasidim de Breslov. A la edad de treinta años fue nombrado líder de la plegaria de Musaf en el *minian* de Breslov en Meron para Rosh HaShaná. Estudioso y erudito posee un conocimiento enciclopédico sobre el Rebe Najmán y sus enseñanzas y es uno de los principales líderes de los Jasidim de Breslov en Jerusalem.

Dorfman, Reb Michel (n. 1911). Nacido cerca de Kiev, Reb Michel se hizo Jasid de Breslov en su temprana adolescencia. Joven aún, se casó con la nieta de Reb Avraham Sternhartz. Escapando de las purgas Stalinistas en Ucrania, se estableció en Moscú a finales de los años treinta donde pasó la guerra para luego ser exiliado a Siberia durante siete años. Luego de la muerte de Stalin, se le otorgó libertad condicional permitiéndole volver a Moscú. Reb Michel fue una figura clave en la supervivencia del *kibutz* de Rosh HaShaná en Umán, el que, aun después de Stalin debía realizarse de manera clandestina dado que continuaban prohibidas las reuniones de carácter religioso.

Fueron sus esfuerzos y sacrificios los que llevaron finalmente al levantamiento de la "cortina de hierro" que impedía a los Jasidim de Breslov acercarse a la tumba del Rebe Najmán. Los Soviéticos, aun otorgando las visas, sólo permitían a los turistas llegar hasta Kiev pero no a Umán. Aunque tenía "antecedentes" por haber estado en Siberia, Reb Michel no dudaba en arriesgar su vida ayudando a los viajeros americanos (que no tuviesen visas) a llegar a Umán, y mostrarles así el lugar de la tumba del Rebe Najmán. Hoy en día, gracias a él y a otros que imitaron su sacrificio, las autoridades Rusas primero y las Ucranianas después han permitido definitivamente el peregrinaje a Umán. Reb Michel pudo finalmente asentarse en Israel en el año 1970, siendo actualmente el Rosh Yeshivá de la Yeshivá de Breslov de Jerusalem.

Gelbach, Reb Itzjak (n.1916). Reb Itzjak nació en Likev, Polonia. A la edad de doce años encontró una copia del *Hishtafjut HaNefesh* que lo introdujo a la Jasidut de Breslov. Luego de un encuentro con Reb Itzjak Breiter se transformó definitivamente en un jasid. Estudió en las famosas yeshivot de Baranovitz y Kaminetz. En el comienzo de la Segunda Guerra Mundial fue exiliado a un campo de trabajo en Siberia. Liberado después de la guerra, viajó inmediatamente a Umán donde visitó la tumba del Rebe Najmán. Desde Rusia, Reb Itzjak viajó a Alemania donde pasó algunos años en los Campamentos de Refugiados, llegando a Jerusalem en el año 1949. Actualmente reside en Jerusalem.

Kramer, Reb Moshe (n.1937). Nacido en Jerusalem, Reb Moshe fue atraído desde muy joven por las enseñanzas del Rebe Najmán. Estudió en la Yeshivá Mirrer de Jerusalem casándose más tarde con la hija de Reb Gedalaia Koenig. Como uno de los líderes actuales de Breslov su claridad respecto a las enseñanzas del Rebe Najmán han hecho de él la fuente de información obligada de todos aquellos que buscan comprender los pasajes difíciles en las obras del Rebe Najmán.

Shechter, Reb Iakov Meir (n.1931). Uno de los líderes más importantes y activos del Movimiento actual de Breslov, Reb Iakov Meir nació en la Ciudad Vieja de Jerusalem donde estudió bajo la tutela de los principales Jasidim de Breslov de la pasada generación y en especial con Reb Avraham Sternhartz. Su padre, Reb Dovid Shechter, fue un prominente Jasid de Breslov. Luego que su familia fuera expulsada de la Ciudad Vieja, en el año 1948, vivió un tiempo en Katamon, asentándose luego en Mea Sharim, cerca de la Yeshivá de Breslov.

* * *